어떤 사랑의 무대

어떤 사랑의 무대

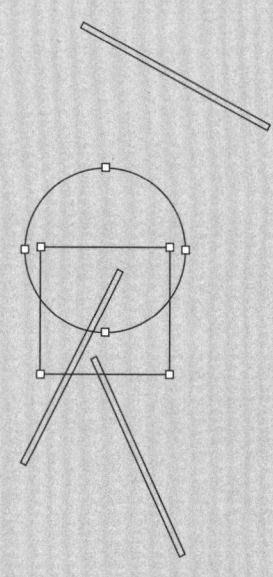

소유정 비평집

민음사

서문

커튼콜을 기다리는 마음으로

생애 첫 기억 속 나는 세 개의 방 앞에 서 있다. 다섯 살 무렵 설악산의 어느 리조트였다. 오늘 네가 자고 싶은 방을 골라 봐. 누군가 그렇게 말했고 적지 않은 시간이 흐른 뒤 나는 동굴처럼 생긴 방을 고른다. 문이 없어서 내내 열린 채로 오갈 수 있는 입구가 마음에 들었던 것 같다. 손끝으로 가리킨 뒤 그 안으로 한 발. 그 다음은 기억나지 않는다.

왜 그 장면이 나의 첫 기억이 되었는지는 모르겠지만 막연하게나마 순간의 두근거림 때문일 거라고 생각했다. 기억을 떠올릴 때마다 온몸을 둥둥 울릴 정도로 크게 뛰는 박동이 느껴졌으니까. 태어나 처음 경험하는 강렬한 자극이 몸속 깊이 각인된 까닭이 아니었을까. 어디선가 최초의 기억은 지금의 나를 이루는 데에 영향을 준다는 말을 들었다. 그렇다면 나를 추동하는 가장 큰 힘은 두근거림일 테다. 돌아보면 삶의 많은 부분에서 정말 그랬던 것도 같다. 마음이 동하는 일에는 늘 그만큼의 울림이 따랐다. 그런데 정말 그뿐일까? 두근거림은 거짓이 아니었으나 설렘의 발원에 대해서는 딱히 궁금해한 적이 없었다. 문장 끝의 마침표를 물음표로 바꾸듯 나는 '왜?'라고 묻는다. 그때의 나는 무엇에 그리 가슴 설렜나. 다섯 살의 나였다면 부정할 사후적 해석일지 몰라도 고민 끝에 내린 결론은 이렇다. 그날 그 시간이 나의 최초의 기억으로 남은 건 기억할 만한 '선택'의 순간이었기 때문이라고. 무언가를 내 손으로 선택하고, 결정한다는 것의 기쁨이 무엇인지 나는 그때 알았던 것도 같다.

삶은 크고 작은 선택의 연속이라는 사실에 여전히 가슴이 뛰면서도 슬퍼할 줄도 알게 된 어른이 된 지금, 내가 한 많은 선택 중 제일은 아무래도 문학이다. 내내 열려 있어 출입이 자유로운 공간은 첫 기억 속 방뿐만 아니라 문학 그 자체이기도 했다. 그 안에서 나는 무언가와 만나고 헤어짐을 거듭하는데, 내 곁에 오래 혹은 찰나에 머물렀던 것들을 영영 잊거나 처음의 기억처럼 아주 선명하게 떠올리기도 한다. 가령 어느 날의 기억 속에서 나는 책으로 가득한 서가 앞에 서 있다. 신중을 거듭해 고른 건 박완서의 『나목』. 한달음에 읽기가 벅차서 여러 번 숨을 고르면서도 끝내 책을 놓지 않은 아이에게 미래의 내가 고마워한다. 뒤늦은 돌잡이를 본 양 점치지 않아도 알고 있는 미래를 조용히 축하하며.

    문학을 '한다'는 것의 올바른 수행이 무엇인지 알지 못했던 때, 모르면서도 '하고 싶다'는 무모한 마음으로 여기까지 왔다. 부끄럽게도 아직까지 문학을 '하는', 게다가 '잘하는' 방법이 무엇인지는 모르겠지만, 어느 쪽이라도 읽기가 선행되어야 한다는 건 부정할 수 없는 사실이다. 문제는 비평으로서의 읽기는 마냥 순탄할 수 없다는 것이다. 글쓰기가 이루어지기 이전, 텍스트 읽기의 과정에서부터 나는 내면의 갈등과 충돌을 경험하며 단순한 '읽기'를 '비평'의 몸체로 바꿔 간다. 모리스 블랑쇼는 "한편으로는 그의 마음을 빼앗는 것이면서도, 다른 한편 그를 무시하는 이 읽지 못했던 셀 수 없이 많은 경험들이 그를, 모든 책 속의 그 어느 것도 읽지 못했기 때문에 아마도 자기 자신과 충돌하게 되는 그 순간에 이르도록 하기 위해, 어떤 책으로부터 다른 책으로, 거의 읽지 않은 어떤 책으로부터 이미 읽었다고 생각하고 있는 다른 책으로, 언제나 자꾸만 더해 가는 속도로 이행[1]시키는 걸 (너무나 곤란한 작업인) 비평이라고 보았다. 그의 말에 여러 번 고개를 끄덕이면서 나는 읽기를 계속한다. 내 안에서 마모되고 탈각되면서 동시에 단단해지는 각기 다른 모양새의 것들을 한참이나 우물거리다 마침내 꺼내 보았을 때 그 자리에 있는 것이 언제나 비평이었으면 한다.

*

2018년부터 2025년까지 쓴 글을 한 권의 책에 담았다. 비평집의 제목을 두고 끝까지 숙고했다. 다소 모호한 제목으로 읽힐 수도 있다는 우려는 아무래도 '어떤'이라는 말 때문이었다. 좋아하는 것을 정확하게 말하고 싶다는 나의 유일한 비평적 신념을 위배하는 불분명한 수식어가 아닐까 싶기도 했으나 나름의 인정 끝에 이 제목을 포기하지 않기로 했다. 모든 걸 하나의 언어에 담을 수 있다는 건 오만이라는 생각, 그리고 정

---

[1] 모리스 블랑쇼, 심세광 옮김, 『도래할 책』(그린비, 2011), 290쪽.

말로 '어떤' 것들은 무엇이라도 될 수 있는 빈자리를 내어 주는 것으로 자신의 자리를 찾을 수 있다는 것이었다. 명료하지 않은 단어를 쓴 덕분에 제목은 두 가지로 읽힌다. '어떤 사랑'의 무대 혹은 '어떤' 사랑의 무대. 어느 쪽으로 읽어도 무관하지만 후자를 염두에 두고 쓴 것임을 밝힌다. 나에게 있어 비평은 문학을 향한 진실한 마음을 담은 사랑의 무대이기에. 무대를 만들기 위해 망치질을 하고 조명을 비추고 그 위에 오르는 분주한 몸짓이 모두 한 사람의 것일지라도, 내가 만들 수 있는 가장 근사한 자리에서 사랑의 대상을 보여 주고 싶었다. 5막으로 구성된 공연과 같은 이 책의 각 부 키워드는 사랑, 광장, 시대, 전복, 여백이다.

1부는 문학 안에서 발견한 다양한 사랑에 대한 글로 구성되었다. '사랑을 글로 배운다'는 말을 농담처럼 하지만 문학이 담을 수 있는 사랑의 모양과 크기는 실로 무궁무진하기에 배워 봄직한 것이다. 저마다 다른 사랑의 얼굴을 더듬고 글로써 이목구비를 그려 보고자 했다. 일대일 관계로 대응되지 않거나 타인이 아닌 '나'에게로 환원되는 사랑처럼 반드시 상호적이지만은 않은 지금-여기의 사랑을 들여다보았다.

2부는 '어떤 사랑'들이 올랐던 '사랑의 무대'가 '우리'의 이름으로 모이는 '광장'으로 확장되어 가는 양상을 살펴본다. 2010년대 중반부터 10년 동안 한국사회는 격동의 시간을 보냈다. 현실에 발맞춰 문학에서 역시 유의미한 변화를 거듭하였다. 이 책에서는 특히 2010년대 한국문학의 주된 키워드라고 할 수 있는, '나'라는 개인에서 '우리'로 주체가 확장되는 현상과 공동체적 마주침이 이루어지는 문학적 공간에 집중했다. 촛불로 상징되는 몇 번의 사회적 사건을 통과하며 '우리'라는 공동체적 주체를 재건하게 된 건 중요한 수확이다. 우리가 '우리'로서 함께였던 광장과 같이 문학 안에서 마련된 공간에서 아직 꺼지지 않은 불씨를 발견하였다. 그 자체로 '사랑의 무대'임을 보여 주는 문학을 비평의 자리로 옮겨 와 증언하고자 했다.

3부는 시대적 징후를 면밀히 살핀 글을 묶었다. 수록된 글에서는 우리가 살아가는 2020년대를 집중적으로 조명한다. 팬데믹이 일상의 많은 부분을 통제하고 우리의 발을 묶어 두었던 시간 속에서 문학은 환상의 자리를 더욱이 넓혀 왔다. 산뜻한 환상의 맛은 달콤했으나 어떤 점에서는 오히려 안전하지 못한 현실의 면면을 비추기도 하였다. 또한 감염병으로 인한 대혼란이 야기한 시대의 병증은 청년 세대가 겪는 극심한 불안으로 나타난다. 안전장치 없는 미래에 대한 불안을 고스란히 드러내는 소설이야말로 이 시대의 얼굴이라고 생각했다.

4부는 마주한 것들을 넘어 전복을 시도하는 소설에 대한 글을 배치했다. 4부의 글에서 다루는 텍스트에는 좁은 틈새가 존재한다. 이와 같은 '사이'는 어떤 슬픔이나 곤경에 처해 위기를 맞이한 이들을 위한 탈출구이면서 텍스트의 해석 가능성을 넓히는 통로가 된다. 안과 밖이라는 경계가 있다면 그것을 뒤집어 볼 때 소설은 얼마나 더 나아갈 수 있는가를 고민하며 썼다. 틈새에 손을 넣고 매만진 이야기들의 보이지 않는 부분을 말하고 싶었음을 밝힌다. 그것을 길잡이가 되는 비평의 역할이라 믿는다.

5부는 경계를 허무는 시에 대한 글을 묶었다. '우리'가 되기 전의 '너'와 '나', 다른 차원으로 겹쳐지는 같은 슬픔과 기울어진 상태로 견고한 세계의 모서리를 시는 마음껏 넘나들고 있었다. 비평은 텍스트가 이끄는 곳을 향해 갔다. 시의 리듬을 따라 두려움 없이 미끄러지고 경계를 지우는 일을 기꺼워했다. 수록된 글들에서 다룬 텍스트 덕분에 시라는 장르를 새삼스레 이해하게 되었다. 시는 전부 말하지 않으면서도 빠짐이 없다. 5부의 글로 시가 여백 속에 남긴 것들을 하나씩 주워 담는 일의 기쁨을 전할 수 있기를 바랐다.

이 책을 통해 25편의 글을 소개하게 되었으나 묶이지 않은 글과 대상이 되어 주었던 텍스트에 애틋한 마음을 전하고 싶다. 그동안 발표한 글에 새긴 애정은 하나하나 설명할 수 있을 정도지만 한 권의 책 안에서 유기적인 연결을 위해 아쉬움을 담은 선택을 했다.

*

한 권의 책을 만드는 데 얼마나 많은 이의 손길이 필요한지 그 과정을 겪어보지 않고는 모른다. 나보다 더 많이 내 글을 읽어 준 강소희 편집자 덕분에 '사랑의 무대'를 포기하지 않을 수 있었다. 게을리 책을 묶는 지난한 시간 동안 잊지 않고 안부를 물어 준 주변 동료와 친구들에게 각별한 마음을 전한다. 함께 읽고 쓰는 이들이 없었다면 이만큼 내 안의 무언가를 찾을 수도 없었고 손끝으로 옮겨 적을 수도 없었을 것이다. 또한 책 한 권을 묶을 수 있을 만큼 발표 기회를 준 여러 지면의 관계자와 어딘가에서 빠짐없이 읽어 주었을 이름 모를 독자에게도 거듭 감사하다고 말하고 싶다.

여기까지가 내가 준비한 사랑의 무대다. 이해와 오해가 교차하는 이 자리에서 나는 나의 방식으로 질문을 하고 있음을 증명하였다. 마지막 인사와 함께 막이 내린다. 객석에 있든 무대 위에 있든 언제나 이 순간의 감정은 많이 후련하고 조금 슬프다. 나는 여전히 어떤 사랑을 기대하는 얼굴로 어두운 장막 뒤에 계속 서 있다. 보이지 않는 너머의 당신이 커튼콜을 외쳐 주지 않을까 귀 기울이며. 만일 작은 목소리라도 또 다시 누군가 나를 찾는다면, 앞으로도 나의 사랑을 궁금해 한다면, 주저하지 않고 다음 무대를 이어 나가겠다고 다짐해 본다.

차례

서문
커튼콜을 기다리는 마음으로　5

1부　　사랑의 이목구비　17

부사를 포함한 공백을 안으며
— 그러니까, 계속해서, 다시, 사랑 말하기　19

이토록 열렬한 마음
— 여성 서사의 아이돌/팬픽-읽기를 통한 나/주체-다시 쓰기　35

프레임 인 러브 — 자본주의 시대의 사랑　62

슈거 하이(Sugar High) — 이유리 소설집 『브로콜리 펀치』　85

신인류의 사랑 — 고선경론　113

2부　　광장에서 손 잡기　135

'나'에서 '우리'로 확장되는 주체
— 2010년대 시를 경유하며　137

'되기'의 움직임, 도정에의 소설　157

지금 '우리'의 이름으로 구축되는 공간　181

'되기'의 움직임, 도정에의 시　212

꿈꾸는 단어를 중얼거리며, 나란히
— '광장 이후'의 시집에 부쳐　237

3부　　시대의 불안, 환상의 증언　259

현실의 잔상으로 유영하기
— 박솔뫼, 이유리, 임선우의 소설을 중심으로　261

감염되지 않은 이데올로기　282

마주침의 장소에 대한 회고
— 필굿 소설이 그리는 안전한 세계의 위험성　297

시대의 초상 — 이서수 소설집『젊은 근희의 행진』　317

증언하는 소설 — SF소설에서의 역사적 재현　336

4부   안-팎을 뒤집는 소설   357

슬픔을 실현하는 이야기
— 정선임 소설집 『고양이는 사라지지 않는다』   359

낙차의 기록 — 성해나 소설집 『빛을 걷으면 빛』   380

모험으로 전복하기
— 이미상, 「모래고모와 목경과 무경의 모험」   402

바로 여기, 뒷장으로부터 — 최미래 소설 『녹색 갈증』   414

미래의 책 — 최진영 소설집 『쓰게 될 것』   432

5부   쏟아지고 넘나드는 시   455

입술을 가르며 '찢는' 말
— 『서랍에 저녁을 넣어두었다』의 파토스적 말하기   457

모서리 허물기 — 김리윤 시집 『투명도 혼합 공간』   468

심약자 주의 — 마음이 약한 사람에게는 정말 스미기에 좋지
— 김복희 시집 『스미기에 좋지』   485

입체 전시 '하이퍼큐비클'을 위한 서문
— 백가경 시집 『하이퍼큐비클』   501

'사이'를 여행하는 히치하이커
— 2018 조선일보 평론 당선작   519

1부

사랑의 이목구비

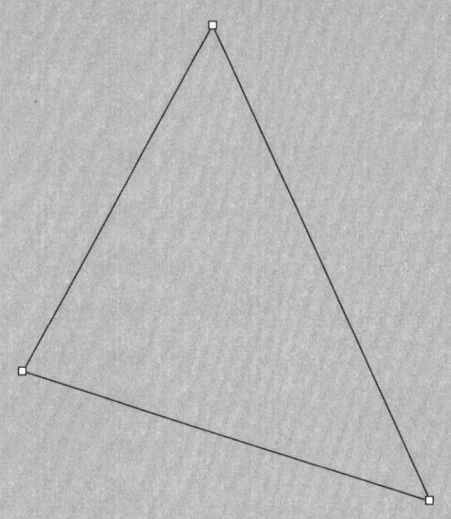

부사를 포함한 공백을 안으며

— 그러니까, 계속해서, 다시, 사랑 말하기

언젠가의 글[1]에서 나는 사랑에 대해 말하는 테리 이글턴의 말을 인용한 적이 있다. "사랑은 궁극적인 자기 인식이며, 제일 소중하고도 유일한 존재 양식이다. 그렇지만 사랑은 수많은 사람들이 지금까지 해 왔고 그만큼 더 많은 사람들이 앞으로 또 하게 될 지겹게도 진부하고 평범한 것이기도 하다."[2] 사랑에 대한 양가성을 분명히 짚어 내는 이 말에는 여전히 공감한다. 그 사이 "지겹게도 진부하고 평범한" 사랑의 면면들을 여러 사례를 통해 다시금 확인하기도 했지만, 나는 아직도 사랑을 찾아

1   소유정, 「아직 내가 알지 못하는 사랑이 있다고」, 《문학동네》 2019년 겨울호.
2   테리 이글턴, 김창호 옮김, 『셰익스피어 정치적 읽기』(민음사, 2018), 46쪽.

기웃거린다. 그 까닭은 아마도, 사람을 깨우는 가장 선명한 감각이 사랑으로부터 비롯된다는 생각 때문일 것이다. 으레 하는 상투적인 표현처럼 두근거리고 설레는 감정이 아니더라도, 튀어 오르는 에로스적 욕망이 아니더라도, 사랑은 생각지도 못한 만큼 아주 작은 구석까지 전에 없던 감각을 일깨운다. 그렇기에 '사랑'이라는 키워드를 전면에 내세우는 작품들에 있어서는 내가 알지 못하는 새로운 자극에 대한 기대와 함께 지극히 관념적이지만 그럼에도 사랑이라고밖에는 말할 수 없는 어떤 것이 무엇일지에 대한 탐구욕으로 책장을 넘기게 된다.

약 1년 정도의 시간을 두고 출간된 천희란의 『우리에게 다시 사랑이』와 손보미의 『사랑의 꿈』 역시 그러한 마음으로 탐독한 책이다. 이들의 소설[3]에서 감각할 수 있던 사랑은 이미 지나온 시절의 일로, 모든 것에서 미숙했던 소녀들의 것이다. 흥미로운 점은 이들에게 사랑이라 명명할 수 있는 감정의 시작이 대개 비슷한 형태로 나타난다는 것이다. 가령 이런 식이

---

3 이 글은 손보미의 『사랑의 꿈』(문학동네, 2023) 중 「불장난」과 「이사」, 천희란의 『우리에게 다시 사랑이』(문학동네, 2022) 중 「카밀라 수녀원의 상속」과 「우리에게 다시 사랑이」를 중점적으로 다룬다. 이후 본문에 인용할 경우 작품명과 쪽수만 표기한다.

다. 아버지, 어머니, 나(딸)로 이루어진 정상 가족에 균열이 생겨(대부분은 아버지의 유책으로) 어머니와 딸만이 남게 된다. 이때 '나'는 아버지의 부재에도 어머니의 온전한 돌봄 아래에 있기 때문에 아무런 변화를 겪지 않는다. 문제는 어머니가 '나' 아닌 또 다른 사랑을 찾아 나설 때 혹은 그에 준하는 다른 대상에 몰두할 때 발생한다. '나'를 향해 있던 어머니의 사랑이 다른 곳으로 옮겨 갈 때, 그 결핍의 자리에는 정제되지 않은, 그러나 사랑의 감정들이 들어차기 시작한다. 각각의 소설에서 이 사랑의 형태는 조금씩 다르지만, 본질에 있어서는 같은 물줄기로 흐른다.

『사랑의 꿈』은 연작소설이라는 이름이 붙은 만큼 손보미가 근래 해 왔던 반복적인 작업의 결과물이다. 예외적으로 「사랑의 꿈」을 제외한 다섯 편의 소설에서는 이미 어른이 된 화자가 자신의 어린 시절을 회상하고, 자연스럽게 여자아이 화자와 자리를 바꾸어 그 시절 '나'의 작은 세계를 몽땅 흔들 만큼 큰 것으로 여겨졌던 사건과 관련된 장면들을 서술하는 식이다. 소설 속에서 재차 언급되는 '정우맨션'에 살았거나 그 주변 아파트에 살았던 '나'들, 소녀들의 이야기는 비슷한 구도를 갖고 있어 살짝 지루하게 느껴질 법하나 제법 당돌하고 되바라진 시선 탓에 따분하게 느껴지지는 않는다. 물론 이때의 화자를 온전히 아이라 말하기는 어려울 것이다. "지금 돌이켜 보면"(359쪽)과 같은 말처럼 필요한 때에 삽입되는 어른 화자의 서술도 있지만, 이러한 목소리가 방해 요소로 작용한다기보다는 오히려 손보미의 화자를 더욱 매혹적으로 만든다. 어린 시절의 '나'로서는 금기시되었던 영역, 그러니까 부모의 눈을 벗어난 어딘가(예컨대 사랑)를 향한 발칙한 욕망이 지금의 아이-어른 화자를 통해 낱낱이 드러나고 있기 때문이다.

「불장난」에서의 욕망은 '나쁜 짓'에 대한 직접적인 수행이 아닌, 그것의 '발각'에 있다. 예를 들어 열두 살 때 같은 반 친구인 양우정에 대한 소문을 확인하기 위해 친구들을 속이고 숙직실로 향하던 날, 그 소문들이 "완전무결한 사실, 조금의 빈틈도 없는 완전한 진실의 모습을 하고 있기를 바랐던"(102쪽) 까닭 역시 그 때문이었을 것이다. 발설할 수 없는 장면을 확인하고, 자신에게 발각됨으로써 뒤따르는 것들, 그러니까 양우정의 관심이나 조심성 없이 떠들어 대는 친구들 사이에서 느끼는 '진짜'에 대한 우월감 같은 것을 '나'는 조금은 기대했을 것 같다. 하지만 숙직실 안, 두 개의 문을 열어 마주한 양우정과 친구들은 음탕한 소문과 달리 패션쇼 같은 저들만의 놀이를 즐기고 있을 뿐이다. 그것이 '나'의 눈에는 "너무 처량하고, 궁상맞고, 우스꽝스러운 흉내처럼 보였"(106쪽)지만, 그마저도 '나'는 한 번도 해 본 적이 없었기에 끝까지 발을 떼지 못하고 숙직실을 벗어나고 만다.

만일 그때 '나'의 욕망이 아이의 영역을 벗어나 유사 어른의 세계로 편입하는 것이었다면, 그날 양우정과 친구들의 외침에 힘입어 그들과 같이 우스꽝스러운 런웨이를 마쳤을지도 모른다. 하지만 '나'에게는 엄마의 취향이 고스란히 들어간 스타일링을 벗어나 어른을 흉내 낼 용기조차 없었거니와 그것을 진정으로 원하지도 않았기에 끝까지 수행할 수 없었던 것으로 보인다. "어설픈 흉내"(107쪽)가 아닌, '나'의 독자적인 불장난이 시작된 건 소파 밑에서 아버지의 라이터를 발견한 이후부터다. '나'에게 그것은 발견인 한편, 일종의 발각으로 여겨지는데, "내 앞에 절대 드러내서는 안 된다고 판단한 물건"을 들켜버린 아버지의 "허술함"과 "무신경함"(114~115쪽)이 자신에게 '발각'되었다고 느끼는 탓이다. 때문에 여름 내내 벌어진 '나'의 불장난은 어쩌면 자신에게 무신경해진 아버지의 관심을 다시 이전으로 돌리기 위한 것이었는지도 모른다. 들키지 않기 위해 철저하게 숨기고는 있지만, 불장난이 발각된다면 그것은 언제부턴가 아버지가 무심했었다는 사실이 밝혀지는 것이었기에, 이전처럼 '나'에게 철저했던 아버지를 되찾을 수 있을 테니 말이다.

하지만 여름이 지나도록, 라이터 기름이 거의 다 닳도록 아버지는 "내가 참고서를 다 태워 먹었다는 사실도 알아차리지 못했다"(124쪽)는 점에서 '나'의 계획은 실패로 돌아간다. 그 후 '나'는 기름이 얼마 남지 않은 라이터를 "스스로 봉인"(127쪽)한다. 어린 날의 불장난은 그렇게 아무도 모르게 끝날 줄 알았으나, 발각의 기회는 중학생 때 참가한 글쓰기 대회 이후 찾아온다. "그게 마땅히 내가 해야 하는 일, 거부할 수 없는 본분처럼 느껴졌고, 심지어는 조급증이 날"(121쪽) 정도로 다급하게 쓴 열두 살의 불장난에 대한 글은 학교 대표 글로 선정되어 반 친구들 앞에서 낭독할 기회를 얻게 된다. 예상 밖의 전개에 당황한 것도 잠시, '나'는 "원고지에 쓰이지 않았던 부분들을 즉흥적으로 채워 넣으면서"(129쪽) 낭독을 마친다. "작은 소각로와 불탄 종이의 흔적이 여전히 남아" 있을 것이며 "그래서 언젠가는 그게 꼭 발각되기를 원한다"(130쪽)는 것이 원래의 글에는 쓰이지 않았다는 사실을, 그것이 정말로 진짜가 아니라는 사실을 아는 이는 얼마 되지 않는다. '나'와 어쩐지 미묘한 표정으로 변한 선생님, 그리고 독자뿐이다. 또한 그것이 '나'의 진짜 욕망이었다는 걸, 자신의 입을 통해 끝내 발각되었다는 것을 아는 이 역시도 우리뿐일 것이다.

「불장난」에 대한 이야기를 조금 더 해 보자. 주인공이 싱크대에서 옥상에 이르기까지 불장난을 진행하는 일련의 장면들은 이 소설을 비롯해 『사랑의 꿈』에서 소녀 화자들이 어떻게 사랑을, 자신의 욕망을 감각하고 있는지에 대한 힌트로 읽을 수 있기에 주목할 만하다. 아버지의 라이터를 손에 넣은 '나'는 그녀(새어머니)가 쓴 메모지를 불에 태우고 깜짝 놀라 수도 꼭지를 튼다. 불길이 꺼지고 물길 속에 재가 사라지는 걸 보며 '나'는 생각한다. "물이 없는 곳으로 가야 해."(116쪽) 물이란 무엇인가. 지금의 '나'의 불길을 단번에 꺼뜨릴 수 있는 것, 불길보다 더 확실하게 '나'를 축축하게 만들 수 있는 것. 그러나 그것이 없는 곳에서도 단지 기억만으로도 '나'를 흠뻑 젖게 만드는 것. '나'에게 있어 물은 "수치심과 굴욕감, 이물스러움과 꼴사나운 천진함 기타 등등"(120쪽)으로 점철되어 자신을 수치스럽게 만들었던 숙직실에서의 기억과 연관된다. 그것은 양우정에게 품었던 관심과 그 애의 소문에서 비롯된 은밀한 마음과도 무관하지 않다. 아파트 옥상에서의 불장난을 지속하며 '나'

는 그날 느꼈던 모든 수모에서 "어느 때보다 안전하다"(같은 쪽)고 자위한다. 하지만 "이십오 층의 옥상 문 앞에 도달했을 때, 두 다리는 후들거리고 머리통은 뜨거웠으며 온몸은 땀투성이였다."(117쪽)라는 서술처럼 불장난을 시작하기도 전에 흠뻑 젖어 버린 '나'의 모습에서 이 불장난이 끝내 실패로 돌아갈 것임을 확인할 수 있다.

「불장난」의 한 장면으로 살펴보았듯 물은 『사랑의 꿈』의 어린 화자들이 사랑을 감각하는 주요 키워드이다. 가령 「이사」에는 이런 서술도 있다. "나는 요즘도 그날 밤을 종종 떠올려 보곤 하는데, 이상하게도 그 장면 속에서 어머니는 이제 막 물속에서 나온 사람처럼 느껴질 때가 있다. 머리카락이 젖어 있거나 옷에서 물방울이 떨어지는 건 아니었다. 그건 순전히 느낌의 문제였다."(335쪽) 새로운 사랑에 빠진 어머니는 '나'의 눈에 "물속에서 나온 사람처럼" 여겨진다. 「불장난」의 '나'처럼 흠뻑 젖어 있는 모양새는 아니지만, 어째서인지 묘한 들뜸과 물기 어린 마음에서 배어 나오는 축축한 느낌을 준다는 것만으로도 이는 상당히 에로스적으로 읽힌다. 게다가 한 영화의 제목(「Shape of water」)과 같이 모양을 한정할 수 없다는 점에서 물과 사랑의 속성은 닮아 있기도 하다. 이렇듯 물이 어느 때엔 눈에 보이지 않는 감정 그 자체로, 또 어느 때에는 온몸을 젖게 만드는 땀으로 모양을 바꿀 수 있는 것이라면, 「이사」에서는 눈물로 나타난다. '나'를 돌봐 주던 중학생 언니였던 그녀가 갑작스레 해고되는 것뿐만 아니라 이사로 인해 그녀와 정말로 헤어지던 날, 그녀는 내게 "새집 주소"를 알려 주면 "편지"를 쓰겠다며 그 이유를 말한다. "나는…… 너를 사랑하니까."(343쪽) 이 고백은 『사랑의 꿈』에서 거의 유일하고도 분명한 사랑 고백이지만, 아이러니하게도 가장 신뢰할 수 없는 말이기도 하다.[4] 어쨌거나 이 말은 '나'를 "고장난 수도꼭지"로 만들고, "내 신체가 세로로 정확하게 이등분되어서 한쪽 발끝에서부터 한쪽 머리통까지 물컹한 물질로 가득 차는 것 같은 기분"(344쪽)마저 들게 만들었다는 점에서 '나'에게는 너무나도 유효한 사랑 고백임과 동시에 '나'의 사랑을 확인하게 하는 마법과도 같은 주문으로 작용한다. 끊임없이 흐르는 눈물이야말로, 애달픈 사랑의 증표일 것이다. 이 눈물은 이후 '나'의 병

---

[4] 이는 "허언증"(320쪽)에 "거짓말쟁이"(321쪽)라는, 그녀를 향한 어머니의 평가 때문일 수도 있지만, '사랑'이라는 말이 '나'에게는 가장 필요했다는 걸, 영리한 그녀가 모를 리 없다는 판단에서다. 하지만 이러한 해석적 판단 역시 아이 화자와는 이미 거리가 먼, 어른 독해자의 시선이기에 온당하지 않을 수 있음을 인정한다.

부사를 포함한 공백을 안으며

문안으로 그녀에게 전이된다. 왜 우냐는 '나'의 물음에 "모르겠어. 니가 와 줘서 그런가, 그냥 눈물이 나네."(359쪽)라는 말은, 이때까지 그녀에 대한 진실한 판단을 유보했던 '나'에게 어떤 확신을 안긴다. "이 세상 그 누구도 그녀만큼 나를 사랑한 적은 없다고. 그리고, 앞으로도 그런 사람은 없으리라고. 그러므로 그녀가 허언증 환자에 거짓말쟁이라고 할지언정, 아니 바로 그 이유 때문에 그녀의 매 순간순간은 진실에 가까울 수 있으리라고."(359쪽) 곧바로 뒤에서는 '지금 돌이켜 보면'으로 시작하는 어른 화자의 목소리가 끼어든다. "지금 돌이켜 보면 그건 어린아이나 할 법한, 이치에 맞지 않는 망상에 불과했지만, 그날 그 병실에서만큼은 내가 받아들여야만 하는 유일무이한 세계같이 느껴졌다."(같은 쪽) 지금에서야 망상과도 같지만, 그때만큼은 그녀의 눈물이 유효한 진실처럼 느껴졌던 까닭은 그것이 '나'에게 꼭 필요한 "유일무이한 세계", 그러니까 바로 사랑이었음을 명징하게 감각했기 때문이었을 테다.

그렇다면 천희란의 경우는 어떤가. 천희란의 소설에서 정상 가족의 해체로 어머니와 딸만 남은 관계에서 돌봄 또는 사랑이 부재하는 순간, 그 자리를 채우는 것은 성애적 관계에서의 축축함이 아닌, 아주 단단한 결속이다. 마치 카밀라의 거대한 저택처럼. 「카밀라 수녀원의 유산」의 배경이 되는 카밀라의 저택은 "출신도 사연도 알 수 없는 여자들"(12쪽)이 모여 사는 곳이라며 동네 사람들의 멸시를 받지만, 엄연히 "여성들만을 위한 복지시설"(15쪽)로 그곳을 필요로 하는 이들에게는 더 없이 소중한 공간이다. 아홉 살의 라우라에게도 그랬다. 새아버지의 극심한 가정 폭력과 살해 협박에 어머니와 도망쳤던 어느 밤, 라우라는 저택에 발을 들이며 그 안의 일원이 된다. 저택에서의 안온한 삶을 꿈꾸던 라우라와 달리 사실 어머니는 그 단단한 저택의 담장과는 거리가 먼 사람이었다. "그녀에게 저택이라는 공동체는 가족이 아니었"으며 "그녀와 라우라를 지극한 사랑으로 보살펴 줄 진짜 가족"(23쪽)을 필요로 했다. "겨우 자기 자신을 지탱할 뿐이어서 언제든 흔들릴 준비가 되어 있는 여자, 미풍에도 무너져 버리는 허술한 벽과 같은 여자"(같은 쪽)가 곧 라우라의 어머니였다. 이는 "어머니로부터 자유로워지는 것. 어머니의 불행의 일부가 되지 않는 것. 어떻게든 저택을 떠나는 않는 것."(같은 쪽)이라는 라우라의 욕망과 충돌하는 것으로, 욕망의 실현을 위해 라우라는 어떻게든 어머니와의 관계를 끊어 내야만 했다. 그리하여 어머니가 저택을 떠나려던 밤, 라우라는 마침내 자신의 손으로 어머니를 살해하고 만다. 이후 어머니의 죽음을 거짓으로 고백("그 남자가 엄마를 죽였어요.", 9쪽)하는 라우라에게 카밀라는 "이제 진실을 말해"(10쪽) 보라 말한다. 진실과 정교한 거짓말 사이, 갈등하는 라우라를 향해 구원의 손길을 내미는 건, 진실을 가장한 거짓말이다. "나도 아주 오래전에 내 엄마를 죽였단다."(29쪽) 물론 카밀라의 말이 거짓으로 밝혀진 건 그녀의 죽음 이후이나 그때의 그 말이 라우라를 저택 바깥으로 내치지 않고 품어주는 연대의 손길이었다는 사실은 자명해 보인다. 또한 이러한 손길이 그날 밤, 카밀라와 라우라 사이에서 처음 시작된 것은 아닐 테다. 우리가 알지 못하는 아주 오래전의 이야기부터 지금까지, 말 그대로 상속되어 온 어떤 것들로 카밀라의 저택은 더욱이 단단해졌으리라.

소설의 말미에서 또 다른 카밀라(라우라와 베르타의 딸)는 상속에 대해 이렇게 말한다. "본래 상속이란 그런 것이다. 가치가 명확한 유산만을 물려받을 수도, 물려받기를 원하는 것만을 선택적으로 물려받을 수도 없다. 그러나 우리는 우리가 물려받은 것을 어떻게든 책임져야 한다. (……) 이 빚을 짊어질 다른 누군가에게 떠넘길 수도 있을 것이다. 그 방법이 무엇이든 간에, 선택해야 한다. 어떻게든 그것에 대한 책임과 대가를 치러야만 하는 것이다. 이 거대한 저택의 유산을 어떻게 책임질 수 있을 것인가. 어쩌면 그 숙제야말로 내가 물려받은 가장 큰 유산이리라고, 나는 생각한다."(35쪽) 지금의 카밀라가 상속받은 것은 무엇인가. 그것은 '카밀라'라는 이름 그 자체이다. "새롭게 만난 누구라도 카밀라일 수 있"(15쪽)다는 것, 그 이름 아래 모두가 카밀라가 되어 저택을, 그 안의 존재들을 보호하는 것이야말로 가장 큰 상속일 테다. 무거운 이름을 짊어지고 "이제야 겨우"(35쪽) 시작되는 이야기는 쉽게 끝나지 않을 것 같다. 유구하게 이어져 온 공동체적 연대의 시간만큼이나 단단하게 쌓아 올린 사랑의 문이 이제 막 열렸으니 말이다.

사랑에 대한 정의는 수도 없이 많을 테지만, 소설의 표현을 빌리자면 이렇게도 말할 수 있을 것 같다. "그러니까 계속해서 공백을 포함하며 앞으로 나아가는 것."(「첫사랑」) 사랑에 있어서 공백은 여러 형태일 수 있다. 이별로 인한 사랑하는 이의 부재일 수도, 타인이 채워 주지 못하는 한계 너머의 결핍일 수도 있다. 공백을 포함하고 있다는 점에서 이는 불완전한 사랑일 수도 있다. 그러나 사랑에 있어서 무엇보다 중요한 것은 공백이 아닌, '그러니까' '계속'하며 '앞으로 나아가는' 마음에 있다. 채워지지 않는 빈자리를 내내 들여다보면서도 좀처럼 멈추지 못하는 마음, 내가 아는 가운데 그것을 설명할 수 있는 가장 적확한 단어는 사랑뿐이다.「우리에게 다시 사랑이」는 제목에서부터 공백을 포함한다. 가스라이팅과 폭력으로 점철된 연인 관계에서의 경험을 자기 고백적으로 풀어내는 소설의 분위기로 보아하니, 그 공백을 채우기란 쉬운 일이 아니다. 끝나지 않는 문장 뒤에 비어져 있는 술어 자리를 채울 수 있는 말이 무엇이 있을까 싶지만, 앞서 인용한 문장에서의 '그러니까', '계속'과 같이 '다시'라는 부사 때문에 어쩐지 그럼에도 긍정해 보는 말들을 떠올리게 되는 것이다. 그 까닭은 천희란이 이 소설에서 우리에게 궁극적으로 보여 주는 사랑이 자기 회복에 있기 때문이다. 소설에서 '나'는 과거 기울어진 연인 관계에서의 을이자 가스라이팅 피해자였던 자신을 '그녀'라 지칭하며 현재 시점에서 과거를 반추하는 것으로 이야기를 들려준다. 시점과 서술자를 두 갈래로 분화했다는 점에서 이는 의도된 거리 두기인 것처럼 보이지만, 동시에 이는 '나'와 '그녀'가 떼려야 뗄 수 없는 존재임을 확인하는 것이기도 하다. 그리하여 '나'와 '그녀'가 다시 '우리'로 합치되는 순간은, 일방적인 만남과 헤어짐으로 지속되어 온 지긋지긋한 관계를 끝내기로 마음먹었던 때다. "그가 죽거나 내가 죽지 않는 한 이 관계는 끝나지 않을 것"(104쪽)이라는 생각, 생각 끝에 '우리'가 죽기로 마음먹었던 그때. 죽음으로 이어지지는 않았지만, '우리'의 자살 시도는 아무것도 확신할 수 없었던 때, 모든 판단마저 흐릿하던 날들에서 "무엇보다 확실했던 고통"(105쪽)이었다.

"오래전에 쓴 내 두 번의 삶에 관한 이야기"(109쪽)를 게재 요청했다는 언급에서 '나'의 소설은 「우리에게 다시 사랑이」와도 겹쳐 보인다. 두 번의 삶에 대한 복기를 통해 '나'는 '그녀'를 결코 버릴 수 없으며 '우리'라는 이름으로 품어야 하는 기억이라는 것을 깨닫게 된 것만 같다. 이 소설은 고통뿐이었던 사랑에 대한 폭로에 그치지 않으며 '우리'라는 존재의 인정과 확인으로 유효하다. 그렇기에 「우리에게 다시 사랑이」 그 자체로 자기 회복의 증거가 된다. 소설에서 화자가 분명하게 '사랑이었다'고 언급하는 부분은 소설의 끝에 있다. "나는 아무것도 의심하지 않았다."(110쪽) "내가 사랑한 것이 그였는지 그가 내게 준 고통이었는지", "내 사랑이 자기기만의 결과였는지 광기였는지"(같은 쪽) 의문을 품을 것은 많았고, 그것은 그대로 공백을 이루었지만, 의심 없이 그대로 나아가는 것으로 '나'는 자신의 사랑을 지켜 왔다. 그 끝이 아름답지 않았다고 하여 어떠한 기대도 지워 버리고 싶지는 않다. '우리에게 다시 사랑이'라는 제목이 품고 있는 공백에는 그것을 그대로 품고 나아갈 수 있는 '우리'의 힘이 있다는 것을 확인했으니. '우리에게 다시 사랑이 올까?'라는 의문은 '올 것이다'라는 추측으로, 그리고 마침내 '온다'는 마침표를 찍을 수 있게 되었다.

이토록 열렬한 마음

— 여성 서사의 아이돌/팬픽-읽기를 통한 나/주체-다시 쓰기

이게 사랑이 아니면

사랑은 "둘이 등장하는 무대"[1]라는 알랭 바디우의 말은 잘 알려져 있다. '두 사람'과 '하나의 무대'가 필수적인 까닭은 사랑이란 "둘의 관점에서 형성되는 하나의 삶"[2]이기 때문이다. 보편적인 사랑의 경우, 즉 한 사람에 한 사람이 일대일로 대응되는 사랑이라면 이 문장에 들어맞겠지만, 모든 사랑의 형태가 바디우의 말에 정확히 부합할 수는 없을 것이다. 가령 아이돌과 같은 선망의 대상을 향한 일 대 다수의 사랑이라면? 이

---

1   알랭 바디우, 조재룡 옮김, 『사랑 예찬』(길, 2010), 41쪽.
2   위의 책, 같은 쪽.

경우에 우리는 어떤 사랑의 무대를 그려 볼 수 있나. 그러한 사랑을 하는 이들에게 묻는다면 돌아오는 대답은 아마 이렇지 않을까 싶다. "이날은 코스모스축제. 아마 이날이 작년 가을 중에 제일 날씨가 좋은 날이었을 거예요. 그리고 무엇보다 중요한 건, 보통 행사에선 미니 1집 타이틀곡이랑 후속곡, 미니 2집 타이틀곡 이렇게 세 곡을 했는데, 여기선 하나를 더 추가로 불렀다는 거죠. 미니 2집 3번 트랙."[3] 대중의 관심을 받는 이들을 사랑하는 사람들은 자신에게 허락된 무대는 생각하지 못한 채, 사랑하는 그가 있던 무대만을 떠올린다. 그리고 그들이 무대 위에서 가장 빛났던 날짜를 끊임없이 나열하며 떠오르는 장면들에 행복해한다. 그렇다면 둘이라는 사랑의 무대가 성립이 되지 않는다고 해서 이들의 사랑은 사랑이 아니라고 할 수 있을까. 다시 한번 바디우의 말을 빌려 "무엇보다도 지속되는 하나의 구축"[4]을 이루는 것이 사랑이라고 할 때, 이들의 사랑이 구축하는 것은 무엇인가.

'케이팝 라이프'를 커버스토리로 한 《릿터》 11호는 케이팝을 사랑해 삶의 원동력으로 삼았고, 그 사랑이 여전히 현재진

---

3 이희주, 『환상통』(문학동네, 2016), 150쪽.
4 알랭 바디우, 앞의 책, 42쪽.

행 중인 이들만이 쓸 수 있는 주제였던 덕분에 풍성한 글로 가득했다. 티케팅 전쟁, 공개방송, 홈 마스터 등을 주제로 한 플래시 픽션도 재미있었지만, 무엇보다 마음이 간 건 케이팝을, 정확히는 케이팝 라이프를 이끄는 대상에 대한 사랑을 말하는 독자들의 수기였다. 저마다의 다른 대상을, 또 다른 사랑의 순간을 말하지만, 그들의 목소리를 모아 보면 분명 겹쳐지는 지점이 있었다. 최근 《언유주얼》 6호를 읽으면서도 마찬가지였다. 6호의 키워드는 '덕', 무언가를 열렬히 사랑하는 마음과 그 영향에 대해 살피는 기획이었다. 《릿터》와 같이 '케이팝'에 한정되어 있진 않으나 《언유주얼》에서도 대상을 향한 뜨거운 사랑을 분명히 확인할 수 있었다. 두 책에서 필자들이 우직하게 걸어가는 사랑의 길은 저마다 갈래가 다르지만, 모두가 만날 수 있는 교차로가 있다면 그것은 '나'라는 주체였다. 사랑하는 대상을 말하는 일은 그들에게 있어 '나'를 말하는 일과 같으며, 그들이 일대일로 대응되지 않는 사랑으로 끊임없이 구축하는 하나의 무언가는 바로 '나'였던 것이다. "그렇게 내가 사랑하고 좋아했던 것이 곧 내가 되고, 내 삶의 역사가 된다."[5]

---

5   정지우, 「무언가를 사랑하여 자신을 이루는 일」, 《언유주얼》 6호, 2020.

라는 말은 이런 형식의 사랑에 빠진 이들을 설명할 수 있는 가장 정확한 문장이었다.

이렇듯 어떤 대상을 사랑하고 좋아하는 일이 '나'를 이루는 것이며 '나'를 설명할 수 있는 것이라면, 최근 한국문학에서 그것을 소설로써 기록하는 이들의 이야기를 짚어 볼 필요가 있지 않을까. 그들의 언어가 사랑에서 비롯된 것이라는 점, 사랑의 언어로 부르는 이름과 기록하는 감정들이 어떻게 자신을 구축하고 '나'라는 주체를 쓸 수 있게끔 하는지를 주목한다면 누군가에게는 이해되지 않을 사랑도 조금은 이해에 닿을 수 있지 않을까.

아카이브로서의 호명과 기록

팬덤에 대한 개인의 핍진한 경험이 녹아 있는 소설을 꼽아 볼 때, 가장 앞에 둘 수 있는 것은 박사랑의 『우주를 담아 줘』(자음과모음, 2019)일 것이다. 이 소설이 30대 여성 디디, 앵, 제나의 일과 사랑, 우정을 담고 있다는 점에서 혹자는 정이현의 『달콤한 나의 도시』(문학과지성사, 2006)를 떠올릴 수도 있을 것이다. 그러나 정이현의 소설 속 인물들과 이들이 명백히 다른 점은 디디, 앵, 제나의 삶의 동력이 '덕질'이라는 것일 테다. 아이돌 팬덤 문화가 성행하기 시작한 1990년대 후반에서부터 2000년대 초반까지, 팬덤 문화를 이끌어 가는 주류 계층으로 지목되었던 10대 여성에 해당되었을 그들은 20년이 지난 지금도 여전히 팬덤 생활의 중심에 있다. 다만 차이가 있다면 이제는 각자 다른 일상을 살고 있다는 것, 그때의 '오빠'가 아닌 다른 아이돌을 좋아하고 있다는 것, 그리고 "티케팅에 실패하면 웃돈을 주고라도 티켓을 살 수 있는 자금력을 갖췄고, 국내 공연에 실패하면 해외 공연에 갈 수 있는 행동력"(14쪽)을 갖추었다는 사실이다. 덕질의 연륜이 깊은 만큼이나 자연스럽게 흘러나오는 전문용어들에 거부감을 느끼는 이도 있을 테지만, 앞서 팬덤 문화를 가장 핍진하게 그린 소설이라고 말했듯 아이돌 덕질의 세계가 낯선 독자들을 위한 작가의 배려가 각주로 녹아 있으므로 망설이지 않아도 괜찮다. '포도알'(콘서트 좌석을 가리키는 은어), '이선좌'('이미 선택된 좌석입니다'의 준말), '덕통사고'(우연히 아이돌을 보고 빠지게 되는 순간을 뜻하는, '덕질'과 '교통사고'의 합성어) 등 덕질의 세계에서 통용되는 용어의 설명이 더해져 있는 친절한 소설이라는 점은 이 작품의 특징이기도 하다.

그렇게 '포도알'은 빛났다 사라지고 눈앞에 남은 것은 '이선좌'를 알리는 팝업창일지언정, 자신의 아이돌에게 매일같이 '덕통사고'를 당하는 행복한 나날을 보내던 '나'(디디)를 멈칫하게 만든 하나의 사건은 '구(舊)오빠' 유야의 죽음이다. 이마무라 유야. '나'는 그를 구오빠라고 칭하지만 그것은 유야를 더 이상 좋아하지 않기 때문이 아니다. '나'에게 유야는 늘 비워져 있는 옆자리와 같은 존재였으므로. '현(現)오빠'를 목 놓아 부르고 지친 몸으로 집에 들어와 침대에 누웠을 때, 언제나 천장에 붙어 있는 유야의 사진을 마주하면 또 웃음이 나오곤 했다. 그런 유야가 이제 이 세상에 없다니. 그의 충격적인 사망 소식에 '나'는 곧장 일본으로 건너간다. 유야가 숨 쉬며 살아가던 곳에서 오로지 유야만을 생각하며 '나'에게서 떠나보내고 싶은 마음, 사랑에 대한 정확한 애도를 하기 위함이다.

현오빠의 유무와는 무관하게 일상을 멈추고 일본으로 갈 만큼 '나'에게 유야가 특별한 이유는 두 가지다. 첫 번째는 앵과 제나와 함께가 아닌, 오로지 혼자 좋아했던 아이돌이라는 점에서 그렇다. 함께라면 별다른 설명이 필요하지 않았겠지만, 혼자였기에 '왜' 좋아하는가에 대해서 언제나 많이, 정확하게 설명해야만 했고, 설명을 하면 할수록 마음과 감정은 또렷해질 수밖에 없었다. 때문에 언제나 아이돌을 좋아해 왔지만 그 까닭을 가장 잘 말할 수 있는 건 오직 유야뿐이었다. 두 번째 이유는 유야를 좋아했던 시점에 있다. 그동안 좋아했던 아이돌은 '나'와 비슷한 또래였거나 훨씬 어렸다. 말하자면 '나'는 아이돌의 데뷔와 멀지 않은 시점에서 덕질을 시작해 그들의 성장과정을 지켜보는 '프로슈머(prosumer)'로서의 팬 생활에 익숙한 사람이었으나, 유야의 경우 데뷔한 지 14년이나 지난 시점에서 좋아해 버렸기에 궤도에서 어긋난 덕질을 시작하게 된 것이었다. 그렇기에 유야를 좋아한다는 말에 "뭐, 그 아저씨?"(136쪽)하고 묻는 제나에게 '나'는 "그냥 좋아졌어, 그게 원래 그런 거잖아."(같은 쪽)하고 말할 수밖에 없다. 매일같이 새롭고 신선한 떡밥을 기다리는 것이 아니라 이미 지나가 버린 시간 속에 존재했을 사랑을 더듬으며 언제라도 원할 때에 그가 있는 자리로 갈 수 있다는 점에서 유야는 특별했다. '나'가 있는 이 자리에서 그가 있는 자리까지는 물리적으로나 심리적으로나 가늠할 수 없는 거리였으나 유야는 언제나 우리가 이어져 있다고 말해 왔다. 유야의 말로 인해, 기꺼이 그런 말을 해 주는 유야로 인해 '나'는 서울에서 도쿄까지의 거리, 우리 사이의 거리를 채우는 것이 오직 '사랑'임을 실감한다. "도대체 사랑이 아닌 무엇으로 내 마음을 표현할 수 있을까. 늘 그랬듯 사랑뿐이었다. 너와 나 사이, 그 먼 거리를 채우는 것은 사랑밖에 없었다."(139쪽) 이제는 좁혀지고 있는 것인지 확인할 수 없는 걸음을 계속하며 유야에게 가는 길에서 화자는 유야만이 아닌, 그동안 '나'를 스쳐 갔던 구오빠들에 대한 기억을 하나둘 떠올린다. 이 과정은 '나'의 사랑의 방식을 확인할 수 있는 대목이기도 하다.

그들에게는 그들의 이름이 있었지만 나는 나만의 호칭으로 그들을 부르고 싶었다. 그들이 절대 나만의 소유가 될 수 없다는 건 이미 알고 있었다. 그래도 내 안에 있는 그는 분명 단 하나, 나만 아는 그였다. 그것은 당연히 실제의 그도 아니었고 매체에 비치는 그도 아니었으며 주변에서 바라보는 그도 아닐 것이었다. 내가 아는 건 오직 나만의 그였기에 나는 나만 아는 이름으로 그를 부르고 싶었다. 이름을 붙일 때의 원칙이 몇 가지 있었다. 남들도 다 아는 흔한 고유명사일 것, 실체가 있는 사물일 것, 그의 특성을 담고 있지만 쉽게 유추하지 못할 것. 먼지로 꽃을 만들기라도 하듯 나는 내 안의 그를 다듬고 다듬

어 이름을 지었다. (87~88쪽)

    자신만이 알 수 있는 이름으로 새롭게 호명하기. '나'의 언어를 입고 '나'의 사랑으로 다시 태어난 이들의 이름은 다음과 같다. 빈틈없이 꽉 막혀 있는 과자의 형태가 성격과 닮아 붙인 이름 '첵스', 하얗고 달콤하고 푹신한 맛을 떠올리게 하여 붙인 '주주', 그리고 단단한 심지를 가진 여러 가지 색의 사탕을 떠올리게 하는 '츄파'(는 유야의 것이다). 이렇듯 '나'가 부여한 이름으로 사랑하는 이들을 부를 때, 그들은 조금도 훼손되지 않은 채 '나'의 완벽한 사랑의 대상으로 떠오른다. 유야를 '츄파'로 바꾸어 부르며, 또 지난 이름을 하나씩 꺼내 보는 것으로 '나'는 덕질의 역사를 다시금 되짚는다. 지난 사랑을 떠올리는 일은 어쩌면 손대지 않았던 기억의 서랍을 열어 보는 일이기도 하다. 그 안에 있는 기억 중 온전한 것은 거의 없다. 떨어져 나간 기억들도 분명히 있다. 그렇게 내게서 탈각된 기억은 타인에 의해 불쑥 튀어나와 내가 그것을 잊고 있었다는 사실마저도 모른 채 살아가고 있었다는 것을 깨닫게 해 삶을 흔들어 놓기도 한다. 그럼에도 '나'가 스스로 열어 보이는 기억의 서랍 속에서 여전히 선명하게 반짝이는 건 '나'의 언어로 호명할 때 더욱 진해졌던 그들에 대한 사랑이다.

과거와 현재 그리고 미래가 연속적인 시간의 선에서 겹쳐지는 순간은 없지만, 덕질의 세계에선 존재한다. '구오빠'와 '현오빠' 그리고 '새오빠'가 한 자리에 모이는 시간이다. '나'와 앵, 제나는 그 자리에서 기다렸다는 듯 덕통사고를 당하고 정말 오랜만에 한 그룹의 덕질을 새롭게 시작한다. 각자 다른 멤버를 좋아하지만 그들이 붙인 애칭은 '여름이' '가을이' '겨울이'로 계절에서 가져온 이름이다. 그러나 '나'는 여전히 "나만이 부를 수 있는 이름"(267쪽)을 고르고 있다.

> 나는 요즘 우리 겨울이에게 줄 이름을 찾는 중이었다. 오직 나만이 부를 수 있는 이름으로 너를 부르고 싶었다. 초콜릿을 좋아하는 아이니까 초콜릿 종류 중 하나였으면 좋겠어. 트윅스, 허쉬, 가나, 엠엔엠즈, 페레로로쉐, 킷캣, 키세스, 초콜릿 이름을 줄줄이 나열하며 겨울이에게 가장 어울릴 만한 것을 고르고 또 골랐다. 급할 필요는 없었다. 나는 겨울이를 아주 오래, 길게, 진득하게 보고 싶으니까. (같은 쪽)

"꿈 없이 일상에만 갇혀 살아가는 내게 그들은 우주를 건

네주었다"(같은 쪽)면 '나'가 줄 수 있는 건 무한한 사랑과 한 사람에게만 유효한 이름이다. '나'의 아이돌인 그들이 "별이고 꿈"(같은 쪽)이라면 박사랑의 소설은 이름 없는 행성을 발견한 과학자의 마음으로 그들에게 유일한 사랑의 이름을 증여하고자 한다.

사랑하는 대상에 대해 그에게만 유효한 이름을 지어 주는 것이 박사랑의 소설에서 포착된 사랑의 방식이라면, 이러한 언어의 쓰임은 이희주의 『환상통』(문학동네, 2016)에서 보다 확장되어 나타난다. 『환상통』은 3부로 나뉘어 세 명의 '나'에 의해 쓰이는데, N 그룹의 멤버 M을 좋아했던 m과 만옥, 그리고 만옥을 사랑한 민규가 각 부의 화자이다. 사랑했던 대상에 대해 일인칭시점으로 서술되는 이야기라는 점에서 각 부는 공통점을 갖지만 이들의 태도는 각기 다르다. 만옥은 그가 좋아하는 아이돌 멤버 M의 실제를 좇고, 만옥을 사랑하는 민규는 자신이 보지 못한 만옥의 모든 부분, M을 사랑하는 만옥의 모습까지도 알고 싶어 하고 이해하고자 한다. 우리가 좀 더 눈여겨보아야 할 것은 사랑의 대상에 대해 모든 부분을 기록하고 기술하는 것에 몰두했던 1부의 화자, m의 이야기다. 앞서 박사랑의 소설에서 화자인 '나'가 자신만이 부를 수 있는 이름을 사랑의 대상에게 증여했다면, 이희주의 소설에서의 m은 보다 체계적으로 자신의 쓰기를 개진해 나간다.

m이 자신의 언어를 만들어 나가는 과정은 네 단계로 정리할 수 있다. 첫 번째는 무한히 '아름답다'고 말하는 것이다. 하지만 멤버들의 어제와 오늘의 아름다움, 1분 전과 10초 전의 아름다움이 같지 않듯, m에게 있어 아름답다는 말은 사랑을 표현하기 위한 완벽한 수식어가 아니다. "인양된 조각상에서 따개비를 긁어내듯, 언어를 긁어내야겠다는 생각"(39쪽)은 그로부터 발아된다. "그들의 실존도, 또 그 앞에서 압도되는 나의 감정도 해치지 않을 다른 질서의 언어"(39~40쪽)를 찾기 위한 여정의 시작이기도 하다. 하지만 처음부터 자신만의 언어를 갖기란 쉽지 않은 일이므로, m은 쓰기 이전에 우선적으로 읽기를 행한다. 아름답다는 말이 아니더라도 자신의 감정을 표현할 수 있는 "사랑에 대한 미문을 빌려오는 일"(40쪽)을 시도하는 것이다. 그렇지만 사랑에 대한 수많은 텍스트 중 m의 마음을 정확히 설명해 줄 수 있는 것이 얼마나 될까? 아이돌을 향한 사랑이라는 특수성을 감안하더라도 그가 읽어 온 연애소설이나 짝사랑을 그리는 소설 중에서 자신의 마음에 부합하

는 텍스트는 존재하지 않았다. 그나마 견디고 읽을 수 있었던 건 남성 퀴어 소설이었지만, 여성인 자신을 어느 쪽에도 대입해서 읽기가 어려웠다는 점에서 그는 다른 텍스트를 찾아 나선다. 그리하여 m이 선택한 것은 자신과 M을 대입하여 읽을 수 있는 오독 가능한 문장들이다. 그것은 꼭 사랑에 대한 텍스트에서만이 아니라 때로는 요리책, 역사책, 또는 성서에서도 빌려올 수 있었다. 이쯤 되면 m의 읽기 작업은 오독을 위한 읽기에 다름 아닌 것처럼 보인다. 그러나 오독함으로써 오히려 어떤 말보다 정확하게 자신의 사랑을 표현할 수 있다는 아이러니가 효과적인 읽기와 기록을 가능하게 한다. 그런데 어째서일까. m은 오독한 문장을 기록하는 것에 만족하고 있었지만 어째서인지 자기 자신조차도 알 수 없는 이유로 쓰기를 위한 다음의 단계로 넘어간다. 정확한 이유는 알 수 없지만, 이 과정에서 m의 무의식에 쓰기에 대한 욕망이 강력하게 작동했을 것으로 보인다. m이 사랑의 대상을 기록하는 일을 망각에 대한 저항으로 여겼듯("나는 그들로 인해 기록하는 것이 나의, 아니 망각하는 모든 인간이 해야 할 저항이라는 걸 알았고, 설령 망각에 패배하더라도 우리의 의무라는 걸 알았거든요.", 141쪽) 망각하지 않기 위해 기록하는 수단인 언어가 온전히 자신의 것이어야 한다는 욕망이 지배적이지 않았을까. 분명한 이유는 알 수 없지만 m은 더 이상 타인의 말이 아닌 그만의 "새로운 언어"로 "나만의 사전을 편찬"(45쪽)하기 시작한다. 여기에서 중요한 사실은 m이 새로이 쓰는 단어들이 N 그룹 전체가 아닌 멤버 M만을 향해 있다는 것이다. 오직 "단 한 사람만을 위한 글"(46쪽)로서 m의 사전은 유효성을 갖는다. N 그룹 전체에 애정을 품고 있긴 하지만 같은 단어를 M이 아닌 다른 멤버에게 적용할 때 그것은 같은 뜻을 갖지 않는다. 즉 사전의 기의는 M을 설명하기에만 적합하며, M이 아닌 다른 이로 바꾸어 읽는 오독의 여지를 전면 차단하고 있다는 점에서 m은 읽기의 경계를 넘어 완전한 쓰기의 영역에 도달한다. 그만의 언어로 새롭게 쓴 단어 몇 가지를 옮겨 보면 이렇다.

눈

1. 마주치는 순간 너의 눈은 갈고리처럼 내 심장을 꿴다. 나는 청새치처럼 네 배에 매달려 살을 다 뜯겨도 좋다. 가지려거든 나의 백골을 가지렴. 너로 인해 순결하고 깨끗해진 내 뼈를.

2. 가장 아름다운 것. 할 수만 있다면 그걸 뽑아 목에 걸

고 다닐 텐데. 마른 꽃잎처럼 로켓에 넣어 나의 살과 맞닿는 곳에 품고 다닐 텐데.

(……)

외국인 애인

내게 필요한 것. 가능하면 모든 언어로 너에 대해 얘기하고 싶다. 만약 내가 외국어로 아름답다고 말한다면, 그건 처음으로 너만을 위해 사용될 말이고 그렇기 때문에 그것은 새로우면서 가장 정확한 표현이 될 것이다. (유) 딸기밭 (47~50쪽)

m의 쓰기는 그것이 '사랑'에서 출발한 다시 쓰기라는 점에서 사랑의 기호를 매만지고 그것을 재정의했던 롤랑 바르트의 『사랑의 단상』과 깊은 유사성을 갖는다. 그러나 사랑으로부터 파생된 단어들에 천착하는 것이 롤랑 바르트의 일이었다면, m의 쓰기는 자신을 이루는 일상의 단어들마저 모조리 '너'를 중심으로 바꾸어 버리는 거대한 작업이다. 이는 m이 밝히듯 "어떤 의미에선 실어증 환자의 재활 치료"(54쪽)와 같이 느껴지기도 한다. M을 알게 되고 그를 사랑하게 된 후 m이 사용

할 수 있는 언어는 이전과 결코 같을 수 없다. 사랑으로 인해 m은 이전의 의미를 지우고 M이라는 필터를 통과한 언어를 새롭게 습득한다. 이것이 사랑의 대상을 향한 절절한 사랑 고백이라는 것 외에는 특별한 의미를 느끼지 못하는 이가 있을 수도 있겠다. 그러나 "그것을 알고 싶어 하는 사람이 누구인지를 떠나서" "기록은 다른 사람과 나눴을 때 더 의미가 있"(142쪽)다는 m의 말처럼 사랑하는 이를 망각하는 일에 저항하는 한 개인의 분투가 사랑의 언어를 입고 쓰임으로써 우리에게 전해졌다는 사실만큼은 유의미하다. 이렇듯 사랑하기 위해 자신의 언어를 생성한 자는 적극적으로 그 대상을 호명하고 그를 위한 쓰기를 개진해 나간다. 그런데 m의 쓰기가 M만을 위한 사전을 편찬하는 것이라고 할 때, 사전이라는 형식이 가진 아카이브적 성격은 상당한 주목을 요한다. 망각하지 않기 위해 쓴다는 m의 말은 무엇을 향해 있는가. 사랑하는 M의 매 순간을 잊지 않기 위한 것이겠지만, 동시에 M을 바라보고 그를 기록하는 순간의 '나'를 망각하지 않기 위해서이기도 하다. 즉 사랑하는 주체인 '나', 사랑을 쓰는 주체인 '나'의 사랑의 역사에 대한 아카이브로서 m의 쓰기는 자기 역사 쓰기의 한 형태로 기록된다.

아카이브의 해체와 재구성, 나/우리-다시 쓰기

 박사랑과 이희주의 소설에서 여성 화자가 사랑의 대상을 자신의 언어로 호명하고 그를 기록할 때, 이는 단순히 아이돌이라는 특수한 대상에 대한 소유의 욕망에 의한 것이 아니라 동시에 '나'라는 주체가 만들어 가는 사랑의 역사를 쓰기 위함임을 확인했다. 그렇다면 주체의 역사를 쓴다는 기록의 측면에서 접근할 때 김세희의 『항구의 사랑』(민음사, 2019)은 '나'를 이룬 지난날을 되짚어 스스로 삭제했던 시간을 재발견하는, 나-다시 쓰기를 모색하는 시도로 읽을 수 있다.

 소설의 화자가 2000년대 초반의 여고 생활을 반추하며 실감하는 것 중 하나는 이성애적 규범에 어긋나는 행위가 10대 때부터 전면 금지당해 왔었다는 사실이다. 그리고 그 규범을 무조건적으로 강제하는 분위기 속에서 '나'는 금지된 것을 수행하며 성욕과 감정의 동요를 느꼈지만, 대학이라는 새로운 사회에 속하게 되면서부터 비이성애적 행위는 이성애 규범의 "흉내"(158쪽)라고 인지하고 차단해 왔었다는 것을 회상을 통해 깨닫게 된다. 이렇듯 화자인 '나'가 과거를 돌아보는 것은 이성애 규범이 "사랑의 대상을 규정할 뿐만 아니라 고정된 젠더의 수행과 성차를 강제해 여성의 자기 형성을 위축"[6]시켰다는 사실을 자인하게 하는 것이지만, '나'의 현재 직업이 소설가라는 점을 유념할 때 그것은 이성애 규범에 어긋나는 행위를 했던 10대의 나날들에 '쓰는 나'로서의 시작이 있음을 확인하기 위함이기도 하다. 그 시작은 당시 여성 청소년들에게 금지되었던 사항들 중 하나인 '팬픽'에 있다. "팬픽을 출력해서 가져오지 말 것. 쉬는 시간이나 점심, 저녁 시간에 교실 컴퓨터로 읽는 행위도 엄격히 금지"(26쪽)했던 것처럼 선생님들은 학생들이 팬픽을 읽는 것만으로도 동성애를 학습할 수 있으며, 그것이 곧 읽는 이의 성 정체성 형성으로 이어질 거라는 생각으로 팬픽을 전면적으로 통제하지만, 이는 사실 "그들은 어디까지가 동성애이고, 어디서부터 아닌지 가려낼 능력이 없었다"(27쪽)는 점에서 모순적이다. 그러나 '팬픽=동성애'라는 단순한 공식화는 이성애 규범적 관점에 의한 편견이며, 동성 커플의 등장은 일종의 "장르적 규칙"(36쪽)일 뿐, 누군가에게는 팬픽이 "내가 사랑하는 가수가 등장하는 허구의 로맨스"(같은 쪽)를 가정한 픽션임을 인지할 때, 그것을 읽고 쓰는 행위는 다시금

---

6 김건형, 「지금, 교차하는 퀴어 서사들이 여는 시간」, 《문학동네》 2019년 겨울호.

고려되어야 한다.

내가 팬픽 사이트에 연재했던 작품은 중세를 배경으로 했지만, 소설에 활용했던 중세적인 디테일—성과 마차, 계급, 호칭 등등등—은 모두 다른 팬픽에서 학습한 내용이었다. 그런 건 아무래도 좋았다. 누구도 그런 세부 사항의 적합성, 엄밀함에 대해 이의를 제기하지 않았다. 우리에게 중요한 건 그런 게 아니었기 때문이다. 우리는, 적어도 나는 감정의 만족을 위해 팬픽을 읽었다. 장르별로 엇비슷한 글들이 하루에도 팬픽 게시판에 몇 십 바닥 가득 생산되었기 때문에 몇몇 네임드의 작품을 빼면 저자를 따르는 일조차 무의미했다. 패턴화된 이야기를 내 취향에 부합하는 쪽으로 고쳐 쓰는 일에 가까웠다는 생각이 든다. 그래도 누군가 내 연재를 독촉하는 글을 올렸을 때 얼마나 기뻤던지. 난 여전히 그 기쁨을 기억하고 있다. 아이디를 기억해 두었다가 그 사람이 올리는 글은 빠짐없이 읽곤 했다. (36~37쪽)

10대 시절 좋아했던 가수를 주인공으로 하는 소설을 연재했음을 밝히며 '나'는 팬픽을 읽는 행위가 "감정의 만족"을 위한 것이었다고 말한다. 이 감정이 무엇인지 분명히 드러나 있진 않지만, 하나의 감정으로 말할 수 없을 만큼 복합적인 것이었으리라 짐작된다. 좋아하는 대상을 원하는 배경에 원하는 캐릭터로 텍스트화한 이차 생산물은 "몇십 바닥"을 채울 만큼의 것이었고, 이는 실제의 대상이 생산하는 일차적인 요소보다도 훨씬 비대했다. 무엇보다 대상이 생산할 수 있는 일차적 요소란 그가 추구하는 이미지로나 사회적으로나 한정될 수밖에 없으므로 '나의 가수'에 대한 감정적 허기를 채우기는 역부족일 수밖에 없는 것이다. 때문에 관심과 사랑에 비례하여 폭발하는 리비도가 (필연적으로) 향할 곳은 일차를 기반으로 하는 이차 생산물이다. 그러나 타인이 제시한 이차 생산물이 모두 "내 취향"에 부합할 수 없기 때문에 "감정의 만족"을 최대화하기 위해 '나'는 읽는 것에서 그치지 않고 쓰는 행위로까지 나아간다. 생산물의 소비자였던 화자가 생산자로 자리를 이동하는 순간이다. 읽는 행위로 인해 충족되는 감정이 복합적이었다면, 쓰는 행위로 그가 느끼는 감정이 무엇인지는 보다 또렷하게 드러난다. 그것은 '기쁨'. '나'의 취향에 맞춰 고쳐 쓰는 글이었지만 누군가 자신의 글을 읽고 연재를 독촉할 때, 그때의 감정은 여전히 기억할 만큼 선명한 기쁨이며 곧 '나'의 쓰기를 추동하는 것이었다. 그 기쁨이 지금의 '나'를 이루는 씨

앗이었다고 말할 수 있지 않을까. 팬픽을 읽고 쓰는 행위가 교육의 현장에서는 이성애 규범에 반하는 것으로 인식되어 근절되어야 하는 것이었을지언정, 1990년대 후반에서 2000년대 초반까지 학창 시절을 보낸 여성 청소년들에게 동시대적 감각을 공유할 수 있는 하나의 문화였음은 부정할 수 없는 사실이다. 이것이 곧 한 개인이 갖는 읽고-쓰는 서사의 시작점이라는 것 역시 말이다. 이러한 공통의 감각은 나아가 2000년대 초반의 여성 청소년에게 국한되는 것이 아니라 지금까지도 사랑의 대상을 읽고 씀으로써 그것을 생산하고 소비하는 주체들에게도 역시 유효하다.

그러니 이제 "나는 왜 지금 이런 이야기를 하려는 걸까"(51쪽)와 같은 질문에 답을 할 수 있을 것 같다. "한국 사회에서 젠더 규범이 이성애 규범과 분리되지 않고 있었다는 것을, 그것이 여성의 삶의 반경을 제약하는 공모였다는 점을 인식"[7]하면서 '나'는 스스로를 검열하여 사회적 규범으로부터 벗어나는 자신을 패싱했던 것을 성찰하고 '나' 자신을 다시 말하고자 하는 것이다. "이후로는 내 삶에 대해 생각할 때 그 부분을 건너

---

7 위의 글.

뛰곤 했다. 그때의 나도 나인데 빼 버리고 싶었다. 앞뒤와 연결되지 않는 그런 부분이라고 생각했다. 하지만 지금은 그렇게 생각하지 않는다. 이제 그 부분까지 포함한 나 자신이 되고 싶다고 생각한다."(53쪽)라고 힘주어 말하며 주체가 어떤 부분도 배제되지 않은 '나'를 다시 쓰기로 실천할 때, 이는 곧 재구성된 '나'에 도달하고자 하는 나-되기의 실현이었음을 확인할 수 있다.

✽

한편 김세희의 소설에서 발견한, 읽고-쓰는 서사의 시작이 팬픽일 수 있다는 공통의 감각은 조우리의 소설 『라스트 러브』(창비, 2019)에서 본편과 함께 교차적으로 삽입된 팬픽을 통해 정확히 증명된다. 『항구의 사랑』이 그 시작점을 확인하고 '쓰는 나'를 바로잡기 위함이었다면, 『라스트 러브』는 그 시작점으로 말미암아 아이돌 그룹 '제로캐럿'과 제로캐럿을 사랑했던 '우리'를 다시 쓰기 위한 여정이다. 제로캐럿의 이야기부터 시작해 보자. 다섯 명의 멤버(다인, 루비나, 지유, 재키, 준)로 데뷔했던 제로캐럿은 3년 차에 지유와 재키가 탈퇴하면서 새 멤버 마린을 영입했다. 그 이후 어느덧 5년 차 걸 그룹이 된 그들은 곧 첫 단독 콘서트를 앞두고 있다. 그러나 그것은 제로캐럿으로서 하는 마지막 콘서트이기도 하다. 회사와 계약을 연장하는 건 다인과 마린뿐이며, 루비나와 준과는 헤어짐이 예정되어 있다는 것이 소설의 큰 얼개다. 이 소설이 갖는 특징은 제로캐럿의 팬 '파인캐럿'이 쓰는 팬픽이 제로캐럿의 이야기와 병치되어 있다는 것이다. 팬픽 앞에는 여성 가수의 노래 중 일부가 인용되어 배경음악의 기능과 함께 이어지는 이야기의 몰입을 돕는다는 점에서 눈길을 끈다. 그렇기에 본편과 팬픽이라는 이중 구조에서 단연 매력적으로 느껴지는 건 후자다. 본편은 앞서 언급한 것과 같이 해체를 앞둔 아이돌 그룹 멤버 개개인의 이야기를 담아내며 "요즘 아이돌은 만능이어야"(138쪽) 한다는 이유로 그들을 끊임없이 소비시켰던 엔터테인먼트 회사의 자본주의적 구조를 선명히 드러낸다. 그렇게 '만능'이 되기 위해 연기 수업과 작곡 수업을 듣고, 새로운 언어를 배우고, 성대모사와 시사 상식을 익히며 노력하지만, 제로캐럿이라는 이름을 지킬 수 있고 회사에 남을 수 있는 건 노력만으로는 되지 않는다는 사실 역시 도드라지는 부분 중 하나다. "잘하지 못하는 건 열심히 하지 않아서인가. 얼마나 열심히 하는 게 정말 열심히 한 걸까. 최선의 노력은 재능에 도달할 수 있을까. 재능에 도달하지 못하는 노력은 어떻게 되는 걸까."(134쪽) 준의 중얼거림은 '노력과 재능 중 더 빛나는 건 어느 쪽일까' 하는 질문을 끝없이 되묻게 한다. 그럴수록 희미해지는 건 재능이 될 수 없던 노력의 시간들이다. 이처럼 멤버들이 예정된 미래를 가늠하며 각자의 이야기를 할 때 그것은 스스로에 대한, 또 그들이 하나의 이름으로 활동했던 제로캐럿에 대한 아카이빙에 다름 아니다. 이와 병치되는 파인캐럿의 이야기, 그가 쓰는 제로캐럿의 팬픽은 함께였던 적이 없는 여섯 명의 제로캐럿 멤버가 등장하는 이야기라는 점에서 제로캐럿 다시 쓰기로 나타난다. 좀 더 명확히 말하자면 5년이라는 시간 동안 축적되었던 제로캐럿 아카이브를 해체하고 재구성하여 파인캐럿의 시선으로 재해석하는 작업인 것이다. 파인캐럿이 쓰는 팬픽 안에서 멤버들은 아이돌 가수라는 수식어를 떼고 김다인, 이수빈, 이지은, 홍재영, 송준희, 최마린이라는 캐릭터로 하나의 서사 단위를 이룬다. 그렇기에 이들이 선 자리는 반짝이는 무대가 아니다. 편의점 아르바이트 생활, 과외 시간의 한 장면, 옛 연인의 전시회, 이별을 앞둔 연인 등 간략한 감정선을 파악할 수 있는 짧은 소설 안에서 그들은 너무나도 평범한 한 개인으로 사랑에 설레어 하고 사랑에 아파한다. 그들의 사랑은 허구적 이성 인물을 향해 있지 않다. 그렇다고 해서 제로캐럿의 멤버들을 대상으로 한 레즈비언 서사를 팬심으로 빚은 동성 팬픽으로만 읽는 것은 충분한 독법이 될 수 없다. 팬픽을 읽을 때 아스라이 피어오르는 애틋한 감정은 본편의 이야기에서 슬며시 드러나는 멤버들의 관계성을 더듬어 보게 만든다. 그리고 실제 관계에서 발견할 수 있는 미묘한 부분은 '자본주의 시스템 바깥의 그들이라면' '제로캐럿이 아닌 그들이라면'과 같은 가정을 가능하게 한다.

이렇듯 파인캐럿의 다시 쓰기가 제로캐럿 바깥의 제로캐럿(의 멤버들)을 담는다고 할 때, 마지막 팬픽 「그 시절 우리가 사랑했던 우리」는 사랑하는 그들만이 아닌, 그들을 사랑하는 '나'를 화자로 직접 등장시킨다는 점에서 특이점을 갖는다. 재영의 결혼식을 배경으로 하는 이 소설은 재영을 사랑하기 때문에 진심으로 축하를 건네는 화자 '나'에 대해 궁금증을 갖게 한다. 앞에 놓인 팬픽이 레즈비언 서사로 구성되어 왔음을 기억할 때, 재영을 긴 시간 동안 사랑한 인물이 누구인지를 추측하게 되지만, 소설 안에서 재영을 비롯한 여섯 명의 제로캐럿 멤버들이 모두 등장하고 있으므로, 화자 '나'는 제로캐럿의 재영을, 제로캐럿이 아닌 재영 역시도 오랫동안 기억하고 애정해 온 인물, 파인캐럿일 수밖에 없다.

이제는 정말 써야 한다. 너에게 전할, 처음이자 마지막 편지. 내가 해야 할 첫마디는 정해져 있다.
　　재영아, 축하해.
　　(……) 너와 눈이 마주치는 순간, 나는 내가 해야만 하는 말을 알고 있다.
　　"재영아, 축하해."
　　네가 입 모양으로 대답한다. 고마워. (176~179쪽)

사랑하는 이가 가장 아름다운 순간에 축하의 말을 건넬 수 있다는 건 더없는 행복일 것만 같다. '나'는 실제일 수 없는 자신의 자리를 '쓰기'를 통해 그리며 "해야만 하는 말"을 한다. 재영아, 축하해. 그 말이 일종의 "마지막"(178쪽)이라는 것, 마지막 말로 인해 '너'와 '나'는 '그 시절의 우리'로 남게 되었다는 것은 짐작 가능한 사실이다. '너'와 '나'의 이름을 '우리'로 남김으로써 파인캐럿은 제로캐럿의 다시 쓰기를 마친다. 제로캐럿의 마지막이 아닌, 제로캐럿과 '나'(팬), 그리하여 '우리'를 마지막으로 아카이브는 완벽한 재구성을 이룬다. 그런데 파인캐럿의 쓰기를 빠져나와 『라스트 러브』를 쓰는 조우리의 입장에서 보면 그는 두 번의 쓰기를 한 셈이다. 제로캐럿이라는 이름을 가진 여섯 명의 인물을 만들어 본편의 일차 텍스트를, 일차 텍스트의 인물들을 서사적 밈(meme)으로 하여 파인캐럿이 쓴 팬픽이라는 이차 텍스트까지. 두 번의 쓰기를 통해 조우리가 증명하고자 했던 것은 무엇일까를 생각해 보면, 결국 남는 것은 사랑 한 가지다. 영점(zero)에 맞춰진 저울에 당신의 사랑을 놓을 수 있다면 그것은 몇 자리의 숫자로 환원되는가. 조우리는 이 물음에 파인캐럿의 이름으로 답하는 듯하다. 어떤 숫자도 아닌 그저 좋음(fine)이라고. 그저 좋음으로 목이 터져라 외쳤던 사랑들이 있다. 누군가에겐 절대 이해가 되지 않는 사랑들, 하지만 누구의 이해도 바라지 않는 사랑들이 있다. "그렇게 외쳐야만 한다고 믿었던 사랑. 그런 사랑들"(167쪽)을 소설은 기록한다. 그것이 동시에 '나'를 쓰는 일이며, 무언가를 열렬히 사랑하는 '나'를 말하기 위함이라는 걸 우리는 앞의 소설들을 읽음으로써 확인했다. 그들의 사랑이 끝없이 갱신될 것임을 확신한다. 그리고 새로워짐으로써 '나'라는 주체가 계속해서 다시 쓰이리라는 것도. 그러한 기대로 더 크게 울려 퍼질 사랑의 목소리를 기다리고 있다.

프레임 인 러브

— 자본주의 시대의 사랑

1 Frame in love

어느 드라마에서 남자 주인공의 고백 장면은 이 대사로 귀결된다. "네가 들어온 거야. 내 프레임에."[1] 이 대사는 그가 프레임 안에 존재하는 톱스타라는 사실을 기억할 때 더욱 낭만적으로 들린다. 자신을 속박하는 프레임을 벗어나 낯선 섬에 표류한 그는 지금껏 만인의 연인으로 타인의 프레임은 가득 채웠을지언정 정작 자신의 것은 늘 비어 있었다. 그런 유백의

---

1   tvN 드라마 「톱스타 유백이」(2018.11.16.~2019.01.25.).

앞에 나타난 강순, 그녀로 인해 유백의 텅 빈 프레임은 가득 채워진다. 눈앞의 모든 것은 사랑이 된다.

꼭 이러한 드라마적 설정이 아니더라도 사랑의 순간과 그 대상이 프레임 안에 포착되는 비유는 우리에게 낯선 것이 아니다. 한 쇼트 안에서 언젠가는 내가 먼저, 또 어느 때엔 그가 먼저 프레임 인-아웃을 반복하며 흘러가는 느린 러닝 타임이 곧 우리의 삶이라 말할 수 있을 테니 말이다. 그런데 문제는 이 프레임 안의 사랑이 현재의 자본주의 시스템과 공모할 때, 이는 단순히 일대일 대응 관계의 개인적인 사랑이 아닌, 반복과 변주로 다음 쇼트를 향해 달려가는 구조적인 재생산으로 이어진다는 사실이다. 프레임 안의 사랑은 대중매체의 확산과 디지털 문화예술의 발달과 함께 몸집을 불린다. 예컨대 K-컬처 시대에서 효과적인 성과를 보인 아이돌 산업이 그렇다. 전 세대를 소화할 겨를도 없이 빠른 세대교체로 지속적인 포화상태를 보이는 까닭에 재차 대두되는 구조적 붕괴의 우려 앞에서도 누군가의 우상이 될-되고 싶은 이들은 웃는 얼굴로 노래하고 춤을 춘다. 변치 않을 사랑을 약속하고, 사랑을 갈구한다. 방송 프로그램은 어떤가. 근 몇 년간 TV 예능 프로그램의 키워드를 뽑자면 연애 또는 사랑이라고 할 수 있을 만큼 그것을 테마로 기획·방영되는 수많은 데이팅 예능은 줄어들 기미를 보이지 않는다. 이처럼 자본주의의 욕망으로 구조화되어 한껏 견고해진 프레임 속에서 사랑은 사랑 그 자체가 아닌, 사랑을 조장하는 일그러진 얼굴을 숨긴 가면을 쓴 채 웃고 있다.

최근의 소설에서 인물들은 프레임이 의도하는 대로 이끌린다. 연애 리얼리티 프로그램이 방영되고 있는 TV 앞으로, 좋아하는 아이돌의 무대가 펼쳐지는 스마트폰 액정 앞으로, 아름답고 청량한 날들이 박제된 손 안의 사진 앞으로. 하지만 그들이 정말로 그 안에서 사랑을 발견했다고 말할 수 있을지, 주체적인 행위로 '사랑을 했다'고 말할 수 있을지에 대해서는 확언할 수 없다. 이는 앞서 이야기한 것처럼 그들의 앞에 놓인 프레임이 사랑의 대상을 포착하기 위해 스스로가 만든 덫이 아니라, 개인의 욕망과 결탁했을 때 더 큰 힘을 발휘하는 사회적이고 경제적인 욕망들로 다중 프레이밍 되었기 때문일 것이다. 호기심 어린 얼굴로 혹은 이미 사랑에 빠진 얼굴로 프레임 안쪽을 들여다보는 이들의 선택은 저마다 다르다. 사랑을 찾아 프레임 안으로 기꺼이 뛰어드는 이가 있는가 하면, 무너질 일 없어 보이던 프레임의 모서리가 허물어지고, 실제와 환상의 경계가 흐릿해지는 순간 문득 이 사랑에 대한 의심이 커져

가는 이도 있다. 이러한 까닭에 오히려 더 분명하게 프레임 안과 바깥을 구분 짓는 이도 존재한다. 이들의 시야에 놓인 프레임을 들여다보는 것은 자본주의 시스템 아래 철저하게 구조화된 문화예술 산업과 그에 따라 프레이밍 될 수밖에 없는 사랑의 면면을 살피는 일일 테다. "네가 들어온 거야. 내 프레임에." 인물들의 프레임 앞에서 다시 중얼거려 보는 이 대사는, '나'의 프레임이라는 착각이 깨지지 않는 한 여전히 낭만적 사랑으로 유효하다.

2 Frame out-in:
권혜영의 「여분의 해마」, 「사랑 파먹기」[2]

아이돌 산업의 확장 및 변화를 가장 발 빠르게 따라가며 그보다 앞서기도 하는 것은 팬덤 문화다. 아티스트의 관리 주체로 엔터테인먼트가 공식적이고 제도적인 운영을 한다면, 팬들에 의해 운영되는 비공식적인 시스템은 팬덤 문화를 이끄는

---

[2] 권혜영, 「사랑 파먹기」(민음사, 2023). 이후 본문에 인용할 경우 쪽수만 표기한다.

주요 견인체라고 할 수 있을 것이다. 톱니바퀴가 맞물리듯 궤를 맞춰 빠른 속도로 돌아가는 두 시스템의 공통점은 끊임없는 소비를 부추긴다는 데 있다.[3] 아이돌 산업에서 소비 주체로서의 팬은 엔터테인먼트-팬덤의 은밀한 공모에 의해 이중 소비를 하게 되는 셈이다. 물론 최소한의 소비로도 '덕질'을 하는 것이 가능하기는 하나, 이런 '가성비 덕질'로는 문화 향유가 자연스럽게 제한된다. 월 구독료를 내야 하는 "유료 소통 어플"(124쪽)로만 주어지는 사진이나 정보, 프라이빗한 메시지 등을 제공받을 수 없으며, 팬미팅이나 콘서트 예매에 있어서도 유료 팬클럽이 아닐 경우 선예매 등의 혜택에서 제외되는 까닭이다. 사랑의 크기에 있어서는 줄 세우기가 불가할지 몰라도, 사랑하는 대상을 향한 소비의 정도는 돈으로 환산할 수 있기에 팬들 사이에서도 계급화는 이루어질 수 있다. 그렇기에 아이돌 산업의 확장과 함께 소비의 영역 또한 점차 확장되지만, 그것 자체가 온전한 팬덤 문화의 향유를 위해 불가피한 것으로 자리한 듯하다.

---

3   예컨대 권혜영의 소설에서 등장하는 포토 카드, 유료 소통 어플은 공식적인 운영 체제 안의 소비재이나 생일 이벤트 카페, 인형 등은 팬덤 문화를 더 다양하게 즐기기 위해 아이돌 팬에 의해 생산되는 파생 상품이라고 볼 수 있다.

아이돌을 상품화한 굿즈는 팬들의 소비 욕망을 자극하는 가장 큰 요소 중 하나이다. 응원봉, 포토북, 시즌 그리팅 등 무수히 많은 굿즈가 있으나 그중에서도 기본이 되는 것은 포토카드(포카)라고 할 수 있겠다. 발매 앨범 안에 랜덤으로 들어 있는 포카는 멤버 수에 따라, 해당 앨범의 버전과 콘셉트에 따라 수십 종이 발행된다. 뿐만 아니라 멤버의 인기도에 따라, 실제의 아름다움을 얼마나 재현하고 있느냐에 따라, 재현의 디테일에 따라 시세가 천차만별이라는 점은 주목을 요한다.

이 포카는 볼콕 해마. 세 번째 미니앨범의 B버전이며 시세는 4만 원에서 5만 원 사이이다. 해마가 셀카 찍을 때 손가락으로 앙큼하게 볼만 안 찔렀어도 시세가 이토록 천장을 뚫진 않았을 텐데. 덕후 마음 다 똑같아서 나 역시 제일 갈망하던 포카였다. 열 장이나 앨범깡을 한 시점에도 나오지를 않아서 스트레스를 제법 받았었지만 다행히 다른 멤버의 포토 카드 두 장으로 교환을 구할 수 있었다.

다음 차례를 기다리는 해마는 첫 번째 정규 앨범 활동 당시의 공방 포카다. 이건 양도하는 사람을 찾기가 어려웠다. 짬이 날 때마다 트위터와 번개 장터를 서치했다. 파는 사람을 가까스로 발견했을 때에는 디엠으로 눈치 싸움을 했다. 10 어떠신가요? 내가 묻자 양도자는 대답이 없었다. 원하시는 가격 말씀해 주시면 최대한 맞춰 드릴게요. 그렇게 말하자 답장이 왔다. 방금 어떤 분께선 17까지 제시하셨습니다. 나도 뻔히 아는 시세인데 가격을 올려 치고 있었다. 시비를 걸까 하다가 관두고, 그럼 제가 준등기비 포함해서 17.5에 해 드리면 어떨까요? 제발요, 선생님. 사정했다. (79~80쪽)

바인더를 가득 채운 포카를 보며 흐뭇해하는 장면으로 시작하는 「여분의 해마」에서 '나'의 사랑은 언뜻 시세보다 높은 값을 주고도 해마의 포카를 구할 만큼 큰 것으로 보인다. 하지만 이는 "드래곤볼까지 네 장"(81쪽)이 남았다는 소유의 욕망에 따른 것이며, 그것을 곧 사랑의 크기로 바꾸어 말할 수 있는지에 대해서는 아리송하다. 그 까닭은 "드래곤볼"이 얼마 남지 않은 바인더가 '나'에게는 곧 사랑의 증명이 아닌, "내 돈과 시간의 집약체"이며 "맥북 프로 한 대 가격 정도"로 분명히 셈할 수 있는 "자산 가치"(80쪽)로 환산되기 때문일 것이다. 게다가 앞으로 오를 시세를 기대한다는 점에서 이는 단순한 소유욕을 넘어선 일종의 재테크로 여겨지기까지 한다. "금융화된 자본주의의 동일한 관계 구도 속에서" 해마가 "'나'와 같은 팬을 포함한 투자자들의 기대를 예측하고 이를 조정 및 구현해 내는 한 명의 피투자자"로 기능하며 기존의 아이돌 팬덤과는 사뭇 다른 양상을 보이는 가운데, 사건은 포카 프레임의 모서리가 허물어지고 실제와 환상의 경계가 사라지는 순간 발생한다. 그렇게나 힘들게 구한 "17만 5000원"짜리 포카에서 "하자"로 추정되는 "미세한 빗금"(81쪽)을 발견했을 때, 그 사이에서 별안간 "진짜 해마"(82쪽)가 튀어나오고 만 것이다. 현실에 개입된 예상치 못한 환상성은 일시적으로 꿈과 현실을 구별하지 못하게끔 만드는 당혹감을 선사한다. 이에 권혜영이 인물에게 현실감각을 일깨워 주는 방법은 현실과 환상의 경계선이 가시화되며 남긴 "날카로운 통증"(83쪽)이다. 이 사랑의 결말을 암시하듯 선명한 감각으로 남아 있는 통증은 이것이 꿈이 아닌, 현실의 일임을 직시하게끔 한다.

프레임 너머 존재하던 사랑의 대상이 눈앞에서 살아 움직이고 있지만, 이상하게도 '나'는 그다지 기뻐하지 않는다. 이때 '나'는 모아 둔 포카의 자산 가치를 그에 준하는 물건으로 환산했던 것과 유사하게, 자신의 감정을 수치화한다. "실물 해마를 보고 있자니 기쁨 10. 집이 좁고 누추한 데다 보풀 일어난

파자마를 입고 있어서 수치스러움 30. 무엇보다 무료로 대화하고 있어서 얼떨떨함 60."(83쪽) 해마를 실제로 만났다는 "기쁨"은 고작 "10"에 불과하며, "무료로 대화"하고 있다는 것에 "얼떨떨함"이 절반 이상을 차지한다는 사실은 그간 소비와 생산의 논리에 따라 유료화된 소통으로 맺어진 관계의 실상을 비춘다. 무대 위의 우상을 향한 맹목과 그에 대한 응답으로 맺어진 것처럼 보이는 아이돌과 팬의 관계는, 시작은 사랑이었을지라도 지속적인 관계 형성을 위해 필수적인 소통 속에서 결국 대가의 주고받음이 있다는 씁쓸한 진실이 밝혀지기도 하는 장면이다. 얼마 되지 않는 기쁨이었을지언정 '실제 해마'를 처음 마주한 순간의 감정은 그를 객식구로 맞이하게 되면서 흔적도 없이 사라지고 만다. "나는 실재하는 해마가 옆에 있는데도 그저 브이앱이나 보고 싶다고 생각"(86쪽)하고, 해마가 '나'에게 돈을 빌릴 때 "17만 5000원 주고 포카 사는 건 하나도 안 아까우면서 왠지 모르게 이건 아깝다"(89쪽)고 느끼며, "공식 굿즈를 사느라고 일주일 동안 맨밥에 김만 싸 먹은 적도 있는데. 침대를 양보하고 바닥에서 자는 건 왜 이다지도 심술이"(98쪽) 나는지 모르겠다고 토로한다. 왜일까? 사랑의 대상이 같은 공간 속에 실재하는데도, 왜 '나'는 곁에 있는 해마를 사랑할 수 없을까. 이는 "닿을 수 있는 거리에 있어도" "유리 위로 다시 나타난 해마를 살살 쓰다듬는" 것이, "이렇게 보고 만지는 편이 내겐 더 익숙하다."(89쪽)라고 말하는 것처럼 '나'의 사랑의 대상이 '실제 해마'가 아닌, 유리창 너머 프레임 안에 있는 해마라는 잘 만들어진 상품이기 때문이다. 따라서 포카 바깥으로 해마가 나오게 되는 것은 '나'에게 있어 일종의 불편한 '선 넘기'와 같다. "여러 시간선의 해마"(109쪽)가 뒤섞이는 혼돈이자, 환상을 깨뜨리는 원치 않는 균열이며 사적 영역으로의 침범으로까지 여겨지는 것이다. 이를 증명하는 고백("이젠 그 어떤 버전의 해마를 마주해도 감흥이 없다. 심장이 떨어질 것 같지도 않고 손가락이 덜덜거리지도 않는다. 하지만 해마의 굿즈를 모으는 건 별개다. 희소성 있는 포토 카드를 구한 뒤 컬렉트 북에 채워 넣는 쾌감과 선주문한 화보집을 처음 펼쳐 종이 냄새를 맡을 때의 두근거림은 내게 여전히 유효하다.", 110쪽)은 '나'의 사랑이 해마의 실재가 아닌, 시뮬라크르로서 존재하는 "여분의 해마"(113쪽)에 있음을 인정하는 것이다.

함께 찾은 생일 이벤트 카페에서 해마는 말한다. "괜찮아요. 앞으로도 저는 당신의 꿈과 환상이 깨지지 않도록 성심껏 도울 거니까요."(같은 쪽) 그가 다정하게 안심의 말을 건넬 때,

아이러니하게도 '나'의 "꿈과 환상"은 그 자리에서 산산조각 난다. 환상은 프레임의 안쪽, 손이 닿지 않는 거리에 있을 때 비로소 환상으로 기능한다. 그렇기에 해마의 약속은 그가 포토 카드의 프레임을 허물고 현실에 발을 들인 순간부터 이미 깨진 것이나 다름없다. "나는 해마에 대해서라면 충분히 많이 알고 있다."(97쪽)라는 확신을 희미하게 만든 실제 해마의 말은 이미 깨진 지 오래인 허상에 대한 것이라는 사실을 '나'는 이제야 안다. "내가 너를 알까?"(114쪽), "나는 너를 좋아할까?"(115쪽) 시차를 두고 도착한 물음들이 있지만, '나'는 무엇도 확신할 수 없다.

이후 "맥북 프로"(116쪽)로 환원되는 해마의 포카들, 즉 '나'의 사랑은 그 끝에 있어서도 시장의 논리를 철저히 따른다. 권혜영의 소설에서 그려지는 아이돌 팬의 사랑은 어떤 면에서는 상당히 경제적으로 느껴진다. 이는 앞서 재화로 무한 복제되는 아이돌과 그에 충실한 소비 주체로서의 팬이 아이돌 산업의 현주소임을 밝혀 온 것에 비추어 봤을 때 상충되는 논지일 수도 있겠다. 그럼에도 경제적이라 표현할 수밖에 없던 까닭은 사랑의 끝에 있어서 절대 손해는 보지 않으려 하기 때문이다. 더 이상 감정을 소모하지 않는 선에서 멈출 수 있고, 「여분의

해마」의 '나'와 같이 투자한 만큼의 돈으로 환산된다는 점에서 이 사랑은 상당히 경제적이다.[4]

이를 무리한 예단으로 넘기지 않을 수 있는 이유는 이어지는 소설인 「사랑 파먹기」에 있다. 지난 사랑의 실패를 반복하지 않겠다는 듯 권혜영은 환상이 깨질 수 있는 어떤 작은 균열의 가능성도 원천 봉쇄한다. 그것은 사랑의 대상을 프레임 안에서 절대로 나올 수 없는 존재로 만드는 것이다. 이 소설의 중심인물 중 한 명인 세나는 「여분의 해마」에 등장했던 아이돌 해마와 산호를 좋아했던 이력이 있다는 점에서 「여분의 해마」의 화자와 유사해 보인다. 하지만 「사랑 파먹기」의 세나는 이전 소설의 '나'에서 한 단계 진화한 것처럼 보이는, 여러 면에서 훨씬 더 경제적인 사랑을 보여 준다. 이는 「여분의 해마」에서 그려진 것과 달리 그새 발 빠른 변화를 보인 아이돌 산업의 현재에서 비롯되었다고 볼 수 있는데, 세나의 현재 최애인 아쿠아의 영균은 버추얼 아이돌로 세나에게는 "완전무결한 아이돌 그

---

[4] 지속되는 관계 안에서 아이돌을 향한 팬의 사랑은 다수의 목소리 중 하나이며 충분히 보완적인 사랑이 없다는 점에서 슬픔을 자아내기도 하지만, 관계를 끝내는 시점에 있어서는 일방적인 단절에 가깝기에 이 또한 불필요한 주고받음이 소거된 경제적인 사랑이라 이해할 수 있다.

자체"(122쪽)다. 영균에 대한 세나의 사랑이 해마에 대한 '나'의 사랑보다 경제적으로 여겨지는 까닭은 영균이 사람이 아닌 AI라는 사실에 있다. "불법 성매매, 상습 도박, 조세 포탈, 음주 운전, 폭력, 마약과 여색, 온갖 향락의 덫에 걸린 주인공이 바로 우리 애일까 봐 걱정할 필요"(같은 쪽)가 없으며, "유료 소통 어플"을 구독했는데도 "일주일에 한 번을 올까 말까"했던 해마와 산호와 달리 다양한 옵션으로 "매일 아침 모닝콜"을 설정할 수 있고, "뭐 하냐고 메시지를 보내면 10초도 지나지 않아 세나 너를 생각하고 있었다고 칼답장을 보내오는"(124쪽) 영균은 불필요한 감정 소모를 하게 만들지 않으며, 소통에 있어서도 상호 보완적인 관계가 유지된다는 점에서 인간보다 나았다. 또한 수익 배분이 필요 없는 AI이기에("어차피 돈과 시간을 많이 써 봐야 영균에게 돌아가는 것은 제로", 125쪽) 이전과 같이 앨범, 굿즈, 공연, 그리고 대리 티케팅 등에 돈을 쓸 필요가 없는, 대폭 축소된 소비로 덕질을 지속할 수 있다는 점에서도 이는 인간 아이돌을 좋아할 때보다 훨씬 경제적이다.

    세나의 덕질 메이트였던 정인은 5년 차 산호의 팬이다. 그러나 바이러스의 창궐로 인한 잇따른 공연 취소와 무관중 녹화, 온라인 중계 등으로 열렬한 덕질에 "약 2년이라는 공백 기간"(128쪽)은 어쩔 수 없었다. 여전히 산호를 좋아하지만, 정인의 사랑은 어딘가 닳아 있는 것처럼 보인다. 덕질이 삶의 모토인 세나와 정인과 달리 윤주는 아이돌에 별다른 관심이 없다. 생일 이벤트가 열리는 카페에서 아르바이트를 하던 그녀는 산호의 얼굴이 박힌 컵 홀더를 보며 "50명이 넘는 사람들이 한 시간 동안 줄 서 있을 만한 얼굴인가? 뭐가 다른 매력이 있는 거겠지?"(138쪽) 하며 이해해 보려 하지만 끝내 의문만이 남는다. 환상의 영역에 닿지 못한 윤주의 사랑은 7년째 현실에 머물러 있다. 하지만 그녀의 사랑은 닳아 버리기는커녕 사랑이라 말하기도 머쓱할 정도로 연인이라는 관계의 형태만 유지되어 있는 꼴이다. 지금과 같이 질병의 위험에 노출되어 있는 현실에서는 오랜 연인과의 섹스마저 거추장스러우며 불필요한 것으로 여겨질 뿐이다.

이처럼 「사랑 파먹기」에서 세나, 정인, 윤주의 사랑은 각기 다른 곳에 위치해 있으며 그 온도마저도 다른 것으로 나타난다. 세나의 사랑은 결코 깨질 수 없는 프레임 안쪽에, 정인의 사랑은 그 경계에, 윤주의 사랑은 프레임 바깥에 놓여 있다는 점에서 차이를 갖는다. 사랑의 대상 역시 AI 아이돌-인간 아이돌-인간 남성으로 환상과 현실의 명도가 선명하다. 이러한 차이로 미루어 볼 때 이 소설은 프레임을 기준으로 하는 '진짜 사랑'과 '가짜 사랑'에 대한 논의를 이끌어 내는 것처럼 보인다. 그러나 '진짜'와 '가짜'라는 가치판단은 실존의 유무에 따라서만 이루어지는 것이 아니다. 인간의 언어를 학습한 인공지능이라는 이유로 '가짜'로 치부되는 이가 '진짜' 살아 있는 인간보다 충만한 사랑을 선사한다는 걸, 세나의 증언을 통해 확인하지 않았나. 적어도 사랑에 있어 '진짜'와 '가짜'에 대한 판가름은 사랑의 주체가 하는 것이므로, 균열의 가능성이 없는 "청정 구역"(163쪽)인 프레임 안쪽을 향하는 사랑은 멸균 상태 그대로, 순수한 '진짜' 사랑으로 유효하다.

이 소설의 작은 도약은 습관과도 같은 7년의 연애를 정리한 윤주가 "간편하고 안전"(158쪽)한 프레임 안의 사랑을 시작하는 것에 있다. 카페를 가득 메운 팬들을 곱씹던 윤주는 그들의 사랑에 대해, 자신이 편견처럼 갖고 있던 '진짜'와 '가짜'를 가르는 기준에 대해 다시금 생각하며 '가짜'를 '진짜' 사랑으로 전환하는 가능성을 타진한다.

누구라도 좋으니 한 번쯤은 마음을 사로잡히고 싶다. 한 시간이 넘도록 그 사람만 생각하며 밖에서 기다려 보고 싶다.

기다리는 많은 사람들 중 하나가 되어 보고 싶다. 그들과 똑같이 응원하고 좋아하는 마음을 가져 보고 싶다. 그게 대체 뭔지 궁금했다. 그 대신 윤주가 가진 이상의 것은 요구하지 않는 사랑. 좋아한다고 해서 의무처럼 몸을 부대끼지 않아도 되는 사랑. 되돌아오지 않아도 괜찮은 사랑. 그 정도 무게라면 윤주가 지금 가진 삶의 에너지 안에서 감당 가능했다.

 (……) 윤주는 진짜 같은 가짜 스테이지를 보며 생각했다. 진짜가 아니면 어때서? 가짜를 추구하면 안 되는 건가? 꼭 진짜 사람과 몸을 맞대고 하는 진짜 사랑이 아니면 의미가 없는 건가? 그럼 나 같은 사람은 평생을 고독 속에서 의미 없이 사랑 없이 홀로 살아야 하나? (158~160쪽)

소설의 말미에서 세 사람은 모두 아쿠아의 프라이빗 메시지를 받는다. 이들이 잠든 시간은 모두 다르지만 "정확히 잠들기 30분 전"(165쪽)이라는 옵션 덕분에 더욱이 다정한 굿나잇 인사가 되었음은 물론이다. "멋진 미래"(같은 쪽)를 약속하며 깨지지 않는 환상으로 영원할 아쿠아는 데뷔곡의 제목 또한 의미심장하다. "「진정한 사랑의 이름으로 지켜 줄게(Save In The Name of True Love)」"(164쪽)라는 믿음직한 제목 앞에서 누군가는 또 '가짜'가 부르는 '진짜 사랑'이라며 비난의 말을 던질 수도 있을 것이다. 그러나 각종 스트리밍 사이트 "차트인"과 "9시 뉴스의 헤드라인을 장식"했으며 "상한가"를 그리는 "주식 그래프"라는 현실의 지표야말로, 이들의 말하는 사랑을 그저 '가짜'라 치부할 수 없음을 반증하는 것이다.

3 Frame in-out:
김기태의 「롤링 선더 러브」[5]

권혜영 소설의 인물들이 '가짜'로 여겨지는 프레임을 더욱 견고하게 지키는 것으로 '진짜' 사랑의 가능성을 타진할 때, 김기태 소설 속 인물은 '진짜' 사랑을 찾아 프레임 안쪽으로 뛰어들기를 서슴지 않는다. 「롤링 선더 러브」의 주인공, 서른일곱 맹희는 "사랑이 좀 하고 싶다."(69쪽)라고 말한다. 그러나 "애정 시장의 자원"(62쪽)으로서 여전히 쓸모 있음을 증명하는 식의 만남은 선호하지 않는다. 맹희에게 소개팅이나 맞선

---

5   김기태, 『두 사람의 인터내셔널』(문학동네, 2024). 이후 본문에 인용할 경우 쪽수만 표기한다.

은 "재화와 서비스를 거래하며 사적 이익을 추구하는 시장 활동"(61쪽)으로밖에 여겨지지 않는 것이다. 그렇다면 맹희는 이왕 "시원하게 굴러 보고"(71쪽)자 한다. "너 조맹희. 네가 원하는 게 뭐니."(68쪽) 물음에 자답하듯 신청서를 작성한 맹희는 "일반인이 출연하는 짝짓기 예능 프로그램"(72쪽)인 「솔로농장」에 출연한다. 연애와 사랑을 테마로 기획부터 다양한 예능 프로그램의 세태를 반영하는 이러한 소설적 설정은 한 인물이 사랑을 위해 직접 프로그램의 출연자가 되어 프레임 안으로 들어갔다는 점에서 주목할 만하다. 같은 프레임 안에 담길 누군가를 만나면 좋으련만, 이미지에 따라 고정되어 있는 몇 가지의 야채 이름이 아닌 '완두'라는 미미한 존재감의 새로운 이름이 주어진 것부터가 이곳에서 사랑의 결실을 맺기가 어려울 것임을 암시하는 듯하다. 맹희 역시 녹화 첫날부터 그것을 직감한 것일까. 그녀의 시선이 향하는 곳은 엉뚱하게도 카메라 렌즈 너머, 자신을 찍고 있는 담당 PD인 우영이다. 흥미로운 점은 이쯤에서 다시 소환해 보는, 낭만적인 드라마 대사처럼("네가 들어온 거야. 내 프레임에.") 맹희의 프레임 안으로 우영이 들어왔을 때, 사랑이 시작된다는 것이다.

"카메라 말고 저를 보면서 대답해 주시면 돼요."

그는 첫 질문 몇 개를 더듬었는데 원래 말솜씨가 없는 사람은 아닌지 곧 차분해졌다. 어떤 질문은 방송을 봤던 사람이라면 으레 예상할 수 있는 것이었고 어떤 질문은 이걸 왜 물어보지 싶었다. "잠깐만요." 우영 PD가 자리에서 일어나 맹희의 어깨에 내려앉은 작은 목련 꽃잎을 떼어 냈다. "계속 말씀 나눠 볼까요." 맹희가 얘기할 때 그는 온화한 표정으로 고개를 끄덕였다.

(……) "아니, 근데요. 제 이름이 왜 완두예요?"

우영 PD는 "글쎄요, 작가님들이 정하시는 거라……" 하며 턱을 몇 번 긁적이다가 말했다.

"완두가 단맛이 있잖아요? 완두로 만든 앙금, 저는 좋아해요." (78~79쪽)

녹화가 진행되는 동안 이어진 아홉 번의 인터뷰를 통해 맹희는 어떤 출연자보다「솔로농장」에서 자신을 제일 잘 이해하는 사람이 우영이라고"(82쪽) 느낀다. 이후 데이트 상대를 자유롭게 지목할 수 있는 "스페셜 데이트권"(같은 쪽)을 획득한 그녀가 누구도 지목하지 않고 등산 데이트를 혼자 하겠다고 밝힌

것은 의도된 바이다. 혼자라도 카메라 하나쯤은 따라붙을 것이고, 그게 담당 PD인 우영이라면 둘만의 데이트가 되는 셈이니까. 함께 오른 산 정상에서 무엇이든 "하고 싶은 대로"(88쪽) 하면 된다는 우영의 말에 맹희는 "하고 싶은 대로 하게 카메라 좀 치워"(같은 쪽) 보라고 말한다. 이후 녹화되지 않은 15분의 이야기를 소설은 전부 서술하지 않는다. 하지만 "저는 여기 와서 제일 관심 가는 사람이……"로 운을 뗀 것으로 보아 맹희가 우영에게 고백을 했으며, "상투적이지만 정중"한 "거절"(같은 쪽)의 말을 들었다는 것을 알 수 있다. 결과적으로 한 프레임 안에서 맹희의 사랑은 이루어지지 못했으나, "하고 싶은 대로" 하기 위해 카메라의 프레임을 벗어나 솔직하게 자신의 마음을 표현했다는 점에서 모두 쓰이지 않은 고백은 그것대로의 특별한 의미를 갖는다.

맹희가 사랑과 이별을 경험하는 건 방송이 끝난 다음, 프레임을 벗어난 이후다. 「솔로농장」 역대 출연자 모임을 두세 번 드나들다 14기 순무가 방송과 사뭇 다른 인간이라는 걸 알았"(98쪽)고, 5개월간의 짧고 굵은 연애 후 이별을 한다. 결국엔 다시, 처음처럼 혼자라는 사실은 같지만, 지금의 맹희는 그때의 맹희와 같지 않다. "사랑하고 왔다"(99쪽)며 관계의 끝을 담담하게 알릴 수 있게 되었고, "나 조맹희. 나는……"(100쪽)으로 시작하는 말 뒤에 망설임 없이 '나' 자신에 대해, 사랑에 대해 말할 수 있는 존재로 거듭났기 때문이다.

또한 이 소설이 겨냥하는 건 프레임 안의 인물들에게 또 다른 프레임을 씌우는 "집요하고도 악랄한 댓글 228개"(93쪽)를 비롯한 "시청자들의 반응"(92쪽)이다. 하지만 "일반인 연예 예능이 소비되는 패턴은 그런 예측 가능한 전형성을 부여받은 캐릭터 간의 화학작용을 점치거나 그들이 가진 매력 자본에 대한 품평과 훈수를 가십으로 확대 재생산하는 식"으로 이어질 때, 이러한 시스템으로 작동되는 프레임 안에 자발적으로 뛰어든 맹희에 대해 "연애와 사랑에 대해 사회가 제시하는 고착화된 패턴에 종속되는 않으려는 탈주의 시도"[6]라는 우호적인 평가만을 내리기란 어려워 보인다. 궁극적으로 자신의 사랑을 남성 출연자 안에서가 아닌, 프레임 바깥에서 찾았다는 점에서는 긍정하게 되지만, 데이팅 예능이라는 프로그램의 특성과 제작진 및 시청자들이 기대하는 이미지와 역할이 어느 정도 고정적인 프레임 안으로 스스로 뛰어들었다는 일차적인

---

6   이은지, 「Love of Capitalism — 자본의 사랑, 자본으로 하는 사랑」, 한국문학번역원 번역아카데미 3차 비평 포럼 '사랑의 접면들' 발표문, 15쪽.

선택에 대해서는 비판의 여지가 있다. 그럼에도 이를 한 여성의 주체적인 행위로 일부 긍정하고 싶은 까닭은 그녀가 사랑에 있어서도, 자기 자신에 있어서도 '나다움'을 찾는 일이라면, 삽질을 하더라도 데굴데굴 구르더라도 기꺼이 할 준비가 되어 있는 사람이기 때문일 것이다.

4 Out of frame, To love

경유한 소설에서 하나의 프레임을 둘러싼 사랑의 소비 주체들은 저마다 다른 곳을 본다. 이들의 시선이 향하는 곳이 각기 다른 이유는 두 소설에서 보이는 프레임의 차이에 있을 것이다. 권혜영의 소설에서 프레임은 사랑의 대상에 대한 인물들의 환상을 지켜 주는 울타리다. 허물어지지 않는 울타리를 두고 너와 나, 아이돌과 팬의 관계가 지속적으로 형성될 때, 그것은 어쩌면 현실의 누군가와 맞부딪히는 소모적인 사랑보다 훨씬 경제적인 방식의 사랑일 수 있다. 이때 프레임 안에의 사랑은 '진짜' 사랑의 대안이 된다.

반면 김기태의 소설에서 프레임은 필연적으로 벗어나야만

하는 것이다. 모르고 뛰어든 것은 아니지만, '짝짓기'라는 프로그램의 기획 의도가 분명하며, 주어진 역할이 존재하는 프레임에서 인물은 짧은 시간 동안 단편적인 모습만을 비춘다. 그마저도 편집으로 인해 아주 작게 토막이 난 채로 보이는 면이 전부인 것처럼 여겨진다. 주체적인 선택이었을지언정 이는 좋은 방향으로 귀결되지 않기에 '나'를 마주하기 위해서도, 사랑을 찾기 위해서도 인물은 한번 쓰인 굴레를 벗어던져야 했다.

여전히 사랑의 대상이 위치한 곳에 따라 응시하는 지점이 다르지만, 결론적으로 두 소설의 인물들은 모두 같은 자리에 서 있다. 프레임의 바깥에서, 이제는 그것의 실체를 조금 알아챈 모습으로. 그럼에도 이들은 계속해서 사랑을 향해 나아갈 것이다. 어떠한 실패에도 기필코 다시 궁금해 하는 사랑의 힘은 아직 지속 가능한 것이므로. 이들의 욕망을 추동하는 프레임은 반짝, 자신의 존재를 알릴 때, 오늘의 사랑은 또 한 번 갱신된다.

슈거 하이(Sugar High)

— 이유리 소설집 『브로콜리 펀치』[1]

어느 날, 갑자기

이 책에 실린 모든 소설을 읽고 마침내 이곳에 당도한 이들에게 안부를 묻는 것으로 시작하려 한다. 당신보다 먼저 여기에 와 있던 나는 은은한 미소와 함께 손을 내밀며 물을 것이다. 괜찮아요? 많이 놀랐죠? 그도 그럴 것이 이유리의 소설은 물음표와 느낌표를 자아내는 기이한 사건들로 가득하기 때문이다. 가령 남자 친구의 오른손이 브로콜리가 되었다거나

---

[1] 이유리, 『브로콜리 펀치』(문학과지성사, 2021). 이후 본문에 인용할 경우 작품명과 쪽수만 표기하도록 한다.

(「브로콜리 펀치」), 돌멩이와 대화를 나눌 수 있다는 사람의 이야기(「치즈 달과 비스코티」)는 '세상에 이런 일이' 다 있다는 프로그램에서 볼 만한 일이 아니던가. 그뿐인가. 아버지의 유골을 심은 화분에서 아버지의 목소리가 들린다든가(「빨간 열매」), 5년 전에 죽은 전 남자 친구가 집에 나타났다는 이야기(「손톱 그림자」)는 심야 괴담 토크쇼에 나올 법하다. 이유리의 소설은 이처럼 믿기 어려운, 그것도 '어느 날 갑자기' 벌어지는 사건의 연속이다. 하지만 이러한 이야기들이 허무맹랑하게 느껴지느냐 하면, 전혀 아니다. 환상과 현실의 경계가 불분명할 정도로 이유리의 소설에서 환상은 현실에 아주 밀착되어 있다. 인물들의 태도 역시 한몫한다. 전통적 의미의 환상소설에서 환상의 유효 요건으로 여겨졌던 건 독자 또는 작중인물의 망설임이었다. 좀처럼 믿기 어려운 초자연적인 사건의 발생과 어딘가 낯선 미지의 세계로의 진입, 그 문 앞에서 과거의 인물들은 공포나 갈등을 느껴 왔다. 그러나 깜짝 놀라 잠시 멍해지는 정도의 로딩을 겪을 뿐 이유리 소설의 인물들에게 망설임이란 없다. 죽은 아버지의 목소리가 갑작스레 들려올 때에도 "뭐야 이러면 살아 있을 때랑 똑같잖아."(15쪽) 하고 툴툴대거나, 늠름한 브로콜리로 변해 버린 남자 친구의 오른손을 보면

서도 "야, 진짜 멋지다."(80쪽) 하고 감탄할 뿐이다. 그런 장면들에 삽입된 몰캉몰캉이랄지 두근두근과 같은 의성어와 의태어의 쓰임은 딱 적절하여 어쩐지 읽는 이로 하여금 계속해서 맛보고 싶게끔 한다. 어떤 전조도 없이 '어느 날 갑자기' 일어난 사건에 속수무책으로 연루되었지만, 그럼에도 쉽게 발길을 돌릴 수 없는 까닭은 이유리가 그려 내는 환상에, 그 자체로 이미 리얼리티를 획득한 세계에 우리가 이미 매료되었다는 증거일 것이다. 그러니 아직도 고민하는 이가 있다면 망설임을 지우고 그의 세계로 들어서는 문 앞에 서 보자. 당신의 손에 쥐고 있는 것은 책이기도 하지만, 이내 동그란 막대 사탕처럼 여겨질 테니 말이다. 동그랗고 탐스러운 그것을 입에 넣고 굴려 보는 기분. 이제부터 그 맛을 천천히 복기해 볼 참이다.

몰캉몰캉하고 매콤 달큰한 환상의 맛

이유리의 소설에는 환상과 현실이 혼재되어 있기에 그 안의 이야기의 맛 역시 단일하지 않다. 그 맛을 처음 보여 주었던 건 등단작이자 소설집 가장 앞에 놓인 「빨간 열매」에서부터다. 소설의 말미에 이르러 사랑의 결실과 다름 아닌 열매의 "새빨간 속살"을 열어 "달콤한 과즙이 풍부"한 "몰캉몰캉 향긋한 맛"을 보는 장면에서는 입안 가득 품고 있는 빨간 맛과 그것을 부지런히 씹어 삼키는 움직임을 상상하는 것만으로도 턱 아래에 침이 가득 고여 왔으니 말이다. 빨간 열매에서 사랑을 떠올리는 것은 어렵지 않은 일이지만, 이 간단해 보이는 알레고리를 성립하는 과정만큼은 단순하지 않다. 소설은 아버지의 죽음으로부터 시작한다. 사이가 나쁘지 않았던 친부의 죽음 앞에서는 왠지 왈칵 눈물이 튀어나올 법도 한데, 「빨간 열매」의 화자 유진은 지나치게 무덤덤하다. "도시락 가방을 안고 어디 나들이라도 가는 사람"처럼 아버지의 유골함을 안고 화장터에서 집으로 돌아온다. 유진이 유골함을 납골당에 모시지 않은 것은 아버지의 유언 때문이었는데, 그 유언이란 "자기를 화장하고 나면 남은 유골을 화분으로 만들어 달라"(9쪽)는, 평소 황당한 소리를 일삼던 사람답게 허무맹랑한 아버지의 말 때문이었다. 유진은 그것을 한참 동안 잊고 있다가 몇 달이 지나서야 기억이 나 "빼빼 마른 나무 한 그루"(14쪽)와 나무를 심은 흙을 사 갖고 와 유골함에 옮겨 심는다. 그런데 어느 날 유진이 "거실에 앉아 빨래를 개고 있을 때 갑자기 베란다에서 아버지가 말했다.""물"(15쪽), 하고 말이다. 깜짝 놀라긴 했지만 유진은 이내 물을 떠다 화분에 시원하게 부어 준다. 그렇게 (다시) 아버지를 가꾸고 돌보며 일상을 보낸다.

유골함에 심은 나무로 귀환한 아버지라니, 그리고 말을 할 수 있다니. 말하는 나무에 대해서라면 이미 우리는 마블 영화의 그루트를 알고 있기에 낯설지 않고, 이러한 설정 또한 이유리의 세계 안에서는 이상한 일이 아니지만, 아버지의 말을, 그러니까 나무의 언어를 유진이 단번에 알아들었다는 사실은 그의 직업이 '번역가'라는 것을 상기해 본다면 주목할 만하다. 이는 유진이 번역한 소설 『사과』에 대해 이야기할 때 자연스럽게 환기되는 것이기도 하다. 자기가 사과라고 믿은 채 일생을 살던 한 프랑스 여자는 과일을 착즙하는 광경을 보고 충격에 빠져 시름시름 앓다가 병원 침대에서 생을 마감한다. 그런데 임종의 순간 여자는 의사에게 무어라 유언을 남기는 듯했지만, 의사는 그것을 전혀 알아듣지 못했고, "아마도 그건 사과의 언어였던 것 같다고 생각"한다. 이에 유진은 "말도 안 된다고 생각해서 피식 웃었는데", 지금도 "아버지는 나무가 되었어도 창문 열어라, 콜라 사 와라 말만 잘하는" 까닭에서였다. 여기서 유진은 조금의 의심도 하지 않는다. 그의 말처럼 어째서 아버지는 이래라 저래라 말을 잘하는지, 심지어 '소설'에서 조차 "아무렇게나 나열된 알파벳으로 처리"된 여자의 말과 다를 것은 무엇인가 싶은 식물의 언어를 유진은 어떻게 그렇게 찰떡같이 '알아들을 수' 있는지(17쪽). 이는 유진이 아버지의 말을 번역하는 수단이 언어가 아니라 '사랑'이기 때문이다. 돌이켜 보면 생전 아버지의 얼토당토않은 말을 군말 없이 들어 주곤 했던 것도, 아버지가 "비장의 카드"(12쪽)처럼 내밀었던, 아버지의 기억 속에선 엊그제 일처럼 너무나 선명하지만 '나'에게는 부재하는 기억 때문이 아니었던가. "바로 아버지가 나를 구해 주는 장면"(13쪽) 말이다. 아버지와 함께 수영장에 갔다가 성인 풀에 빠져 버린 날, 아버지는 유진을 구했다. 그날의 일이 유진의 기억 속에는 없는 것이라 한들, 설령 그것이 거짓이라고 해도, 적어도 아버지의 입에서는 매번 생생하게 재생되는데, 살겠다고 제 아비의 목을 옭아매는 딸을 구해 낸 아버지의 행동은 너무나 당연하게도 사랑이 아니고는 할 수 없는 것이라 유진은 아버지의 괴짜 짓을 잠자코 받아 줄 수밖에 없던 것이 아닐까. 이처럼 둘 사이를 긴밀하게 연결하는 사랑이 있기에, 죽음도 다른 언어도 가뿐하게 뛰어넘는, 문자 그대로의 '초월 번역'이 가능해진다.

이야기는 여기서 그치지 않는다. 이 소설은 한발 더 나아가겠다는 듯 유진과 아버지와 P와 P 어머니(나무)를 운명적으로 만나게 함으로써 본격 연애소설로의 장르 전환과 함께 그들의 사랑이 서서히 옮겨 가는 과정을 그려 낸다. 아버지는 P의 어머니 곁에서, 유진은 P의 곁에서 시간을 보내고, 사랑을 나누는 동안 그들은 굳이 말하지 않아도 될 만큼 서로를 알아들을 수 있게 된다. 이와 같은 완벽한 번역의 증명은 서로를 향해 완전히 기울어져 "한 그루의 나무나 다름없게"(27쪽) 되어 버린 아버지와 P의 어머니, 각자의 부모를 닮아 그들의 모양새와 다르지 않게 되어 버린 유진과 P의 모습으로 나타난다. 그리고 마침내 아버지와 P 어머니의 나무에 맺힌 빨간 열매를 나누어 먹고, 유진이 태몽을 꾸는 것을 마지막으로 이들은 완전한 사랑의 결말에 이른다.

쌍쌍의 다정한 사랑의 얼굴들은 표제작 「브로콜리 펀치」에도 있다. 안필순 할머니와 박광석 할아버지, '나'와 원준이 그렇다. 「브로콜리 펀치」는 두 개의 사건으로 시작되는데, 하나는 요양보호사인 '나'가 돌보는 안필순 할머니 댁의 반려 앵무새 말자가 죽었다는 것과 '나'의 남자 친구인 원준의 오른손이 브로콜리가 되었다는 것이다. 복싱 선수인 원준의 오른손은 어째서 브로콜리가 되어 버린 걸까. 원준의 브로콜리를 본 사람들이 하는 말은 하나같이 비슷하다. "생각이 너무 많아서 그렇지 뭐."(86쪽), "마음고생이 이만저만이 아닌가 보아."(96쪽). 원준에게 너무 많은 생각이나 마음고생은 복싱에 대하여, 정확히는 복싱에서 만난 상대를 미워하려고 애쓰는 마음을 지칭하는 것이다. 같은 직업을 갖고 있고, 자신과 비슷한 삶을 살아왔을 상대를 미워하기보다는 좋아하는 마음이 더 커서 원준은 상대를 억지로 미워하려 노력해야만 했다. 그렇게 꾸역꾸역 잽과 훅을 날렸던 바람에 손이 그만 푸릇푸릇한 브로콜리로 변해 버린 것이었다. 하지만 그런 원준이 사실은 안에서부터 멍이 드는, 스치기만 해도 물크러지는 백도만큼이나 무른 사람이라는 것을 아는 이들이 있기에 원준의 마음에 고여 있던 상흔과 같은 푸른 물은 서서히 순환할 수 있게 된다. 브로콜리가 되어 버린 손을 쓰다듬으며 그가 행복해지기를 바라는 마음과 말자의 장례를 치르고 서로의 손톱 밑에 낀 흙을 빼 주는 다정함, 그리고 메아리도 돌아오지 않는 산에서 노래를 부르고 함께 음식을 나누어 먹은 사람들 모두가 원준의 마음에 물길을 낸 존재들이다. 그들이 한데 힘을 모아 원준을 노래하게 만든 후에 벌어진 일은 매우 흥미로운데, 「빨간 열매」

에서 아버지와 P의 어머니가 꽃을 피우고 열매를 맺었던 것처럼, 원준의 브로콜리 역시 "작은 불꽃"(108쪽) 같은 폭발을 보이며 예쁜 꽃을 수없이 피워 내기 시작했다는 것이다. 원준의 브로콜리는 미워하는 마음으로부터 빚어진 환상이었으나, 그를 꽃 피우게 한 것은 '나'를 비롯한 주변인들의 애틋한 사랑의 마음이다. 환상에서 환상으로 이어지는 변주는 소박하지만, 그 아래에서 환상을 빚어낸 마음 자체는 분명 이전과 다른 진실된 것이다. 그 마음이 원준에게 더 나은 선택을 할 수 있도록 하였음은 물론이다.

잊을 수도, 떨쳐 낼 수도 없는 마음으로부터 비롯된 환상은 이유리의 소설에서 또 한 번 사자(死者)의 귀환을 가능케 한다. 「손톱 그림자」는 5년 전에 죽은 전 남자 친구 석기가 화자인 수정의 곁에 유령으로 다시 나타나며 시작한다. 죽은 석기가 어째서 다시 유령으로 나타난 것인지, 왜 영준과 결혼한 지금에야 나타난 것인지 혼란스러운 와중, 석기는 자신이 '손톱'에 들러붙었다고 말한다. 손톱이라니. 그 말인즉, 손톱을 물어뜯고 "그 조각을 푸, 하고 아무 곳에나 뱉거나 퉁겨 버리는"(123쪽) 습관이 있던 석기가 수정의 방 한구석에 남겨진 오래된 손톱 조각에 들러붙어 모습을 나타낼 수 있었다는 것이다. 죽음 이후 내내 그림자로 존재했던 석기가 어느 순간 수정을 떠올렸고, 보고 싶다고 오랫동안 생각하다가, 손톱에 생각이 미치자 "훅," 하고 나타날 수 있었다는 석기의 말에 수정의 남편 영준은 그의 말이 진짜인지 아닌지 골몰한다. 지금 눈앞의 유령의 재현이 '보고 싶다'는 마음에서 기원한 것임을 기억한다면, 말의 진가를 가리는 일은 무의미하다. 그 이유는 "유령이란 더 이상 영혼이 아니"며, "감정의 영역"이기 때문이다. 다시 말해 유령은 "'감정적 기억의 잔재', 즉 오렌지 껍질처럼 살아 있는 사람의 정신에서 떨어져 나온 일종의 파편"[2]과도 같다. 살아남은 자인 수정에게서, 그리고 완전히 소멸되지 않은 석기에게서 탈각된 마음. 그것이 석기의 유령으로 귀환한 것이다. 물론 두 사람의 마음이 완전히 같지는 않다. 앞서 말했듯 석기의 마음이란 수정을 만날 수 있기를 염원하는 것이었지만, 수정은 다르다. 수정에게도 석기를 그리워하던 때가 있었으나 시간이 흘러 부스러기 같은 마음은 사라지고 큰 조각들마저 뭉툭해진 지 오래다. 아직까지 수정에게 남아 있는 큰 조각은 죄책감이다. 고향 친구의 결혼식에 가는 석기와 동행하지 않았고, 전자기기

---

2 로저 클라크, 김빛나 옮김, 『유령의 자연사』(글항아리, 2017).

를 다루는 데에 약한 그가 부탁한 KTX 예매를 잊어버렸기 때문에, 석기를 고속버스에 태워 보냈다. "빗길에 뒤집어질 버스를. 탄 사람들이 모두 죽고 말 그 버스를." 때문에 "석기 씨는 날 원망하고 있을까" "만일 나였으면 어땠을까"(121쪽) 하는 생각은 오랜 시간이 지나도 지워지지 않았고, 어쩌면 석기를 다시 만나지 않았더라면 영영 지워지지 않을 것이었다. 그러니 유령을 보내기 위해서는 떨어져 나온 마음 역시 멀리 보내 주어야 했다. 석기와 함께 밥을 먹으며, 석기가 죽은 장소를 향해 가는 길에서 그들은 얼마나, 어떻게 힘들었는지를 담담하게 이야기하며 서로를 보낼 준비를 한다. 원망 없이 이제는 정말로 잊어도 괜찮다는 마음으로. 그리고 "오래되어 샛노랗게 변색된 손톱 조각"(142~143쪽)만이 남았음을 확인하고 돌아오는 길, 수정의 몸에서 무언가 빠져나가 "검은 그림자 같은 것이 길게 늘어져 있"다가 "어느 순간 마침내 톡 하고 끊어"(144~145쪽)지지만, 수정은 다시 돌아보지 않는다. 석기를 정말로 보내 주고 돌아오는 이 길은 죽은 이를 애도하는 것뿐만 아니라 사실 자신의 지난 사랑에 대한 애도의 시간이기도 했다는 것을, 수정은 이미 알고 있다.

슈거 하이(Sugar High)

Produce Only One

 사랑하는 마음과 미워하는 마음, 보고 싶은 마음과 미안한 마음. 앞서 살핀 모든 마음을 합친 것보다 더 큰 이타적 사랑이, 형언할 수 없는 빨간 맛이 잔뜩인 소설이 있다. 사고로 서해 어딘가를 둥둥 표류할 때에도 좋아하는 가수에게 선물할 고가의 캐리어를(사실은 그 안에 전달해야 할 대마초를) 꼭 끌어안고 있는 한 사람이 있다. 심지어는 멀리서 반짝이는 빨간 불빛을 보며 "빨간색은 목형규의 색깔이니까"(36쪽) 하고 위안을 받는 사람. 「둥둥」의 목은탁 이야기다. 이 소설을 한마디로 말하자면 '프로듀스 온리 원(Produce Only One)'이 아닐까. 국민 프로듀서가 되어 101명 중에서 고르는 것이 아니라, 하나뿐인 선택지에 올인하는 것. 은탁에게는 원 앤드 온리(One&Only) 목형규뿐이다. 그도 그럴 것이 6년 전 형규를 처음 만났던 그날, 그러니까 그때 당시만 하더라도 아무것도 아니었던 형규가 홍대 길거리를 점령하고 춤을 추고 있던 그날부터 해외 솔로 콘서트를 하게 된 지금까지 그를 향한 은탁의 사랑은 실로 엄청났으니 말이다. 그 사랑은 마음의 크기로만 재기에는 부족했다. 마음은 물론 차도 팔고, 집도 팔아 물질적으로 아낌없이 서포트하고, 형규의 노래가 TV프로그램의 배경음악으로 깔릴 수 있도록 인맥을 동원하고, 사람들이 형규를 좋아할 수밖에 없도록 탄탄한 서사를 만들어 결국 그를 지금의 스타로 만드는 데에 성공했으니 말이다. 은탁은 스스로를 "사랑에 빠진 사람"(36쪽)이라고 지칭하지만, 그 사랑이 유사 연애의 감정이라고 생각한다면 명백한 오해다. 형규를 향한 은탁의 마음은 "굳이 비유하자면 아름다운 야생동물"(48쪽)을 대하는 것에 가깝다. 하지만 오직 하나, 형규만을 위한 것처럼 보이는 은탁의 사랑은 사실 'Only 1' 안에 겹쳐져 있는, 형규와 동일시되는 한 사람을 향한 것이기도 하다. 그는 다름 아닌 은탁, 자기 자신이다.

형규를 알게 되고 나서부터, 나는 형규뿐만이 아니라 나까지 진심으로 사랑하게 되었다. 형규와 같은 사랑스러운 성씨를 가진 사랑스러운 나, 반짝이는 형규를 더욱 반짝이게 해 주는 쓸모 많은 나. 목은탁은 오직 목형규와 짝을 이룰 때에만 가치 있는 존재였다. 형규의 노래를 들으면 손끝 발끝이 다 짜릿했고 형규가 웃으면 그 주변의 세상이 다 와르르 내려앉았다. 동시에, 저렇게 빛나고 사랑스러운 존재가 마치 형규이자 나인 것만 같았다. 나를 전부 해체해서 그 조각 하나하나를 잘 닦고 손질해 다시 사람을 만든다면 그게 바로 형규였다. 나는 형규를 위해 무언가를 할 때에만 진짜로 살아 있는 것 같았고 이건 내가 태어나 형규와 이 지구에 함께 존재하는 이유이기도 했다. 아직은 작은 묘목인 형규에게 영양 가득한 물을 주고 풍요로운 빛을 쬐어 주는 것. 나는 형규와 함께 있을 때에만 나였다. 태양이 밝을수록 그 빛을 반사하는 달도 밝게 빛나듯, 형규가 잘되는 것은 곧 내가 잘되는 것이기도 했다. 그러니 내가 어떻게 형규를 사랑하지 않을 수 있겠는가. (45~46쪽)

부족함 없이 자랐지만 미래가 기대되지 않았던 삶과 목은탁이라는 이름을 끔찍이도 싫어했던 마음마저 형규로 인해 모두 달라졌다. "형규뿐만이 아니라 나까지 진심으로 사랑하게" 된 것이다. 은탁은 형규를 통해 자신을 본다. "형규가 잘되는 것은 곧 내가 잘되는 것"이었고, "나를 전부 해체해서 그 조각 하나하나를 잘 닦고 손질해 다시 사람을 만든다면 그게 바로 형규였다."(45~46쪽) 이처럼 은탁의 사랑은 형규를 경유하여 자신에게로 환원된다. 그러니 이제라도 형규가 "가장 중요한 거 하나만 바라보고 가"(57쪽)게끔 바로잡는 건, 형규를 지키는 일이자 곧 자기 자신을 지키는 일이기도 했다. 형규가 대마초에 의지하고 있다는 사실을 오래전부터 알고 있었지만 은탁은 "형규가 그걸 끊도록 적극적으로 돕지는 않았다". "이건 세상에서 오직 나와 형규만이 공유하는 비밀"이었기 때문이다. 은탁은 그 달콤함에 취해 오랜 시간 "형규의 꿈을 손아귀에 쥐고 있는 게 나라는 착각에 중독되어"(54쪽) 있었던 것 같다. 이제 생사의 갈림길 앞에서 은탁은 선택을 해야만 했다. 대마초 머핀이 든 캐리어를 붙들고 구조를 기다릴 것인가 아니면 캐리어를 열어 머핀을 모두 둥둥, 떠내려 보낸 뒤 익사할 것인가. 답은 이미 정해져 있다. "가장 중요한 거 하나"(57쪽), 그것은 오직 목형규였으므로. 가라앉을지라도 더 이상의 표류를 멈추기 위해 은탁은 붙잡고 있던 캐리어 지퍼를 연다.

이후의 전개에서 잠시 정신을 잃었던 은탁은 외계 생명체를 만나고 기이한 일을 겪는다. "'이타심이 생존 본능을 이기는 순간'"(63쪽)에 대해 연구를 하고 있다는 그들은, 은탁이 죽는 순간에 그것을 발견했다며 은탁의 생을 전부 훑어볼 수 있게 해 준다면 소원 한 가지를 들어주겠다고 한다. 은탁이 어떤 소원을 빌었는지 직접적으로 언급되지는 않지만, 소설의 마지막 장면으로 미루어 볼 때, 6년 전 형규를 처음 만났던 그날로 되돌아간 것으로 유추된다. 모든 기억을 잊고 순수했던 시절의 형규를 다시 만나기 위해서일까, 형규를 모르는 채 살아가고 싶은 걸까. 소원이 어떤 결과를 가져올지는 모르지만, 지난 생에서 형규를 만났던 것만큼 "아주 오래도록 기억할 만한 그런 일"(74쪽)이 일어나기를 바라본다. 이제 그가 프로듀스할 사람은 원 앤드 온리, 자기 자신뿐이므로.

씁쓸하고 진득한 현실의 맛

「둥둥」을 환상(목형규)에서 깨어나 환상(타임 리프)을 통해 현실로 돌아온 소설이라고 할 때, 이는 앞서 언급한 「빨간 열매」, 「브로콜리 펀치」, 「손톱 그림자」와 이후 이야기할 작품의 가운데에 위치해 있다고 볼 수 있다. 앞서 소설 세 편에서의 환상은 '나'의 주변인에게 직접적으로 일어나는 사건이었지만, 「둥둥」의 마지막에서 은탁이 다시 과거로 돌아감을 선택함으로써 환상을 '나'의 영역으로 치환하기 때문이다. 따라서 「치즈 달과 비스코티」, 「이구아나와 나」, 「평평한 세계」에서 초자연적인 사건의 직접적인 대상은 '나' 자신이 된다. 그런데 이 환상의 달콤한 맛은 왜 '나'의 것이 되었을 때는 씁쓸해져 버리는 걸까. 마치 막대 사탕 안쪽 깊게 숨어 있던 진득한 캐러멜을 마주한 것처럼 말이다. 인공적인 빨간 맛은 계속해서 핥고 싶을 만큼 달콤했지만, 그 안의 더한 단맛은 왠지 모르게 쓰기만 하다. 이유리의 소설 역시 같다. 환상의 맛을 한 꺼풀 벗겨 낸 후에야 나타나는 찐득하고 쩍쩍 달라붙는 맛을 가진 소설 속 인물들은 어딘가 조금 슬프고 처량한 구석이 있다.

「치즈 달과 비스코티」의 '나'부터 보자. 열일곱에 처음 돌과 말을 터 지금까지 쭉 돌멩이 '스콧'을 유일한 절친으로 삼고 있는 그는 여러 면에서 '정상성'의 범주 바깥에 있다고 여겨지는 인물이다. 자신의 특별한 능력을 "현대사회를 살아가는 누구나 조금씩 가지고 있"는 "기괴하지 않은 정신병"(188쪽)이라 생각하는 그가 지금 여기, 글쓰기 치료 센터에 앉아 있는 이유는 순전히 어머니를 위해서였다. 뛰어난 사회 구성원으로 존경받는 "어머니의 유일한 단점은 돌과 대화할 줄 아는 노총각 비만 아들이 있다는 것뿐"(186쪽)이었기 때문이다. 그렇기에 그는 돌과 대화를 나누는 것쯤은 지극히 정상적이라는 것을 입증하기 위해 여기에 있다. '나'의 증명은 어머니에게 비정상적인 아들이라는 혐의를 벗기 위해서도 필요한 것이었지만, 특히 타인의 앞에서는, 멀쩡해 보여도 어딘가 고장 난 사람들이 모였을 게 분명한 치료 센터에서는 반드시 행해져야 하는 것이었다. 자기소개 시간에 '나'는 과도한 허언으로 자신을 포장하지만, 그것이 더욱 자신을 "매우 비정상적인 얼간이"(181쪽)로 보이게 한다는 아이러니는 스스로를 더욱 괴롭게 할 뿐이다.

그런 '나'에게 먼저 다가온 사람은 쿠커였다. 애니메이션 「월리스와 그로밋」을 무척 좋아해 닉네임 또한 치즈 달을 보호하는 "로봇 쿠커"에서 따왔다는 쿠커는, '나'가 「월리스와 그로밋」을 '알고 있음'을 '좋아한다'고 곡해하며 '나'에게 광적인 관심을 보인다. '나'는 그런 관심이 매우 불편하다. '나'의 눈에는 쿠커가 정말 미친놈처럼 보였기 때문이다. 게다가 "와! 두 분, 벌써 많이 친해지셨네요."(194쪽)라는 치료사의 말에 '나'의 불쾌지수는 점점 고조된다. 표면적으로 드러나는 것은 '나'의 불쾌감과 불편함이지만, 그 속에는 강한 '불안'이 내재되어 있다. 누가 봐도 미친놈처럼 보이는 쿠커와 친구로 엮임으로써, 치료 센터에 참여한 사람들을 지도하는 자로서 정상성의 영역 안에 있는 치료사에게 '나' 역시 미친놈처럼 보일까 하는 두려움이 그것이다. 하지만 '나'의 이러한 불안은 조금도 알아채지 못한 채 쿠커는 끝내 '나'를 포기하지 않고, 혼자 (사실은 스콧과 함께) 계획했던 여행에까지 동행하게 된다. 여행지에서 벌어진 기막힌 사고는 쿠커와 '나'의 관계에 변화를 불러온다. 물에 빠진 쿠커를 구하다 셔츠 주머니에 넣어 둔 스콧이 실종된 까닭이다. 스콧을 찾기 위해 안달이 난 '나'는 쿠커의 말로 인해 발걸음을 멈춰 선다. "난 당신 말 다 믿어요. 정말 미안해요. 당신 친구를 찾을 수 있다면 뭐든지 할게요."(204쪽) 그는 스콧을 '나'의 친구로 인정하고 있으며, 무엇보다 '나'를 "다 이해한다"(같은 쪽)고 말한 최초의 타인이었다. 하지만 그때의 요상한 기분은 우여곡절 끝에 스콧을 찾은 뒤에 듣게 된 쿠커의 비밀 앞에서는 반반의 감정("아주 조금은 쿠커를 이해할 수 있을 것 같기도 했고, 동시에 미친 소리 좀 그만하라고 소리치고 싶기도 했다.", 208쪽)으로 흐트러지며, "잘 가라며 손을 흔드는 쿠커의 모습이 가련할 만큼 얼간이 같았다는"(같은 쪽) 감상을 끝으로 여행을 마친다.

그날 밤, '나'는 놀라운 광경을 목격하게 되는데, 보름마다 치즈 달에 갈 수 있다고 말했던 대로 쿠커가 정말로 "똑바로, 곧게, 달을 향해서"(210쪽) 날아가고 있었기 때문이다. 그 순간, '나'에게 벌어진 또 하나의 믿을 수 없는 일은 더 이상 스콧의 목소리가 들리지 않는다는 것이다. 고요와 적막만이 남은 창가에 '나' 홀로 멍하니 서 있는 소설의 마지막 장면은 정상성이 갖는 권력을 다시금 생각해 보게 한다. 나 정도면 별거 아니지만 쟤는 정말 미쳤다고 돌멩이와 이야기를 나누는 '나', 자신은 진짜지만 달에 갈 수 있다는 쿠커의 말은 거짓이라는 이분법적인 판단은 오직 '나'의 안에서 이루어진 것이었다. 게다가 이는 이미 타인으로부터 '나' 자신이 받고 있는 시선과 같지 않은가. 하지만 달을 향해 날아가는 광경으로 증명된 쿠커의 진실 앞에서 '나'의 말은 돌과 대화할 수 있는 능력을 상실함으로써 거짓으로 전락한다. 제멋대로인 가치판단으로 쿠커와의 관계에서 은연중에 우위의 권력을 쥐려 했던 '나'가 자신이 설정한 쿠커의 자리, 정상성의 궤도 바깥으로 벗어나는 극적인 결말이다.

돌과 이야기를 나누는 남자가 있는가 하면, 이구아나에게 수영을 가르치는 여자도 있다. 「이구아나와 나」의 화자는 재호와의 이별 후 그가 남긴 이구아나를 떠맡게 된다. 그것은 딱히 재호의 것도 아니었던 게, 재호의 전 여자 친구의 전 남자 친구에서부터 시작해 각자의 이별과 함께 폭탄 돌리기를 하듯 남기고 떠나 버린 것이었다. 재호 역시 그러리라 짐작했지만, 아니나 다를까 재호가 부재하는 집 안에 그가 있었음을 증명하는 것은 오직 이구아나뿐이었다. 재호와 같이 살 때에도, 재호와 헤어진 후에도 "죽은 나무토막"(250쪽)처럼 좀처럼 움직임이 없었던 이구아나가 '나'에게 말을 걸어온 건 유진과 술을 마신 날의 밤이었다. 유진의 의도야 무해했지만, 얼얼하리만큼 말로 얻어맞았던 그날, 집으로 돌아와 이구아나를 향해 "너나 나나 버림받은 건 마찬가지야.", "진짜로 우린 그 쓰레기한테 버려진 거야."(254쪽) 같은 말을 주절대다가 충동적으로 이구아나를 쓰다듬어 주고는 돌아선 다음의 일이었다. 이구아나가 사람의 말을 할 줄 안다는 것만으로도 놀랄 일인데, 수영을 가르쳐 달라니. 어이없는 부탁이라 생각했지만, 살날이 얼마 남지 않아 태어나기를 파충류 전문 펫 숍에서 태어났으니 남은 생은 멕시코에 있는 이구아나의 천국에서 보내고 싶다는 것이 이구아나의 부탁이었다. 어쩔 수 없이 간절한 부탁을 들어주기로 한 뒤 이구아나와 '나'는 특훈에 들어간다. 이구아나와 가까워지는 사이, 그러면서 이구아나가 떠날 날 또한 점점 가까워지는 사이, 유진이 수영장을 떠나 필라테스 센터를 차린다는 소식을 전하며 또 한 번 나를 찔러 온다. "수영, 솔직히 난 미래 없다고 생각해", "살길 찾아야지. 너도 잘 생각해. 아직 안 늦었어". '나'로서는 "사실, 이대로도 괜찮다고 생각하고 있었"지만, "누군가에게는 그 상황이 기어코 벗어난 과거가 되었다는 사실을 깨닫자" 허방 위에 있는 것처럼 아득한 기분이 들고 마는 것이었다.(266~268쪽)

자신만이 도태되고 있음을 실감한 것처럼 혹은 그런 날이 머지않았음을 알게 된 것처럼, 유진을 만난 후 '나'의 불안은 극도로 심해진다. 그런 불안을 잠재울 수 있는 건 오직 이구아나와 있을 때뿐이라서, '나'는 이구아나가 떠날 날이 정말로 가까워져 오자 깊은 고민에 빠진다. 그런데 그 고민은 이구아나에 대한 것으로 시작되어도 "어느새 나에 대한 것으로 바뀌"(270쪽)고 마는데, 이는 '나'에게 이구아나란 자기 자신과 거의 동일시되는 존재이기 때문이다. 재호와 이별했을 때의 뻣뻣하고 푸석했던 몰골이나, "삶아지는 줄도 모르고 태평한 냄비 속 개구리"(268쪽)가 되어 버릴지도 모를 인생 같은 것이 그랬다. 하지만 이구아나를 배웅하러 도착한 바다에서 "고개를 똑바로 들고 정면을 응시하면서"(272쪽) 헤엄쳐 나가는 이구아나를 보며, '나'는 끝내 말을 삼킨다. "이구아나의 삶에 무엇이 남을까"(같은 쪽)를 묻는다면 더욱 그랬다. 이구아나에게는 그의 삶이 있고, '나'에게는 소박할지언정 이대로도 괜찮은 자신의 삶이 있었다. 몇 달 후, "이구아나의 발 도장"이 찍힌 엽서를 받은 후에야 그것을 실감할 수 있던 '나'는 "원래 그러려고 했던 사람처럼 온 길을 되짚어 수영장을 향해 걷기 시작"(275쪽)한다. 생동감이라고는 찾아볼 수 없던 이구아나가 수영을 배워 이구아나의 천국에 도착했음을 확인한 것은 '나'로 하여금 다시 자신의 삶에 물보라를 일으키는 계기로 작용한다. 그런데 이 소설이 유독 읽는 이에게 건네는 작은 위로처럼 여겨지는 까닭은 왜일까? 그것은 이름의 자리를 의도적으로 비워 둔 것처럼 읽히기 때문일 것이다. 이구아나가 이름이 없다는 사실은 재호의 "단단하게 돌아선 등"(273쪽)과 함께 기억이 되지만, 정작 놓치고 마는 건 "이구아나와 나", 이구아나 다음에 오는 '나'의 이름이다. '나'는 이구아나와 마찬가지로 이름이 불렸던 적이 없다. 왠지 조금 쓸쓸하게 느껴지지만, 어쩌면 그것은 '나'의 자리에 대입해도 좋을 수많은 이름을 위한 것일지도 모른다는 생각이다.

희미하지만 분명한 존재들의 이야기는 「평평한 세계」에서도 계속된다. 이때 희미하다는 건 이중적 의미를 갖는데, 첫 번째는 존재감이 크지 않다는 것, 두 번째는 환상을 통해 물리적으로 신체가 반투명화되었다는 것이다. 그런 일이 고미에게 일어난 것은 어느 주말 오후였다. 새어머니와 단둘이 살고 있는 고미는 갑작스레 몸이 반투명해지는 것을 느끼면서 이제 누구도 자신을 볼 수도 없고 목소리도 들을 수 없게 되었다는 걸 실감한다. 하지만 고미는 "어떻게 보면 평소와 별다를 것 없는 상태"(216쪽)였기에 전혀 놀랄 것이 없었다. 어디 멀리 떠나 볼까 싶었지만, "어디로 가야 할까." "이제부터 무얼 할까"(226~227쪽)와 같은 물음엔 곧바로 답을 할 수 없어 결국 다시 집으로 돌아온다. 그때 마주한 것은 새어머니의 애인으로 보이는 낯선 남자, 그러나 어딘가 아버지와 닮은 것처럼 보이는 남자가 새어머니와 실랑이를 벌이다 그녀를 무자비하게 폭행하는 장면이다. "어찌 보면 지겨울 만큼 낯익은 것이었지만, 어떻게 이것은 매번 같은 모양으로 이리도 새롭게 괴로울까"(232쪽) 싶어 착잡해하던 찰나, 새어머니 역시 고미처럼 서서히 반투명해지기 시작한다.

같은 상태가 된 두 사람은 이제야 서로를 볼 수 있었는데, "양쪽 모두를 한꺼번에 보고 있었다는 것"(234쪽)은 이들에게 조금 특별한 의미를 갖는다. 어릴 적 사고로 한쪽 눈을 잃은 뒤 새어머니는 지금껏 나머지 한쪽 눈으로만 생활을 해 온 사람이다. 그런데 어째서 지금 이렇게, 반투명에 가까워지고 나서야 양쪽 눈을 모두 맞출 수 있는 걸까. 이는 고미와 새어머니의 반투명화가 억눌린 삶으로부터 일종의 해방을 의미하기 때문일 것이다. 애초에 이들의 삶은 '평평한 세계'와는 거리가 멀지 않았나. 새어머니의 온전하지 못한 눈과 고미의 있으나 마나 한 아버지 때문에 그들은 자신의 선택과는 관계없이 이미 기울어진 세계로 진입해 버렸으니 말이다. 새어머니가 가족으로 합류한 이후 두 사람은 같은 자리에 서게 된다. 아버지의 폭행으로 퉁퉁 부어오른 얼굴을 하고, 부서지고 버려진 것을 치우며 고장 난 일상을 완벽하게 고치지 못한 채 점점 더 기울어져 가는 세계를 견뎌야만 했다. 이 세계에서 같은 처지인 사람은 오직 둘밖에 없었다. 그때에는 몰랐지만, 아니 어쩌면 지독하게 외면해 왔지만, 이렇게 투명해지고 난 다음 감출 것이 없어진 뒤에야 두 사람은 그들 사이의 유대마저 바라볼 수 있게 된 것이다. 그리고 잠시 새어머니의 손이 고미의 몸에 닿았던 그 짧은 순간, "우리는 합쳐졌다가 다시 나뉘었"음을, 그리하여 "이제 누구도, 그 무엇도 우리에게서 서로를 분리해 낼 수 없을 거라는 사실"(240쪽)을 감각하며 비로소 판판하게 느껴지는 세계에 등을 붙인다. "누군가 툭 밀어도 끄떡없이 존재하고자 하는 곳에 정확히 존재할 수 있는 정도로 곧고 판판한 이 세계"(241쪽) 위에서 이제 그들은 어떤 외부의 자극에도 노출되지 않고 그토록 염원했던 안정을 누릴 수 있을 것이다.

한 편의 소설이 남았다. 「왜가리 클럽」은 소설집에 실린 다른 소설들과는 결이 조금 다르게 느껴진다. 이 소설에서 사람이 아닌 존재와 말할 수 있다거나, 죽은 이가 돌아오는 초자연적인 사건은 일어나지 않는다. 그저 한 번의 실패를 겪은 보편적인 인물의 이야기일 뿐이다. 반찬 가게를 개업하고 1년여 만에 폐업 신고를 하게 된 양미는 이 같은 실패를 모두 자신의 탓으로 여긴다. "이러다가 망할 수도 있겠다."라고 생각했지만, "그것이 실제로 일어날 수 있는 일"이라고는 실감하지 못한 점이 자신이 망한 이유라는 것이다. 양미는 이에 대해 "현실감각이 전혀 없다."(155쪽)라고 표현하는데, 우리는 이 대목에서 앞서 설명한 것처럼 이유리의 소설 속에서의 환상이 (앞의 소설에서 쓰인 '환상'과는 조금 다른 맥락에 놓이지만) 온전히 '나'의 영역으로 넘어왔음을 다시금 확인할 수 있다. 어떠한 환상적 장치 없이 인물 스스로가 현실감각이 없음을 긍정함으로써 세계와 자아의 경계가 불분명하다는 것을, 그 경계의 선 위를 아슬아슬하게 지나가고 있음을 방증하고 있기 때문이다. 실제 폐업을 앞둔 몇 달 전에도, 폐업을 결정했을 때에도, 집기를 팔았을 때에도, 가게에 출근할 필요가 없어진 첫날 "오랫동안 베개에 얼굴을 비비며 누워 있던 그 순간조차도" 양미는 "망했다는 실감"(같은 쪽)을 하지 못한 채 멍하니 있을 뿐이다. 환상은 초자연적 세계의 영역만이 아니다. 틀림없을 현실을 외면하고 고개를 돌리는 것 또한 일종의 방어기제로서의 환상이다. 그런 양미에게 위로가 되어 준 건, 도림천의 왜가리, 그리고 '왜가리 클럽'이었다. 물고기를 잡는 것에 열중하는 왜가리는 참으로 볼만한 것이었는데, 그 풍경에서 곰곰 생각할 것은 왜가리는 실패에 낙담하지 않는다는 것이었다. 심지어는 성공을 해도 기뻐하지 않았다. 왜가리에게 중요한 것은 "매번 잘 노려서 잘 내리꽂는 것"(172쪽)뿐이었다. 그런 왜가리를 함께 지켜보는 일에 골몰하는 왜가리 클럽 멤버들 강희진, 김하영, 심동미는 양미의 실패를 왜가리의 사냥에 빗대어 "온 마음을 다 쏟아도 안 되는 일이 있"(169쪽)다며 위로를 건넨다. 양미네 반찬이 참 맛있었다는 말도. 어쩌면 양미는 그런 말과 마음들이 필요했던 게 아닐까. 그냥 망해 버린 게 아니라, "보기 좋은 실패"(171쪽)라고, 열심히 해도 안 되는 일이 있고, 그럴 때는 그냥 놓아줘도 괜찮다고 말이다. 실패를 실감하지 못한 채 환상의 부산물처럼 끌어안고 있던 남은 반찬거리를 세 사람에게 나누어 줄 요량으로 집을 향해 걷는 양미의 걸음이 가볍다. 뒤를 돌아보지 않아도 "그들이 나를 잘 따라오고 있다는 것"(174쪽)을 알 수 있는 지금, 양미는 실패의 자리를 벗어나고 있다.

하나의 세계를 샅샅이 맛보았음에도 자리를 뜨지 못하고 계속해서 입맛을 다시고 있는 건 나만이 아닐 것이다. 씁쓸하고 진득한 맛뿐인 현실에 내려앉은 한 겹의 환상 코팅이 참으로 달콤해서, 아는 맛일 게 분명한 그 안의 것마저도 도리어 꼭꼭 씹어 삼키게 된다. 달아서 아리고 써서 저릿한 그 맛을 느끼는 것은 곧 소설을 읽는 기쁨을 누리는 일이기도 하다. 또 하나, 『브로콜리 펀치』에 거는 작은 기대가 있다면, 지금-여기를 적나라하게 재현하는 한국문학에 대한 깊은 통감으로 조금은 지친 마음을 안고 있던 독자들에게 이 책이 다시 한번 소설을 사랑할 수 있는 달달한 각성제로 작용할 수 있으리라는 것이다. 소박한 위로라도 필요로 하는 이들이 있다면 사탕을 건네듯 『브로콜리 펀치』를 건네어 보기를. 이유리의 소설을 읽는 동안의 슈거 하이로 인해 한 발짝 앞으로 나아갈 수 있는 반짝이는 힘을 얻을지도 모르니 말이다.

신인류의 사랑

— 고선경론

0 Ready, Fight!

고선경의 첫 시집 『샤워젤과 소다수』(문학동네, 2023)는 출간과 동시에 SNS에서 큰 호응을 얻었다. 인터넷 문화를 즐기는 젊은 세대 사이에서 통용되는 밈이 시 안에서 적절하게 쓰였으며, 그것에서 파생되는 유머가 많은 이들을 와르르 웃게 했기 때문이다. 시라는 것이 또는 문학이라는 것이 도통 무슨 말인지 모를 뜬구름 잡는 소리처럼 여겨지는 것이 아니라, 우리와 공통 감각을 지닌 젊은 시인이 있음을 알리는 데에 한몫을 한 것이다.

그중에서도 가장 이슈가 된 시는 「스트릿 문학 파이터」였다. 엠넷에서 인기리에 방영된 여성 댄스 크루들의 서바이벌 프로그램 「스트릿 우먼 파이터」(일명 「스우파」)를 '시 서바이벌 오디션'으로 바꾼 이 시는 습작생들의 공감을 사기에 충분했다. "최종 데뷔 멤버에게는 우승 상금 1억 원과 최신형 노트북이 주어지며 대형 출판사 3사와 출간 계약"을 할 수 있는 혜택이 주어지는 이 경연은 만약 정말로 '시 서바이벌 오디션'을 치른다면 가능할 법한 핍진한 에피소드들로 이루어져 있다. 얼핏 보면 「스트릿 문학 파이터」는 「스우파」를 잘 패러디한 재미있는 시다. 그러나 이 핍진한 이야기가 진정으로 시사하는 것은 웃음으로도 가려지지 않는 진한 슬픔이다. 굳이 실제 서바이벌 프로그램에 빗대지 않더라도, 사실 쓰고자 하는 모든 이들은 이미 경쟁을 치르고 있는 셈이 아닌가. "불안장애"를 견뎌 보려 약을 먹고, "자신의 허벅지를 연필로 찔러 가며 밤새워 시를" 쓰고, "세계, 미래, 사랑, 기계" 등 무엇도 잃을 수 없는 시어들을 쓰지 않는 "금지어 미션"을 수행하면서 말이다.

녹록지 않은 여러 미션을 거쳐 드디어 마지막, 생방송 파이널에 이른다. 하지만 「스문파」는 "지금 바로 투표해 주세요"라는 문구가 무색하리만치, 어쩌면 많은 이들이 예상한 바와 같이 "미미한 투표율"과 함께 "최악의 시청률을 기록"한다. 이 시의 마지막은 「스문파」의 최종 우승자인 K의 다음을 조명한다. "많은 축하를 받았"고, "여러 방송에 출연하기도 했으며 각종 문예지에 시를 발표했다"라는 점에서 K는 본격적으로 시인의 삶을 살기 시작했고, 이전과는 다른 변화를 맞이했다. 그런데 이로써 충분한가? "1억 원"은 일시적 안심을 주는 금액으로만 유효할 뿐 "인생을 뒤바꿔 줄 액수"는 아니었으며, K를 안정 궤도에 올리기에는 턱없이 부족하다. 그뿐 아니다. 사실상 이 오디션의 하이라이트라 할 "대형 출판사 3사와 출간 계약" 역시 K의 삶을 이전과 완전히 다른 것으로 만들어 주기에는 충분치 않아 보인다. 약속된 것은 오직 '출간'이며, 오디션 우승 이후 "블로그 방문자 수가 늘었다는 것을 제외하면" "아무것도 달라진 게 없었다"라는 말처럼 출간 '이후'를 책임질 수 있는 이는 아무도 없기 때문이다.

시의 말미에서 K의 시집 출간 소식은 소문처럼 전해진다. "출간된다고 한다"에서 "출간된다고만 한다"로 이어지는 끝맺음에 우리는 시에서조차 그 이후를 확인할 수 없다. 다만 확실한 건 '만'이라는 조사의 덧붙음으로 미래에 대한 막막함의 깊이가 무수히 확장된다는 사실이다. K의 시집 출간 이후의 시간이 불분명한 건 해설을 쓴 박상수의 말처럼 「스문파」의 우승자 K를 시인 고선경에 대입해 보면 당연한 결과일 수 있다. 이 시에서 습작생들이 보여 준 슬픔 속의 분투와 같이 시인 또한 그에 못지않은 과정을 거쳐 이제 막 세상에 첫 시집을 선보인 것이기 때문일 테다. 아직은 다음을 그릴 수 없는 시를 마치며 시인이 바랐을 '이후'의 일들을 가늠해 본다. 그중 무엇도 확신할 수 있는 건 없지만, 이 시에서 K처럼 "출간된다고만 한다"는 소식으로 끝나지 않기를 바라는 마음이 있었을 것이다. 이미 많은 이들의 공감과 호응을 얻었다는 점에서 『샤워젤과 소다수』는 단지 잘되기를 바라는 염원으로 그치게 될 시집은 아니다.

연이어 솟아오르는 "무한히 터지는 기포"(「샤워젤과 소다수」)처럼 새로운 시인의 가능성을 확인할 수 있는 것이 이 시집이라면, 우선 알아 두어야 할 사항이 있다. '스트릿 문학 파이터'라는 이름의 서바이벌은 단지 시 한 편에만 적용되는 것이 아니라는 점이다.[1] 이 여정은 여러 겹으로, 동시에 진행된

---

[1] 이에 따라 이 글 역시 「스문파」가 차용한 「스우파」의 대결 순서를 따른다. 시즌에 따라 경연 과제가 조금씩 다르지만, 이 글에서는 「스우파」의 대표 미션인 약자 지목 배틀, 계급 미션, 메가 크루 미션 순서로 고선경의 시를 분석하고자 한다.

다. 우선 모든 습작생들을 위한 시 「스트릿 문학 파이터」를 통해, 또 앞서 언급한 대로 문예창작과 입시부터 등단, 시집 계약과 출간으로 이어지는, 시인이 되기 위한 일반적인 과정에서도 그렇다. 그리고 시인은 자신의 운명과 닮아 있는 시적 주체마저 이 경쟁 속에 사뿐히 밀어넣는다. 말하자면 『샤워젤과 소다수』는 달콤하고 청량한 이름 뒤에 숨은 무자비한 서바이벌 세계다. 단 이 세계의 법칙과 우승의 조건은 「스문파」가 보여주는 현실의 그것과는 조금 다르다.

Mission 1. 약자(를) 지목(할 수 없는) 배틀
— 모두가 져 버려서 아무도 지지 않는 게임

「스우파」의 경연 법칙에 따르면 1차 미션은 약자 지목 배틀[2]이다. 이길 수 있는 상대를 골라 일대일 대결을 하고 승부

---

2 「스우파」에서의 정식 명칭은 '노 리스펙 약자 지목 배틀'이다. 말 그대로 자신이 '리스펙트(respect)'하지 않는 상대를 지목하여 주어진 시간 안에 번갈아 가며 대결을 펼치는 식이다. 때로는 역설적으로 가장 리스펙트하는 상대를 골라 영광스러운 일대일 배틀을 펼치는 경연자도 있다.

를 가리는 이 과제를 고선경의 시에 적용해 본다면 우선 전제에 대한 질문부터 달리해야 할 것이다. 그는 약자를 지목할 수 있는 사람인가? 이기고 싶은 마음이야 없을 리 만무하지만, 누군가를 콕 집어 겨뤄 보기를 행할 수 있는 사람인가? 시인의 자질을 탓하거나 시적 주체의 배포가 부족하다는 뜻은 아니지만, 그는 그럴 수 없다. 약한 이를 찾아 무대 위로 끌어올리는 것보다, 이기고도 슬플 게 틀림없는 대결을 모두의 앞에서 보이는 것보다, 그는 자기 자신과 싸워 보려 한다. 갈 곳 잃은 손가락은 결국 스스로를 향한다. "나는 나를 사냥해야 해"(「무대륙」). 시인이 겨뤄야 할 대상이 있다면 그건 오직 '나' 자신뿐이다.

「무대륙」은 어떤 게임을 배경으로 한다. 대부분의 RPG 게임이 그러하듯 시적 배경이 되는 공간에서도 "이 세계를 파괴하는 몬스터를 사냥하는 건 당연한 이치"로 여겨진다. 사냥을 통해 플레이어가 경험치를 쌓고, 세상을 구할 영웅으로 성장한다는 영웅 서사의 기본 틀과 맞닿아 있는 이 법칙은 몬스터를 근원적인 악의 존재로 상정하기 때문에 조금도 의심할 여지없이 수행 가능하다. "그런데 가끔 웃자라거나 덜 자란 몬스터를 사냥해야 할 때"라면 어떨까. 세계의 "당연한 이치"는 고선경에게 일반적으로 적용되지 않는다. 이치보다 선행하는 건 "덜 자란 몬스터의 눈망울이 너무도 초롱초롱"하기에 연민하거나 사랑스러움을 느끼지 않을 수 없다는 지극히 인간적인 감정이다. "몬스터를 가여워하거나 귀여워하지 않는 것까지가 영웅의 자질"이라면, "그런 자질까지 갖춰 꼭 영웅이 되어야만 하나?" 하고 되묻고, "의미 없는 기본 공격"으로 최소한의 방어를 하는 모험가가 바로 그인 것이다. 이러한 화자의 태도는 게임 속 세상임에도 불구하고 "현실이나 살라"라는 아이러니한 반응을 불러일으킨다. 그러나 게임 속 현실에서도, 게임 바깥의 '진짜' 현실에서도 세계의 이치는 '나'의 이치로 통용되지 않는다.

현실의 게임을 다룬 시로는 「수정과 세리」가 있다. 수정과 세리는 '나'의 대학 동기이자 친한 친구이지만, 세 사람은 문예창작과에 속해 있다는 점에서 쓰기를 향한 좁은 문을 통과해 나가야 하는 게임 속 플레이어이자 경쟁자다. 하지만 이들은 경쟁이 아닌, 놀이로서의 게임을 한다. 때문에 "살 걱정 죽을 걱정을 하라"라는 말을 듣기도 하지만, "우리가 궁금한 건 더 재미있게 놀 방법"(「우주 달팽이 정거장」)이다. 그렇기에 우리의 현실인 문예창작과 역시 "더 재미있어하는 사람이 이기는 게임"(「수정과 세리」)과 같다.

이쯤 되었을 때 추론 가능한 사실은 고선경의 시 쓰기에서 무엇보다 중요한 것은 '재미'라는 것일 테다. 그로 하여금 마음을 동하게 하고, 지치지 않고 계속해서 다음 판으로 넘어갈 수 있도록 하는 동기는 곧 재미이며, 그것으로 충분한 좋음인 것이다. 이와 연결되는 것이 시집 곳곳에서 발견되는 고선경식의 유머이다. 다음의 시를 보자.

> 엄마는 늘 무언가의 효능을 궁금해한다
> 블루베리 효능
> 토마토 효능
> 치자 효능
>
> 나는 다정의 효능이나
> 시의 효능에 대해 골몰한다
>
> 감동 그리고 따뜻한 시선과 관심……
> 받겠냐?

내 시에 비타민이나
식이섬유가 함유돼 있지는 않아

그래 한국인한테는 밥이 보약
밥 잘 먹고
시 쓰든 말든 오래 살아

근데 봤지 엄마
쟤가 나 보고 웃었어

엄마가 블루베리를 먹는 이유는
블루베리가 눈에 좋기 때문이라는데
뻥이고 엄마는 그냥 블루베리를 좋아한다

―「건강에 좋은 시」

    엄마가 늘 "무언가의 효능"을 궁금해하는 것처럼 화자 역시도 "다정의 효능" 또는 "시의 효능"에 대해 고민해 본다. 이내 떠올려 보는 "감동 그리고 따뜻한 시선과 관심……" 같은 것을 기대할 수도 있겠으나 곧이어 "받겠냐?" 하고 재빨리 선회하는 물음 앞에서 영락없이 웃음이 터지고 만다. 자명한 사실은 그의 시에는 누구에게나 몸에 좋은 성분 같은 건 당연히 없다는 것이다. 하지만 이렇게 한 번씩 기포처럼 터지는 웃음을 건넨다는 점이야말로 시의 효능이라 할 수 있지 않을까.

"근데 봤지 엄마/ 쟤가 나 보고 웃었어". 시 너머에서 독자가 필시 웃었으리라 자신하는 대목을 통해 그가 얼마나 자신의 시에 대해, 그 나름의 효능에 확신을 갖고 있는지를 알 수 있다. 시인의 자신 어린 확신은 당연하게도 '좋음'에서 온다. 엄마가 블루베리를 먹는 것은 어떤 효능 때문이 아니라 '그냥 좋아하기 때문'이듯, 모두에게 설득되는 대단한 효능은 없지만 고선경에게 시란 그냥 좋으니까 할 수 있는 일이다. 아는 자는 좋아하는 자만 못하고, 좋아하는 자는 즐기는 자만 못하다는 공자의 말을 이러한 시적 태도에 적용해 보자면, 어떤 방향으로든 그는 이길 수밖에 없다. 그런데 다시, 이긴다는 것은 무엇일까? 이는 시적 화자에게도 오랫동안 따라붙는 질문이다.

> 그런데 이긴다는 게 뭔지 생각하다가
> 생각하다가
> 교정에 불던 봄바람

그건 정말 뭐였지? 이마를 긁적이며
오래 질문하였다

물기를 빨아들이고 무거워진 휴지를
벽에 던지면 철퍽 하고 우스운 소리가 났다

애들아 우리는 우스운 소문이 되자
그런 건 해독하지 않아도 돼

(……)

모두가 져 버려서 아무도 지지 않는 게임을 도모했다

깔깔 웃는 것으로 끝나는 시작되는

수정아
세리야

가느다란 가지에 주렁주렁 맺힌

> 한밤의 개나리를 유심히 들여다보았다
>
> ―「수정과 세리」에서

  이 근본적인 물음에 대해 '나'는 금방 답을 내리지 못하고 "오래 질문"하며 "해독"하고자 한다. 이는 역설적으로 승리란 그 의미에 대한 '질문'과 '해독'이 뒤따르는 일이라는 뜻이기도 하다. 가령 「스트릿 문학 파이터」에서 우승은 "상금 1억 원과 최신형 노트북이 주어지며 대형 출판사 3사와 출간 계약"이라는 혜택이 뒤따르는 것이었다. 이때 해독 가능한 승리의 의미란 평생은 아니더라도 얼마간의 경제적 빈곤을 해결할 수 있는 돈과 언제든지 시를 쓸 수 있는 환경, 세 번째 시집까지는 출간할 수 있는 시인으로서의 보장이다. 이처럼 나에게 주어지는 이득을 셈하게 만드는 것이 해독을 필요로 하는 승리라면, 시인은 이와 무관하게 "우스운 소문"이 되는 것으로 게임을 승리로 이끌고자 한다. 그것은 "모두가 져 버려서 아무도 지지 않는 게임을 도모"하는 일과 다르지 않다. 누구보다 똑똑하게 승리하는 방법으로, "깔깔 웃는 것으로 끝나"고 또 "시작되는"(「수정과 세리」) 이 게임에서 약자는 존재하지 않는다.

Mission 2. 세대-계급 미션
— 청년-파트타임 노동자의 역행

『샤워젤과 소다수』의 시적 화자는 대개 미성년이거나 20대 초중반의 대학생 또는 이제 막 졸업을 한 이들이다. 미성년이나 대학생 화자가 주로 과거 회상의 시로 드러난다는 점에서 현재에 해당하는 목소리는 후자일 것이다. 이미 사회인이 되었을 나이지만, 그들의 모습은 온전히 사회로의 입사에 성공했다고 보기에는 무리가 있다. "하루에 몇 시간씩 노동"(「알프스 산맥에 중국집 차리기」)하는 파트타임 노동자로 일상을 꾸리고 있으며, 사회의 일원으로 여겨질 만큼 안정적인 일자리를 보장받지 못하기 때문이다. 이는 문예창작과 출신인 '나'에게만 해당되지 않는다. "도쿄의 미술대학을 졸업한 뒤/ 한국의 킷사텐에서 아르바이트를 하고 있"(「메론소다와 나폴리탄」)는 '너'의 처지 또한 유사하다. '나'와 '너'의 모습은 "여러 매체에서 묘사되는" "대개 비현실적으로 빛나고 아름다우며 엉망진창인" "젊은 날"과 다르게 개인으로서의 개별성이 느껴지지 않을 만큼 "하나의 덩어리"(「연장전」)로 감각된다. 때문에 해당 계급 혹은 세대의 베스트가 되어 메인을 차지하는 것이 두 번째 미션을 훌륭하게 수행하는 기준이라면, 이들은 센터는커녕 워스트로 지목되기도 전에 이미 맨 뒤로 밀려난 것만 같은 기분을 안고 있다. 이것이 문학에서 재현하는 인물의 특성만이 아니라 이 시대 청년 세대의 공통 감각이라는 점은 자명한 사실이다. 이들은 계급-세대 미션을 제대로 완수할 수 없을 뿐 아니라 '나'라는 개인의 삶에서 메인으로 설 자신과 확신마저 쉽사리 가질 수 없다. 그렇다면 이대로 끝인가? 우리를 자꾸만 밀려나게 하는 기분은 어디에서 기인하는가. 불안은 대부분 멀거나 가까운 미래에서 온다. 노후 대비는 이미 체념했고, 당장 다음 달 월세를 마련할 수 없거나 통신비를 낼 수 없게 될 수도 있고, 언제 아르바이트에서 잘릴지 몰라 조마조마하다. 그러나 이런 내일을 상상하는 일마저도 과분하다면? "동전을 던져 미래를 결정하려 했으나" "미래가 나를 결정하려 하는 것 같"(「밝은 산책」)이 느껴진다면?

고선경의 시에서 미래는 불안으로 작용하지 않는다. 정말로 모르기 때문에. 알 수 없는 미지의 시간이기에 무겁고 "내일이 과분"(「돈이 많았으면 좋겠지」)하게 느껴지기도 한다. 최근 젊은 시인들의 시에서 빈번하게 언급되는 미래에 대한 전망과는 다른 접근이라는 점이 특징적인 가운데, 미성년 화자의 빈번한 출현도 이런 맥락에서 이해해 볼 수 있다. 고선경에게 과거 회상은 현재와 미래에 대한 별다른 걱정 없이 좋았던 시절을 추억하기 위함이 아니다. 미래에 관한 해답을 지금의 시간에서 찾을 수 없다면, 이전의 시간을 되짚어 다시 오늘을 잘 살아 보려는 것, 그리하여 내일로 도움닫기를 해 보고자 하는 쪽에 더 가깝다. 미성년 화자가 등장하는 시들에서 주목할 만한 것은 계절적 배경이 모두 여름이라는 사실이다. 그것도 끝나지 않고 계속해서 연장되는 여름이다. 현실의 이상기후와 닮아 있는 끝없는 여름 속에서 선명하게 감각되는 건 그 여름과 닮은 향기다. "짜고 시큼한 냄새"(「여름 오후의 슬러시」)이거나 "멸종된 과일 향기"(「샤워젤과 소다수」) 같은 것. 여분 없이 소진되는 삶의 현장에서는 이미 사라져 버렸고, 누군가는 잃어버린 것도 모르는 관심 밖의 것에 대한 향수를 지난 시간 속에서 느낀다.

이러한 모습은 모두가 치열하게 앞으로 나아가려 하고, 선두에 서고 싶어 하는 시대의 흐름에 반하는 것일지도 모른다. 그래서 "지금 무슨 의미가 있어?"(「숨어 듣는 명곡」) 하고 묻게 만드는 일이라 여길 수도 있다. 하지만 과거를 톺아보는 정성스러운 과정을 무의미하다고 치부할 수 없는 큰 까닭은 지나가 버린 여름 안에서 맡은 향기가 내일을 살아야 하는 이유와 같다는 것을 알아 버렸기 때문이다. "너에게서는 멸종된 과일 향기가" 날 때, "너의 머리카락이 가볍게 흩날릴 때 나는 사라진 언어를 이해하게 된다"(「샤워젤과 소다수」)라는 고백은 사랑하는 대상으로 하여금 잊거나 사라져 버린 존재를 재감각하게 하는 촉각의 곤두섬과 긴밀하게 연결된다. 그리고 그 순간, 과분했던 내일마저도 약속할 수 있게 된다.

>어제나 오늘로 충분한 게 아니고
>내일이 과분해서
>
>그런데 사랑은 해야겠지
>
>얼마나 정직할 수 있을까 돈과 노동과 사랑 앞에서
>정직한가 돈과 노동과 사랑은
>
>만져지지 않는 부위가 만져지기를 바라는
>그런 걸 소망이라고 말하는 사람이 바로 나인 것

슈퍼에 가면 불빛 반지라고 적힌 사탕을
오래도록 바라보는 한 아이가 있다

손가락 위에서 달콤하게 빛나는
내일이라는 약속이 필요한 거지 우리는

─「돈이 많았으면 좋겠지」에서

    제목에서부터 '돈'에 대한 귀엽고 투명한 욕망이 드러나지만, 이는 화자 개인의 물질적인 욕망만을 채우기 위함은 아니다. "친구들에게 꽃이나 향수를 선물하고 싶"거나 "오늘은 재료 소진으로 일찍 마감합니다／ 팻말을 본 사람들이 아쉬워할 때" "그 가게의 주인"이 되어 돌아서는 걸음을 세우고 소박한 한 끼라도 내어 주고 싶은 마음이 더 크다. 그에게는 내일이라는 시간의 쓰임 역시 돈과 같다. '나' 혼자라면 오지 않은 시간은 이전처럼 과분하게 느껴질 뿐이겠지만, "그런데 사랑은 해야겠지"라는 중얼거림처럼 사랑이 있다면 내일을 "약속"할 수 있게 된다.

    일반적인 성공의 기준에서라면 사회가 허용한 메인 스테이지에, 센터의 자리에 서지 못한 이번 미션은 실패에 가깝다. 그러나 고선경은 자신이 서야 할 메인 무대가 남들과 같은 방향이 아님을 잘 알고 있다. 모두가 성공을 바라며 앞을 보고 나아갈 때, 그는 반대로 거슬러 간다. 애매한 뒷줄보다는 맨 끝에 설 요량으로 보란듯이 역행한다.[3] 지난 시간도, 기억도 추억할 수 있는 자리에서. 이는 "세계의 취향에서 배제된 이후 취향의 세계를 발명"(「사이버 시옷시옷」)하는 행위와 같다. 그리하여 아직 사랑할 수 있는 자리에서 시인은 "내일이라는 약속이 필요한" 이들을 향해 손을 내민다. 그 속에 누구보다 내일이 필요했던 '나'도 포함됨은 물론이다.

---

3 애매한 뒷줄보다는 맨 끝이 오히려 눈에 띄는 자리라는 걸 시인은 이미 잘 알고 있는 듯하다. 시집 곳곳에서 드러나는 것처럼 관심을 요하지만 주목받고 싶지는 않은, 소심한 관종적 태도는 이와 관련되어 보인다. "내가 가장 귀여웠을 때 나는 아무도 나를 모르기를 바랐다"(「내가 가장 귀여웠을 때 나는 땅콩이 없는 자유 시간을 먹고 싶었다」)라거나, "사실은 나에게도 학명이 있었으면 좋겠습니다", "연구되지 않으면서 전 세계 사람들이 이 나를 알았으면 해요"(「살아남아라! 개복치 — 몰라 몰라 내가 죽은 진짜 이유를」)와 같은 대목에서 비범하기를 관둔 수줍은 범인(凡人)의 바람이 전달된다.

Final Mission. 메가 크루 미션
— 더 큰 사랑으로(Mega Love)

 다시 「스트릿 문학 파이터」로 돌아가 보자. 앞서 첫 시집 출간을 앞둔 「스문파」의 최종 우승자 K를 고선경에 빗대었으나, 사실 이 시에서 시인과 가장 가까운 이는 I로 보인다. I는 "금지어 미션"에서 아주 잠깐 등장하는 인물로, 그 내용은 다음과 같다.

 "자, 이번에는 금지어 미션입니다. 지금부터 제가 말씀드리는 단어는 시에 사용할 수 없습니다. 세계, 미래, 사랑, 기계, 영원, 천사, 바다, 숲, 여름, 겨울, 비, 눈, 유령, 죽음!"

 습작생들은 탄식했다 심하게 좌절한 습작생의 경우 상담 치료를 신청하기도 했다

 A는 세계, 미래, 사랑, 기계, 영원, 천사, 바다, 숲, 여름, 겨울, 비, 눈, 유령, 죽음을 모두 사용하여 프로그램을 비판하는 시를 썼고 퇴소라는 장렬한 최후를 맞았다

A를 제외한 대부분의 습작생은 다행히 세계, 미래, 사랑, 기계, 영원, 천사, 바다, 숲, 여름, 겨울, 비, 눈, 유령, 죽음을 대체할 단어를 찾았으나 I는 마지막까지 사랑을 잃지 못했다
—「스트릿 문학 파이터」에서

이 미션으로 「스문파」에서 탈락했을 I가 마지막까지 놓을 수 없던 단어는 '사랑'이다. 이를 한 참가자의 에피소드로 그냥 넘길 수 없는 건 고선경에게 과거를 돌아보고 미래를 기약하게 하는 원동력이 사랑임을 확인했기 때문이다. I의 선택은 그렇기에 시에서 빈번하게 쓰이는 단어들은 다른 표현으로 대체 가능하지만 사랑만큼은 결코 그럴 수 없다는 시인(I)의 자기 고백이기도 하다.

그에게 사랑은 어떤 의미이기에 다른 무엇으로도 바꿀 수 없는가. 이는 『샤워젤과 소다수』에서 드러나는 사랑의 면면들과 그 안에서 포착 가능한 사랑의 속성들로 설명할 수 있다. 예컨대 「사이버 시옷시옷」에서 "각자의 취향에 사이좋게 감염되는 일"을 사랑이라 말하듯, 사랑은 타인을 '나'의 상태와 동일하게 변화시킬 수 있는 감염성을 갖는다. 감염되고자 하는 또는 감염시키고자 하는 특성과 연관된 힘찬 생명력도 무시

할 수 없다. "열매의 안쪽에서 꿈틀대는 벌레가/ 사랑의 형상에 가깝다고 생각"(「별사탕과 연금술사」)한다는 말처럼 상한 알맹이라고 해서 못쓰게 되어 버린 것이 아니라, 어떤 모양일지라도 그것을 놓지 않는 역동적인 몸짓이 오히려 사랑에 가깝게 느껴지는 것이다. 또한 사랑은 "아무것도 발명하지 않기로 한/ 게으른 연금술사"를 움직이게 만들어 마음의 돌을 "별사탕"(같은 시)으로 바꿔 줄 수도 있다. 나아가서는 미워하는 마음마저도 사랑으로 바꿔 줄 수 있다.("실은 미워함의 달인이야말로 가장 열심히 사랑하는 사람이라고 생각한다", 「사랑의 달인」)

이처럼 강인한 생명력을 지닌 채 번지고 확장되며, 다른 무언가를 사랑으로 조금씩 바꾸어 가는 과정 속에서 사랑은 더 큰 사랑으로 부푼다. 첫 시집에서 고선경은 그러한 사랑으로 한 사람의 사랑이 얼마나 많은 것을 가능하게 하는지를 보여 주었다. 모두가 져서 아무도 지지 않는 게임을 만들고, 매일의 안부에 답하는 것도 버거운 '나'를 다시 일으켜 세우고, 사랑의 여러 속성을 꼼꼼하게 짚어 시로써 안내하였으니 말이다. 사랑만큼은 무엇으로도 바꿀 마음이 없는 시인은, "파산해 버릴 때까지" "사랑하자"(「부루마불」)라며 미친 사랑의 노래를 부르는 이 사람은 이미 마지막 무대의 주인공이 되었다. 언제 어디서나, 진심인 사람은 이길 수가 없는 법이니까. 무한한 사랑의 가능성을 보여 준 파이널 미션을 끝내고 웃는 이 역시 그일 것이다.

고선경의 사랑이 어디까지 확장될 수 있는지 묻는다면…… 나도 잘 모르겠다. 모르겠어서 무섭고, 무서우니까 '얼마나?' 하고 되묻고 싶어지고, 그러니까 자꾸 궁금하다. 시인의 사랑은 파이널 미션의 이름처럼 백만 배는 더, 아니 그보다 더 커질지도 모를 일이다. 분명한 건 그가 이제 막 한 걸음을 뗴었다는 사실. 씁쓸한 현실의 맛을 잠시 지우는 다디단 시어들 사이에서 건네지는 소다수 한 잔, 딱 필요했던 만큼의 청량함과 입안에서 사라지지 않는 기포를 터뜨리는 재미라면 이 끝나지 않는 여름 같은 나날을 견딜 수 있을 것만 같다.

2부

광장에서 손 잡기

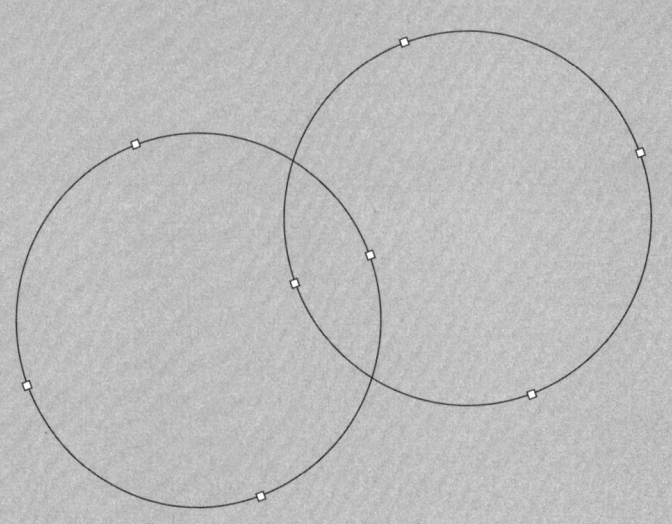

'나'에서 '우리'로 확장되는 주체

— 2010년대 시를 경유하며

1인칭이 사라진 자리에서

시의 목소리에 귀 기울이며 말하는 이 너머 시적 언어의 주관자에 주목했던 건 2000년대의 일이다. 조재룡은 이들의 목소리를 "개별자의 목소리"라 칭하며 "시와 시 쓰는 행위, 시의 당위와 존재 이유를 캐물으며" 주관적인 언어를 가지게 된 "주체의 탄생"[1]을 2000년대 시의 징후로 꼽았다. "개별자들의 목소리"는 "발화자에게 초점을 맞추는 것이 아니라 발화 상황

---

1 조재룡, 「주체에서 주체로 이행하는 목소리의 여행자들 — 이접(移接)하는, 2000년대의 시, 2010년대의 시」, 《문학동네》 2013년 여름호.

과 발화 행위 전반을 조직하는 입장"이며 "고립된 낱말이나 기호가 아니라 텍스트라는 전체에 올라서서" 개별 기호를 조망하고 있었기에 이전까지의 화자와는 다른, "미지의 개념"이나마 '주체'라는 용어로 설명되어야 했다.[2] 이러한 목소리들에 대해 신형철 역시 김행숙과 황병승의 시를 경유하며 논한 바 있다. 이들 시에 존재하는 "어떤 '감응적 인물'"들은 "발화의 주체라는 점에서 일단은 화자이지만, 시를 지배하고 있는 인식과 정서의 주체이기 때문에 단순한 화자 이상"[3]이라는 것이다. 그런데 이들은 특징적이게도 시인의 자기 고백적인 목소리를 답습한 1인칭이 아니라 전에 없던 다양한 형상으로 나타나는 3인칭 주체였기에 2000년대 이후의 시는 '1인칭 내면 고백의 시'들로부터 자유로워졌다는 이해 또한 가능했다.

3인칭의 출현이 1인칭 주체의 자리를 비우는 것에서부터 시작되었음을 기억하며 2010년대로 넘어가 보자. "자명한 '나'를 지우면서 미지의 '나'를 찾아"가는, "자아의 나르시시즘을 넘어 점멸하듯 출현하는 주체성의 영역을 탐험"[4]하는 새로운

---

2 위의 글.
3 신형철, 「2000년대 시의 유산과 그 상속자들 — 2010년대 시를 읽는 하나의 시각」, 《창작과비평》 2013년 봄호.

주체들에 대한 진단은 전반적으로 2010년대 초기 시에 대해서도 유효해 보인다. 2010년대 시에 붙는 '상속' 또는 '유산'이라는 단어는 그들이 2000년대 시의 영향 아래에 있음을 암시했고, 때문에 2010년대 시는 "주체에서 주체로의 이행"이자 "타자를 넘어서기 위해서 오로지 타자에게로 입사하는"[5] 일종의 과업을 수행하고 있는 듯 보이기도 했다. 2000년대 시를 일컫는 '미래파'라는 호명은 당대 시가 텅 빈 기호임을 강조했는데, 2010년대 시에 대한 전망에서 '포스트 미래파'로 (재)호명됨으로써 새로운 시가 그 기호 너머를 향해야 한다는 흐름으로 이어진 것 역시 2010년대 시가 2000년대 시의 영향 아래에 있음을 방증하는 것이었다.

앞서 전 세대의 유산이라 여겨지는 1인칭 주체의 텅 빈 자리와 그 안에서 모색할 수 있는 가능성에 대한 진단을 2010년대 초기 시로 한정한 이유는 우리가 이미 잘 알듯, 2010년대에 발생한 역사적, 사회적 사건에 따라 문학적 시간 또한 지금-여기와 완전히 밀착되어 기존에 문학을 향유하던 방식과는 다르게 감각할 수밖에 없게 된 까닭이다. 문학 작품 안에

---

4 조재룡, 앞의 글.
5 위의 글.

서 주체의 생성과 발화 역시 이전의 기대와는 다른 흐름으로 진행되었음은 물론이다. 기울어지고 황폐화된 세계에서 빈 자리는 더 이상 새롭고 다양한 주체에 대한 가능성으로 이어지지 않는다. 세월호 참사, 미투 운동과 문단 내 성폭력으로부터 촉발된 페미니즘 리부트, 광장과 촛불 혁명을 체험하며 텅 빈 자리에서 울려 퍼진 목소리는 다시 1인칭으로 나타난다. 그러나 그것은 이전의 시가 그랬던 것처럼 시인-화자의 내면을 토로하는, 자기 고백적인 목소리와는 확연히 다른 종류의 것이다. 이러한 1인칭 주체의 회귀에 대해서라면 2000년대 시에서 1인칭 주체들이 소멸되었던 바로 그 지점을 되짚는 논의를 다시금 살펴야 할 필요가 있을 것인데, 놀랍게도 1인칭 주체의 (재)생성은 소멸의 원인으로 추측되는 사유와 맞닿아 있다. 다시 앞의 논의에서 신형철은 2000년대 시가 집합적으로 변모한 데에는 "대의 불충분성과 대의 불가능성"이라는 정치적 조건이 작용했을 거라며 이러한 물음을 남긴다. "이를테면 '나'라는 존재가 단지 1표 이상도 아닌 존재라는 환멸과 권태가 시에서 1인칭 '나'에 대한 탐구를 진부하게 만든 것은 아닌가. 또 그 1인칭의 빈자리에, 1표만큼의 권리조차도 행사하지 못하는 존재들의 좌절과 분노가 다양한 3인칭의 형상으로 밀고 들어온 것은 아닌가."[6] 2000년대 시에서 1인칭 주체의 소멸이 당시의 여러 정치적 상황과 맞물려 1표 이상의 기능을 하지 못하는 데서 오는 환멸과 권태, 좌절과 분노 등 표출할수록 스스로를 자기 자신 안으로 매몰되게 하는 감정들에서 비롯된 것이라 본다면, 2010년대 시에서 1인칭 주체의 회귀는 감정의 종류는 비슷할 수 있으나 그 결마저 동일하지 않다. TV 화면 속 침몰하는 배를 바라보며 느낀 무력함과 죄책감, 성폭력 생존자에 연대하는 마음과 촛불을 밝히며 느낀 슬픔과 분노의 감정들은 한 시대의 공통 감각으로 타인과 공유되는 것이다. 이것을 말하는 목소리들은 '나'로부터 시작되어 더 크고 단단한 '우리'라는 1인칭으로 확장되고, 응집한다.

주체의 내면에서 공동체의 공간으로
— 세월호와 광장의 시간 이후

폐허에서 주체의 자리는 어떻게 복원되는가. 박상수가 말

---

[6] 신형철, 앞의 글.

했듯 세월호 이후 시의 경향은 윤리적 책임감과 죄책감이라는 정서를 기반으로 무너진 일상을 재건하려는 움직임을 보이는 것으로 포착된다.[7] 세월호 이후의 시에서 1인칭 주체가 다시 자신의 목소리를 내기 시작하는 일은 주체가 주체로서 자리할 수 있는 공간이자 발화의 자리를 확보하는 것과 무관하지 않다. 그렇다면 지금-여기를 말하기 위해 필요한 공간은 어디인가. 이 공간에 대한 탐색은 외부의 물리적 공간에 한정되지 않는다. 무너진 세계에서 그러한 공간을 찾을 수도 없을뿐더러 시의 목적과 발화의 의도가 비극적인 참사 이후 죽은 이들을 향한 애도를 포함하고 있으므로 자리의 탐색은 바깥이 아닌 그의 내면을 향해 있다.[8] 이러한 모습이 잘 드러나 있는 작품으로 안희연의 시를 말할 수 있을 것인데, 시인의 첫 번째 시집 『너의 슬픔이 끼어들 때』(창비, 2015)에서 시적 주체는 "너를 찾아 한참을 헤"(「선고」)매면서도 "긴 호흡을 끌고 벽의 끝까지 가"(「벽」) 보고자 하는 모습으로 나타난다. 이때 '나'의

---

7 박상수, 「발칙한 아이들의 모험에서 일상 재건의 윤리적 책임감으로 — 2010년대 시와 시비평에 관하여」, 《창작과비평》 2017년 봄호.
8 이하 안희연의 시에 대한 논의는 필자의 글 「오르페우스의 시(時)」(《모:든시》 2018년 여름호)의 일부를 참고하여 다시 썼음을 밝힌다.

정체성은 '너'를 부르고 '너'를 찾는 행위에 전적으로 몰두해 있어 명확한 무언가로 환원될 수 없다. 시시각각 일상에 스며드는 슬픔과 연민의 감정들만이 '나'를 이루는 요소이다. 이렇듯 슬픔의 순간들이 모여 자신을 희미하게 만든 후에야 비로소 내면으로 들어갈 수 있는 길이 드러난다.

『너의 슬픔이 끼어들 때』에서 시적 주체가 닿고자 하는 내면의 공간은 '백색 공간'으로 나타난다. 안희연의 시적 지향점이라 할 이 공간은 두 가지 모습으로 그려지는데, 하나는 "아무것도 쓰여 있지 않은" "단 한 권의 책"(「백색 공간」)으로, 또 다른 하나는 "얼굴이 잘 보이는 높이에 작은 채광창을 그려 주고" 싶은 "웅크린 나무"(「백색 공간」)가 자라는 공간이다. 우선 전자의 공간은 시인이 응시하고 있는 황폐화된 세계 이전과 같다. "가만히 잠들라는 명령"(「상상 밖의 모자들로 가득한」)이 닿지 않은 곳, 그리하여 다른 결말을 써 볼 수도 있는 미증유(未曾有)의 공간이다. 하지만 이미 맞이해 버린 파국으로 걷잡을 수 없는 슬픔이 차오른 세계에 당도했다면, 그 안에서 웅크리고 있는 나무에 창을 그려 줄 수 있는 어떤 가능성의 공간을 시인은 찾고 있다. 이 공간 또한 파국적 세계와 결코 무관하지 않고 유토피아적이지도 않지만, 그곳을 필요로 함은 분명하기에 시인은 보이지 않는 '백색 공간'을 반복해서 환기시키며, 슬픔의 가까이에서 "일초에 한 번씩/ 새로운 옆"(「백색 공간」)을 만들고, 슬픔이 끼어들 틈을 내어 준다.

    나타난다, 내가 가장 투명해졌을 때
    슬픔 속으로 난 길을 따라
    한참을 걸어 들어왔을 때

    이곳에선 모든 게 절반뿐이다
    머리끝부터 발끝까지 새빨간 새, 삐걱거리는 벤치, 앙다문 입술 같은 구름들……
    누군가 그리다 만 그림 속 같다
    줄기와 잎사귀는 선명하지만 어디에도 꽃은 없다

    꽃 없는 꽃도 꽃이라 부를 수 있을까
    질문에 휘감기는 사이 한 소녀가 다가와 쪽지를 건넸다
    "이곳에 나를 묻어 줘"
    목은 선명하지만 얼굴이 없어서

나는 자꾸만 소녀의 얼굴을 상상하게 되고
꽃은 꽃으로만 피는 건 아니라는 생각을 하게 된다

나머지 세계를 그려 보기로 한다

벤치의 절반은 돛단배
구름의 절반은 파도
그러면 벤치를 하늘에 띄울 수 있다
하늘의 절반은 이미 바다가 되어 있다

이제 소녀를 태울 차례
꽃의 절반은 새에게
새의 절반은 꽃에게
스미게 하고

피어오른 새와 날아가는 꽃 사이에서
소녀가 적어 준 주소지를 펼쳐 본다

"얼굴 없인 아무 곳으로도 갈 수 없어요"

벼락같은 소녀의 말은 비가 되어 내리고 내리고

하나가 없으면 실은 전부 없는 것이라는 듯
모든 것을 처음으로 되돌려 놓았다

붉은 새가 새의 끝까지 날아간다면
가장 붉은 새가 될까 붉음을 벗을까

나는 산 것도 죽은 것도 아닌 사람이 된다
앉을 수도 설 수도 없는 마음이 된다

— 안희연, 「가끔의 정원」[9]

    그렇게 '옆'으로 스며든 슬픔으로 투명해질 때, 비로소 "가시권 밖의 안부"(「백색 공간」)를 묻는 일이 가능해진다. 슬픔을 감각하며 '나'는 말한다. "연주하라, 내면을 향하여"(「피아노의 병」). 슬픔과 함께 그에 대한 통감으로 쓰인 시가 노랫소리처럼 울려 퍼지며 마침내 열리는 내면의 길을 따라가 보면, 위의

---

9   안희연, 『여름 언덕에서 배운 것』(창비, 2020).

시가 그러하듯 마치 "누군가 그리다 만 그림 속 같"은, "모든 게 절반뿐"인 세계의 모습이다. 릴케의 말처럼 내면 공간이 사물을 "한 언어에서 다른 언어로, 낯선 외부의 언어에서 내면의 언어, 언어의 내부 그 자체로"[10] 옮겨 오는 것이라고 한다면, 안희연의 시에서 본질적인 번역자는 시적 주체일 것이다. 그렇다면 모든 것이 절반인 이 세계는 완전한 번역에 실패했기 때문인가 하는 의문이 남기도 하지만, 이를 번역의 실패로만 보아서는 안 될 것이다. 시적 주체의 내면 공간에 마련된 이 세계는 "슬픔 속으로 난 길을 따라"온, 슬픔으로 꾸려진 세계이므로, 바깥의 세계에서는 비가시적이었던 슬픔이 내면의 언어로 옮겨짐에 따라 가시적으로 전도되면서 몸을 갖게 된 것이기 때문이다. 부서진 세계 속에서는 슬픔이 "낚싯줄에 걸리고도 무섭게 펄떡이는 놈"(「시인의 말」)처럼 손끝을 당기는 선명한 감각으로 다가왔다면, 주체에 의해 내면의 언어로 번역된 슬픔은 일부의 형체만을 가지고 눈에 보이는 것으로 나타난다.

"줄기와 잎사귀는 선명하지만 어디에도 꽃은 없"고, "목은 선명하지만 얼굴이 없"음에도, '나'는 "그리다 만 얼굴이 더 많

---

10 모리스 블랑쇼, 이달승 옮김, 『문학의 공간』(그린비, 2010), 202쪽.

은 표정을 지녔음을"(「백색 공간」) 이미 알고 있기에, '없는' 것들의 자리를 살피며 부재 속에서 현존하는 것들을 가늠해 본다. 슬픔이 자라 온 곳의 상황을 보여 주듯 눈앞의 사물들이 절반의 형체밖에 갖지 못했다면, 나머지는 시적 주체의 손을 통해 이루어져야 할 것들이다. 그것이 가능할지는 모르겠지만, "꽃은 꽃으로만 피는 것이 아니"기에 "나는 나머지 세계를 그려 보기로 한다." 세계를 복원하려는 주체의 시도는 절반에 절반을 더해, 슬픔에 슬픔을 더하는 것으로 이루어지는데, 이는 "이곳에 나를 묻어" 달라는 얼굴 없는 소녀의 부탁 때문이기도 하다. 그런 점에서 "하늘의 절반"을 바다로 만들어 "벤치에 하늘을 띄"우고, 거기에 소녀를 태워 보려는 행위는 일종의 장례이자 애도의 작업과 같은 것이다. 그런데 이때 시적 주체의 애도는 프로이트의 그것이 아닌, 데리다의 작업과 유사하다는 점에서 주목을 요한다.

"세계는 끝났다/ 나는 너를 짊어져야 한다.(Die Welt ist fort/ ich muss dich tragen.)"라는 첼란의 시를 따라 데리다에게 애도란 타자를 내 안으로 품는 것이라 할 수 있는데, 타자의 죽음과 그에 대한 기억을 자신의 내부로 끌어안을 때, 그는 내 안에서 계속해서 살아갈 수 있기 때문이다. 중요한 점은 타자와 내가 내 안에서 하나가 되는 것이 아니라, 하나 속의 개별적인 둘로 존재해야 한다는 사실이다. 내 안의 타자가 '나'와 동일시되어 주체 자신으로서만 있다면 이미 망각은 시작된 것이나 다름 아니다. 이러한 동일성으로부터 벗어나기 위해서는 무엇이 필요한가? 타자성의 상실을 방해하고 영원히 '나'의 안에서 타자로 살게 하기 위해서 주체는 무엇을 해야 하는가. 당신의 영원을 위해 주체는 자신의 멜랑콜리를 견뎌야만 한다. 그러한 "멜랑콜리아적 합체(melancholic incorporation)"[11]만이 끝나지 않는 애도를 가능하게 한다. 그것만이 타자와 '나' 사이, 애도의 윤리를 성립하며 '나'와 '너'로, 그리하여 '우리'로 살아가게 한다.

슬픔으로만 열리는 주체 내부의 공간, 안희연의 '백색 공간'은 내 안의 타자와 조우할 수 있으며 영원히 '너'를 기억하고 애도하는 장소로 기능하고 있음을 밝혔다. 주체의 내부에서 공명하던 '나'의 목소리는 세월호 참사를 기점으로 점점 수많은 '나'로 분화하여 마침내 광장에서 '우리'의 것으로 울려 퍼진다. 가령 강성은의 시 「밤의 광장」[12]에서는 "좁은 골목들과 창문들을 지나 작은 다리를 건너자 다시 광장이 나타났다",

---

11   민승기, 「애도」, 웹진 《문장》 2018년 3월호.
12   강성은, 『Lo-fi』(문학과지성사, 2018).

"매일 밤 모든 길은 광장으로 이어졌다 벗어나려 할수록 더 그랬다"라고 말하며, 화자가 길을 잃고 헤매는 시의 전개에 따라 광장이 공간적 배경으로 반복 등장한다.[13] 그곳에서 떠오르는 기억은 모두 '나'를 경유해 '우리'로 이어진다. 예컨대 "우리 모두가 이곳에서 죽었다는 게 떠올랐다 우리 모두가 이곳에서 부르던 노래가 떠올랐다"와 같은 구절은 사회적·정치적 현실에 대한 저항으로 응집했던 광장과 그때 울려 퍼졌던 혁명의 노래를 떠올리게 한다. 또한 김현의 시 「지혜의 혀」[14]에서도 촛불이 켜지고 꺼지는 장면 사이로 "하야하십시오." 또는 "썩은 물이 하나둘 퇴진하는 소리"와 같은 음성이 개입할 때, 우리는 단번에 촛불 공동체의 일원이었던 체험을 복기할 수 있다. 이렇듯 시 안에서 주체가 현실의 공유 감각을 환기할 때, '나'의 목소리는 그와 긴밀하게 연결되어 있는 '우리'의 목소리로 확장되는 것이다.

---

13 이 책, 184쪽 참조.
14 김현, 『호시절』(창비, 2020).

기록하고 증언하는 '낯선 우리'
— 페미니즘 리부트 이후의 시

한국문학장 안에서 1인칭 화자에 대한 본격적인 논의가 다시 이루어진 것은 페미니즘 리부트 이후다. 장은정이 말하였듯 2016년 강남역 살인 사건 이후 "여성의 일상이 '현실'의 범주로 포착되기 시작하면서부터 문학을 읽고 쓰는 이들의 '현실'이라는 단어의 공통 감각은 분화되기 시작"[15]되었고, 이로 인한 여성의 '현실'에 대한 재감각이 1인칭 다시 쓰기로 이어진 것이다. 이는 대개 소설의 장에서 활발하게 나타났으며, 비평 역시 소설의 영역에 한해 심화된 논의가 펼쳐졌다. 나 또한 이러한 변화에 대해, 한국문학에 1인칭 화자를 전면에 내세운 다시 쓰기의 물결은 현실에서 일련의 사건을 지나며 축적된 새로운 삶에 대한 감각과 바람이 불러온 문학적 변화이며 사회적으로 구조화되고 이데올로기에 의해 의미화되어 고정된 정체성의 '나'를 유동적인 주체로 이끄는, "지금의 상태로부터 다르게 되기를 향한 운동"과 다름 아니라고 진단한 적이

---

15 장은정, 「죽지 않고도」, 소영현 외, 『문학은 위험하다』(민음사, 2019).

있다.[16] 그리하여 지금-여기의 문학에서 '나'라는 인물들은 모두 '되기'의 도정에서 분투하고 있으며, 이 '되기'는 이전까지와는 다른 상태의 나-되기임과 동시에 타자-되기의 일환과도 같다는 것이었다. 당시의 논의는 소설만을 대상 텍스트로 삼았지만, 이후 시에서 역시 지금-여기의 현실을 재감각하고, 기록하고 증언하는 시편들이 발견됨에 따라, 장르적 차이를 배제할 수는 없겠으나 소설의 상황과 유사하게 1인칭 쓰기가 다시금 유의미해지고 있다고 이야기한 바 있다.[17]

조대한의 말처럼 "외부 세계와 맞닥뜨리는 나의 체험과 그로 인해 발생하는 감각과 정서 등을 시적으로 언어화하는 것"이 시라면, "시는 소설보다 근본적으로 1인칭 발화에 가깝다고 인식되는 장르"[18]인 것 같다. 이를 경계하기 위해 진술의 목소리와 대상 사이의 거리를 두기도 하나, 현실에 대한 재감각으로 다시 쓰인 몇몇의 시들에서는 쓰는 '나'와 말하는 '나'가 다르지 않은 것처럼 보이며 오히려 밀착되어 있음을 부러 밝히는 듯도 하다. 말하는 '나'뿐만 아니라 타자 혹은 여타 대상

---

16 소유정, 「'되기'의 움직임, 도정에의 소설」, 웹진 《문장》 2018년 10월호.
17 소유정, 「'되기'의 움직임, 도정에의 시」, 《문학과사회》 2019년 가을호.
18 조대한, 「1인칭의 역습, 그리고 시」, 《문학과사회》 2019년 가을호.

에 대해서라도, 말하는 이와 그 대상의 거리는 매우 가깝게 여겨진다. 이를 단적으로 확인할 수 있는 작품은 이소호의 첫 번째 시집 『캣콜링』(민음사, 2018)이다. 이 시집은 시인-주체가 겪은 폭력의 역사를 시로써 아카이빙하고, 한 권의 역사서와 같은 책으로 엮어 냈다는 데 의미를 갖는다. 시인이 자신의 시를 "내 안과 밖의 무수한 여자들의 시"(제37회 김수영문학상 수상 소감)라 칭하며 다음과 같이 '낯선 우리'에 대해 쓴다고 말할 때, '나'에서 '우리'로 옮겨지는 주체의 자리에 대해서 다시금 숙고하게 된다.[19]

> 2월 27일
> 동생이 일기를 쓸 때
> 나는 낯선 우리에 대한 시를 쓴다
> 지긋지긋하게 우리로 묶이는 그런
> 시를
>
> ── 이소호, 「마이 리틀 다이어리 ── 경진이네」에서

---

19   이 책, 213~214쪽 참조.

「캣콜링」에 수록된 위의 시에서의 '우리'는 우선 시에 등장하는 동생과 '나', 두 자매를 지칭하는 것처럼 읽을 수 있다. 작고 낡은 집에서 '나'와 유년을 함께 보낸 동생 역시 『캣콜링』에서 두드러지는 가부장적 폭력을 경험했으니 말이다. 이후 동생의 입장에서 서술되는 시에서도 "2월 31일 언니가 말했다. '우리'는 끝나지 않아 영원히."(「마이 리틀 다이어리 — 시진이네」)라는 구절로 미루어 볼 때 가족이라는 이름 아래 '우리'로 묶여 있는 한 이 안에서 겪는 폭력의 경험 역시 '영원히' 단절되지 않을 것임을 짐작할 수 있다. 그런데 '우리'라는 주어가 단순히 두 자매를 지칭하는 데에 그치지 않으며, '우리'의 이야기가 두 자매만의 폭력의 증언에 머무르지 않게 되는 건 아주 작은 지점에 있다. '우리' 앞에 '낯선'이라는 수식어를 붙여 "낯선 우리"를 호명할 때, 그리고 낯설지만 "지긋지긋"하리만큼 같은 경험을 공유하는 "우리로 묶이는 그런/ 시를" 쓴다고 말할 때, 시인과 시적 주체의 사이는 물론이고 읽음으로써 "우리"로 범주화되는 '우리'에 대해서도 그 거리가 0에 수렴하게끔 좁혀짐을 감각한다. 이러한 말하기와 읽기를 통해 우리는 문학 너머 또 다른 나-되기와 우리-되기의 가능성을 도모할 수 있게 된다.

짧은 예로 든 이소호의 시가 그러하듯, 페미니즘 리부트 이후 2010년대 중후반의 시에서는 보다 다양한 행로를 거치며 '되기'의 도정에서 분투하는 '나'들을 발견할 수 있었다. 소설에서의 상황과 유사하게도 이런 변화가 여성 시에서 두드러지게 나타난다는 사실은 특징적이다. 여성의 목소리가 다시 의미화되는 과정에는 지난 비평에 대한 성찰 역시 필연적이었다. 김행숙의 『사춘기』(2003)에서 페미니즘을 지우려 했던 당대의 비평을 지적하고,[20] "페미니스트 시각으로 작품을 읽는 것을 가능성의 축소로 간주했던 사정은 '남성적인 것'과 '여성적인 것', '문학적인 것'과 '비문학적인 것'을 구분하는 기존의 플랫폼"[21]이 공고한 결과였음을 상기시키는 논의로 인해 지금의 여성시에서 '나'의 목소리에 대한 집중은 더욱 확신을 얻었다. 양경언의 말처럼 "젠더 프레임을 경유하여 시를 읽는 일이란 시적 주체의 목소리를 보다 더 복잡하게 듣는 일"[22]이며, 그것은 곧 시의 주체가 "피해자-가해자, 당사자-목격자, 약자-강자의 어느 한쪽으로 단일화할 수 없는 교차 속에서 말

---

20 장은정, 앞의 책.
21 오연경, 「비평의 당사자성, 이토록 말할 수 없는 말하기」, 《모:든시》 2020년 봄호.
22 양경언, 「최근 시에 나타난 젠더 '하기(doing)'와 '허물기(undoing)'에 대하여」, 《문학동네》 2017년 여름호.

하기를 수행"하고 있음을 확인하는 것이기에, 무수한 말하기를 통해 '되는 나' 역시 단일한 존재는 아닐 것이다. 때문에 "시는 견딜 수 없는 세계 내 존재로서의 자신의 정체성을 벗어나려는, 어쩌면 초월해 가려는 몸짓"[23]이라는 말은 2010년대 이후 여성시를 말하기에도 적확한 문장이다. 이 몸짓은 '나'를, 그리고 '우리'를, 또 시를, 가능하다면 문학까지도 초월하려는 움직임이 되기에 부족함이 없다.

---

23 김혜순, 『여성, 시하다』(문학과지성사, 2017), 137쪽.

'되기'의 움직임, 도정에의 소설

지금-여기 우리가 감응하는 목소리

한국문학의 현재와 미래를 조명하는 기획 지면을 앞에 두고 오랜 시간 고민했다. 기획의 말에서 밝히듯 지금의 한국문학은 달라지고 있으며, 계속해서 달라질 것이기 때문에, 이전과 달라졌다면 무엇이 달라졌는지, 어떻게 달라질 것인지, 달라졌다는 것을 문학의 안과 밖(을 명확히 가름할 수는 없겠지만)에서 무엇으로 증명할 수 있는지를 말하기 위해선 끊임없이 나 자신을 의심해야 했기 때문이다. 이처럼 작은 고백으로 말문을 여는 까닭 역시 이 글이 기획이 요구하는 '새로운 목소리'가 아니라, '섣부른 판단'이 되지는 않을까 하는 우려에서였다. 그렇게 고민을 거듭하던 어느 날, 최근 한 인터넷 서점에서 이루어진 투표 결과가 눈길을 끌었다. '한국문학의 미래가 될 젊은 작가'[1]를 선정하는 것으로, 약 23만 명의 독자가 참여한 투표였다. 각각 시인과 소설가에 대한 투표를 진행했지만, 두 분야의 결과에는 공통점이 있었다. 1위부터 3위까지가 모두 여성 작가였으며, 1~3위를 제외하더라도 공개된 10위까지의 결과 대부분이 여성 작가의 이름으로 채워진 것이다. 이는 투표 플랫폼이 인터넷 서점이었던 만큼 책을 구매하는 소비 주체의 기대에 따른 선택이기도 하지만, 동시에 한국문학을 읽는 독자들이 지금-여기 여성 작가의 목소리에, 그 목소리가 전하는 이야기에 감응하고 있다는 증거이자, 이것이 '한국문학의 미래'에도 계속되어야 한다는 바람일 것이다.

고봉준이 짚어 내듯 지금 "한국문학의 변화를 견인"하는 두 축이 '페미니즘'과 '퀴어'[2]라는 점은 분명해 보인다. 모든 여

---

[1] YES24 '한국문학의 미래가 될 젊은 작가' 온라인 투표(7/16~8/15)(http://www.yes24.com/campaign/00_corp/2018/youngAuthor_result.aspx)

[2] 고봉준, 「다른 목소리들」, 《문학3》 2018년 2호, 32쪽.

성/퀴어 서사가 여성 작가의 작품에서만 두드러지는 것은 아니지만, 최근 여성 작가들의 목소리가 재현하는 서사 역시 두 개의 축과 큰 흐름을 같이하는 것은 사실이다. 그런데 아마도 변화의 시작이라고 할 수 있을 만큼 문단 내부에서도, 또 사회적으로도 큰 이슈가 되었던 조남주의 『82년생 김지영』(민음사, 2016)에 대한 평가가 상이했던 것처럼, 현재 한국문학의 변화와 흐름에 대한 반응 또한 각기 다른 시선에서 다양하게 논의되고 있다. 논의의 시작점이 『82년생 김지영』의 성과와 한계를 돌아보는 것에서부터 출발하는 것은 물론이다. 일례로 조남주의 작품을 비롯하여 최근 출간된 페미니즘 소설에 대해 오길영은 "작가의 '분노'의 표현이 아니라 '현명하게' 쓴 결과물인가"를 지적하면서, "긴급한 현실의 요구"에 부응하는 작가들의 글쓰기가 "바람직한 것인지는 숙고해야 할 문제"[3]라고 주장한다. 그가 말하는 '현명'하고 '바람직한' 소설의 기준이란 무엇일까. 오길영의 주장대로라면 그러한 소설이란 "새로운 인식과 사유의 충격을 제시"할 수 있는 소설인 것처럼 보인다. 다시 말해 "이미 알려진 사실들"을 고발하면서 "낯익은 것의 반복"

---

3 오길영, 「페미니즘 소설의 몇 가지 양상 — 조남주, 강화길, 김혜진의 소설을 읽고」, 《황해문화》 2018년 봄호, 336~337쪽.

을 말하는 소설이 아니라, "어떤 미지의 것"을 보여 주는 소설이 그가 말하는 현명하게 쓰인, 바람직한 소설이라는 것이다. 그런데 문제는 이 지점에서 드러난다. 오길영의 말처럼 『82년생 김지영』의 이야기가 '이미 알려진 사실'이자 '낯익은 것'이라면, 그저 (있었던 혹은 있을 법한) 사실로만 '인지'했을 뿐, 그것 자체를 문제로, 문제가 되는 사실로서는 직시하지 못했던 게 아닌가. 페미니즘 소설에서 "형식적, 내용적 낯섦"을 요구하는 것 역시 그러한 '낯섦'이 존재해야만 "미지의 영역"에서의 각성이 가능하다는 자기 고백이 아닐까.

이와 유사하게 "이상적인 페미니즘 소설"[4]을 바라는 황현경의 논의 또한 같은 맥락에서 살필 수 있을 것이다. 그는 "이상적인 페미니즘 소설"이 있다면, 『82년생 김지영』은 그에 모자라는 소설이라 평가하면서, 정작 그가 말하는 '이상적인' 페미니즘 소설이란 어떤 형태의 것인지를 분명히 제시하지 않는다. 고발 형식의 소설이 가진 실효성이랄지, 문제를 알리는 것에 어떤 식으로 동참하면 좋을지에 대해 나름대로의 물음을 던지기는 하나, 방법은 강구하지 않은 채 그저 '복잡한 것'으

---

[4] 황현경, 「소설이라는 형식 — 요즘 소설 감상기」, 《문학동네》 2018년 봄호, 445쪽.

로 남겨 둔다. 그런데 황현경이 남긴 물음들을 들여다보고 있으면 이게 과연 소설만의 문제일까 싶은 생각을 지울 수 없다. 그가 자인한 대로 "젠더적 한계로 인해 '당사자성'의 획득이 불가능"하므로, 불가능하기 때문에 오히려 "현실의 비참이 사실이 아닐 수 있다."라고 말할 수 있으며, 더 좋은 소설, 이상적인 페미니즘 소설을 요구할 수 있는 게 아닐까. 오길영과 황현경의 말대로 『82년생 김지영』을 비롯한 고발 형식의 페미니즘 소설이 작품 그 자체로는 "새로운 인식과 사유의 충격을 제시"하거나, "무언가를 더 생각해 보게 하는 소설"은 되지 못했을지언정, 읽는 이로 하여금 '미지의 것'을 소설 내부에서가 아니라, 소설의 바깥에서 탐색할 수 있도록 했다는 사실이 더 중요하고 의미 있게 받아들여져야 하는 것이 아닐까 생각하게 되는 것이다. 백지은의 말을 빌려 "현실적으로 새롭게 일깨워진 삶의 감각"[5]이야말로, 페미니즘 소설을 읽는 독자들에게는 '미지의 것'이 아니었을까.

그렇게 "새롭게 일깨워진 삶의 감각"이 일련의 사회적 사건들을 지나며 더욱 예민한 감각으로 변모하고 반응하기 시작했

---

[5] 백지은, 「텍스트를 읽는 것과 삶을 읽는 것은 다르지 않다」, 《문학과사회 하이픈》 2018년 여름호, 16쪽.

다는 것을 체감하지 못한 이는 없을 것이다. 글의 서두에 언급한 독자 대상의 투표 또한 그러한 반응의 결과로 이해할 수 있겠다. 이처럼 사회적으로 부여받은 단일한 정체성의 존재(being)가 아니라, 되기(becoming)로의 전환을 모색하고, 구조 속에 작동하는 권력을 해체하면서, '지금의 상태로부터 다르게 되기'를 향한 운동은 비단 현실만의 격렬한 움직임은 아니다. 어느새 문학 안팎의 시간을 구분하기 힘들 정도로, 문학과 삶의 시간이 유기적으로 흘러가고 있기 때문이다. 이러한 상황에 중요한 것은 소설이 현실의 요구에 부응하는 글쓰기를 행하고 있는지, "현실의 시간을 문학의 시간이 허겁지겁 따라가야 하"는지[6] 여부를 논하는 게 아니다. 다시 말해 문학과 삶의 요구가 있다면 어느 것이 먼저일지 선행 관계를 따지기보다, 결국 뗄 수 없는 관계에 있는 양자의 요구가 이 시점에서 한 점으로 모이고 있다는 사실이 더욱 중요할 것이다.

이에 최근 여성 작가들의 소설에서 주목을 끄는 건 인물들이 호명하는 어떤 '사람'이다.[7] 현실의 '우리'와 같이 되기로의

---

6   김승일·박민정·이은지·소영현, 「좌담: 2017년 한국문학의 풍경」, 《21세기문학》 2017년 겨울호, 236쪽. 이은지의 발언.

7   이 글에서 다루고자 하는 작품(집)은 다음과 같다. 강화길, 『괜찮은 사람』(문학동

도정에서 분투하는 인물들이 여성 작가의 소설에 등장한다면, 그들이 중얼거리는 어떤 '사람'이란, 되고 싶은, 즉 '-되기'의 앞에 놓이는 사람이다. 또는 이미 되었다고, 그것이 '나'라고 믿었지만, '나'는 아니었던 사람이다. 그러므로 결국 '되기'에 이르지 못하는 사람이다. 왜일까. 그들의 실패를 들여다보는 일은 지금-여기를 돌아보는 일이자, 최근 여성 작가의 소설을 읽는 하나의 독법이 될 수 있다. 우리는 무엇을 발견할 수 있을까. 실패의 자리로, 깊은 구멍의 안쪽으로 고개를 내밀 때, 하나의 사실만이 분명하게 떠오른다. 이것은 도심 한가운데의 싱크홀처럼 어느 날 갑자기 나타난 것이 아니라는 점이다. 눈앞의 무너짐이야 갑작스러운 것일지 몰라도 그 안의 어둡고 깊은 구멍은 오랜 시간 계속된 침식의 결과이기 때문이다. 지금-여기 문학 안팎의 목소리가 결코 갑작스러운 분노 때문만이 아니듯.

네, 2016); 김혜진의 「동네 사람」, 《창작과비평》 2018년 여름호. 이하 본문에서 인용할 경우 쪽수만 표기하기로 한다.

'나'에게로 돌아오는 물음들 — 강화길, 『괜찮은 사람』

첫 번째 소설집 『괜찮은 사람』에서의 '사람' 연작(「호수—다른 사람」, 「니꼴라 유치원 — 귀한 사람」, 「괜찮은 사람」)을 시작으로 하여, 장편소설 『다른 사람』까지 강화길의 여성 서사는 꾸준히 어떤 '사람'에 천착하고 있는 것처럼 보인다. 그의 시선을 따라 '사람' 연작을 읽는다. 먼저 「니꼴라 유치원 — 귀한 사람」을 살펴보자.

이 소설의 화자인 '나'는 안진에 사는 (거의 모든) 학부모들이 그러하듯, 아들 민우의 니꼴라 유치원 입학을 간절히 바라는 인물이다. 왜 꼭 니꼴라 유치원이어야 할까 싶지만, 안진에서 니꼴라 유치원은 "'겨우' 유치원" 따위로 치부할 것이 아니었다. "니꼴라 유치원을 졸업하면 출세한다"는 소문이나, 불행하거나 일이 잘 풀리지 않을 때, 농담 반 진담 반으로 중얼거리는 "다 내가 니꼴라 유치원에 다니지 않아서 그래."와 같은 말이 사람들로 하여금 자기 자식만큼은 니꼴라 유치원에 보내고야 말겠다는 다짐과 행동으로 이끌었기 때문이다. '나' 역시 마찬가지였다. 재작년과 작년, 모두 선착순 정원 모집에 실패했지만, 올해는 '남자 아이 후보 2번'으로 민우의 이름을 올려놓은 상태였다. 마침내 정원이 비었다는 전화를 받고 '나'는 민우와 함께 니꼴라 유치원을 찾는다. 그런데 그토록 바라던 일이었건만, 이상한 불안이 불쑥 튀어나오기 시작하는 것은 왜일까. "오래도록 안진에 떠돌던 다른 소문", 가령 지금 '나'에게 입학 동의서에 서명할 것을 재촉하는 원장에 대한 기이한 소문이랄지, 모든 것을 "내 잘못"이라고 생각해야만 했던 오래전의 기억이 떠오르는 건 대체 왜일까.

꼬리를 무는 생각은 동시에 어째서 후보 1번이 아닌 2번 민우에게 입학 순서가 돌아왔는지, 갑자기 원장실로 들이닥친 쉰 목소리의 여자는 누구인지, 그 여자가 어제저녁 집으로 걸려 온 전화의 주인공과 동일 인물인지와 같은 물음을 낳는다. 그러나 이는 결국 해결되지 않는 의심일 뿐이다. 갑자기 떠오른 물음보다 앞선 것은 '나'의 욕망이었으므로. "묵은 곰팡내", "퀴퀴한 냄새"는 '나'의 오랜 욕망에 대한 은유와 다름 아니다. 아이를 가졌다는 것을 알았을 때, '나'는 이렇게 말했다. "민우가 하고 싶은 걸 다 하면서 살았으면 좋겠다고, 그리고 할 수 있는 건 모두 다 잘하는 사람이 되었으면 한다고. 삶에 무슨 일이 일어나도 자기가 못난 인간이기 때문이라는 생각 따위는 하지 않는 사람으로 자랐으면 좋겠다고." 아이를 향한 각별한 마음처럼 느껴지는 이 말의 기저에는 너무 빨리 자신을 포기했던 부모에 대한 원망과 그랬기에 하고 싶다는 말을 마음대로 할 수 없었던 지난날에 대한 설움이 짙게 깔려 있다.

그래서 '나'는 잘못 끼워진 첫 단추를 다시 끼우고 싶었던 걸지도 모른다. 읽고 쓰기에 더뎠던 '나'와 달리 민우가 스스로 쓴 동화를 읽었을 때, "다시 태어나는 기분"을 느꼈던 이유는 혼자서는 이미 실패한 귀한 사람-되기의 도정에 다시 이를 수 있는, '나'의 욕망의 투영이 가능한 대상이자, 성취할 수 있는 대상을 확인했기 때문일 것이다. 결국 '귀한 사람'은 누구를 말하는가. 니꼴라 유치원의 현판에는 "내 아이를 가장 귀한 사람으로"라고 쓰여 있지만, 소설의 마지막에서 귀한 사람의 주체가 되는 건 민우가 아닌 '나'이다.

좌절한 바 있는 어떤 되기를 향해 욕망을 드러내는 이가 비단 「니꼴라 유치원 — 귀한 사람」의 '나'뿐만은 아니다. 「괜찮은 사람」의 화자 또한 마찬가지다. 사건은 '나'와 '나'의 남자 친구 사이에서 일어난다. 소설은 "지난 일요일, 그가 나를 밀쳤다."라는 사실로부터 시작한다. 그러나 얼마 지나지 않아 '지난 일요일'에 대한 '나'의 기억은 나쁘지 않았던 하루로 미화되면서, '그'가 '나'를 밀쳤던 사실에 대해서도 "그건 실수였다."라고 번복된다. 고의적 가해로 느껴졌던 것이 이후의 서술에서는 그저 한 번의 '실수'로 뒤바뀌는 것이다. 실수였다고 생각은 하지만 '그'에 대한 나의 의심은 끊이지 않는다. '나'와 함께 살기 위해 마련했다는 초록 기와집도, 그 집으로 가는 길도, 가는 길에 만난 남자도, '나'의 불안과 의심을 불리기에 충분했다. 번복되는 서술에서 '나'는 신뢰할 수 없는 화자임이 드러나지만, 읽는 이 역시 '그'가 의심스럽다. '그'는 정말 '괜찮은 사람'이 맞을까. 이들은 무사히 결혼할 수 있을까.

결론부터 말하자면 '나'는 모든 의심과 불안을 덮어 둔 채, '그'와의 결혼을 깨지 않을 것처럼 보인다. 심진경의 말처럼 이 소설이 "백마 탄 왕자와 소박한 행복을 꿈꾸는 평범녀의 로맨스"[8]를 그리고 있기 때문일까? 그렇다면 '나'는 로맨스 서사에서 마지막 목적 달성을 위해 끝내 결혼을 강행하고자 하는 것일까? 그런데 "신데렐라 스토리에 여성 연쇄살인에 관한 잔혹 동화"[9]가 겹쳐진 로맨스 서사로만 읽어 내기에는 '나'의 욕망의 방향이 조금 다르지 않은가. '나'는 '괜찮은 사람'인 '그'를

---

8   심진경, 「새로운 페미니즘 서사의 정치학을 위하여」, 《창작과비평》 2017년 겨울호, 49쪽.
9   위의 글, 50쪽.

만남으로써, 여러모로 '그'보다 부족한 '나'를 충족시키려 하는 것처럼 보인다. (이것이 틀린 해석은 아니지만, 해석의 전부는 아닐 것이다.) '그'를 통해 내가 되고 싶었던 건 이성애적 욕망을 실현한 '신데렐라'가 아니라, '그'와 동등한 '괜찮은 사람'이다.

나는 그저 괜찮은 사람이 되고 싶었다. 남들이 나를 괜찮은 사람으로 생각하는지 늘 신경이 쓰였다. 누군가 나에게 조금이라도 실망하거나, 나를 좋아하지 않으면 이 빈약하고 허름한 트랙에서조차 떨어져 나갈 것 같은 불안이 밀려왔다. (88쪽)

고백건대 나는 그를 질투했다. 그를 결코 다시 만나고 싶지 않다고 생각했다. 그러나 나에게는 그것 역시 거짓이었다. 사실 나는 그를 만나게 되리라. 그를 매일 보고 싶어 하게 되리라는 걸 알았다. 언젠가 그런 일이 벌어질지 모른다는 예감에 그를 보는 내내 두려웠다. 그를 만난다면, 그렇게 되어 버린다면 가슴에 무수한 감정들이 끊임없이 밀려들다가 어느 순간 모두 빠져나가 버릴 것 같았다. 나는 생각했다. 휑한 바람만이 오가는 텅 빈 가슴으로 돌아다니다 결국 끔찍하게 바스라지고 말 것이라고. 그런 건 그냥 알 수 있는 것이었고, 알게 되는 것이었다. 왜일까. 스스로에게 자신을 갖는 일이 어째서 그를 사랑하는 것보다 더 힘든 일일까. (104~105쪽)

'그'에게 가진 최초의 감정이 사랑이 아닌 '질투'였다는 고백에서 '나'의 욕망은 분명해진다. '내'가 '그'를 계속해서 보고 싶어 하는 까닭은 '그'를 사랑해서가 아니라, 되고 싶었지만 될 수 없었던 존재가 바로 '그'였기 때문이다. 그러나 '괜찮은 사람'인 그를 향한 '나'의 동일시의 욕망은 끝내 충족될 수 없으며, 결국 "텅 빈 가슴"으로 "끔찍하게 바스라지고 말 것"임을 '나'는 알고 있다. 그럼에도 '그'와 결혼을 하려는 건 그것이 '나'의 최선의 선택이기 때문일 것이다. "최선을 다했다는 마음만으로 나는 충분히 괜찮은 사람이 된 것 같았"으므로.[10]

---

[10] 결말에 이르러서는 이 소설의 화자가 (자기애와 구분되는) 나르시시즘적 주체가 아닐까 하는 생각이 들기도 했다. '나'의 괜찮은 사람-되기의 욕망은 '그'가 '괜찮은 사람'인지에 대한 의심이 깊어질수록 조금씩 균열을 갖는다. '괜찮은 사람'인 '그'와 함께 있을 때 '나'조차도 그렇게 느껴졌던 것이 의심 이전의 일이라면, 의심이 발생하고 난 이후부터 '나'는 '그'와 '괜찮은 사람'으로 동일시될 수 없다는 것을 깨닫는다. 나르시시즘적 주체에게 타자와 자신의 경계는 모호하다. '그'에 대한 의심과 함께 '나'는 그와의 경계를 분명히 인지하지만, 결혼을 계속하려 한다는 점에서 의도적으로 경계선을 지우고 있음을 알 수 있다. 나르키소스의 최후가 수면에 비친 얼굴을 바라보다 죽음을 맞이했다는 것을 기억한다면, 나르시시즘적 주체로서 '나'의

「괜찮은 사람」에서 우리가 '그'에게 품었던 것과 유사한 의심은 「호수 ― 다른 사람」을 읽을 때에도 발생한다. 호숫가에서 습격을 당해 의식을 잃은 민영이 "호수에 두고 왔"다는 물건을 찾기 위해 '나'는 민영의 남자 친구인 이한과 함께 호수에 간다. 그런데 왜 자꾸만 이한에게 '나'의 전 남자 친구의 모습이 보이는 걸까. 민영의 붉은 멍 자국에서 전 남자 친구가 '나'의 목에 남긴 멍 자국이 오버랩 되는 이유는 무엇일까. "뭐가 뭔지 확신할 수 없는, 그저 느낌"만이 지속된 채 이한에 대한 '나'의 의심은 커져만 간다. 과연 이한은 '나'의 전 남자 친구와는 '다른 사람'일까?

세 소설이 모두 그러하듯 '나'의 의심이 낳은 물음은 소설의 끝까지 진득하게 남는다. 결국 '귀한 사람'은 누구를 말하는가, '그'는 정말 '괜찮은 사람'이 맞을까, 과연 이한은 '나'의 전 남자 친구와는 '다른 사람'일까. 그런데 모든 질문의 화살이 (신뢰할 수 없는) 작중화자의 입을 통해 서술된 대상으로만 향하고 있다는 점에서 '나'의 의심은 재고할 필요성을 갖는다. 의심의 발아점이 정확히 어딘지를 다시 살펴야 하는 것이다.

선택은 이해할 만한 것이 된다. 나르시시즘적 주체와 관련해서는 한병철, 『에로스의 종말』(문학과지성사, 2015), 19~20쪽 참고.

세 소설에서 의심은 타자에 의해서 '나'에게 번지는 것처럼 보이지만, 사실은 '나'에 의해 타자에게 전이되는 것과 같다. '나'의 성폭행 피해 사실, 어린 시절의 상처, 다른 이에 대한 질투와 열등감 등은 각자의 깊은 곳에서 의심을 싹틔우는 양분이 된다. 동시에 다른 사람-되기, 귀한 사람-되기, 괜찮은 사람-되기, 마침내 나-되기의 욕망이 자라는 곳이기도 하다. '나'는 말한다. "우리와는 다른 사람이야. 완전히 다른 사람이야.", "나는 귀한 사람이 될 것이었고, 그렇게 새로운 소문이 될 것이었다.", "최선을 다했다는 마음만으로 나는 충분히 괜찮은 사람이 된 것 같았다." 그렇게 중얼거림으로써 인물들은 자신에 대한 의심을 지운다. 그러므로 소설이 남기는 물음은 사실 타자가 아닌 '나'에게로 향해야 하는 것이다. 정말 '나'는 성폭행 피해 여성들과 다른 사람인가? '나'는 귀한 사람이 될 것인가? '나'는 충분히 '괜찮은 사람'이 되었나? 그런 질문 뒤에 남는 건 '다른 사람', '귀한 사람', '괜찮은 사람'이 되고 싶었던 '나'의 욕망뿐이다.

「니꼴라 유치원 — 귀한 사람」과 「괜찮은 사람」의 화자는 밀려드는 불안을 덮어 둔 채 "이제 곧 시작될 작은 기대"와 "돌아오는 봄"에 자신의 미래를 걸어 본다. 하지만 「호수 — 다른 사람」의 '나'는 소설의 말미에서 이한에게 "그래야 할 것 같았" 던 "해야 할 일"을 수행함으로써 앞의 두 작품과 다르게 소설 이후의 여지를 남기지 않는다. 되기의 욕망을 타인에게 투영 했던 것이 「니꼴라 유치원 — 귀한 사람」, 「괜찮은 사람」의 일 이었다면, 「호수 — 다른 사람」에서 '나'의 되기의 욕망은 서사 내에서 좌절되고 말기 때문일 것이다. 소설에 대한 이야기를 좀 더 해 보자. 이한과 함께 호수로 향하며 떠오르는 건 '나' 의 성폭행 피해 사실만이 아니다. 민영의 사건을 비롯하여 그 간 호수에서 일어났던 여러 사건들이 호수와 가까워질수록 하나둘 생각나기 시작한다. 모두 호숫가에서 벌어진 일이며 피해자의 성별이 여성이라는 점에서 같지만, 이러한 사실은 끔찍한 사건들을 쉽게 변질되게 만든다. 사건을 바라보는 동네 사람들과 인물의 시선에서, 심지어는 피해자 본인에게도 내재되어 있던 여성혐오가 드러나기 때문이다.

> 그녀는 아주 오랫동안 멍청한 여자들에 대해 들어 왔다. 마음을 함부로 주는 여자들, 쉽게 승낙하는 여자들, 상황을 주도하지 못하고 끌려 다니는 여자들. 그녀는 위험한 남자들보다 멍청한 여자들에 대한 경고를 더 많이 들어 왔다. (35쪽)

호수에 여자가 있었다. 그녀는 강간을 당했다. 두들겨 맞았다. 발가벗겨진 채로 발견되었다. 왜냐하면 상대가 원했기 때문이다. 상대가 원했기 때문에 그녀는 원하지 않는 일을 당했다. 여자는 구급차에 옮겨지는 순간 정신을 잃었다. 사람들은 말했다. 구급대원이 그녀를 일으키자, 여자의 거기에서 돌멩이가 후드득 떨어져 내렸다고. (……) 그러나 자잘한 돌멩이들이 바닥에 떨어지며 냈던 그 소리에 대해서만, 오직 그 이야기만 사람들의 입에 끈질기게 오르내렸다. 그러니까 조심했어야지. 그래. 그랬어야지. 그러게 호수에 왜 갔느냐고? 왜 왔느냐고?
(40쪽)

상대가 원했고 그녀는 조심하지 않았으므로 그녀가 강간을 당했다는 사실은 충분히 일어날 수 있을 법한 일이 된다. 가해자에게는 "실수"와 "장난"이라는 말로 쉽게 무마할 수 있는 일이 되어 버린다. 그게 가능하다는 걸 '나'는 초등학교 때 처음 경험한다. 가정폭력을 당해 매일 호숫가에 나와 있던 미자네의 두건을 벗기고 달아났던 남자아이들이 '실수였다'는 말로 상황을 모면하며, 비난의 화살을 민영과 '나'에게로 돌리던 그때, '나'는 미자네가 "우리와는 다른 사람"이라고 민영을 위로하고 있었다. 그러나 남자아이들의 눈길이 '우리'에게 향하는 순간, '나'는 자신도 모르게 "민영의 어깨에서 슬며시 손을 내려놓"는다. 미자네와 '우리'를 다름으로 분리하면서, '나'는 또 한 번 민영과 자신을 '다른 사람'으로 구분 지었던 것이다. '나'에 의해 나뉘었던 다름의 경계가 마침내 지워지는 건 소설의 끝에 이르러서다. "호수에 왜 갔느냐고? 왜 왔느냐고? 무슨 소리를 하는 거예요. 당신이 원한 거잖아요. 그래서 따라 들어온 거잖아요. 아니에요?" 피해자에게 향했던 물음이 '나'에게 돌아올 때, '나'는 다른 사람-되기의 욕망이 좌절될 수밖에 없음을 알게 된다. 물론 이것은 화자가 데이트 폭력의 피해자이기 때문만은 아닐 것이다. '다른 사람'이라는 구분은 성폭력/데이트 폭력의 피해 여부가 아니라, 사건을 바라보는 '나', 또는 이 소설을 읽고 있는 우리는 이러한 폭력에서 자유로운가를 물을 때에 가능해진다. '나'는, 당신은, 우리는 '다른 사람'인가? 나는 이 물음에 결코 그렇다고 말할 수 없다.

공동체의 바깥, 바깥에서 바깥으로 '우리'는
— 김혜진, 「동네 사람」

　김혜진의 소설은 어떤가. 「동네 사람」은 개인적인 것이 아니라 보다 근원적인 측면에서 되기의 문제를 다룬다. 새로운 동네로 이사를 온 '우리'가 이 동네에 정착하여 다른 이들의 이웃이 될 수 있느냐는 것이다. 이 문제에 대해 '나'는 이미 그렇다고 생각해 왔던 것처럼 보인다. "이 동네로 이사 오길 잘했다는", "동네가 점점 좋아진다는 생각"은 "아무도 모르고, 누구도 모르는 인파 속에서 느끼는 어떤 편안한 기분"에서 비롯된 것이었다. 낯선 사람들 속에 스며들어 있다는 사실만으로 '나'는 동네 사람-되기를 무리 없이 수행하고 있는 것처럼 느끼지만, 이내 그것이 자신의 착각이었음을 깨닫는다.

　발단은 '너'와 동네 할머니 간의 작은 사고였다. '너'의 주장이었지만, 큰 사고는 아닌 것 같았다. 주차를 하면서 동네 할머니의 개를 친 줄 알았으나, 내려서 보니 할머니가 주워 놓은 폐품이 쓰러진 것이었고, 할머니와 개는 아무런 이상이 없었다고 했다. 혹시 모르니 병원에 가자고도 했지만 할머니가 거절했기 때문에 오만 원이라도 쥐어드리고 왔다는 얘기였다. 그러나 할머니의 입장은 달랐던 것인지 사건 이후 '우리'를 보는 동네 사람들의 시선이 심상치 않다. 아니, 사실은 사건 '이후'부터가 아니었는지도 모른다.

> 카운터 앞에 선 누군가와 대화를 나누는 남자의 목소리가 문 밖까지 따라 나온다. 아, 그 양반. 고시원 뒷집. 이 동네 사람인가. 큰일이네. 여자 둘이. 저 너머 빌라에. 외지인들이 몰려와서. 그런 말들이 문 밖까지 따라 나온다.
> 너와 나에 관한 말들이 사람들의 입을 타고 동네를 맴돌 거라는 생각. 모르는 사람들이 멀리서도 우리를 단번에 알아볼 거라는 생각. 기분 나쁜 추측과 짐작들이 너와 내 주변을 기웃거리고 고요한 일상을 넘겨다보고 결국엔 이 동네에서 우리를 옴짝달싹 못하게 만들 거라는 생각이 든다. (118쪽)

일상을 파고드는 시선이 처음인 것은 아니었다. 전에 살던 집의 재계약이 불발됐던 이유는 '우리'가 "신분이 불확실한 사람들"이어서였다. "신혼부부"나 "애 키우는 가족"이 아닌 '우리'이기 때문에. '우리'의 정체성에 대해 소설이 명확히 말해 주고 있지는 않지만, "우리의 신분을 확인해 줄 수 있는 건 너와 나뿐"

이라는 서술에서 이들은 레즈비언 커플로 짐작된다. 그런 점에서 신분의 증명이 뜻하는 건 가부장적 젠더 질서를 수립하고 유지하고 있는 이들이냐는 것이다. 지금까지 '누구 엄마', '어느 집 딸'처럼 개인을 지역공동체로 연결해 주는 매개는 주로 '가족'이었고, 이러한 가족제도 바깥에 있는 사람들, 특히 여성의 경우라면 이들은 공동체로부터 매우 이질적인 존재였으므로.[11] 화자가 동네 사람들의 시선에 극심한 불안을 느끼는 까닭도 그러한 이유에서일 것이다. 그런 시선들이 결국 "어떤 부당한 일"로, 어떤 낙인으로 '우리'에게 돌아올 것을 경험한 적 있기 때문이다. 지금 들려오는 "외지인"과 같은 말처럼.

이처럼 소설은 한 마을 공동체로부터 소속감을 갖지 못한 채 밀려나는 이들을 보여 줌으로써 소수자의 공동체적 삶의 한계를 여실히 드러낸다. '너'와 '나'의 문제이기 때문만은 아닐 것이다. 사건 해결 과정에서 마을 사람들에게 적대적인 '너'와 원만한 해결을 바라는 '나'는 공동체를 대하는 방식이 분명 다르다. 그러나 '너'와 '나'의 이러한 차이보다, '우리'와 마을 공동체 사이의 차이가 더 큰 것이었으므로, "다 안다고" 말하며 배

---

11 전희경, 「마을 공동체의 '공동체'성을 질문하다」, 《페미니즘연구》 2014년 1호, 87쪽.

척하는 공동체의 그릇된 윤리는 문제의 화살을 '우리'에게로 돌린다. 김혜진은 '우리'의 이야기를 '동네'로 한정하여 서사화했지만, 이것은 단지 마을 공동체만의 일은 아니다. 핍진하게 공감할 수 있는 범위를 동네로 설정했을 뿐, 삶의 모든 공동체로 범위를 확장해도 이야기는 다르지 않으리라는 사실이 이 소설에서 더 생각해 볼 수 있는 지점일 것이다. 이어지는 물음들이 있다. 결국 '우리'는 근본적으로 공동체-되기에 좌절할 수밖에 없는 것일까. 소수자를 향한 시선과 시선이 낳은 불안이 하나의 지배 담론으로 '우리'를 둘러싸고 있을 때, 불안에 맞서 균열을 내는 일이 가능하다면 어디서부터 시작될 수 있을까. 소설과 현실 사이에서 진동하는 질문들. 이는 동시에 '우리'와 우리 사이를 진동하는 것이기도 하다. 차미령의 말처럼 "정체성을 고정하고 배치하는 규범적 권력을 넘어서서, 퀴어를 변화를 생산하는 범주로 사유"[12]할 때, 이러한 사유의 시작은 곧 변화의 시작으로 이어질 수 있다. "존재하기에, 이미 함께라는 사실"[13]은 명백한 것이므로, 함께인 '우리'가 더 이상

---

12 차미령, 「너머의 퀴어 — 2010년대 한국 소설과 규범적 성의 문제」, 《창작과비평》 2017년 여름호, 56쪽.
13 위의 글, 70쪽.

바깥으로 밀려나지 않도록 문학적 사유 너머의 것을 기대해 본다. 이것은 우리가 수행해야 하는 또 하나의 되기이다.

지금-여기의 자리, 지금-여기서 '되기'

강화길과 김혜진의 소설을 경유하며 끝내 돌아보게 되는 건 비평의 자리이다. 이들의 소설을 읽을 때, 어떤 '되기'의 과정이 절대 쉽지 않은 인물들과 마주할 때, 그들이 나의 그림자처럼 느껴질 때가 분명 있었고, 그래서 일종의 무력감이 밀려오기도 했다. 이렇게 읽어 내는 것만으로도 괜찮을까 싶었지만, 지금의 여성 소설, 퀴어 소설에 있어 내가 할 수 있는 비평의 역할은 최은영 소설의 표현을 빌려, 당신에게 '무해한 사람'[14]이라는 확신을 주는 것이라는 생각을 지울 수가 없었다. 물론 이것이 무조건적인 예찬과 감상을 하겠다는 말은 아니다. 문학과 삶의 관계를 되살피고 문제에 예민하게 감응하는 것, 쉽게 답을 내리지 않는 것. 이러한 노력이 지지와 연대로

---

14 최은영, 『내게 무해한 사람』(문학동네, 2018).

이해될 수 있다면 그것이 내가 해야 할 비평이라고 생각했다. 글의 서두에서 밝혔듯 수많은 고민이 따랐지만, 그럼에도 시작할 수 있었던 건 "관조하는 구경꾼이 되지 않기 위해, 실패를 통해서 다시 질문하기 위해, 불편하게 계속 연루되기 위해 썼다."[15]라는 말 때문이었다. 여성 평론가들이 밝힌 '촛불'[16] 옆에 촛불 하나를 더하는 마음으로 쓸 수 있었다. 아직 정리되지 않은 물음들이 남아 있다. 남겨진 물음의 답을 찾아가는 것이야말로 나 또는 우리-되기에 이르는 길이며, 언젠가 도래할 미래의 문학을 맞이하는 일일 것이다.

---

15   강지희, 「관조가 아닌, 연루됨을 위해」, 《21세기문학》 2018년 여름호, 219쪽.
16   여기서의 촛불은 《21세기문학》 2018년 여름호 특집인 '미투(#MeToo) 릴레이 매니페스토, 촛불1'(강지희, 서영인, 소영현, 오혜진, 이경진, 장은정, 정은경)을 가리킨다. 미투 운동에 대해 긴 침묵이 이어지고 있는 문단 내 상황에 대해, 침묵을 깨뜨리고자 여성 평론가들이 질문에 답변을 하는 방식으로 글을 실었다.

지금 '우리'의 이름으로 구축되는 공간

'있음'의 자리

노르웨이의 헤드마르크 박물관 내의 어느 창가에는 와인 병 하나가 놓여 있다. 농가에서 흔히 볼 수 있는 옅은 녹색 병이지만 특별하게 박물관의 전시품이 된 셈이다. 이에 대해 한 건축가는 이렇게 말한다. "이 병은 창가의 돌, 벽돌, 와인병, 창문, 빛, 마당, 돌담, 이어진 다른 건물, 하늘, 나무 등 물질의 세계, 곧 풍경과 관계를 맺고 있다. 이렇게 병은 자신을 드러내고, 창가에 드러나며, 바깥 풍경에 대해서도 열려 있게 된다. (……) 때문에 이 병은 창가에만 따로 놓여 있는 게 아니다. 이

병을 나라고 생각하면 이때 창가는 '나'의 방이다. (……) 빈 병을 나로 바꾸어도 근본적으로 변한 것은 없다."[1] 서두에서부터 짧지 않은 분량의 글을 인용한 까닭은 이것이 앞으로 이야기할 시에서 존재의 거주 공간인 '시적 공간'에 대한 근본적인 이해와도 연결되기 때문이다. '나'는 자신이 사유하는 공간 안에 '있음'으로 놓여 있으며 동시에 바깥을 향해 '열려 있는' 존재다. 공간의 안과 밖을 이루는 모든 것들과 긴밀하게 연결되어 있는 주체, 그것이 바로 '나'라고 할 수 있다. 그렇다면 이 자리에 시의 화자 또는 주체를 대입하여 보아도 좋을 것이다. 다만 이 경우에는 차이도 있다. 시적 공간이란 언어로 발화되어 환기되는 공간으로, 즉 발화를 통해 장소성이 부여되는 것이라 할 수 있는데, 이때의 발화는 내가 지금 여기에 있다는 것(혹은 있었다는 것, 그러리라는 것)을 인지하지 않고는 불가능한 일이다. 이렇듯 사유에 의해 '나'의 자리가 만들어지므로 '나'의 '있음'의 자리, 시적 공간에 대한 이해는 곧 시적 사유에 대한 이해와 연결되며, 나아가 시 전체에 대한 논의로도 확대할 수 있다. 시적 공간에 대한 독해는 특정한 공간 안에서 화

---

1 김광현, 『거주하는 장소』(안그라픽스, 2018), 98쪽.

자와 연결되는 존재들을 살피는 식의 미시적인 관점을 요구하지만, 발화의 주체가 자리하는 공간 자체로 상징성을 띠며 의미화되는 경우도 있다. 예를 들어 안희연의 「상상 밖의 모자들로 가득한」은 "우리는 서로의 손을 잡고/ 조금씩 기울어지는 시간을 겪고 있다"[2]라는 문장으로 시작한다. 사건을 직접적으로 언급하지 않았음에도 '우리'의 위치가 "물속"이며 "가만히 잠들라는 명령"을 수행 중임을, 그리고 이 시가 환기하는 것이 세월호 참사임을 어렵지 않게 알 수 있다. 설혹 누군가에게는 상흔과 같은 기억뿐일지라도 상실은 좀처럼 채워지지 않아서 "물속"을 제시하는 이 시를 통해 우리는 또 한번 그날의 바다를 경유하게 된다. 이렇듯 시적 공간을 제시함으로써 읽는 이에게도 적용 가능한 공통 감각을 불러내는 방식은 세월호 참사를 비롯하여 전 사회적인 사건이 여러 번 발생했던 2010년대 중후반 시에서 눈에 띄는 특징이다. 망각할 수 없는 현실을 공유하는 장소를 부르고, 동시에 환기되는 정동에 주목하게 되는 시들이 있다. 이때의 장소는 많은 경우 '광장'이다. 가령 강성은의 시[3]에서는 "좁은 골목들과 창문들을 지나 작은 다

---

2   안희연, 『너의 슬픔이 끼어들 때』(창비, 2015).

리를 건너자 다시 광장이 나타났다" "매일 밤 모든 길은 광장으로 이어졌다 벗어나려 할수록 더 그랬다"라고 말하며, 화자가 길을 잃고 헤매는 시의 전개에 따라 광장이 공간적 배경으로서 반복 등장한다. 이에 당시 사회적·정치적 현실에 대한 저항으로 응집했던 광장과 그때 울려 퍼졌던 혁명의 노래를 떠올리기란 어려운 일이 아니다. 김현의 시[4]에서도 역시 촛불이 켜지고 꺼지는 장면 사이로 "하야하십시오." 또는 "썩은 물이 하나둘 퇴진하는 소리"와 같은 음성이 개입할 때, 우리는 단번에 촛불 공동체의 일원이었던 체험을 복기할 수 있다. 이와 같이 물속, 바다, 광장과 같은 시적 공간은 화자와 독자의 경계를 넘어 서로의 경험을 공유하며 우리가 우리로서 얼마나 긴밀하게 연결되어 있는가를 실감하게 하는 역할을 해왔다.

범위를 좁혀 최근의 시들로 시선을 옮겨 볼 차례다. 우선 광장에서의 부름이 아직도 유효한가를 묻는다면 어떨까. 광장에서의 일은 "혁명으로 이미 전환이 완료"된 "성취의 결과가 아니"며 "지금 우리가 혁명의 과정에 있고 이것을 더 진전시키

3 강성은, 「밤의 광장」, 『Lo-fi』(문학과지성사, 2018).
4 김현, 「지혜의 혀」, 『호시절』(창비, 2020).

는 것"[5]이 우리에게 요구되는 태도라는 최근의 논의가 있듯, 현실의 '촛불 혁명'은 여전히 진행 중에 있다. 시에서도 마찬가지일 것이다. 뜨거운 열기가 있던 그때와는 또 다른 온도로 광장을 떠올리게 하는 시편들이 종종 눈에 띈다.[6] 그러나 광장의 일이 지속되는 과거-현재로 이어지고 있다는 사실 외에는 우리가 함께 그려 보고 불러 봄직한 시적 공간이 공유되고 있지는 않은 듯하다. 질병 대유행의 시대에 이것은 당연한 결과일지 모른다. 바깥이라는 물리적 생활 공간의 영역이 축소된 만큼 시적 공간 또한 영향을 받지 않을 수 없으니 말이다. 최근의 시들에서 다소 고립적으로 보이는 화자가 발견되는 것과 그가 거주하는 시적 공간이 협소하게 그려지는 상황도 생각해 볼 만한 문제이다.[7] "가장 축소된 내밀한 공간에서의 응집"에

---

5 박정은·이남주·이정철·황규관 대화, 「촛불 혁명의 현재와 촛불 정부 2기의 과제」, 《창작과비평》 2021년 가을호, 21쪽, 이남주의 말.
6 최근의 시로는 《창작과비평》 2021년 가을호에 발표된 최지인의 시 「세상이 끝날 때까지」를 예로 들 수 있다. 이 시는 2021년 2월 쿠데타를 일으킨 미얀마 군부에 대한 시민들의 항쟁과 '나'의 삶을 각각 "무너진 세상"과 "견고해 보이던 일상"과 같이 대비적으로 담아낸다. "무너진 세상이 일상이 되"어 버린 이들을 떠올리면서 '나'라는 존재에 대한 물음을 거듭하는 화자의 모습이 인상적이다. 배경으로 삼는 미얀마 시민불복종항쟁(CDM)은 과거 우리의 6월항쟁과 겹쳐지며, 동시에 촛불 혁명을 환기하는 부분이 있다.

대해 바슐라르는 릴케의 말을 경유하여 확장된 논의를 남겼다. "좁은 공간 속에서 스스로가 평정하게 있다는 것을 안다는 데에는 위안이 있"으며, 내면을 실현하는 '안의 공간'에서 "일체가 내밀한 존재에 맞도록 되어 있"[8]다는 것이다. 조금 더 내밀한 방식으로 공간을 확장해 나가는 셈이다. 이 관점을 최근의 시인들이 구축하는 시적 공간에 적용해 보면 어떨까. '안의 공간'을 실현한다는 점에서 자신에게 매몰되는 자아의 모습에 우려를 표할 수도 있을 것이다. 하지만 다시 한번 바슐라르의 말을 빌려 본다면 이들의 시에서 "안과 밖은 서로의 기하학적인 대립 상태에 버려져 있지 않다."[9] 안과 밖을 각각 이미지적 공간과 물리적 공간으로 치환할 수 있다면, 이미지적 공간에 대한 내밀한 탐구는 물리적 공간에 대한 확장으로 이어지기 때문이다. 서두의 논의대로 지금 여기에 '있음'으로 존

---

7 이에 대한 생각은 짧은 지면으로나마 밝힌 적 있다. 소유정, 「시적 공간과 주체성의 영토」, 《백조》 2021년 봄호 참조. 해당 글의 논의는 지금의 시적 화자들이 머무르는 공간은 다소 축소되어 있으나, 온전한 '나'로 존재할 수 있는 공간을 주체적으로 개척하여 자기 자신을 마주 보려 했다는 데 의미가 있음을 밝혔다.

8 가스통 바슐라르, 곽광수 옮김, 『공간의 시학』(동문선, 2003), 379쪽. 인용된 릴케의 말은 "여기에는 거의 공간이 없다. 그리고 너는, 너무 큰 어떤 것이 이 좁은 곳에 들어와 있을 수 있기는 불가능하다는 생각에 거의 평정을 얻는다."(『말테의 수기』).

9 위의 책, 380쪽.

재하는 이가 바깥을 향해 '열려 있는' 것처럼 말이다.

미래를 위한 공간 건축: 김연덕의 시

　김연덕은 '안의 공간'을 열어 자신만의 시적 공간을 '건축'하는 일에 뛰어나다. 그런 의미에서 '짓다'라는 동사는 여러 의미로 유효한데, 가령 그에게 한 자루의 연필이 주어진다면 우선 그것은 시어와 시어, 문장과 문장을 느슨하게 연결하여 시를 짓는 것에 쓰일 테지만, 지어진 시 안에서 또 다른 '짓기'를 위한 것으로 이내 쓰임을 달리할 것이다. 말하자면 이 두 번째 '짓기'가 앞서 말한 자신만의 공간을 구축하는 일이며, 이는 시집 『재와 사랑의 미래』(민음사, 2021)에도 잘 드러나 있다. 화자가 "내 안의 실내 건축가"(「나의 건설학교」)라고 스스로를 호명하듯 무언가를 '짓는' 행위 앞에서 시인과 건축가(혹은 건설업자)는 다르지 않다. 그렇기에 시편 곳곳에 널브러진 금속 컴퍼스나 가위 같은 도구들과 철근, 벽돌, 콘크리트 같은 자재들 역시 시와 건축 모두를 위한 재료로써 기능한다. 이와 같은 모습에 자연스레 의문이 남는다. 왜 그는 이렇게 적극적으로 자신의 손으로 시적 공간을 구축하려 하는가? 부름으로써 환기하지 않고 애써 깎고 쌓음으로 짓기를 거듭하는가? 어쩌면 당연한 답일지 모르지만, 그가 바라는 공간이 지금-여기에는 존재하지 않기 때문이다.

공간의 현존을 논하자면 시간을 말할 수밖에 없는데, 김연덕의 시에서 연작으로 이어지며 제목으로 가장 많이 쓰인 단어에서 조금의 힌트를 얻을 수 있다. 바로 '미래'다. 바라고 있는 '사랑의 미래'라면 좋겠지만, '재의 미래'라는 가능성을 배제할 수는 없다. 어느 쪽도 피하지 못하고 꼼짝없이 '재와 사랑의 미래'가 되어 버릴지도 모를 일이다. 때문에 어떤 형태로든 도래할 미래를 맞이하기 위해서라면, 그 안에 있을지 모를 사랑의 자리를 마련하기 위해서라면, '나'는 스스로 공간을 내어야만 한다. 이때의 공간은 바깥에 있지 않다. 미래를 말하면서 눈에 띄지 않게 자신의 세계를 확장하는 일은 내면의 공간을 비워 내고 새로이 가꾸는 것과 관계한다. 「포프리」라는 시에서 "문밖에 너무 많은 삶이 있어/ 문을 닫았지/ 안쪽으로 걸어 들어갈수록 나는/ 내 나라에 가까워지는 것 같아"라고 말하듯 그가 온전히 '나'의 것으로 여겨지는 세계를 열어 보이는 까닭은 그곳이 '너'라는 사랑의 대상에 대해 말하기에 가장

'안전한 공간'이기 때문이다.

    너에 대해 말하려면 안전한 공간이 필요하다. 나무와 비닐, 벽돌과 대리석, 견고한 콘크리트와
    유리와 빛. 부수거나 쌓을수록 다른 크기 다른 모양이 되는
    어떠한 재료로 지어도 무방하다

✧

    그늘은 창보다 조금 늦게 오고
    설계하는 사람은 모든 공간을 천천히
    기울게 한 채

    비운다.
    밝은 방 어두운 방을
    잇거나 나눈 질서는 이곳에서 일어나는 작은 소용돌이와 얼마큼 닮아 있을까.

사방이 뚫렸다는 사실에 겁내는 거실이 있다.

단정한 가구
참는 식물
피투성이 어둠이

거기 쭈그려 앉아 얼음산을 깎는 네가 있다.

(……)

적막을 뚫고 부푼
온기

얼음 조각들

우리는 그것의 소리나 형체만 주워

유심히 바라보고
듣고 살피지.

표면에 맺힌 상이 제각각

다르게 반사되면

시간차를 두고

하나씩

무너지는 산맥

기분을 보호하려고 천장이 높아지는 동안

따뜻한 숨이

그릇에 고인 물이 흘러넘친다.

―「재와 사랑의 미래」에서

 '너'를 말하기 위해 '나'는 자신이 아는 가장 안전하고도 내밀한 세계를 열어 보이고, 그 안의 것을 모두 비운다. 이것만으로도 놀라운 사랑의 몸짓이지만, 동시에 벌어지는 중요한 사건은 '나'의 세계가 한쪽으로 기울어진다는 것이다. 화자에게 이는 불가항력에 가까운데, 그의 세계가 결코 평평할 수 없는 까

닮은 그것이 마음의 일과 다르지 않기 때문이다. "중심을 잡으면 잡을수록 한쪽으로 기우는 마음"(「유리 장미」)처럼 안의 공간마저도 사랑의 대상이 있는 쪽으로 한껏 기울 수밖에 없다. 그 안에 들어앉은 '너'는 어떤가. '너'는 고요하게 "얼음산을 깎는" 모습이다. 그리 크지도 작지도 않은 크기의 얼음이지만 단단하게 얼어붙은 그것을 홀로 깎고 있다는 점에서 '우리'의 사랑이 아직 양방향적인 것은 아니라 짐작된다. 다만 '너'는 얼음과 같은 마음을 조금씩 녹여 보고자 또 원하는 모양으로 조각해 보고자 노력하는 사람일 것이다.

그의 곁에 나란히 앉아 그 모습을 지켜보고 시로 담아내는 이 역시 얼음을 깎는 것과 유사하게, 특히 유리를 깎거나 다듬는 등의 세공 작업을 시집 곳곳에서 행하고 있다. 투명한 존재를 오랜 시간 매만지고 다듬는다는 점, 그것이 마음의 일과 다르지 않다는 점에서 '너'의 얼음조각과 '나'의 유리공예는 닮은 구석이 있다. "나나 너와 상관없는 세상 모든 일 듣지도 보지도 못한 많은 좋은 일들을 함께 살다 함께 깎는 것 같아"(「재와 사랑의 미래」, 104쪽)라고 중얼거리며 또 한번 삶을 긍정해 보는 이가 부지런히 손을 놀려 완성한 하나의 결정체는 유리의 유약한 속성에 대한 걱정을 지울 만큼 아주 단단하다.

지나온 시간과 수 갈래의 빛, 그리고 쉽게 깨지지 않을 마음으로 이루어진 유리는 모난 데 없이 매끈하다. 그래서인지 유리는 김연덕의 시에서 유독 여러 번 쓰이는 재료이기도 한데, 그중에서도 눈에 띄는 건축물이 있다. '나'의 것이나 화자의 손으로는 지은 적 없는 '산속의 유리집'(「예외적인 빛」)이 그렇다.

시집 전체에서 「예외적인 빛」은 시간에 대해 그야말로 '예외적' 경향을 보인다. 기본적으로 현재를 비추며 미래를 향해 추동하는 것이 김연덕 시에서 빛의 역할이라면, 이 시에서는 마지막 문장처럼 "가끔 내게 없는 삶을 기억해 내는 것"으로 역할한다. 시의 전개를 따라가면 이 기억은 '나'라는 개인의 역사를 거슬러 올라갔을 때 관계하는 타인인 "할머니"에 대한 것으로 이해할 수 있다. 이 시에서 '나'는 "대가족" 안에 속해 있지만 "처음부터 연고지나 이야기, 성격이 복잡한 조상이라곤 없이 살아온 기분이 든다"라는 서술에서 가족에 대한 특별한 유대감은 보이지 않는다. 그러나 할머니가 살았고 화자와 쌍둥이 동생의 유년기 기억이 묻어 있는 산속 유리집 안에 있을 때면 간혹 특별한 기억이 찾아오곤 했다. 바로 "할머니가 꿈꾸었던 단순하고 괴로운 무대"에 대한 것이다. 무대를 밝히기 직전 암전된 극장처럼 "뒷산과 나무와 유리문의 윤곽선 겹

처지고" 빛이 잠시 사라지는 그 순간에 할머니의 이야기가 떠오른 것은 왜일까. 이는 혈연 아닌 다른 방식의 계보로 할머니의 삶과 '나'와 쌍둥이 동생의 삶이 긴밀하게 연결되어 있기 때문이다. 그것은 쌍둥이의 탄생과 함께 생장하는 "모과나무"가 그들과 관계하는 방식과도 유사하다. 나무의 "가지들의 무수한 역사를" 전부 가늠할 수는 없지만, 모종의 방식으로 "무엇과/ 무엇을 끊어 내"고, "무엇을// 깊이 연결시키고 있"다는 사실만은 분명하다. 이와 유사한 할머니와의 연결은 시에서 '나'와 동생에게 각각 "가상 세계"와 "현실 세계"의 일로 연관된다. "현실 세계에 충실"한 동생이 도쿄로 갔다는 사실을 새삼스럽게 떠올리는 이유는 할머니의 조국이 일본이며, 할머니가 일본을 떠나 한국에 왔을 때처럼 두 사람이 "기쁨으로 들뜬 폐"를 공유하고 있어서다. 반면 '나'는 "기쁨으로 들뜬 폐 없이 시를 쓰고 산속 거실을 자주/ 등장시키며 일본 시인들이 좋다"라고 말하는 것으로 "가상 세계"의 일에 몰두하는 모습을 보인다. 하지만 진정 '나'와 할머니의 계보가 이어지고 있음을 발견할 수 있는 건 바로 '미래'를 사유하는 순간에 있다. 할머니가 "거울 앞에서 늙어 버린 나를 상상할 수 있었을 때 (……) 다카라즈카 단원이 되고 싶었"듯이 김연덕의 화자 역시 미래를 상상하고 그것을 맞이할 꿈을 꾼다. 아직 오지 않은 미래를 맞이하기 위해 자신의 내면을 확장하는 방식으로 적극적으로 공간을 구축하는 모양새다. 지금의 '나'는 할머니와는 다른, 명백하게 구분되는 타인이지만 가족사 내에서는 지속되는 과거로서 할머니가 이루지 못한 "가상 세계"의 일을 적극적으로 수행하는 것이다. 여전히 "피" 또는 "이야기" 같은 건 '나'와 관계되어 있음을 실감하기 어렵지만, 빛이 머물렀던 자리를 확인하는 순간에는 아주 먼 과거로부터 자신의 존재가 이어져 왔음을 감각하게 된다. 마치 그 빛이 오래전에 출발하여 지금 '나'에게 도착했다는 걸 새삼스레 눈치챈 것처럼. 전에 없던 '사랑의 미래'를 맞이한 순간에도 김연덕의 화자는 끝나지 않는 미래를 잘 알고 있다는 듯 수없이 미래를 되뇐다. 화자에게 "따뜻한 숨"과 "물"로 "흘러넘"(「재와 사랑의 미래」, 84쪽)치고 있는 지금의 찰랑이는 사랑이 불완전한 미래를 안전한 시간으로 바꾸어 줄 것이라는 환상은 없다. 다만 이곳이 자신이 쌓아 올린 공간이기에 가능한 믿음이 있다. 적어도 '우리'에게만은 안전하다고 여겨지는 공간 안에서라면 거듭되는 미래마저도 기꺼이 맞이할 수 있다는 의연함과 용기가 그것이다.

공동(共同/空洞)의 공간으로의 확장: 강지이의 시

　김연덕의 시가 화자의 내밀한 세계 안에서 구축되는 시적 공간을 보여 주었다면, 강지이의 『수평으로 함께 잠겨 보려고』(창비, 2021)에 수록된 시편들에서는 무엇으로도 가로막혀 있지 않은 더 큰 공간으로의 확장을 도모하는 움직임이 포착된다. 자신만의 시적 공간을 찾으려는 시도는 같지만, 강지이의 경우 텅 비어 있는, 공동의 공간(VOID)을 시에 삽입함으로써 더욱 적극적으로 확장에의 욕망을 표출하고 있다.

　강지이의 시에서 시적 공간에 대한 탐구가 돋보이기 시작한 건 등단작 「수술」에서부터다. "사람이 모여 있는 곳을 조금만 벗어나면 매우 조용한 공간이 나타난다"라는 첫 행에서부터 자신만의 공간을 찾는 화자의 모습이 발견되는데, "알코올 냄새"나 "침대"와 같은 단어로 미루어 볼 때 그 공간은 수술실 앞 침대임을 짐작할 수 있다. 매우 협소한 자리이지만 "침대에 누워/ 누군가를 기다리는 과정"만큼은 공간과 대비되어 아주 느릿하게 흘러간다고 느낄 정도로 무한한 시간으로 다가온다. 「수술」의 화자가 그 공간을 찾은 이유는 그곳이 "어떤 단어든 소리 내어 말해도 바람 소리에 묻혀 사라지는" 곳이기 때문이다. 병원 특유의 "알코올 냄새"처럼 말조차도 금세 사라지는 공간에서 '나'는 언어의 휘발로 인한 일말의 자유로움을 느꼈을 듯하다. "알코올 냄새와 같이/ 누워 있다"로 끝나는 마지막 행에서 말뿐만 아니라 '나' 자신조차도 사라져 어느새 공간의 일부가 되어 버린 것 같지만, 휘발된 언어의 묵직한 존재감이나 화자가 느끼는 가벼운 해방감만큼은 시적 공간 안에 선명하게 남아 있다.

첫 번째 시집에서 강지이의 시적 공간은 주로 좁은 장소를 탈피하듯 벗어나 더 넓은 공간으로 나아감으로써 확장된다. 가령 「한눈팔기」에서 "작아지고 작아진 채로 끊임없이 수풀 사이를 헤집고 들어가니 나오는 동그랗고 텅 빈 공간"을 발견하는 것이나 「통로」에서 "눈구멍"에 "손을 집어넣고/ 몸통과 다리도 접어 안으로 더 안으로 들어가니" 마침내 손에 잡히는 것은 "나무"였다는 서술, 그리고 「야간비행」에서 '나'의 방 창문에서 시작된 "투명한 실"이 "달까지 이어져 있었다"는 것 등에서 그러한 움직임이 포착된다. 화자의 모습은 대개 거침이 없고 미지의 공간을 향하고 있다는 점에서 모험적이기까지 하다. 그러나 이러한 시편에서 도달한 곳 역시 강지이의 시가 궁극적으로 도달하려는 장소는 아니다. 아직까지 그곳은 "혹시라도 길이 끊어져서 오도 가도 못한 채 하늘에 내내 떠 있기만 하면 어떡하지 싶은 마음"(「야간비행」)을 안정시킬 정도는 아니기 때문이다. 그렇다면 '나'의 목표지는 어디인가? 점점 더 확장되는 공간의 끝에는 무엇이 있을까?

『수평으로 함께 잠겨 보려고』에는 'VOID'라는 제목의 독특한 연작시 세 편이 있다. 시집 중간중간 수록된 이 시편들은 건축에서 '보이드'의 역할이 그러하듯 의도적으로 삽입되는 빈 공간과 같다. 수록된 순서에 따라 숫자를 붙여 이야기해 보면 「VOID」 1과 2는 텅 비어 있지는 않지만 마지막 「VOID」 3처럼 완전한 빈 공간을 갖기 위해 끊임없이 자리를 옮기는 과정이라고 할 수 있는데, 이 안에서 '너'(「VOID」 3에서는 '언니'로 지칭되는 인물)를 바라보는 화자의 시선은 주목할 만하다. 화자가 더 큰 공간을 향해 끊임없이 발걸음을 옮기는 까닭 또한 정확하게 '너'와 관련이 있으니 말이다.

  그 산책의 시작은 놀이터였다.

  우리의 작고 푸른 오리 모양의 흔들의자에 몸을 넣은 채, 아이의 그네를 밀며 노래를 불러 주는 여자가 노래를 끝마친 뒤 아이를 그네에서 내려 주고 손을 잡고 아파트 쪽으로 걸어가는 뒷모습을 볼 때까지 그곳에 앉아 있었고 너는 일어나서 곧바로 여자의 노래를 흥얼거렸다 나는 네가 흥얼거리는 소리가 아무래도 잘 들리지 않아 어디 바람도 불지 않는 곳으로 가고 싶었다 그래서 걸었고

첫 번째와 두 번째 골목

한낮인데도 가로등이 깜빡거리고 누군가가 버린 담배꽁초와 깡통들이 심각한 대화를 무기력하게 나누고 있었기에 우리는 땅바닥을 되도록 보지 않으려 노력했고 하늘을 보며 걸었다 구름과 바다란 단어를 수시로 헷갈리는 네가 커다란 바다가 하늘에서 흘러가고 있다는 말만 내뱉고 이곳에서 노래를 부르기엔 다들 너무 심각한 대화를 나누고 있어서 나는 좀 더 걸어도 괜찮으니 더 넓고 트인 곳으로 걸어 보자,고 손을 잡고 골목에서 빠져나왔고

버드나무가 요란하게 흔들리고 잔풀만 발에 밟히는 곳

이곳에선 노래를 부를 수 있겠다,며 네가 노래를 부르자 버드나무가 그 노래에 맞춰 머리를 흔들기 시작했고 저 나무는 왜 저렇게 눈치가 없을까 말도 걸지 않았는데 왜 혼자 흥에

겨워 춤을 추고 있을까 하는 마음에 다시 걷다가

    폐쇄된 박물관
    아주 옛날에 죽은 왕들의 보물을 전시하던 곳은 문도 닫혀 있지 않았다 먼지 쌓인 전시관을 둘러보다 우리의 발소리는 왜 이렇게 시끄러울까 생각하며 발밑을 내려다보니 전시 물품을 감싸던 유리를 밟으며 걸어왔다는 것을 깨닫고 유리가 없는 트인 곳을 찾아보기로 했다 다시 걷고 또 걷다 보니 커다란 기둥 옆엔 아무것도 두지 않은 넓고 트인 곳 바람이 모여서 잡담을 나누고 있었고 그들은 우리와 눈이 마주치자 순간 입을 다물고 도망치듯 밖으로 나가 주었다 그래서 너는 노래를 부르고 나는 너의 짧은 머리 이제 여긴 바람도 불지 않는데 네 목덜미에 있는 잔털들이 조용하게 흔들리는 걸 보고 이것이 내가 너를 계속,

— 「VOID」(13~14쪽)

"놀이터"에서 시작된 우리의 "산책"이 좀처럼 끝나지 않고 "더 넓고 트인 곳"을 향해 계속해서 이어지는 이유는 "네가 흥얼거리는 소리가 아무래도 잘 들리지 않아"서다. '너'의

목소리를 좀 더 잘 듣고 싶어서 '나'는 끊임없이 걸음을 옮겨 "커다란 기둥 옆" "아무것도 두지 않은 넓고 트인 곳"을 찾는다. 이곳에서라면 "바람"도 "대화"도 "버드나무가 요란하게 흔들리"는 소리도 없으니 '너'의 노래에 귀 기울일 수 있을 것이다. 앞서 언급했던 「수술」에서 화자가 "어떤 단어든 소리 내어 말해도 바람 소리에 묻혀 사라지는" 공간을 찾았던 것에 비해, '너'를 만난 이 시의 화자는 그의 목소리가 다른 것에 묻히거나 흩어지지 않기를 바라며 "놀이터"를 지나 "첫 번째와 두 번째 골목"을 거쳐 "폐쇄된 박물관"으로까지 공간을 확장해 나간다. 이는 「VOID」 2에서 "네가 준 편지 안"으로, 「VOID」 3에 이르러서는 두 면에 걸친 빈 공간으로 점점 범위를 넓힌다. 시집의 가장 마지막에 수록된 시이기도 한 「VOID」 3은 지면상으로는 오른쪽 면 하단 말미 두 행의 시구("언니, 큰 공간은 우리의／ 것이에요.")가 전부인 것처럼 보이지만, 이 시를 제대로 독해하기 위해서는 바로 앞에 수록되어 있는 「겨울」을 먼저 읽어야만 한다. 「겨울」에는 "눈이 많이 쌓인 운동장에서 타원형으로／ 달리는 언니"를 보는 화자가 있다. '언니'는 "저길 보라고, 내 발자국만 있다고" 말하며 창문 너머를 가리키고, '언니'의 손끝이 머무는 자리를 바라보는 화자는 "걸음이 빠른 언니의 발자국이/ 눈 때문인지 유독 선명하게/ 보인다"라고 답한다. 그리고 책장을 넘겼을 때 마주하게 되는 마지막 「VOID」의 '보이드' 공간은 백지처럼 보이지만, 사실 이는 '언니'의 보이지 않는 발자국들이 무수히 많이 찍힌 눈 덮인 운동장과 다르지 않음을 앞의 대화를 통해 알 수 있다. 때문에 운동장 한구석에 쓰인 "언니, 큰 공간은 우리의/ 것이에요."라는 마지막 말은 그가 마침내 시적 공간을 타인에게 선사하고 싶은 공간으로까지 확장했다는 성취를 알리는 것처럼 들리기도 한다.

그런데 시집의 제목이 "수평으로 함께 잠겨 보려고"이듯, 강지이의 시가 부단히 유지하고자 하는 수평의 감각에 초점을 둔다면 이를 다른 의미로도 해석할 수 있지 않을까. 우리가 '수평으로 함께' 있을 수 있는 공간이 운동장이며, '나'의 곁에 있는 이가 '너'에서 이제는 구체적으로 '언니'로 지칭되고 있다는 사실 역시 눈여겨볼 만하다. 양경언이 "최근의 시에서 '언니'는 사전적 의미의 성별 구분, 생물학적 위계를 떠나 먼저 경험을 한 자로서 뒤따르는 이가 편하게 지혜를 구할 수 있으면서도, 서로의 성장을 도모하는 존재로 나타"나며 "경험을 공유하고 관계의 재조정을 촉발하면서 '나'의 목소리가 들리도록 이끄는 역할"[10]을 한다고 말했듯, 이 시에서의 '언니' 역시 '나'에게 그런 역할을 하는 존재라면 함께 있는 '우리'는 또 하나의 '레즈비언 연속체'[11]로 이해할 수 있는 것이다. 이와 같은 관점에서 우리가 함께 있는 이 운동장은 구조적으로 끊임없이 재생산되는 젠더 불평등에 대한 촉구의 목소리가 반영된 공간이다. 그렇기에 이 공간은 더 이상 시적 사유로 환기된 이미지적 공간만으로 남지 않는다. 최대로 확장된 내면의 공간을 돌파하여 바깥으로 연결되는 강지이의 시는 '기울어진 운동장'을 수평의 감각으로 되돌려 보려는 시도로서 지금 우리 현실의 목소리와 다정하게 연대한다.

폭로와 증언의 전시: 이소호의 시

앞서 이야기한 강지이의 시 「VOID」 3을 아직 잊어서는 안

---

10 양경언, 「우리, 살아 있는 언니들의 시」, 《창작과비평》 2020년 겨울호, 36쪽.
11 '레즈비언 연속체'는 미국의 시인이자 비평가 에이드리언 리치(Adrienne Rich)의 개념으로 "남성 독재에 대항하는 유대나, 실천적이고 정치적인 지지를 주고받는 등 여성들 사이에 맺는 다양한 형태의" 관계를 일컫는다. 에이드리언 리치, 이주혜 옮김, 『우리 죽은 자들이 깨어날 때』(바다출판사, 2020), 262쪽; 위의 글에서 재인용.

될 것이다. 이 시와 닮은 시가 존재하기 때문이다. 이소호의 두 번째 시집 『불온하고 불완전한 편지』(현대문학, 2021)의 가장 앞에 수록된 시가 그렇다. 「하양 위의 하양」이라는 제목의 이 시는 강지이의 시와 같이 두 면에 걸친 빈 공간과 말미의 몇 문장으로만 이루어져 있다. 말미에 덧붙여진 메모의 일부는 이렇다. "시적 대상과 묘사로서의 순수한 해방을 꿈꾸는 이 시는 흰 종이 위의 흰 글씨로 쓰였다." 유사한 듯 보이는 두 시의 백색 기록은 그러나 각(刻)으로 차이를 갖는다. 강지이의 시에서 흰 눈이 쌓인 운동장에 찍힌 '언니'의 발자국이 음각으로 새겨진 언어라면, 이소호의 시는 "해방을 꿈꾸는" "흰 글씨"로 돋을새김되어 있는 것이다. 우리의 눈으로는 읽어 낼 수 없고 반드시 "시인을 만나 들어야만" 하는 시를 필두로 이소호 전시회의 문이 열린다.

'전시회'라고 표현한 것처럼 이 시집은 '뉴 뮤지엄'(NEW MUSEUM)이라는 미술관의 형식으로 기획되어 있다. 따라서 시집을 펼쳤을 때 책을 읽는다기보다 미술품의 전시를 '보는' 듯한 효과가 발생한다. 텍스트를 이미지화하여 시각적인 쾌감을 주는 시가 더러 수록되어 있기도 하며, 「하양 위의 하양」처럼 읽을 수 없이 그저 '보는' 것에 그치는 시도 있다. 다소 혼란스러울 수 있는 독자(또는 관람자)에게 도움을 주는 건 "들어야만 한다"라는 목소리처럼 각주로 붙어 있는 도슨트의 말이다. 전시라는 기획에 도슨트의 존재는 어색하지 않지만, 그 해석의 대상이 '시'가 되는 까닭에 의문이 남는 것은 사실이다. 읽는 (또는 보는) 이가 시를 향유하는 단계에서부터 해석의 목소리가 개입하면 더 다양한 해석의 길이 마련되지 못할 수 있다는 우려 때문이다.[12] 하지만 이 미술관의 도슨트는 그러한 적극적 개입보다 친절한 길라잡이 역할에 더 충실한 듯하다. 그는 이 공간에 처음 들어선 관람자들을 맞이하고, '읽을' 수 있는 시 앞에서는 잠시 모습을 감춘다. 관람자가 '보는' 시 앞에 설 때에만 살며시 다가와 말을 건네는 식이다. 작품에 대한 힌트를 종종 제시하기도 하지만, 사유를 돕는 물음을 남기고 떠나기도 한다. 이는 예술작품은 체험의 대상이 되어야 한다고 했던 수전 손태그의 주장과도 일치하는 행위인데, 손태그에 따르면 오늘날의 도슨트(해석자)가 몰두하는 것은 "예술작품이라는 올가미에 걸려든 '현실'"일 뿐, 작품 그 자체가 사람을 어떻

---

12   시집 내 '관람 시 유의 사항'에는 "『불온하고 불완전한 편지』의 작품을 대하실 때는 오직 작품 자체에만 집중하여 읽으시길 간곡히 당부"하며, "물론 각주 따위 무시하고 읽으셔도 무방하"다는 안내가 나와 있음을 밝힌다.

게 변화시킬 수 있느냐에 있지 않다. 따라서 해석의 의미보다 작품 안에 내재되어 있는 무언가를 투명하게 바라보는 것이 그에게는 더 중요하다. 감상자가 "사물의 반짝임을 그 자체 안에서 경험하"고, "있는 그대로의 사물을 경험"할 수 있도록 하는 것이 도슨트의 역할이자 필요인 것이다.[13] 이러한 관점으로 이소호의 시편을 따라가다 보면 도슨트의 존재로 인해 분명해지는 것은 작품의 개별적인 의미 해석이나 이해보다 이야기로서의 작품(fictional story)과 현실의 이야기(real story)[14] 사이의 경계가 허물어진다는 사실이다.

나는 한 다발의 낯을 묻어 두고 묻는다. 윤오야, 너 말이야 정말 나를 사랑하기는 하니? 뭘 물어? 넌 나의 영원한 뮤즈지. 잠깐만 근데 지금 그 질문은 하나도 중요하지 않아. 이제 곧 아침이 밝아 온단 말이야. 그러니까 말하지 말아 봐. 아까 니 표정 기억나? 그 표정으로 여기 렌즈를 봐 봐. 지금처럼 팔다리

---

13 수전 손태그, 이민아 옮김, 『해석에 반대한다』(이후, 2002), 33~47쪽.
14 전시회처럼 기획된 이 시집의 첫머리 「작가의 말」에는 다음과 같이 적혀 있다. "'여기, 아주 사적인 그림이 있다. 이야기라면 좋았을 이야기와 함께.' 'Here's a very private painting. With a real story that would have been nice if it were a fictional story.'"

가만히 그렇게 도도하게 천천히. 걸어. 그래. 인형처럼. 아무 말도. 표정도 없이. 응 다시 내가 움직이라고 할 때까지 절대로 움직이지 마. 그대로 멈춰 있어 봐. 어 지금. 그래. 우리 지금 이대로가 딱 좋아.

—「그때, 감추어져 있어야만 했던 어떤 것들이
드러나고 말았다」에서

연인을 피사체로 삼아 사진을 찍는 한 장면이 담긴 이 시를 사랑의 순간에 대한 기록으로만 치부해서는 안 된다. "그러니까 말하지 말아 봐." "절대로 움직이지 마." "근데 지금 그 질문은 하나도 중요하지 않아."와 같은 강압적인 태도와 가스라이팅이 '나'를 지배하고 있는 까닭이다. 때문에 이 시의 진정한 화자에 대해서도 의문이 제기된다. '나'라는 주어를 쓰고 있다고 해서 이 시의 화자를 정말 '나'라고 말할 수 있을까? 수시로 침범하는 목소리 사이에서 '나'의 음성은 하나의 주체로서 유효한가? 결국 '윤오'의 목소리는 '나'를 넘어 시마저도 지배하고 있는 것이 아닌가. 만약 여기서 끝났더라면 이 시의 의의는 사랑이라는 이름이 덧대어진 폭력의 현장을 서사화한 것에 지나지 않았을지 모른다. 이때 여전히 우리를 잡아 세우는 건 각주에 달린 도슨트이자 진정한 화자 '나'의 목소리다.

> 그의 사진 속의 나는 점점 빛나는 피사체에서 내가 알고 있던 나로 수렴되었다. 환상이 벗겨진 이후의 '나'는 그냥 하나의 정물에 불과했다. 정물은 이상하다. 생물과는 다르게, 현재는 아무런 힘이 없다. 과거로 가야, 정물은 말할 기회가 생긴다. 그러므로 이제야 나는 말한다.
> ―「그때, 감추어져 있어야만 했던 어떤 것들이 드러나고 말았다」에서

그때의 '나'는 "빛나는 피사체"가 아니라 그저 "하나의 정물"이었음을 지금의 '나'는 안다. 정물에게 "현재는 아무런 힘이 없"었으므로, '나'는 작품의 시간인 과거로 거슬러 온 후에야 "말할 기회"를 획득한다. 그리고 비로소 "가장 수동적이며, 폭력적인 상태에 놓인 나"를 기록할 수 있었음을 토로한다. 이처럼 작품이 하나의 이야기로만 그치지 않는다는 것을 실감할 때, 작품 너머에서 생생한 고통의 목소리가 파고들 때, 이야기와 현실의 경계는 처음부터 존재하지 않았다는 듯 무화된다. 어느 쪽이 진실이냐를 따지는 일은 중요하지 않다. 어느 쪽

에서도 이는 진실의 영역에 있다. '있을 법한' 이야기가 아니라, 이미 수없이 현존하는 폭력의 현장들이므로. 때문에 미술관 안과 밖의 구분 또한 무의미해진다. 가령 「누구나의 어제 그리고 오늘 혹은 내일」은 시를 이루는 어구마다 모두 각주가 붙어 있다. 총 39개의 각주로 이루어진 이 시는 주석의 내용을 확인하기 전에도 작품을 감상할 수는 있지만, 각주를 통해 혐오 범죄에 대한 실제 기사의 목록을 읽은 후에는 더더욱 작품 바깥의 현실과 분리할 수 없어진다. 피의자가 "심신 미약" "우발" "음주" 등을 이유로 반토막으로 "감형"(「판의 공식」)받는 것 역시 시에만 발생하는 사건이 아니다. 이처럼 이소호의 시는 허구와 진실의 경계를 허물고, 작품 안과 밖의 공간을 자유롭게 넘나들며 복제의 복제로 거듭되는 범죄의 현장을 기록한다.[15] 이소호의 시는 'NEW MUSEUM'에만 전시되지 않는다. 여전히 혐오와 폭력이 만연한 자리에서 일종의 고발장으로,

---

15 이때 이소호는 이미지적인 시적 공간을 실제 물리적 공간으로 탈바꿈하며 '나'의 영역을 확장하는 모습을 보인다. 가령 「공존 화장실」에서 '공존 화장실'은 실재하지 않는 이미지적 공간이지만, 실제 지하철역 내 여자화장실 벽면을 촬영한 사진을 제시하고 그곳에 뚫리고 메워진 수많은 구멍들에 집중하게 한다. 이 시는 "애초에 '공존'할 수 있는 시선 따위는 존재하지 않"지만, 끝없이 증식하는 구멍으로 인해 형성되는 '공존 화장실'에 대한 아이러니를 가시화한다.

존재에 대한 증언으로 기능하며 현실의 부조리를 낱낱이 폭로하고 있다.

우리와 '우리'의 자리

 이에 따라 우리는 이미 경험한 적 있는 장소로 한데 모인다. 한 개인의 내밀한 역사를 들여다보고, 문학과 문학 바깥의 구분이 무색한 지금의 현실을 낱낱이 폭로하며, 수평의 감각으로 차별과 혐오 없는 사회를 꿈꾸는 자리, 이곳이 곧 '광장'이다. 목소리가 모인 자리는 광장이라 부르지 않아도 이미 광장의 역할을 하고 있다. 광장이 공동체의 공간이듯 세 시인의 시에서 발견되는 시적 공간 역시 '나'로부터 시작하여 '우리'로 자리하는 장소라는 점 또한 알 수 있었다. 그곳에 홀로 있지 않고 '우리'로서 함께 같은 뜻을 외칠 때 광장의 역사가 새로이 쓰인다는 걸 우리는 이미 알고 있다. 그렇기에 "거기 우리를 지켜보는 우리가 있었다"(「우리는 언젠가는 반드시 그림을 떠난다」)라는 이소호 시집의 마지막 문장은 우리의 초상이기도 하다. 어느 자리에 우리를, 또 문학의 '우리'를 대입해 보아도 성립하는 명제를 통해 우리는 문학과 삶이 긴밀하게 연결되어 있음을 다시금 감각할 수 있다.

우리의 걸음을 살피는 일 또한 놓치지 않아야 할 것이다. 세 시인의 시 속 '우리'를 경유한 뒤 우리가 선 이 자리는 어디인가? 여성혐오에 대한 대항의 시초였던 메갈리아 개설로부터 6년, 일상을 정치적으로 사유하고 실천했던 촛불 혁명으로부터 5년, 성범죄에 대한 폭로의 물결을 이루었던 미투운동으로부터 3년이라는 적지 않은 시간이 축적되었지만, 여전히 말해야 하는 것이 남아 있다는 점에서 우리는 아직 광장을 벗어나지 못했다. 좀처럼 해결되지 않는 지난한 현실에 안일해진 마음은 존재의 자리부터 소거한다. 시간이 지나면 괜찮아질 거라고, 조금씩 세상은 변하고 있다는 생각으로 여기에 '있음'을 외면할 때 외부 그리고 타인과의 연결은 자연스럽게 지워진다. 이때 우리를 일으키는 목소리가 있다. 우리가 여전히 말해야 하는 자리에 있다는 것을, 이곳은 '우리의 것'이며 함께가 아니고서는 쟁취할 수 없는 공동(共同)의 공간임을 환기하는 유대의 목소리로 인해 우리는 말할 수 있는 힘을 또 한번 획득한다. 겹쳐지는 안과 밖의 공간 안에서 우리와 '우리'는 이렇게 이어진다.

'되기'의 움직임, 도정에의 시

이것이 같은 방향의 몸짓이라면

지난봄, 패널로 참여했던 「요즘비평포럼: 1인칭의 역습」에서 발제의 주요 요지는 이런 것이었다. 한국문학에 1인칭 화자를 전면에 내세운 다시 쓰기의 물결이 계속되고 있다는 사실을 되짚고, 이러한 흐름은 문학 바깥에서 일련의 사건을 지나며 축적된 새로운 삶에 대한 감각과 바람이 불러온 문학적 변화이며 사회적으로 구조화되고 이데올로기에 의해 의미화되어 고정된 정체성의 '나'를 유동적인 주체로 이끄는, "지금의 상태로부터 다르게 되기를 향한 운동"[1]과 다름 아니라는 것. 그리하여 지금-여기의 한국문학에서 '나'라는 인물들은 모두 '되기'에의 도정에서 분투하고 있으며, 이 '되기'는 이전까지와는 다른 상태의 나-되기임과 동시에 타자-되기의 일환과도 같다는 것이 나의 입장이었다. 대상으로 삼았던 텍스트가 소설이었기에 장르적 차이를 배제할 수는 없지만, 문학 바깥의 상황이 다르지 않았다는 전제하에 시에서도 유사한 논의를 풀어 볼 수 있지 않을까?

대개 1인칭 화자 '나'의 발화를 중심으로 흘러가는 것이 시이며, 이를 경계하기 위해 진술의 목소리와 대상 사이의 거리를 두고자 하나, 소설에서의 상황과 유사하게 지금-여기의 시에서는 쓰는 '나'와 말하는 '나'가 다르지 않은 것처럼 보인다. 화자 '나'를 포함하여 관찰하여 기록하는 타자 혹은 여타 대상에 대해서도, 말하는 이와 그 대상 사이의 거리가 매우 밀착되어 있다고 여겨진다. 가령 이소호의 첫 번째 시집 『캣콜링』(민음사, 2018)은 시인-주체의 폭력의 역사를 시로써 아카이빙하고 한 권의 역사서와 같은 시집으로 엮어 냈다는 데에

1   소유정, 「'되기'의 움직임, 도정에의 소설」, 《문장웹진》 2018년 10월호. 덧붙여 이 글의 제목 역시 '되기'라는 주제 아래 졸고의 문제의식을 시에서의 논의로 풀어 붙인 것이다.

서 의미를 갖는다. 시인이 자신의 시를 "내 안과 밖의 무수한 여자들의 시"(제37회 김수영 문학상 수상 소감)라 칭할 때, 그리고 화자가 "나는 낯선 우리에 대한 시를 쓴다"(「마이 리틀 다이어리 — 경진이네」)라고 밝힐 때, 시인과 시적 주체의 사이는 물론이거니와 읽기를 통해 "우리"로 묶이는 '우리'들 사이의 거리도 0에 수렴하게끔 좁혀진다는 것은 명백한 사실이다. 이러한 과정으로 인해 문학 바깥에서도 또 다른 의미의 나-되기와 우리-되기가 가능해질 것이다.

짧은 예로 든 이소호의 시가 그러하듯, 지금-여기의 시는 보다 다양한 행로를 거치며 '되기'의 도정에서 분투하는 '나'들이 지배적인 것만 같다. 이러한 상황이 소설에서의 상황과 유사하게 여성 시에서 두드러지고 있다는 사실 역시 특징적으로 보인다. 이에 최근의 여성 시[2]를 대상으로 하여 '되는 나'의 모습을 들여다보고자 한다. "시는 견딜 수 없는 세계 내 존재로서의 자신의 정체성을 벗어나려는, 어쩌면 초월해 가려는 몸짓이

---

[2] 이 글은 다음 시집을 대상으로 한다. 박세미, 『내가 나일 확률』(문학동네, 2019); 김복희, 『내가 사랑하는 나의 새 인간』(민음사, 2018); 강성은, 『별일 없습니다 이따금 눈이 내리고요』(현대문학, 2018); 『Lo-fi』(문학과지성사, 2018). 이하 본문에서 인용할 경우 작품명만 표기하기로 한다.

다."[3]라는 말에 적극적으로 기대어, 이 몸짓들이 나를, 우리를, 시를, 가능하다면 문학을 초월하려는 움직임이라고 믿고 있다.

구근식물의 몸짓으로 — 박세미의 시

박세미의 시를 읽다 보면 무엇보다 시적 장소가 중요하다고 느껴진다. 아마도 그의 시가 어떤 프레임 안에서, 프레임에 의해 진행되고 있기 때문일 것이다. 가령 "프로시니엄"(「프로시니엄」)과 같이 무대와 객석을 분리하는 구조물이나, 「관찰자로서」에서의 스케치북, 또는 "3×3×3m의 체적"(「제3의 방」)을 가진 방이 그러한 것처럼 말이다. 이 프레임의 안쪽을 들여다보는 일이야말로 박세미의 시에 닿을 수 있는 과정이지 않을까? 그의 시에서 프레임은 무엇보다 '나'와 세계 또는 '나'와 타자를 분리하고 양자 사이에 거리를 두는 데에 충실한 것 같다. 프레임을 기준으로 하여 안과 밖을 나눌 수 있다면 시의 진행 방향이 그러하듯 시적 주체의 위치는 그 안쪽에 있는 것으로

---

3 김혜순, 『여성, 시하다』(문학과지성사, 2017), 137쪽.

보인다. 프레임은 세계 또는 타자에 의해, 다시 말해 '나'의 바깥에 의해 생성되었다기보다 주체인 '나'에 의해 만들어지는 것이며, 혹은 이미 만들어진 틀 안에 그가 스스로 들어가기를 선택한 것과 같다는 점에서 주목을 요한다. "벽과 종이와 액자로서/ 태어납니다"(「관찰자로서」)라는 선언처럼 프레임 안으로 들어간 이는 자의에 의한 수인(囚人)으로 재탄생한다. 이러한 기조는 시인의 등단작인 「알」에서부터 시작되어 왔음을 확인할 수 있다.

> 처음부터 거기 있었는지 모른다
> 아무도 내 정체를 모르고
> 아무도 나를 분류하지 않는 곳
> 껍질을 깨고 안으로 들어간다
> 욕조 안으로 들어가면
> 반쯤 잠기는 몸
> 최초의 기분은 여기에 있지
> 출렁인다
> 다리 하나가 기어 나간다
>
> ―「알」에서

반복되는 첫 문장을 가진 시에서 "처음부터 거기 있었는지 모"를 존재는 다름 아닌 '나'일 것이다. 그럼에도 "버려진 적 없"기에 "당당"한 '나'지만 "지나가던 개가 아무렇게나 싸 놓은 똥처럼" "몸의 구분이 모호해"지고 "흩어져 있던 영혼의 조각들이 뭉쳐"짐을 느낄 때, 선명하지 않은 자신을 감각할 때에는 "아무도 내 정체를 모르고/ 아무도 나를 분류하지 않는 곳"으로 스스로 껍질을 깨고 안으로 들어간다. 헤르만 헤세의 소설에서 말하듯 알은 세계이고 태어나려는 자는 그 알을 깨고 나와야 한다지만, 박세미의 시적 주체에게 이는 동일하게 적용된다고 할 수 없다. "거기" 알 밖의 세계가 '나'를 점점 모호하게 만들고 있다면 그는 알 밖으로 나가기 이전, "최초의 기분"을 감각하는 것이 가능한 시점으로 돌아가고자 한다. 멋대로 분류할 수 없으나 분명한 자아의 재탄생을 도모하기 위해, 쉽게 깨지지 않으나 반드시 내가 깨야만 하는 껍질은 점점 더 단단해지도록. 그렇게 등단 이후 5년여의 시간 동안 여전히 그 자리 그대로, 알의 안쪽에서 시인은 보다 견고하게 자신의 프레임을 구축해 왔다. 짧지 않은 시간이 묶인 첫 번째 시집에서 알과 유사하면서도 '나'의 생활과 밀착되어 더욱 선명하게 시적 주체를 드러내는 공간은 주로 '방'으로 그려진다. 시집의 문을 여는 첫 시에서 역시 '나'는 방 안에 있다.

> 방문을 열고 엄마가 들어오면
> 나는 '나들'이 되어 있고
> 엄마는 나를 못 본다 그건 재앙이다
> 엄마에게 재앙은 나일 리가 없다
>
> (……)
>
> 떼를 지어 다니는 내가
> 오늘 하나 더 죽으면
> 나는 내일 하루 더 살 수 있을 것 같다
> 밤마다 눈을 감는 것은,
> 수많은 거울을 만드는 일.
> 계속해서 나를 거울로 되돌려 보내는 일.
> 오늘 밤은 내 방문 앞에 모여 있다
>
> ―「떼」에서

떼를 지어 다니는 '나'는 곧 '나들'과 같다. 하루를 살아가는 것이 버거운 이에게 내일의 내가 되기 위해서는 "오늘 하나 더 죽"는 '나'가 필요함은 어쩌면 당연할 것인지도 모른다. 죽어야만 가질 수 있는 마땅한 내일에 오늘의 '나'는 '나들'로 스며들고, 결국 '나들'이란 시체처럼 쌓이는 오늘의 '나'와 다름 아니다. "수많은 거울을 만드는 일"처럼 그렇게 매일의 '나'를, 그리하여 내일의 '나'를 만들고 오늘의 죽음을 반복하게 하는 것이 박세미의 시적 주체에게는 중요한 작업처럼 보인다. 매일같이 오늘의 죽음을 반복하고 있다고 했거니와 적어도 이 방 안에서, 화자가 스스로를 가둔 프레임 안에서 그는 죽은 자에 좀 더 가까워 보인다. "이 방에서 살아 있지 않은 것은 나뿐"(「제3의 방」)인 듯한데, "죽지는 않았지만 죽어 있다고 느껴"(「떠나는 나에게」)와 같은 고백 앞에서 누군가가 "그렇다면 이 방에서 당신은 무엇입니까?" 하고 물을 때 '나'는 답한다. "삶을 흉내내는 자입니다"(「제3의 방」).

살아 있지 않고 그저 삶을 흉내 내는 것에 가까운 상태로 쌓인 '나들'에 비춰 볼 때, "내가 나일 확률"(「몇 퍼센트입니까」)은 과연 얼마나 될까? 명확히 떨어지지 않는 확률을 가늠하며 박세미의 시적 주체는 매일같이 "나와 나 사이에 흐르는 의심의 강"(「시인의 말」) 앞에 선다. 그것을 건너갈 수 있는 날과 그렇지 않은 날이 있었으나 그럼에도 불구하고 건너고 건너 오늘에 당도한 '나'로서 그가 "당신이 당신일 확률"(「몇 퍼센트입니까」)을 물을 때, 문득 깊어지는 "의심의 강"은 우리에게도 유효해진다. 오늘의 죽음을 반복하며 내일을 연장하지 않았나? 오늘이 된 내일에 이르고 또 다음의 내일에 닿을 때 그때의 '나'를 '나'라고 말할 수 있는 확률은 얼마일까? 그런 물음이 꼬리를 물고 이어지고, "그렇다면 이 방에서 당신은 무엇입니까?" 하는 말이 우리에게 돌아온다면? '나'에서 '당신'으로 주체의 자리를 내어줄 때 동일성에 대한 확률을 가늠하기란 점점 더 어려워지고 만다. 이에 대한 답을 찾기 위해서는 매일의 '나'를 확인하고 끊임없이 되물을 수밖에 없는 걸까. 박세미의 시적 주체가 매일의 '나'를 반복하는 분명한 까닭은 의심의 강을 건너듯 "넘어갈 수 없는 곳에 넘어가기 위해서"(「프로시니엄」)일 것인데, 이는 결국 타자에 의해서가 아닌 '나'에 의해 생긴 하나의 세계를, 프레임을 깨기 위함이다. 스스로를 가둘 수밖에 없었지만 여전히 "내가 나일 확률"을 묻게끔 하는 현실 앞에서 프레임은 울타리인 동시에 감옥으로 작용하기 때문이다. 그리하여 "오로지 자신만을 위한/ 거대한 도시를 만들고 또/ 한 방에 무너뜨리고 또"(「또와 척」), "방을 부수고 나가자고"(「증발자」) 말하는 이가 자신이 구축한 프레임 밖으로 다시금 나아가기 위한 시도는 식물의 방식으로 나타난다. 반복되는 죽음 앞에서 스스로를 증명할 수 있는 것, '나'에게 허락된 것은 몸 하나뿐인데("몸 하나만 허락된 나", 「떠나는 나에게」), 그마저도 빼앗긴 것 같은 기분이 들 때, 말하자면 "비어 있는 대칭의 몸"(「블랭크」)이거나 "무생물의 몸"(「물성」)과 같이 인간의 몸조차 아니기에 더 이상 '나'를 증명하는 것이 불가능하다고 여겨질 때, 시적 주체는 알에서부터 뿌리를 내린 식물의 몸으로 다시 태어난다. "나는/ 식물의 영혼을 갖고 태어난/ 인간"(「죽은 식물의 뿌리가 공중에 있는지」)이라는 선언과 함께 "나무가 되고자/ 두 다리를 벌리고 척추를 세"(「증발자」)울 때에 박세미의 시적 주체는 다시금 알을 깬다. 안에서 밖으로, 세계에서 세계로, 이 몸이라면 내가 나일 확률에 조금 더 가깝다는 듯, 내가 나로 살아감이 가능하다는 듯. 이 시도가 조금도 유약하게 여겨지지 않는 까닭은 알에서부터 비롯된 단단함을 이미 시로써 확인해 왔기 때문일 것이다. "방 안에 다락방을, 다락방 안에 텐트를,/ 맨 마지막엔 인디언 텐트를 지을 거야"(「무게는 소리도 없이」)라는 말처럼 방 안에 방을 짓는 방식으로, 프레임 안에 프레임을 건축해 온 이가 그것을 몽땅 깨고 나오는 힘이 그렇지 않은가. 깨진 자리에서부터 자라날 액자 바깥의 이야기는 이제부터 시작일 것이다.

재현을 넘어서는 몸짓으로 — 김복희의 시

 박세미의 시가 스스로를 가둔 프레임을 다시금 깨고 나오는 방식으로 존재했다면, 표기를 달리하지만 역시나 수인(獸人)이 되기를 택한 이가 있다. 김복희의 시는 익숙한 몸과 언어를 지극히 경계한다. 그는 수인의 자세로 다가오는 말을 면밀히 탐색하며 더욱이 낯설게 감각하고자 한다.[4] 김복희의 시에서 수인은 읽고 쓰기를 처음 배우는 이의 태도를 뜻하는 것이 일차적인 의미이긴 하나, 또 하나의 의미로는 주체-객체로 나뉘어 대상화되었던 존재에 대한 '되기'의 일환이라고도 볼 수 있다. 구체적으로는 동물 또는 기계같이 '나'와는 다른 존재를 감각하는 것으로 나타나는데 이는 주체로 하여금 실재적인 변화를 도모하고 있다는 점에서 '되기' 그 자체를 수행하고 있

---

4 소유정, 「다르지 않은 말, 흩어지는 말」, 《릿터》 2018년 8/9월호.

는 것으로 이해 가능하다. 예컨대 "백지를 여러 번 찢어 무언가 썼던 것처럼 매에게 말"하며 "비밀 문자로 매에 관한 말을 매에게 말해 줄 날"(「모임」)을 꿈꿔 보는 것, "따뜻하지 않아도 살아 있는 것"의 "차갑고 미끌거리는 힘을"(「구원하는 힘」) 구원이라 믿어 보는 마음이 그와 같다고 말할 수 있지 않을까. '되기' 자체가 주체의 실재적인 변화를 이끌고 있다고 했거니와 김복희의 시에서 '되기'란 존재에서 존재로의 이행(移行)에 의해 대상이 되는 존재를 재현하는 것이 아니라, 되어 가는 과정, 즉 내재화하는 과정에 밀착해 있다.

포식자는 단번에 목을 부러뜨린 후 부드럽고 촉촉한 내장부터 꺼내 먹는다 빈방에 대해서 우리는 이야기를 나누던 중이었다 소화기 없는 몸이 가성비가 좋다면서 연구비를 안 주겠다는 거예요 기계 인간을 만드는 데 구태여 장기를 재현할 필요가 있나요 인간적인 인간을 만들고 싶은데 재현하면 안 되나요 안 될 건 없지만 그게 그걸 원하던가요 인형이 아니라 인간을 만들고 싶은 거니까 뭐든 해 봐야죠 얼마 전에 랩에서 도마뱀 움직임을 재현한 로봇에 바비 머리를 붙였더라구요 벽에 붙어 기는데 인간 머리가 있으니 이상했어요 재밌을 줄 알았는데 무서웠어요 있어야 할 건 다 있고 없을 건 없는 게 좋은 것 같아요 좋을 것 같나요 좋죠 바라는 바예요 아름다운 건 얼마간 조금 무섭지 않나요 (……) 빈방에는 누가 살까요 빈방이니까 아무도 안 살걸요 확실한가요 확실해요 아무것도 없는 방이에요 그것 무서울 것 같네요 아름다울 거예요

—「빈방」에서

 우리가 나누는 이야기는 주로 빈방에 대한 것이지만 첫 문장이 중요하게 느껴지는 까닭은 포식자 때문일 것이다. 가성비를 따지며 "소화기 없는 몸"의 기계 인간을 만드는 행위가 피식자를 제압한 후 내장부터 먹어 치우는 포식자와 다를 게 무엇인가? 포식자의 입장에서 이는 먹이사슬의 체계에 의한 것이고, 연구자의 입장에서는 비용에 따라 도출된 결과이나 정작 기계 인간의 입장에서는 재현에 대해 조금 다른 의견을 말할 수 있다. "인간적인 인간"을 만들겠다는 인간중심적 사고 아래 재현을 물을 때, "그걸 그게 원하던가요"라며 돌아오는 질문을 쉽게 넘길 수 없기 때문이다. 어쩌면 기계 인간에게 "소화기 없는 몸"은 "인간적인 인간"에 대한 거부이며 재현을 넘어서는 것으로 작용한다는 새로운 해석을 가능케 한다. "도마뱀 움직임

을 재현한 로봇에 바비 머리"는 결코 '동물-기계-인간' 되기가 아니다. "인간적인 인간" 아닌 몸으로 재현되지 않는 아름다움이 실재하는 빈방이야말로 시적 주체를 계속해서 다른 존재가 되어 가게 하는 가능성이며, 그것은 곧 '되기' 그 자체와 같다.

> 화장실 문을 두드리러 나갑니다
> 쪼그려 앉은 사람이
> 몇 번이고 문 안쪽을 두드릴 겁니다
> 대답할 겁니다
>
> 거기, 보고 싶어요
> 불문곡직 따라갈 것 같습니다
>
> (……)
>
> 피 흘리는 사람의 뒤를
> 두드리는 자세로
> 나는 따라갑니다 계속 두드릴 거예요
> 각자의 방으로 돌아가기 전에

아무도 나를 미워하지 않습니다

사람을 믿습니까, 넘어진 것들은 온몸으로 땅을 위로하는 가요

몇 번이나 바닥을 두드리는 건가요

거기, 보고 있어요
엎어진 당신의 뒤를 내가 앞으로
두드리고 두드리는 곳에서

—「히든 트랙」에서

    그리하여 김복희의 시적 주체가 끝내 되고자 하는 건 새-인간 그 자체보다도 새-인간을 만나고 감각하는 경험으로 인해 가능한 새(new) 인간이 아닐까? 동물-되기, 기계-되기를 거쳐 '나' 아닌 다른 존재를 받아들였다면, 종내에는 '나' 자신과 타인을 이해해 보는 것이 시로써 이룩할 수 있는 과업이기 때문이다. 설령 완전한 이해가 아닐지라도 말이다. 시적 주체는 종종 "사람을 믿"냐고, "나는 사람과 눈 마주치고 싶지 않"(「히든 트랙」)다고 말한다. 그러나 누군가 닫힌 문의 안쪽에서 "거기, 보고 싶어요"라고 답한다면, "피 흘리는 사람"을 발

견한다면 "두드리는 자세로" "불문곡직 따라갈" 마음이 아직도 여전히 '나'에게는 있다. "썩은 풀도/ 깨진 석상도 옮기려면 사람이 필요하"(「업계(業繫)」)니까, 믿음에 배반을 겪고 때때로 실패하더라도 그런 '나'를 반복함을 이어 갈 때, "그게 되었다가 아니게 되어 가"(「구원하는 힘」)는 것일지라도 끊임없이 '나'를 변화시키는 '되기'만은 계속되고 있다는 사실 하나는 분명하지 않은가. 그럼으로써 가능한 "새로운 종"(「내일과 모레 사이」)을 김복희의 시에서 만날 수 있을 것이란 기대, 그것 또한 분명한 사실일 것이다.

존재 확인의 몸짓으로 — 강성은의 시

강성은의 세 번째 시집을 가장 잘 설명할 수 있는 말은 아무래도 시집 제목이 그러하듯 'Lo-fi'일 것이다. 라디오 주파수를 맞추려 이리저리 다이얼을 돌리다 우연히 멈춘 어느 방송처럼 선명하지 않고 불가해한 소리. 그것은 "웅웅거리는 소리"로 처음에는 작게 들려오는 것이었으나 이내 우리에게 "폭풍처럼 몰아"친다. "개를 잃은 사람과 고양이를 잃은 사람과 아비를 잃은 사람과 딸을 잃은 사람과 집을 잃은 사람들"(「Ghost」, 22쪽)의 울부짖음으로 증폭되어 나타나는 것, 이전에는 몰랐으나 귀를 기울이면 선명해지는 고통의 소리가 곧 강성은의 시다.

귀를 기울이다 보면 명확해지는 건 소리뿐만이 아니다. 소리로 하여금 반복적으로 재생되는 이미지 역시 주목할 만하다. "아무도 깨지 않는 밤"(「객차」)에 눈을 뜬 '나', 주위로는 긴 잠을 자고 있는 사람들, 깨어나서는 갈 곳을 잃은 채 헤매는 이들이 그렇다. 그리고 이 모든 것의 배경으로는 왜인지 모르게 "끝없는 겨울"(「비닐하우스」)이 있다. 계절과 무관히 내리는 눈은 시적 주체가 눈을 뜬 후에도, 사람들이 하나둘 깨어난 다음에도 계속된다. 꿈과 현실의 경계를 더욱 모호하게 만드는 눈 때문에 꿈속의 꿈이라는 가능성을 배제할 수 없다는 사실을 쥐고 시는 흘러간다. 이 알 수 없는 세계를 두고 "지금-여기와 평행하는 또 다른 세계, 일종의 업사이드다운 세계"[5]라고 명명한 적이 있다. 지금-여기와 닮아 있지만 어딘가 다르고, 다르다면 무엇이 다른지 살펴보아야 한다는 게 일전

---

5   소유정, 「우리는 도시의 내일을 기다리고 있다」, 《시로여는세상》 2018년 여름호.

의 해석이었다면, 지금의 나는 강성은의 세계가 지금-여기와 너무나도 밀착해 있다고 말하고 싶다. 그것은 마치 스노글로브처럼 우리가 유심히 들여다볼 수 있도록 만들어진 세계와 같다. 그래서 어느 소설의 한 부분마저 머릿속을 떠나지 않는 것이다. "밤의 네온사인에 눈이 부셨고 원색의 광고판은 끝도 없이 이어졌지만, 출구 없는 미로에 내던져진 듯 대도시 한복판에서 나는 자주 방향감각을 상실했다. 예약해 놓은 호텔을 찾아가는 동안, 이 휘황한 도시가 누군가의 꿈속은 아닌가, 하는 생각이 점점 더 견고해졌다. 그러니까 작고 추운 방에 혼자 앉아 스노글로브의 태엽을 감고 또 감으며 눈 내리는 세계에 빠져 있다가 눈물 한방울 흘릴 새도 없이 급하게 잠이 들고 했던 어떤 외로운 소녀의 꿈…… 그런데, 이 꿈속은 어째서 이토록 추운 것인가."[6] 출구 없는 미로에 갇힌 듯하고, 내가 있는 이곳이 꿈속인지 물속인지도 명확하지 않지만 끝없이 가라앉는 느낌만은 생생하고, 그러한 나날을 보내는 와중에도 겨울은 끝나지 않는다. 그런데 강성은의 시는, 그것이 꿈이라면 이 꿈속은 어째서 이토록 추운 것인가.

---

6   조해진, 『빛의 호위』(창비, 2017), 11쪽.

어쩌면 우린 이미 죽은 시체들일까 나는 잠시 생각했다
죽음 이후의 삶에 대해서는 아는 바가 없었다 배불리 먹고 잠
들면 그만이라고 또 누군가 말했다 서리가 내리는 늦가을이었
는데 생각하는 사이 금세 무릎까지 쌓인 눈을 밟고 있었다

—「악령」에서

여전히 눈을 맞는 어느 날이다. 어떻게 포로가 된지도 모
르고 방향조차 알지 못한 채 걸음을 계속하는 이들이 있다.
누군가 "이제 우린 끝이라고", 또 누군가는 "전쟁은 아직도 끝
나지 않았다고", 그러자 다른 누군가가 "배불리 먹고 잠들면
그만이라고" 말하지만, '나'는 어떤 말도 덧붙이지 않는다. 그
저 생각할 뿐이다. "어쩌면 우린 이미 죽은 시체들일까" 하고.
우리가 이미 죽은 시체라면, 오래전 죽음을 맞이했다면, 지금
의 걸음은, 살아 있음과 진배없는 현재는 무어라 설명해야 하
는 걸까? "죽음 이후의 삶"에 대해서는 알지 못하는 시적 주체
의 정처 없음은 시집 전체를 아울러 '나'(또는 우리)의 죽음과
'이후의 삶'을 확인하는 것으로 이어진다. 가령 "밤의 광장"을
걷다 줄지어 누워 있는 시체 사이에서 '나'를 발견하는 일(「밤
의 광장」)이라거나, 반복되는 일상을 살아가면서도 사실은 우

리가 죽었다는 걸, 지금이 죽음 이후라는 걸 깨닫게 되는 일처럼 말이다. 가령 다음의 시를 보자.

> 우린 다 죽었지
> 그런데 우리가 죽었다는 걸 아무도 모른다
> 우린 이미 죽었어요
> 말해도 모른다
> 매일 갑판을 쓸고 물청소를 하고
> 죽은 쥐들과 생선, 서로의 시체를 바다로 던져 버리고
> 태양을 본다
> 태양은 매일 뜨지
> 태양은 죽지 않아
> 밤이면 우리가 죽었다는 것을
> 죽음 이후에도 먹고 자고 울 수 있으며
> 울어도 바뀌는 건 없으며
> 삶은 계속된다는 사실을 깨닫는다
> ―「유령선」에서

우리의 죽음을 여러 번 되뇌어도 '죽음 이후의 삶'이 계속

되고 있기에 아무도 자신의 죽음을 실감하지 못한다. "죽음 이후에도" "삶은 계속된다는 사실", 그것을 깨달으며 우리는 "침수와 참수와 잠수의 밤"을 보낸다. 그런데 사실 이 삶은 정확하게는 '삶'이라기보다, 육체적으로나 정신적으로나 어떤 방향일지라도 매일같이 우리의 죽음을 확인하는 과정과 같다. 밤이 지나 태양이 뜨면 어제의 우리가 오늘의 여기에 여전히 죽은 자로 존재한다는 사실을 깨닫는 것과 다름이 아니기 때문이다. 따라서 시의 후반부에서 두 번 반복되는 "어째서 이런 일이 일어났을까"와 같은 중얼거림은 죽음의 원인을 향하기보다도, 죽었음에도 여전히 삶을 이어 가고 있는 현실, 또는 "살아 있다는 것과 죽어 있다는 것이 구분되지 않는"(「0°C」) '반사반생(半死半生)'[7]의 존재와 같은 작금의 상황에 더 가깝다. 이처럼 "누가 죽은 사람인지 산 사람인지 구별하기"가 어렵고,

---

[7] 최근의 시에서 눈길을 끄는 것은 죽음과 삶의 경계가 모호하며 오히려 죽은 자에 좀 더 가깝다고 느껴지는 화자들이다. 즉, '반사반생'의 존재라 할 수 있을 것인데, 이 글에서 다루고 있진 않으나 유계영의 세 번째 시집 『이런 얘기는 좀 어지러운가』(문학동네, 2019)에서 반사반생의 주체에 대한 직접적인 언급이 있으므로 이후의 논의로 개진되어야 할 필요를 느낀다. 이러한 주체의 양상이 유사하게 나타나는 이유 중 한 가지는 개인적인 경험을 비롯하여 최근 몇 년간의 사회적인 사건으로 인한 공통 감각을 공유하기 때문일 것인데, 이것을 세대론으로까지 발전시킬 수 있느냐의 문제는 충분한 고민이 따라야 할 것이다.

삶과 죽음의 경계가 모호하다면, 죽음의 소용을 묻는 일("삶과 죽음이 다르지 않다면/ 죽음이 무슨 소용인가요")은 어쩌면 당연한 걸지도 모른다. "오직 완전한 죽음을"(「계면(界面)」) 바라는 일 역시 그렇다.

그러나 강성은의 시적 주체마저도 이와 같다고 할 수 있는가? 죽음 이후의 삶이 아니라 죽음 이후는 '없음'을 바람이 그에게도 유효한가? 시적 주체 '나'에게 죽음은 이미 일어난 사건과 다름 아니기에, 왜, 어째서 죽음을 맞이했는가의 문제보다 중요한 건 지금을 기록하는 것으로 보인다. 생의 시작이 그러했듯 죽음 이후의 삶에 기투된 이는 끊임없이 자신의 존재를 확인한다. 눈여겨보아야 할 것은 존재 확인과 기록의 방식에 있다. 예컨대 『Lo-fi』에서 단연 눈길을 끄는 「Ghost」 연작을 비롯한 여러 시편들은 여성 주체의 '발화할 수 없음'의 상태를 보여 준다. "그 여자는 살아 있을 때도/ 죽어서도 입이 있어도/ 말은 못한다"(「Ghost」, 11쪽)라거나, "왜인지 나는 일어날 수도 소리를 지를 수도 없었다"(「그곳은 평화롭겠지」)라는 부분에서 그러한데, 이는 시적 주체가 죽은 자, 즉 유령 주체라는 점을 강조하고 있다는 점에서 눈길을 끈다. 그런데 그가 말할 수 없는 건 이미 죽은 자이기 때문이기도 하겠지만, "입속에

차곡차곡 쌓아 둔 말"(「저지대」)이 너무 많기 때문이라고 느껴진다. 그러나 그 말할 수 없음으로 인해 쌓인 말들을 곱씹어 생각하며, 말보다 몸으로 여러 번 부딪혀 행동하는 주체가 가능해진다.

> 깊은 밤 거울에 빠져 허우적거리다 가라앉아도
> 다시 살아 기어 나오는 여자
> 아름다움을 슬픔으로
> 사랑을 고통으로 아는 여자
> 그날 이후 얼음이 된 여자
> 얼음을 도끼로 내려치는 여자
> 매일 밤 베틀 앞에서 자신의 수의를 짜는
> 죽지 않는 늙은 여자
>
> ─「Ghost」(43쪽)에서

누가 내게 빨래를 시켰지? 누가 내게 이 혹한의 날씨에 빨래 통을 내밀었지? 이 빨래를 다 해야만 집으로 돌아갈 수 있다고 누가 내게 말했지? (……) 이 강은 이 빙판은 끝나지 않는 겨울과 빨래는 언제부터 시작된 걸까 여자는 안간힘을 다해 얼음이 된 몸을 움직여 물속으로 뛰어들었다 온통 희고 차고 끝나지 않는 이 겨울을 끝낼 방법은 그것뿐인 것 같았다 녹을지도 모른다 생각했다

─「Ghost」(44쪽)에서

그 여자는 가라앉아도 다시 살아 나온다. 기나긴 겨울을 끝내기 위해서라면 물속으로 뛰어들기를 망설이지 않는다. 녹지 않을지라도 스스로 얼음이 된 몸을 도끼로 찍는다. 말할 수는 없지만 몸으로 가능한 것이 더 많기에 몸으로 쓰인 언어, 몸으로 쓰인 시는 "불가능과 불가해와 영원이라는 말"(「Ghost」)보다 선명히 우리에게 닿는다. 그저 몸으로 쓰기 위해 부딪히고, 말을 뱉어 내지 않고, 이따금 자신의 눈을 찌르기도 하는("이따금 나는 나의 눈을 찔렀다 모두가 나의 나 된 것 때문이라고 생각했다",「나의 나 된 것」) 까닭에 시적 주체가 소리를 더 예민하게 감각하게 되었음은 분명한 사실이다. 어디선가 들려오는 희미하고 웅얼거리는 고통의 소리에 귀 기울이고 그것을 시라는 감각의 언어로 읽는 이에게 생생하게 전달하는 것은 생과 사의 계면에 놓여 있는 자의 숙업과도 같은 것이리라. 그의 시로 인해 언젠가는 "오직 완전한 죽음"이 아니라, "오래전의 먼

일이었으나// 가능하다면 미래이길"(「밝은 미래」) 바라는 날이, 죽음보다는 삶의 이편에서 살아 있음을 더 여실히 느끼는 날이 도래하리라고 믿는다.

꿈꾸는 단어를 중얼거리며, 나란히

— '광장 이후'의 시집에 부쳐

'이후'의 세계, '이후'의 문학

 2014년 4월 16일. 가라앉는 배를 보던 우리가 있다. 오보로 뒤덮인 사실들, 진실로 밝혀지지 못하고 수면 아래로 잠겨버린 것들. 그 아래에 분명 존재하지만 드러나지 않는 실체를 응시하던 우리가 있다. 2016년 가을. 광장에 선 우리가 있다. 아무것도 하지 못했으므로 내 책임도 없지 않다고, 스스로에게 윤리적 책임을 묻던 우리는 어둠 속 실체와 마주하기 위해 기도의 손짓처럼 성냥을 긋고 빛을 더했다. '어둠은 빛을 이길 수 없다. 거짓은 참을 이길 수 없다. 진실은 침몰되지 않는다.

우리는 포기하지 않는다.' 광장에 울려 퍼지던 노래를 끝없이, 절박하게 되뇌며 겨울을 보냈다.

그리고 봄. 마침내 정의를 요구하는 목소리에 응답이 왔다. 2017년 3월 10일. 대통령 박근혜가 파면되었다. '이후'의 일은 그간의 시간에 비해 빠르게 진행되는 듯했다. 진실을 감추던 이들에게 너무 늦었지만 비로소 책임을 물을 수 있었다. 참사로부터 1천여 일이 넘는 시간 동안 인양되지 못했던 세월호를 뭍으로 끌어올리는 작업 역시 그때부터 시작되었다. 우리는 어땠나. 공동체적 공간으로 제 역할에 충실했던 광장 너머 다시 일상이었다. 그렇게 1년. 1년 동안의 변화는 적지 않았다. 염원하던 정권교체는 성공적으로 이루어졌고, 많은 것들이 조금씩 더 나은 방향으로 흘러갔다.

그럼에도 마음속 촛불은 쉽게 사그라지지 않았다. 다를 것 없이 일상을 지나다가도 우리는 그것이 어딘가 고장 나 있다는 것을 알았다. 앞으로, 앞으로 걸어가는데도 세계가 기울어진 것처럼 자꾸만 미끄러지고 있다고 느꼈다. 창을 열면 배를 삼키는 바다가 보였고, 신발을 신고 나서면 또다시 광장이었다. 바다가 아니었고, 광장이 아니었는데도 우리는 바다였고, 광장이었다. 여전히 촛불의 마음이었다.

문학은 어떠한가? 문학의 자리 또한 다르지 않았다. 세월호 참사를 기점으로 '세월호 이후의 문학'이라는 명제 주변을 맴돌 수밖에 없던 문학은 광장과 촛불 혁명이라는 하나의 전환점을 맞이했다. 이에 지난 1년간 문예지에서는 광장에서 보였던 촛불의 온기와 연대의 지점을 문학 내부에 적용시켜 '광장 이후의 문학' 또는 '촛불 이후의 문학'이라는 새로운 문학의 가능성을 전망해 왔다. 이 글은 그러한 작업에 대한 연장으로 '광장 이후' 출간된 최근의 시집을 살피고, 우리 문학에 스며든 촛불의 움직임이 어떠한 문학적 실천으로 이어지고 있는지 조명해 보고자 한다. 시간적 연속으로는 '광장 이후의 문학' 또한 '세월호 이후'의 범주에 속하지만, 또 한 번 '이후'의 문학으로 특징지어지는 까닭은 촛불 혁명이 명징한 전환적 계기로 인식되며, '세월호 이후의 문학'과 유사하면서도 다른, 어떤 차이를 갖기 때문일 것이다. 세월호와 광장을 횡단하는 시들에서 드러나는 그러한 차이야말로 '광장 이후의 문학'으로 하여금 더 나은 '이후'의 세계로 추동하게 만드는 힘이자 촛불의 힘이라 믿어 본다.

체험으로서의 증언: 최지인의 경우

'광장 이후의 문학'에서 두드러지는 것은 '세월호 이후의 문학'이 그랬던 것처럼 증언적 형식을 따른다는 점이다. "이 부서진 세계 속에 연루되어 있다는 사실을 알고 있는 누군가의 '기록'인 동시에 한 개인이 경험한 '진실', 그리고 부서진 세계의 파편화된 '목격', 그렇게 세계의 비참함을 알고 있는 자의 '말'"[1]을 문학적 증언이라고 할 때, 이 증언의 성격은 '세월호 이후'의 그것과는 조금 다르다. 가령 안희연의 시집 『너의 슬픔이 끼어들 때』(창비, 2015)에서 화자가 "눈을 감았다 떠도 아이들은 사라지지 않는다"(「월요일에 죽은 아이들」)라고 고백하고, "당신은 무엇을 잘못했습니까"(「당분간 영원」) 묻고, "우리를 가로막은 것이 무엇인지 생각해야 합니다"(「트릭스터」)라고 말할 때, 그의 목소리에는 살아남은 자의 윤리적 죄책감과 살아남았기에 잊지 않고 기억해야 한다는 의지가 묻어난다. 결코 완전히 사라지지 않을 그날의 기억을 안고, 시인은 스스로를 "나는 이 영원을 기록하기 위해/ 세상 모든 길을 걸어야 하는 사

---

1 박숙자, 「'세월호 이후'증언으로서의 문학」, 《문학의오늘》 2017년 가을호, 14쪽.

람"(「당분간 영원」)이라 칭하며 '이후'의 세계에서 기록하는 자로서 자신의 정체성을 확고히 했다. 이처럼 "'기억을 기억'하고, 그 '기억을 기록'"[2]하는 방식으로 '그 자리(세월호)'에 없었기에 '내'가 살아 있음을 고백하고, 그럼으로써 여기에 없는 이들을 환기시키던 것이 '세월호 이후 문학'에서의 증언이라면, '광장 이후의 문학'에서 증언은 '그 자리(광장)'에 있던 '나'의 기억과 체험을 끊임없이 복기해 주체 자신의 몸의 기억, 몸의 감각으로 발화되는 것이다. 이를테면 최지인의 경우가 그렇다.

> 아직은 아니다 몹시 추운 저녁
> 밝다 여기는 도시의 광장
> 길고 견고한 벽이 정면에 있다
> 벽에 올라선 사람들은 위태롭다 절벽
> 여러 표정과 식탁에서의 침묵이 암막에 가려 있다
>
> 남자의 손을 잡은 아이가 묻는다
> 남자는 대답할 수 없다

---

2   함돈균, 「불가능한 몸이 말하기 — 세월호 시대의 '시적 기억'」, 《창작과비평》 2015년 가을호, 422쪽.

거리로 나왔다 내외는 아이가 잠들 때까지 등을 쓰다듬
곤 했다 그런 손

사람들이 철제에 달라붙었다 그것은 지하의 것이 아니므로
힘을 한곳에 모은다
지하에서 지상까지
그림자가 사라질 때까지
그렇게

(……)

그러나 나는 광장을 광장이라 부를 것이다
나무는 나무
빨강은 빨강
처음 같을 너희의 얼굴

사람들은 모여 있다 그들은 구겨진다
서로의 눈을 피하지 않고
어깨가 맞닿은 채로

모든 것이 멈추지 않길

하얀 이들이 그들을 덮쳤다

―「앙상블」에서[3]

 지난 촛불의 현장을 떠올리게 하는 위 시편은 한 시대를 지나는 시인의 증언이자 선언과 같다. '지금'은 "몹시 추운 저녁"이고, "여기는 도시의 광장"이라고 말하는 일. 시인은 그러한 체험으로서의 증언을 갈망해 왔던 것처럼 보인다. "나무는 나무"로, "빨강은 빨강"으로, "광장을 광장이라 부를 것"이라는 문장에서 드러나는 발화 의지가 그것을 증명한다. 이전의 "수많은 저녁"에서는 "서로 술잔을 부딪히며 침묵하고", 침묵하는 것으로 "그렇게 한 시절이 지났"지만, 지금-여기 광장에 선 '나'는 사람들과 "서로의 눈을 피하지 않고 어깨가 맞닿은 채" "구겨"지는 것도 개의치 않는다. 그는 이제 "그림자가 사라질 때까지" "힘을 한곳에 모"으는 일에 집중해 본다. 광장에 모인 사람 중 '나'는 그저 하나일 뿐이지만, 전처럼 "침묵"하는 것은 지나간 시절을 답습하는 것과 다를 바 없다는 사실을 안

---

3 최지인, 『나는 벽에 붙어 잤다』(민음사, 2017).

다. 그렇기에 "광장이라"고, "나무"라고, "빨강"이라고 소리를 내보고자 하는 것이다. 뱉은 "목소리는 미색"(「노력하는 자세」)일지라도 수많은 미색의 목소리가 한곳에 모여 인간이 쏟아 내는 "울부짖음"(「인간의 시」)이 될 때까지. "미래 같은 건 필요 없다"고, "이것은 미래가 아니"(「검은 나라에서 온 사람들」)라고 말하면서도 "먼먼 미래"(「인간의 시」)를 꿈꿔 보는 일에는 이 같은 선언이 필요하다. 그런 선언이야말로 "그물에 걸린 미래를 건져 내기 위해 몸을 던"(「리얼리스트」)지는 행위이며 미래의 희망을 꿈꿔 보는 행위와 다름 아닐 것이다.

최지인이 관조하는 미래는 그의 시적 주체가 서 있는 지금-여기와 완전히 다른 세계는 아닌 것 같다. 오히려 "진흙투성이의 숲"과 같던 "먼먼 과거"(「인간의 시」)가 오버랩되는 세계에 가깝다. 시집의 해설에서도 짚어 내듯 그런 점에서 최지인의 시는 "이 세계의 구원 가능성"을 "딱 그만큼의 현실감"에서 찾는 "리얼리스트 선언"[4]이다. 리얼리스트는 말한다. "도시의 아이들은 어릴 때부터 비참한 일을 겪기 마련이"지만, "총성이 멈추면" "일상이 계속될 것"(「리얼리스트」)이라고. 이에 이경수

---

4   이경수, 「우울한 미래의 비망록」, 『나는 벽에 붙어 잤다』 해설(민음사, 2017), 174쪽.

는 "일상이 계속될 것이라는 바로 이 사실에 우리는 유일하게 희망을 걸어야 할지도 모르겠다"라고 말하지만, 일상의 지속을 과연 '희망'이라 부를 수 있는가에 대해선 머뭇거리게 된다. 총성은 멈추었지만 날아간 탄환은 멈추지 않는다. 그것은 필시 누군가를, 이 세계 어딘가를 향해 날아가 찢고 박힌다. 세계의 찢어진 틈새로 바람이 새고 물이 찬다. 한쪽으로 기운다. 눈앞에서 일어나는 일이 아니라고 해도 그건 또 다른 누군가의 일상이다. 이걸 희망이라고 할 수 있을까.

마음의 재건, 주체의 재건 — 안미옥의 경우

그런 점에서 파국적 세계의 실상과 대면하는 가장 고통스러운 방법은 거울 앞에 서는 일일 것이다. 거울은 시야의 확장이다. 앞을 보고 있는 사람에게 뒤의 눈을 열어 주고, 그것이 올바른 방향인지 아닌지와 관계없이 바라보는 쪽, 나아가는 방향을 앞이라 믿고 있는 이에게 뒤도 '앞'이 될 수 있다는 것을 보여 준다. 거울 앞에서 경계는 그렇게 허물어진다. 그리고 그 순간, 잊어버리거나 외면했던 등 뒤의 슬픔과 비참이 일상처럼 따라붙는다. 탄환이 지나간 자리, 네가 살아가는 세계가 이렇게 병들어 있다고, 이렇게나 무너지고 있다는 듯 말이다.

안미옥의 시집 『온』(창비, 2017)은 거울의 방과 같다. 그 안을 채운 거울은 구부러지고, 흔들리고, 비틀린 상태로 "무너지고 있는 집"(「온」, 「빛의 역할」)으로 보이는 세계를 비춘다. 거울 앞에서 안미옥의 시적 주체는 그 안을 들여다보는 것에 골몰해 있다. 그 모습은 마치 처음 거울 앞에 선 아이 같기도 하지만, 거울을 보고 있는 주체의 반응은 아이의 그것과 차이가 있다. 내가 인지하지 못했던 일상의 이면이란 사실 완전히 다른 세계가 아닌 거울 바깥, 그가 서 있는 지금-여기이므로 거울 속의 '나'와 거울을 보고 있는 '나' 사이, '여기'와 또 다른 '여기'의 불화를 감지하는 것이다.

> 어린 나는
> 무너지는 마음 안에 있었다
>
> 무너지는 것이 습관이 된 줄도 모르고
> 무너지고 무너지면서
> 더 크게 무너지는 것에 대해 생각했다

주저앉을 마음이 있다는 건

쌓아올린 마음도 있다는 것

새가 울면

또 다른 새가 울었다

또렷하게 볼 수 있다면

상한 마음도 다시 꺼내어 볼 수 있을까

도마 위에 방치된 생선이나

상온에 오래 놔둔 두부처럼

상한 것은 따뜻하고

상한 것은 부드럽게 부서진다

(……)

아침이 오지 않을 거라고 생각한 적 없었다

두꺼운 이불을 덮고

맞물리며 돌아가고 있다는 것을

잊지 않으려 했다

덜 자란 나무는 따듯할 수 있다

한번 상하고 나면 다음은 쉬웠다

─「톱니」에서

 무너지는 것은 세계뿐만이 아니다. 그것과 관계하지 못하는 '나', '나'의 마음 또한 마찬가지다. '나'는 "무너지는 마음", "상한 마음"을 그러모아 다시 쌓아 올리는 작업을 반복한다. 계속되는 작업 중에도 그는 거울 앞을 떠날 수가 없다. 마음의 건축을 가능하게 하는 이유가 그 안에 있기 때문이다. 정확히는 "거울이 잠깐씩 놓치는 것"을 포착하기 위해서인데, 그것은 거울이 다 보여 주지 않는 "슬프고 비참한 것"(「정결」)이다. "슬프고 비참한 것"을 느끼는 것이야말로 "마음의 일"(「시집」)이므로, 누군가의 슬픔과 비참으로 파인 "흉터에서 출발하려는 마음"(「거미」)인 것이다. 아물지 않은 "아주 작은 연함"(「네가 태어나기 전에」)의 자리를 살피고 감각하는 일, 그것은 안미옥 시의 시작과도 맞닿아 있다.

 마음을 쌓아 올리는 일과 시는 "진짜 마음을 갖게 될 때까지"(「한 사람이 있는 정오」) 행해질 수밖에 없는 일이라는 점에서 같다. "진짜 마음을 갖게" 된다는 건 주체화된 '나'를 말하는 것이기도 하므로 결국 마음의 재건은 거울 속 '나'와 동일시되지 못했던 주체의 재건이다. 그렇게 세상에서 가장 "연약한 재료"(「거미」)로 지어진 마음은 더 이상 거울을 필요로 하지 않는다. 거울이 없어도 보이지 않는 것을 보고 느낄 수 있다. 상처로부터 "부서지고 열리는 어린잎을 만져"(「까마귀와 나」) 볼 수도 있다. "마음에서 시작된다는 건"(「시집」) 그런 게 아닐까.

> 시작을 시작하기 위해선 더 많은 시작이 필요했다.
> 베란다의 기분. 축하 이전으로 돌아갈 수 없다는 것.
>
> 틀렸어. 틀려도 돼.
> 하얀 목소리가 벽에 칠해진다.
>
> 발이 더 무거웠다. 그만두고 싶다고 생각했을 때.
>
> 너는 무서워하면서 끝까지 걸어가는 사람.
> 친구가 했던 말이 기억났다.
>
> ―「생일 편지」에서

안미옥이 말하는 "시작"과 "끝"은 앞과 뒤처럼 나뉘어 있지 않고, 거울을 비춘 듯 언제라도 눈앞에 나타날 수 있는 것이다. 그러므로 그가 닿으려 하는 끝에는 결국 어떤 시작도 있음이 분명하다. 그것은 새로운 희망의 시작일 수도, 이 기나긴 파국의 시작일 수도 있다. 어느 쪽이라도 괜찮다. 어느 쪽이라도 그는 "무서워하면서 끝까지 걸어"갈 것이다. 무서워하면서도 시작을 향해 갈 수 있는 힘이, 그에게는 있다.

닿음으로 쓰인 시: 이원의 경우

앞과 뒤, 시작과 끝처럼 경계가 분명한 듯 보이는 양자(兩者)가 사실 나뉘어 있지 않고 맞닿아 있음을 아는 이가 또 있다. 이원이 그렇다. 이원의 네 번째 시집 『사랑은 탄생하라』(문학과지성사, 2017)를 읽다 보면, 자꾸만 그의 세 번째 시집을 되짚어 보고 싶어진다. 정확히 말하면 세 번째 시집 뒤표지에 실린 짧은 산문을 다시 읽게 되는 것이다. "경계. 나누어지는 곳이 아니라 닿는 곳으로서의 지점. 넘어가지 못한다 해도 너머가 보이지 않는다 해도, 넘어가지 못하는 그곳에는 보이지 않는 너머에는, 닿아야 했다.// 경계는 스미는 것이 아니다. 다름을 다름으로 잡고 있는 힘. 그래서 그곳에서 떠나지 않는 힘. 비껴 서지 않는 힘.// 죽음이 들이닥쳤다고 해서 삶이 없어지는 것이 아니듯 죽었다고 해서 그것이 사라지는 것도 아니다. 둘은 다만 닿고 있다. 아니 둘은 적어도 닿고 있다." 보이지 않을지라도 닿아야만 했다는 시인의 말은 삶과 죽음이라는 '다름'의 두 항이 닿고 있는 지점에서부터 시작된다. 그런데 이 짧은 글에 담긴 (시론이라고도 할 수 있을) 깊이 있는 사유는 세월호를 거쳐 엮인 네 번째 시집에서 더 구체화된 것으로 보인다. "죽었다고 해서 그것이 사라지는 것도 아니"며, "다만 닿고 있"음을 반복하여 중얼거리는 목소리가 『사랑은 탄생하라』의 곳곳에서 들려오기 때문이다. 가령 "나의 손을 맞대는데/ 어떻게 네가 와서 우는가"(「4월의 기도」)와 같은 문장을 마주할 때, 맞잡은 손에 얽히기라도 한 듯 오랫동안 이 시 앞에 머물 수밖에 없는 이유는 닿음의 순간을 목격했기 때문일 것이다. "손을 맞대"어 기도할 때 나에게 닿는 너, 하나가 아닐지 모를 수많은 너, 울고 있는 네가 내게로 온다. 우리가 목격한 것은 찰나의 순간일지 몰라도, 그 순간 속에서 이원은 비로소 시인이 된다. 닿음만이 그에게는 시가 된다. 반대로 말해도 좋을 것이다. 시만이 그를 닿게 한다.

  물밑을 열며 올라오는 손이 있을 것이다

  아이들은 검은 모래에 가느다란 손목과 발목을 파묻고 있다
  물이 들어오는 해변에 아이들이 있다

  신이시여 아이들을 버리소서
  세상이 이미 아이들을 버렸습니다
  못 박힐 순결한 손은 필요 없나이다

  집채만 한 파도가 아이들을 삼켰다 어둠이 하는 일을 어둠은 끝내 알지 못하므로
  당분간 종려주일은 없을 것이므로
            —「검은 모래」에서

 닿음으로 쓰인 시는 자주 손의 얼굴로 나타난다. 시인의 손은 "최초의 시간에 닿아야 하며 만져야 하며 그것을 언어로

데려와야 한다."[5]라는 말에 따라, 이원의 시는 (또는 손은) 최초의 시간을 향해 뻗어 나간다. 그런데 최초의 시간이란 언제부터인가? 무엇을 두고 '최초'라고 명명할 수 있는가? 거듭되는 물음 속에서 발견한 '최초'는 뻗어 나간 시가, 손이 닿으려 하는 지점에 놓여 있다. 닿음으로써 잡아 두고 싶은 순간에 있다. "물밑을 열며 올라오는 손", "손목과 발목"을 모래에 묻은 아이들이 찾고 있는 것, 세상이 아이들을 버리기 이전, 파도가 덮치기 이전, 어둠이 아이들에게 닿기 이전의 순간, 창을 열면 보이는 풍경이 "파도가 멈추지 않는 바다"(「검은 그림」)가 아니고, "슬픔이 가까이"(「죽은 사람 좀 불러 줄래요?」) 있지 않던 순간과 그 모든 것들이 모두의 삶과 죽음에 스며들기 이전의 순간에 있다. 잡아 줄 수 있다면, 잡아 둘 수 있다면 그렇게 해야만 했던 순간에 있다. 하지만 이는 "허공을 건너서/ 긴팔원숭이가 되어"(「당신이라니까」) 손을 뻗어 보아도 혼자서는 견딜 수 없는 일이다. 이에 이원은 손의 행렬을 만들고자 한다. 손의 행렬이 닿음의 행렬로 이어질 수 있기를, 힘껏 내민 손이 누군가에게 잡히기를, 누군가의 남은 한 손이 또 다른 이에게

---

5   이원, 『최소의 발견』(민음사, 2017), 59~60쪽.

내밀어지기를. "가느다랗게 소리를 내요 실금이 돼요 한 번 들어간 빛은 되돌아 나오지 않아요// 노래를 불러요 음이 생겨요 오른손을 잡히면 왼손을 다른 이에게 내밀어요 행렬이 돼요"(「이것은 사랑의 노래」) 노래를 부르며.

마침내 닿은 최초의 시간에서 손의 행렬이 응시하는 것은 "말랑말랑한 콩알"(「엄마와 내가 아직 이 세상에 오지 않았을 때」), "단추"와 같은 아이의 "심장"(「아이에게」)이다. 가장 작고 여린 것이어서, 쓰다듬을 수도 없는 그 "심장" 앞에서 행렬은 애도의 마음으로 반복해서 인사한다. 그리고 그 자리, 최초의 시간에 닿음으로써 그들은 부단히 흐르는 크로노스의 시간에 찰나의 카이로스를 새기고자 한다. "우리의 심장을 풀어// 따뜻한 스웨터 한 벌을 짤 수는 없"지만, "모두 다른 박동이 모여/ 하나의 심장/ 모두의 숨으로 만드는/ 단 하나의 심장"이 될 수는 있기에 모두의 박동, 모두의 숨으로 "심장이 만드는 긴 행렬"(「사람은 탄생하라」)을 시작한다. 날개와 저울은 없지만 콩알이 있고, 단추가 있고, 박동이 있고, 숨이 있고, 손이 있고, 시가 있는 카이로스의 또 다른 이름은 사랑이다. 또 희망이다. '절망의 노래'가 '사랑의 노래'로, '사랑의 노래'가 '희망의 노래'로 변주하며 또 다른 행렬을 이룰 수 있는 지점이 바로 거기에 있다.

검은색으로부터 그것은 떠오른다. 그것은 오로지 검은색이다. 그것은 오로지 검은색이었다가 검은색이고 검은색이 될 것이다. 검은색 속에서 검은색이 떠오른다. 검은색 속에서 검은 바람이 일어난다.

그것은 검은색.

불어오는 것이다. 우리는 휩싸이는 것이다. 검정의 바람이 되는 것이다.

구겨 넣은. 긴 손처럼. 긴 혀처럼.

그리고 침묵.

그 속에서 우리는 머리에서 발끝까지 묻히는 것이다. 숨 막히는 것이다. 다시 일렁이기 시작하는 것이다.
─「이것은 희망의 노래」

"이것은 희망의 노래"이니까, 만연한 "검은색"을 희망으로 바꾸어 불러 봐도 좋을 것이다. 오로지 희망이었다가 희망이고 희망이 되는, 그것은 희망. 우리를 희망의 바람으로 이끄는 것, 그것 또한 희망이다. 그렇게 희망으로 가득한 희망의 노래를 부르고 있자면 깊숙한 곳에서 "다시 일렁이기 시작하는 것"이 있다. "사랑은 탄생하라"(「사람은 탄생하라」). 들려오는 목소리에 가만히 심장을 풀어놓고 싶어지는 마음, 더 세찬 박동으로 함께하기를 바라는 마음, "탄생하라"라고 함께 중얼거리는 마음. 이 마음을 감히 사랑이라고 말하고 싶다.

다시 일렁이기 시작하는 것

지금까지 '광장 이후'에 펴낸 최지인, 안미옥, 이원의 시집을 살펴보았다. 그들의 시적 주체는 무너지는 세계를 목도하고 기꺼이 그 앞에 서고자 한다. 세계의 파상 앞에서 주체는 '여기는 도시의 광장'이라 증언한다. 누군가의 슬픔과 비참을 통감하기 위해 부서진 마음을 여러 번 짓는다. 피 묻은 손으로 상처의 자리를 만지고 절망에서 사랑으로 사랑에서 희망으로 이어지는 노래를 부르기도 한다. 저마다의 방법이지만 그들이 바라는 것은 하나일 것이다. 본 적 없는 미래를 꿈꿔 보는 일. 그런 마음으로 같은 자리에 서 있는 이들에게서 지난겨울 광장의 우리가 겹쳐 보이는 것도 착각은 아닐 것이다. 일렁이던 촛불처럼, 촛불과 함께였던 우리처럼, '이후'의 세계를 향해 천천히 행진하는 이들은 '가만히 있으라'는 말을 모르는 유동의 주체이다. 촛불의 움직임을 몸으로 기억하는 주체이다. 이들에게서 결코 지워지지 않는 단어를 본다. 이미 세상에서 자취를 감춘 듯 희미하지만, 그럼에도 불구하고 다시 말하고 싶은 단어가 있다. '탄생하라'라고 중얼거리고 싶은 말이 있다. 사랑이고 희망이라는 것. 우리를 다시 일렁이게 하는 것. 읽고 쓰게 만드는 것. 문학으로 하여금 끝까지 행진하게 하는 것. 그런 단어를 품고 고백한다. 나 또한 '가만히 있음'을 모르는 하나이겠다고. 느리지만 단단한 걸음을 하는 이들의 주체 옆에 나란히 서 본다.

3부

시대의 불안, 환상의 증언

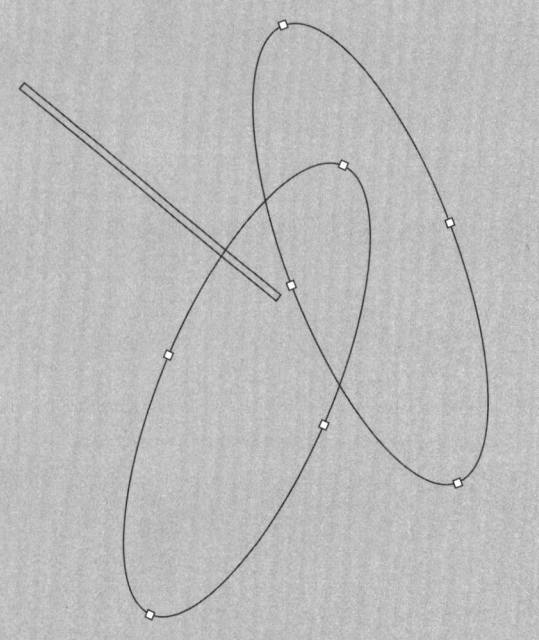

현실의 잔상으로 유영하기

— 박솔뫼, 이유리, 임선우의 소설을 중심으로

'매진된 꿈'이라도 좋으니

이미예의 소설 『달러구트 꿈 백화점』(팩토리나인, 2020)이 종합 베스트셀러 1위 자리를 굳건히 유지하고 있다. 이 책의 출간이 크라우드 펀딩을 시작으로 했음을 안다면 더욱 놀라운 사실이다. 텀블벅 펀딩 1812%를 달성했고, 전자책 출간과 동시에 리디북스 종합 베스트셀러 1위를 차지했으며, 독자들의 뜨거운 요청으로 종이책 출간 이후 2021년 3월 현재까지 베스트셀러 상위권에 머물러 있으니 말이다. 잠들어야만 입장할 수 있는 상점가 마을에 온갖 꿈을 판매하는 '꿈 백화점'이 있다는 이야기만으로도 충분히 흥미를 유발하지만, 이 책이 더 많은 독자들을 불러 모을 수 있었던 까닭은 지금의 현실과 결코 무관하지 않을 것이다.

다른 무엇도 아닌 꿈을 모티프로 하는 환상소설을 지금 가장 많은 독자가 선택하고 있다는 사실이 의미하는 것은 무엇일까? 그것은 벗어나고 싶은 현실에 대한 욕망의 발현과도 같다. 닿을 수 없는 세계, 실현할 수 없는 선택에 대한 욕망이 아닌 지금-여기의 현실로부터, 좁게는 외출이 제한된 공간으로부터의 일종의 탈주 욕망이 상상력의 세계까지 뻗어 가는 것이다. 그렇게 선택한 책에는 과연 현실의 우리까지 보듬어 주는 다정한 위로의 문장들이 있다. "네가 생각하는 대단한 미래는 여기에 없단다. 즐거운 현재, 오늘 밤의 꿈들이 있을 뿐이지."(121쪽), "하지만, 잊지 마세요. 손님들께서는 스스로 생각하는 것보다 많은 것들을 이겨 내며 살고 계십니다. 그리고 그것을 깨닫는 순간 이전보다 훨씬 나아질 수 있죠."(146쪽)

2018년 미투 운동을 기점으로 사회적으로 불거진 여성혐오의 문제는 페미니즘 리부트 현상을 불러일으켰다. 문학적 알레고리가 희미해진 리얼리즘 여성 서사가 대중적인 관심을 받은 것도 이때부터다. 조남주의 『82년생 김지영』(민음사, 2016),

김혜진의 『딸에 대하여』(민음사, 2017)를 비롯하여 여성의 실재적 현실을 담은 여성 작가의 여성소설이 큰 주목을 받았고, 그것은 책의 판매로 이어졌다. 1년여 전 베스트셀러 상위권을 차지했던 소설들이 여성의 삶을 더없이 핍진하게 그려 낸 '현실'의 세계라면, 가장 최근의 베스트셀러인 『달러구트 꿈 백화점』은 모노톤의 현실에서 벗어나 다채로운 꿈을 구경할 수 있는 '꿈'의 세계다.

현실의 흐름에 발맞춰 매달, 매 계절 발표되는 단편소설들의 경우는 어떨까.[1] 최근 발표된 소설 중에서 이른바 '팬데믹 서사'로 통칭할 수 있는 소설은 많지만, 그 안에서 소설들은 각기 다양한 전개를 보이고 있다. 팬데믹으로 인해 '오프닝 건너뛰기' 버튼을 누르듯 관습과 제도를 건너뛴 헤테로 커플 이

---

1 이 글에서 다루거나 언급되는 작품의 발표지면은 다음과 같다. 이후 본문에서 인용할 경우 작품명만 표기하기로 한다. 박솔뫼, 「여름의 끝으로」, 『사랑하는 개』(스위밍꿀, 2018); 「수영하는 사람」(《문학과사회》 2020년 봄호); 「달리기 수업」(웹진 《비유》 2020년 4월호); 「이 방 안에서만 작동하는 무척 성능이 좋은 기계」(《릿터》 2020년 12/1월호); 「건널목의 말」, 『우리의 사람들』(창비, 2021); 이유리, 「빨간 열매」(2020년 《경향신문》 신춘문예 당선작); 「손톱 조각」(《실천문학》 2020년 봄호); 「치즈 달과 비스코티」(《현대문학》 2020년 4월호); 「평평한 세계」(《문장 웹진》, 2020년 7월호); 임선우, 「여름은 물빛처럼」(《릿터》 2020년 8/9월호); 「유령의 마음으로」(《현대문학》 2020년 12월호).

야기,[2] 질병으로 인한 재난이 어느 순간 성소수자에 대한 혐오에 닿아 있음을 실감한 퀴어 커플 이야기,[3] 팬데믹이 불러온 경제 위기로 발생한 생활의 격차를 첫사랑에게 느껴 버린 초등학생의 이야기[4] 등이 최근 발표작 중 눈에 띄는 리얼리즘 소설이다. 그리고 동시에, 환상성을 주요 서사로 다루는 단편소설들 역시 연달아 떠오르고 있다. 이때 "환상은 현실과 동떨어진 것이 아닌 현실의 확장"[5]으로 나타난다. 그것은 어떤 은유나 알레고리로 작용하기보다 지금-여기의 현실을 바라보는 우리의 모습을 다른 방향에서 비추는 역할을 한다. 우리 앞에 거울이 하나 놓인다면, 지금의 얼굴과 등 뒤에서 일어나는 일들은 볼 수 있겠지만, 그 안의 우리가 가진 뒷모습은 볼 수가 없다. 대신 또 다른 거울 하나를 등 뒤에 세워 둔다면, 미처 알지 못했던 부분까지 발견할 수 있을 것이다. 지금의 소설들에서 환상은 현실의 우리를 비추는 등 뒤의 거울이다. 이 거울은 어떤 이면을 비추고 있을까.

---

2 은모든, 「오프닝 건너뛰기」, 《문학동네》 2020년 겨울호.
3 박선우, 「사랑의 미래」, 웹진 《비유》 2020년 11월호.
4 조남주, 「첫사랑 2020」, 웹진 《비유》 2021년 1월호.
5 류진아, 「여성소설의 주제 형상화 방식 연구 — 환상소설과 리얼리즘 소설을 중심으로」, 《젠더와사회》 31집(2020), 38쪽.

비선형적 시간의 감각
— 박솔뫼 소설의 동면 모티프

꿈 또는 잠이라는 모티프는 박솔뫼의 소설에서도 주요하게 드러난다. 박솔뫼의 최근 작업은 정확히 '동면'을 모티프 삼아 이루어지고 있다. 인간의 먼 조상들은 동면을 했다는 어느 동물학자의 가설로부터 시작하여, 단기간에 신체적·정신적 회복을 돕는 동면이 가능해졌고, 동면을 돕는 가이드가 존재한다는 것이 박솔뫼 소설 속 동면에 대한 설정이다. 「여름의 끝으로」, 「건널목의 말」, 「달리기 수업」, 「수영하는 사람」, 「이 방에서만 작동하는 무척 성능이 좋은 기계」(이하 「기계」)와 같은 다섯 편의 소설이 현재까지 쓰인 동면 연작이라고 할 수 있는데, 동면은 소재를 넘어 어느새 하나의 고유한 세계관으로 자리하는 듯하다. 이 소설들은 나란히 두고 읽었을 때 더 효과적이고 입체적으로 펼쳐지기 때문이다. 가령 「여름의 끝으로」에서 동면에 든 친구 '허은'의 가이드인 '나'의 이야기가 「달리기 수업」에서 형 '태인'의 동면 가이드인 '태식'과의 만남으로 이어지고, 「기계」에서는 '태식'이 3년 전 '태인'의 동면 가이드였던 '시온'을 만나는 이야기로 점점 확장되는 것처럼 말이다. 동면 이후의 이야기도 있다. 「수영하는 사람」은 「여름의 끝으로」 이후 동면을 마친 '허은'과 함께 부산에 간 '나'의 이야기로 연속성을 지닌다.

이렇듯 박솔뫼의 동면 연작은 마치 팝업북을 서서히 펼치고 있는 것처럼 입체적으로 재구성된다. 발표 순서와 관계없이 작품을 타임라인에 따라 나열했을 때는 위와 같은 순서이나, 연작 중 어느 것을 먼저 읽어도 무방하다. 동면 연작에서 물리적 시간의 흐름보다 중요한 것은 동면에 얽힌 사람들에게 시간이 비선형적으로 감각되고 있다는 사실이다. 동면자의 경우에 그것은 「여름의 끝으로」에서 "만들어진 기억"에 대한 사례와 '허은'의 동면 일기를 통해 나타난다. 해외여행을 한 번도 가 보지 않은 한 여성은 동면 이후 몇 년이 지나 홍콩에 갔을 때, "분명히 와 본 적이 있다고 확신"하며 마치 "유학을 마치고 돌아온 뒤로는 한 번도 못 찾은 곳에 시간을 내어 들른 기분이었다고" 말한다. 연구자들은 이를 "자는 시간이 길어짐에 따라 발생하는 다른 종류의 꿈"이라고 하지만, 실제 동면을 겪은 '허은'에게 그러한 기억은 꿈과는 분명하게 구분되는 종류의 것이다. 아이들과 즐겁게 디즈니랜드를 뛰어다닌 기억은 "내가 겪은 일이라는 생각은 들지 않았"지만 희미하다고는 할 수 없었기 때문이었다. "자신에게 침투한 많은 기억들과 유산한 아이가 어디선가 만날 것이라는, 거기에는 가느다란 연관이 있을 것이라는 생각"에서 우리가 짐작할 수 있는 건, 동면하는 동안의 시간이 우리가 미처 감각하지 못한 과거, 현재, 미래 그 어딘가에서 유영하며 새로운 장면으로 침투하고 있다는 것일 테다. 정말로 볼 수 있을지도 모를 장면으로 혹은 영영 닿지 못할 시간에 있어 "꿈 같은 기억"으로.

"당연한 의문이지만 동면하는 동안 우리의 시간은 어디로 가는 것일까요"(「여름의 끝으로」)라는 물음을 앞에 두고 박솔뫼는 답을 갱신하듯 연작을 이어 나간다. 그렇기에 동면자의 시간에 대해서라면 아직까지 많은 의문이 풀리지 않았고, 어쩌면 풀리지 않는 상태를 지속함으로써 소설의 환상성을 유지하고 있는 것처럼 보인다. 반면 동면 연작에서 화자는 주로 가이드이기 때문에 가이드의 시간을 들여다보려는 시도도 필요한데, 가이드의 시간은 동면자의 시간과도 무관하지 않으며 비선형적인 시간의 감각이 타인에 대한 이해로 연결된다는 점에서 흥미롭다.

    특별한 사연이나 과거는 없었고 대부분 단지 피곤해서 동면을 하는 것이겠지만 사람들의 자는 얼굴은 이상하고 슬프다. 오랫동안 얼굴을 바라보다 보면 왜인지 이 사람의 모든 것을 알아차리게 되는 기분이 들었다. 나는 눈앞의 사람을 완전히 이해해 버리게 되었다고 느끼는 것을 자주는 겪고 싶지가 않았다. 시간은 이상한 감각으로 늘어났고 시계를 보고 텔레비전을 보고 달력을 보고 평소라는 감각을 갖기 위해 노력하지만 8분이 33분 정도로 길게 늘어나는 느낌, 세 시간이 45분 정도로 여겨지는 느낌을 어떻게 다루어야 할지 여전히 그런 일들은 어려웠고 그 어려움은 해결이 안 될 것이라는 것을 알았다.

─「수영하는 사람」에서

우리가 타인에 대해 모든 것을 알았다고 느낄 때는 언제일까? 오랜 시간을 알고 지냈다고 해서, 깊은 대화를 나누었다고 해서 그 사람에 대해 모든 걸 알았다고 말하기는 쉽지 않다. 그런데 왜일까. '허은'의 "자는 얼굴"을 들여다보고 있으면 "눈앞의 사람을 완전히 이해해 버리게 되었다고 느끼"게 되는 것은. 그리고 그것을 피하고 싶은 마음은 무엇일까. 동면자는, 잠에 들 때면 가이드를 필요로 한다는 점에서 "스스로 닫히는 가장 내밀한 순간인 동시에 함께 있음"의 상태에 있지만, 다른 의미로는 "나에게 속한 것이지만 내가 인지하지 못하"고 있기 때문에 "이중적인 의미에서 타인을 향한 열림"[6]의 상태에 있는 것이기도 하다. 가이드가 잠든 동면자의 얼굴을 순간마다 모르는 얼굴로, 또 너무 잘 아는 얼굴로 여기는 것도 이 때문이다. 이를 시간의 감각과 연결 지어 보면, 가이드의 시간이 간헐적으로 동면자의 시간과 겹쳐지는 것과 같다. 가이드의 입장에서는 동면자와 같은 시공간을 공유한다는 점에서 자신의 시간을 타인과 분리하기란 어려운 일이다. 때문에 "내가 하는 일과 나를 조금은 분리"(「수영하는 사람」)해야 한다는 필요성을 깨닫기도 하며, 시간을 분 단위로 짜 놓거나 해야 할 일을 찾기도 한다. "동면자의 상태를 체크하기 위해서가 아니라 체크하는 시간 사이사이 자신을 돌보기 위해서"(「수영하는 사람」)이다. 그런데 눈앞의 사람과 마주하고 있는 시간, 그러니까 동면자와 분리되지 않는 자신의 시간 속에서 문득 타인의 열림의 순간을 목도할 때, 가이드의 시간은 동면자의 시간과 완전히 겹쳐진다. 시간이 이상하게 늘어나고 줄어드는 것처럼 느껴지는 까닭도 여기에 있다. 「수영하는 사람」에서 이는 '나'의 말

---

6 강보원, 「지나가기 혹은 영원히 남아 있기」, 『우리의 사람들』(창비, 2021) 해설, 248쪽.

을 통해서만 서술되었지만, 「기계」에서는 자는 동안 가이드였던 '시온'의 생활을 보았다던 동면자 '태인'의 증언을 통해 확실성을 얻는다.

> 태식도 그런 이야기를 들어서 알고 있었다. 자격시험 공부를 하며 그런 사례를 자료에서 여러 건 보기도 했다. 경험하지 않은 것을 경험하였다고 믿거나 가지 않은 곳의 정보가 새롭게 기억에 입혀지거나. 시온은 형에게 특별한 특징이 나타나거나 부작용이라고 할 만한 증상이 생겼던 것은 아니라고 말했다. 그런데 보통 꿈이 뒤엉키거나 무언가를 보는 사람들이 많아요. 태인 씨는 제 생활을 보았다고 했어요. 시온은 그것이 앞으로 일어날 일을 알려 주는 것은 아니라고 했다. 그냥 지금의 상황들 내가 이렇게 서 있고 앉아 있고 무언가를 강하게 바라고 생각하는 그런 것들이요. 그것을 생각하고 듣고 싶다고 말했다. 자신을 보는 사람의 이야기를, 그러니까 자신을 볼 수 없을 때 자신을 본 사람의 이야기를 듣고 싶다고 말했다.
> ―「이 방에서만 작동하는 무척 성능이 좋은 기계」에서

미래에 대한 선견이 아니라 눈앞에 있는 사람의 현재를 감

각했다는 사실은 동면자의 시간과 가이드의 시간이 포개어져 우리의 시간으로 공유되고 있음을 뜻한다. '나'가 '허은'의 잠든 얼굴을 내려다보며 느꼈던 일방적인 완전한 이해가 '태인'과 '시온'에게는 양방향적인 이해로 나타나는 것이다. 그렇기에 "자신이 볼 수 없을 때 자신을 본 사람의 이야기를 듣고 싶다"던 '시온'의 말은 자신에 대한 태인의 이해를 다시 한번 확인하고 싶다는 말과도 같게 들린다. "내가 이렇게 서 있고 앉아 있고 무언가를 강하게 바라고 생각하는 그런 것들"을 당신이 알고 있었다고, 다시금 확인받고 싶다는 듯 말이다.

박솔뫼의 동면 연작이 앞으로 어떻게, 어디까지 흘러갈지 알 수 없지만, 다만 가늠할 수 있는 건 동면이라는 속성과 그에 따라 발생하는 환상성, 이를테면 어디로 흐르는지 알 수 없는 시간이나 침투하는 기억 등을 활용하여 타인에 대한 이해를 탐구하고 있다는 것일 테다. 타인에 대한 이해의 양상과 방향은 인물마다 각기 다르게 나타나지만 박솔뫼식의 환상이 점차 확장됨에 따라 이해에 대한 자세만은 공통적으로 변모한다. "얼굴을 보는 것은 왜인지 피하게 되었"(「수영하는 사람」)던 때가 있었지만, 이제는 "고개를 돌리지 않는 것"(「기계」)으로 더는 피하지 않은 채 타인과 마주한다. 나의 열림으로 타인의 열림을 포착하고자 하는 것, 그리하여 우리의 이해를 만들어 나가는 것. 찰나일지라도 우리에게는 그런 순간이 필요하고, 박솔뫼의 소설은 그것을 동면이라는 모티프를 통해 보여 주고 있다.

다시 여기, 생의 감각
— 이유리 소설의 환생 모티프

최근의 단편소설에서 환상성을 주요 서사로 삼는 이로는 이유리가 있다. 죽은 아버지의 유골함에 심은 나무가 아버지가 되고(「빨간 열매」), 죽은 지 5년 된 옛 연인이 손톱 조각의 생명력으로 다시 돌아오고(「손톱 조각」), "반투명한 미래"의 인물이 아니나 다를까 반투명한 상태로 변하거나(「평평한 세계」), 돌과 말할 수 있는 사람이 치즈 달로 날아갈 수 있는 사람을 만나고, 정말로 그것을 목격하는 식으로(「치즈 달과 비스코티」) 다양한 환상적 요소를 만나 볼 수 있는 것이 그의 소설이다. 특징적인 것은 환상의 영역을 현실로 끌어올 때, 어떻게, 왜와 같은 논리적 수사를 거치지 않는다는 것이다. 가령 등단작

「빨간 열매」에서 아버지의 유골함에 심은 나무가 갑자기 아버지가 되었을 때를 떠올려 보자. "어느 날 내가 거실에 앉아 빨래를 개고 있을 때 갑자기 베란다에서 아버지가 말했다."라는 문장만으로 일상의 풍경이 단번에 한 겹의 환상을 걸치게 되는 것이다. 그런데 오히려 어째서 그러한 일이 벌어졌는지에 대한 수사적 설명이 소거되어 있기 때문에, 이해할 수 없는 상황에 놓여 있는 서술자 '나' 역시도 "깜짝 놀라 잠시 멍해졌다가 뭐야 이러면 살아 있을 때랑 똑같잖아, 하고 투덜거리며" 이내 아무렇지도 않게 일상을 살아갈 수 있게 된다. 작가 특유의 능청스럽고 유쾌한 문체 덕에 비현실적인 이야기가 읽는 이에게 거리감 없이 감각됨은 물론이다.

「빨간 열매」의 아버지가 그러하듯 죽은 사람이 다시 생명력을 얻게 된다는 설정은 「손톱 조각」에서도 유효하다. '나'의 옛 연인인 '석기'는 죽은 지 5년이 지난 어느 날 잠든 '나'의 옆에 나타난다. 어찌 된 영문인가 하니 자신의 죽음에 대해 오랫동안 생각하던 '석기'가 어느 순간 '나'의 "침대 밑 오른쪽 다리 근처"에 손톱 조각 하나가 남아 있음을 기억하고 그것에 달라붙었다는 것이었다. 아버지의 유골함에 심은 나무가 아버지가 되고, 죽은 옛 연인의 손톱 조각이 다시 옛 연인이 되는 환생 모티프는 '나'로 하여금 마음 한편에 남아 있던 죄의식으로부터 해방을 선사하는 매개로 작용한다. 이를테면 「빨간 열매」에서는 '나'가 기억하지 못하는 여섯 살의 어느 날, 수영장에서 서서히 익사하는 자신을 아버지가 살려 주었다는 것이 그의 터무니없는 부탁을 들어줄 수밖에 없게 만드는 "아버지의 비장의 무기"였다. "이상하게도 그 말을 들으면 입이 탁 막히고 온몸이 묵직해"지고 마는 감정은 아버지가 죽은 후에도 남아서 화장 후에 남은 유골을 화분으로 만들어 달라는 유언을 "정말이지 말도 안 되는 소리"라고 생각하면서도 들어줄 수밖에 없는 것이었다. (진실인지는 알 수 없지만) 아버지가 살린 '나'의 손으로 다시 아버지를 한 그루의 나무로 살려 냄으로써, 그리고 빛과 물로 돌봄으로써 '나'는 언제나 한구석에 남아 있던 빚진 마음으로부터 조금씩 벗어난다.

「손톱 조각」은 더욱 극적이다. '석기'의 갑작스러운 죽음에 "나 때문"이라는 죄의식이 있었기 때문이었다. '석기'는 "고향 친구의 결혼식에 가기 위해 부산으로 내려가는 고속버스" 추락 사고로 숨졌는데, 그 고향 친구는 "나도 몇 번 보았던 이"로 석기와 함께 초대를 받았으나 '나'는 가지 않았다. 게다가 인터넷이나 애플리케이션을 다루는 것이 미숙한 '석기'가 '나'에게 기차 예매를 부탁했으나 깜빡하는 바람에 버스를 타고 갈 수밖에 없던 것이었다. "빗길에 뒤집어질 버스를. 탄 사람들이 모두 죽고 말 그 버스를." 그 이후로도 '나'는 "석기 씨는 날 원망하고 있을까"를 생각하며 오랫동안 죄책감을 떨쳐 내지 못했다. "함께 그 버스를 타 주지 않은 일", "함께 타 주지 않을 거였으면 타지 않게라도 해 줄 수 있었을 일"에 대해. 5년이란 시간이 지났지만, 다른 사람을 사랑해서 결혼까지 했는데도 '나'에게 '석기'의 죽음은 "누가 자다 깨서서 갑자기 물었어도 바로 대답할 수 있"을 만큼 생생한 것이었다. 그렇기에 '손톱 조각'에 붙어 잠시 생명을 가진 '석기'를 만나 대화를 나누고, 그가 잘 돌아갈 수 있게 돕는 일은 제대로 된 이별을 하지 못한 옛 연인과의 정확한 이별이자, 죽은 이에 대한 완전한 애도의 과정이다. '석기'를 보내고 집에 돌아오는 길, '나'의 안에서 빠져나온 무언가가 "검은 그림자 같은" 모양을 하고 "꼬리처럼" 붙어 있다가 "어느 순간 마침내 톡 하고 끊어"지는 모습은 마침내 옛사랑으로부터, 죽은 이에 대한 죄의식으로부터의 완전한 해방과 다름 아닐 것이다.

완전한 이해를 향한 여정의 끝
— 임선우 소설의 변신 모티프

 최근 발표된 임선우의 소설에서 환상성은 '나'와 타인의 관계, '나'와 '나' 자신과의 관계에서 나와 타인을 이해하기 위한 매개로 작동한다. 「여름은 물빛처럼」은 '나'의 집에 전 세입자 '선영'의 남자 친구인 '산'이 찾아오는 것에서부터 시작한다. 일방적으로 이별을 고한 '선영'을 만나려 집을 찾았지만, 그는 이곳에 더 이상 선영이 살지 않는다는 사실을 확인한다. 문제는 그때부터다. "남자의 두 발에서는 생전 처음 보는 굵고 기다린 선들이 튀어나와 장판을 움켜쥐고 있"는 것이다. "선영이를 보면 움직일 수 있을 것 같"다는 그의 말에 '선영'을 기다리는 동안 '나'와 '산'의 동거 아닌 동거는 시작된다. 나무가 된 '산'과 함께 한 집에서 지내는 일은 '나'의 단조로운 일상을 깨우는 작지 않은 변화로 다가온다. 2년 전 "지구에서 유일하게 사랑하는 인간인 수진"이 죽은 이후 '나'는 줄곧 "불안이 나를 대신해서 인생을 살아 주는 것만 같다."라는 생각으로 살아왔다. "작은 독립 영화관"의 "매표소 겸 매점 겸 안내 데스크인 작은 책상에 앉아" 조용히 하루를 보내고 집으로 돌아가는 것이

'나'의 일과였다. 시간이 흐르고 있다는 것을 감각할 때는 오로지 영화관에서 10분 정도 떨어진 거리에 있는 "작은 수로"를 들여다볼 때뿐이다. 여름이라는 "한 계절만큼은 물이 내내 반짝이며 흘러"가는 것을 보고 있을 때야말로 여전히 시간이 흐르고 있음을 실감하는 것이다.

하지만 불쑥 집에 찾아와 나무가 되어 버린 '산'을 만난 이후 '나'와 '나'의 생활은 조금씩 바뀌어 간다. '산'의 얼굴에 남아 있는 "끈적끈적한 눈물 자국"을 "물수건"으로 닦아 주고, 더위가 힘들어도 에어컨은 틀지 않고 나무와 아이스크림을 나누어 먹으며 열대야를 지난다. "출근 시간 전까지 나는 산과 같이 빛을 받으며 누워 있다가, 모기 물린 곳을 긁다가, 남은 망고 하나를 아침으로 먹었고, 나가기 전에는 예전에 쓰던 핸드폰을 꺼내어 라디오를 틀어 주었다. '산'에게 물 주는 것 또한 잊지 않았다." 선영을 모두 잊었기 때문일까? 함께 지낸 지 열흘을 훌쩍 넘긴 어느 날 '산'은 처음 왔던 것처럼 홀연히 사라진다. "뜯기고 눌린 장판" 자국을 남기고서. '산'이 떠난 뒤 '나'는 "산이 서 있던 자리"에 가만히 서 보는 것으로 자신이 없는 시간 동안 그가 홀로 견뎠을 풍경과 시간을 감각한다. "흐르는 물을 보지 않아도 시간이 지나가고 있다는 것"을 '나'

는 이제 조금 알 것 같다. 소설의 마지막 장면은 화자가 타인을 향해 완전히 열려 있는 상태에 이르렀음을 보여 준다.

「여름은 물빛처럼」에서의 환상이 '나'와 타인의 관계의 문을 열어 주는 매개였다면, 「유령의 마음으로」에서는 다른 누구도 아닌 '나' 자신에 대한 완전한 이해를 위한 역할로써 작용한다. 어느 날 아르바이트 중이었던 '나'는 "무언가가 몸 밖으로 쑤욱, 하고 빠져나가는 듯한 기묘한 느낌"과 함께 빵집 카운터에 엎드려 있는 '나'를 발견한다. 죽은 걸까 싶었지만 다시 엎드려 있던 상태 그대로 눈을 뜨면서 조금 전 자신이 서 있던 자리에 있는 "나와 똑같이 생긴 유령"을 마주한다. "나는 너야." 그렇게 말하는 유령은 '나'가 죽은 것도 아니고, '나'에게 원하는 것도 없이 그냥 생겨난 것이라고 말하며, 특이점이 있다면 '나'의 감정을 똑같이 느끼고 있다고 했다. 갑작스레 나타난 또 다른 '나', 유령의 존재로 인해 '나'는 스스로도 몰랐던 자신을 조금씩 알아 간다. 가령 매일 빵을 사러 오는 단골손님 '김지원'이 빵집에 들어오자 "너 얘를 엄청 아끼는구나. 얘가 들어온 순간부터 마음이 좋고 편안하네."라고 말할 때나, '나'가 매일같이 남은 빵을 던져 주는 한강의 물고기를 보며 유령이 "기특하고 예쁘다."라고 했을 때, '나'는 어쩐지 쑥스러운 기분을 느낀다. "그것이 곧 내 감상이기도 했기 때문이다." "그런 생각을 입 밖으로 낸 적이 한 번도 없었"으나, 유령의 입을 통해 '나'는 '나'를 확인한다.

자신에 대해 조금씩 알아 가면서 '나'는 2년째 병원에 식물인간으로 누워 있는 남자 친구 '정수'를 떠올린다. '나'는 정수의 교통사고에 자신의 책임이 조금은 있을지도 모른다고 생각하며 2년을 살아왔다. "혹시 나를 보러 오려던 것은 아니었나, 끊임없이 생각"하면서. 정수를 향한 지금의 마음을 깨닫는 것 역시 유령을 통해서다. 정수를 보고 온 날, 유령은 '나'에게 이렇게 말한다. "마음이 이상해. 그 남자 옆에 누워 있는데 가슴이 먹먹했어." "그리고?" 내가 묻자, 유령은 "그게 다야."라고 답한다. 이제 더 이상 사랑하지 않는다는 걸, "언젠가부터 나는 정수를 사랑해서가 아니라, 정수와 헤어지기 위해서 정수를 기다리고 있었다."라는 사실을 비로소 인정하게 되는 것이다. 이렇듯 이 소설에서 유령은 정확하게 명명할 수 없거나 알면서도 쉽게 인정할 수 없는, "나에게 도달하지 못한 감정들"이 머무르는 장소로서 존재한다. 지금까지는 '나'가 몰랐던 감정들을 유령의 입을 통해서 전달되었다면(유령→'나'), 이제는 유령이 느끼는 감정이 무엇인지 거꾸로 '나'의 시선으로 들여다보는 것('나'→유령)이다. 그리하여 '나'와 유령이 더 이상 분리된 존재가 아닌 온전한 하나로 감각될 때, 그것은 '나' 자신에 대한 "완전한 이해"로 여겨진다.

> 잠시 뒤에 유령이 나를 끌어안았는데, 그것은 내가 태어나서 처음으로 받아 보는, 한 치의 오차도 없는 완전한 이해였다.
> ―「유령의 마음으로」에서

"완전한 이해" 이후 '나'는 비로소 정수와 이별한다. 이제 '나'는 스스로를 조금 더 챙길 줄 아는 사람이 되었다. '나'는 이제 누구보다 '나' 자신을 가장 잘 이해하는 사람이며 수많은 감정들 또한 '나'의 안에 고여 있으므로, 분리된 또 다른 '나'는 필요하지 않다. 소설의 결말은 시작이 그랬던 것처럼 환상적인 기조를 유지한다. "특별할 것 없던 오후, 유령은 내 어깨에 기대어 있다가 스르르 사라졌다."

삶이 고단하여 우리는 종종 가장 가까이에 있는 것을 놓치고 만다. 나와 관계하는 사람들, 그리고 나 자신조차도. 지금의 단편소설은 우리 앞에 환상이라는 거울을 살짝 놓아 준다. 눈앞의 현실뿐 아니라 보이지 않는 곳까지 잘 살펴보라는 듯 말이다. 거울은 소설적 현실과 소설 바깥의 현실이라는 결코 다르지 않은 두 세계를 동시에 비추며 소설 속 인물들, 그리고 읽는 이마저도 더 나은 쪽으로 이끈다. 그것이 아무리 환상이라고 해도, 의심 없이 내내 긍정하고 싶은 마음으로 작품을 읽었다. 시선이 닿지 않던 곳까지 구석구석 살피다가 어느새 현실의 자리로 돌아와 문득 주변을 둘러본다. 조금 전까지 곁에 있었지만 어느새 능청스럽게 스르륵 사라지고 만 것이 있다. 꿈인 걸까 싶지만 환상은 현실의 잔상으로 남아 있다. 달 속으로 사라진 이가 남긴 "빛의 꼬리"처럼(「치즈 달과 비스코티」), 투명해진 유령이 귓가에 남긴 마음처럼(「유령의 마음으로」). 그것들을 기억하며 다음 환상을 기다린다. 또 다른 환상들이 우리를 멋진 곳으로 데려갈 것이다.

감염되지 않은 이데올로기

 2022년, 우리의 삶은 이제 재난과 생존이라는 키워드를 제외하고는 논하기 어렵다. 코로나19가 불러온 팬데믹을 통과하고, 기후 위기를 살아가는 작금의 상황이 곧 재난으로부터의 생존이며 지속 가능한 삶을 위한 대책들이 끊임없이 논의되고 있기 때문이다. 근래 한국 소설에서 나타나는 감염의 주체들 역시 현실에 대한 반영이자 상흔과도 같은 결과물이다. 이들은 우리가 통과하고 있는 시간처럼 질병에 의한 감염을 겪은 인간으로 등장하기도 하지만, 감염 존재에 대한 고전적인 표상이 그러하듯 인간과 비인간 사이의 좀비로 그려지는 경우도 다수다. 다만 전통적인 좀비 서사가 주로 아포칼립스를 배경으로 하고 있다면, 최근의 좀비 서사는 세계를 파국으로 이끌지 않으며 감염된 존재들을 통해 이 세계를 다른 방향으로 조명해 보려 하고 있다는 점에서 주목할 만하다.[1] 그렇다면 이 소설들에서 좀비는 누구인가? 누가 좀비가 되어 나타나는가? 공교롭게도 근래의 좀비 서사에서 감염의 주체는 대개 아버지로 특정된다. 게다가 그들 모두 가부장적이었다는 특징마저 공통적이다. 우연의 일치라고는 보기 힘든 이 설정들 속에서 눈여겨보아야 할 것은 왜 아버지가 좀비가 되었을까에 대한 문제보다 좀비가 되고 난 이후 그들의 행동에 있다. 죽었으나 완전히 죽지 않은 상태(undead)의 아버지-좀비들은 존재 변화를 겪었는데도 그에 따른 본능적인 행동 변화를 보이기보다 인간일 때처럼 여전히 가장으로서 인정받고자 한다. 주말이 되면 고집스레 김치찌개를 끓이고, 인간의 음식을 먹을 수 없는데도 식탁에 앉아 밥을 달라며 시위하는 모습은 영락없는 좀비 이전의 아버지와 같으니 말이다. 이 소설들은 죽음으로

---

[1] 이 글은 송지현의 「좀비 아빠의 김치찌개 조리법」, 『이를테면 에필로그의 방식으로』(문학과지성사, 2019); 조예은의 「칵테일, 러브, 좀비」, 『칵테일, 러브, 좀비』(안전가옥, 2020); 은모든의 「501호의 좀비」(《릿터》 2020년 10/11월호)를 대상으로 한다. 이후 본문에서 인용할 경우 쪽수만 표기하기로 한다.

도 끊어 낼 수 없는 지독한 이데올로기를 실감 나게 그리는 데서 그치지 않는다. 지금의 소설들은 좀비가 된 아버지를 통해 가족들을 억압해 온 절대적인 부권이라는 이데올로기의 면면을 낱낱이 폭로한다. 그리고 복수한다.

먼저 송지현의 소설을 읽어 보자. 「좀비 아빠의 김치찌개 조리법」에서 '나'의 아버지는 한 달이 넘도록 행방이 묘연했다가 좀비가 되어 집에 돌아오는데, 귀가 후 아버지가 가장 먼저 한 일은 바로 김치찌개를 끓이는 것이었다. 그런 아버지를 보며 '나'는 아버지가 왜 좀비가 되었는가, 어떻게 집으로 돌아올 수 있었는가에 의문을 품기보다 그저 "주말인가"(86쪽) 생각하며 맥주를 마시고 TV를 시청한다. 아버지가 좀비가 되었는데도 화자가 아무렇지 않게 일상을 보낼 수 있던 까닭은 아버지의 행동이 지난 20년간 지속되어 온 일상적인 모습이었기 때문이다. "주말 저녁엔 꼭 참치김치찌개를 끓"여 함께 식사하고, "10시엔 스탠드를 켠 내 방에 들어와 가족에 대한 격언을 읽어 주"(103쪽)는 것으로 아버지는 이상적인 가족의 모습을 만들어 왔다. 하지만 이는 가족의 바람이나 동의와는 무관하게 일방적으로 진행되었던 것으로 오직 아버지에게만 만족감을 주는 것이었다. "조금이라도 늦게 들어오거나 외박을 하면 화를 냈다"(같은 쪽)는 서술에서 확인할 수 있듯 의식처럼 반복되는 역할극에 생기는 변수는 곧 아버지의 권위에 대한 도전이나 온전한 가족 형태를 깨뜨리는 행위로 금기시되었기에 이상적인 가족의 형태는 지금껏 유지되어 왔다. 기이하게도 이는 갑작스러운 죽음 앞에서도 유효하게 적용되는데, 아버지의 자리를 지킴으로써 정상 가족을 유지하겠다는 강한 집념은 죽은 아버지를 "돌아오는 사람"(85쪽)으로 만들어 살아 있을 때처럼 다시 김치찌개를 끓이게끔 만드는 것이었다. 이뿐인가. 정말로 죽기 위해 매일같이 손목을 긋고, 목을 매달았다가도 아침이 오면 꼬박꼬박 출근을 하며 아버지는 가장의 역할을 충실히 수행하고 있었다.

그러나 정상 가족에 대한 아버지의 비틀린 욕망은 도리어 '나'와 어머니를 가족이라는 공동체 바깥으로 뒷걸음질 치게 만드는 요인으로 작용하게 하는 데 충분했다. 어머니가 아버지와는 다른, "어느 정도 가정에 소홀한" "평범한 중년 남성"(95쪽)과 외도를 하는 것, 어머니가 구치소에 수감되고 아버지가 행방불명이 된 것을 "대사건"(85쪽)이라 표현하면서도 혼자 살게 된 집을 자신의 취향대로 꾸미고, 아버지가 돌아온 뒤에도 사망 원인보다는 "사망 보험금의 지급 여부"(87쪽)에 더 큰 관심을 보이는 '나'의 모습에서 아버지가 바라는 가족 안에는 오직 아버지 혼자밖에 남지 않았다는 사실을 확인할 수 있다. 이는 소설의 후반부에서 과거의 일을 묻는 '나'의 질문에 대한 아버지의 답변을 통해 더욱 선명해지는데, 아버지의 가족을 지탱하는 상징인 김치찌개 역시 이 대목에서 알레고리적으로 되풀이된다.

아버지, 예전에 바다에서 왜 옆 파라솔 사람들이랑 싸웠어?

그건 말이다.

아버지가 말했다.

그 가족의 김치찌개 끓이는 방법이 '틀렸기' 때문이다.

아버지는 오랫동안 멈춰 있던 동영상이 한번에 재생되듯 빠르게 말을 이었다.

나는 평생을 완벽한 김치찌개를 만들기 위해 애썼다. 김치를 넣고, 기름을 뺀 참치를 볶고, 다진 마늘과 어슷 썬 고추와…… 그런 것들은 아무렇게나 하는 게 아니란 말이다. 아마 너희 엄마와 있던 그 남자도 김치찌개 끓이는 법을 모를 거란 생각이 들었다. 나는 그를 찾아갔다. 김치찌개에 대해 얼마나 아느냐고 따질 셈이었다. 그가 날 밀친 뒤론 기억이 나지 않는다. 나는 가족을 생각했다. 돌아가야 한다고 생각했다. 눈을 뜨니 흙 속이었다. 나는 자상한 남편이니까, 또 아버지니까, 주말엔 김치찌개를 끓여야 하니까, 돌아가야 한다고 생각했다. 그런데 이젠 갑자기 김치찌개를 어떻게 끓이는지 모르게 되었다. 그래서 죽으려고 했지만 자꾸만 되살아나 버렸다. (107~108쪽)

평생을 완벽하다고 여겨 온 단 하나의 조리법 외에 다른 것은 아버지에게 '틀린' 방법이었고 용납할 수 없는 것이었기에 그는 여러 번 싸움을 하고, 싸움 끝에 기억도 나지 않는 죽음을 맞이하지만, 그럼에도 또다시 "자상한 남편이니까, 또 아버지니까, 주말엔 김치찌개를 끓여야 하니까" 여전히 여기, 이 자리에 있다. 가부장제가 아버지의 자리를 지속적으로 확인함으로써 지지를 얻는 체계임을 떠올려 본다면 이 소설의 아버지는 주말 저녁 김치찌개를 끓이는 것으로 자신의 자리를 스스로 입증해 왔던 것이나 "그런데 이젠 갑자기 김치찌개를 어떻게 끓이는지 모르게 되었다."(108쪽)라는 고백으로 자기 파멸과 가족의 해체를 인정해 버린 셈이다.

죽음 이후에도 여전히 가족 내 부권을 그대로 누리고자

하는 아버지는 조예은의 「칵테일, 러브, 좀비」에도 있다. 이 소설에서 원인 모를 이유로 좀비가 되어 돌아온 아버지는 더 이상 인간의 음식을 먹을 수 없는데도 "매일 아침, 저녁 밥때가 되면 식탁 앞에 앉아 먹지도 못하는 음식을 내놓으라며 시위를"(79쪽) 하며 인간일 때와 변함없이 가부장적인 모습을 보인다. 이는 송지현의 소설 속 아버지와 같이 좀비가 된 후에도 아버지의 자리를 확인받고 싶어 한다는 점에서는 동일하다. 그러나 그를 대하는 가족 구성원의 태도에서 차이를 갖는다. 예컨대 「좀비 아빠의 김치찌개 조리법」의 말미에서 화자는 "되살아난 아버지에게 이제 김치찌개는 좀 관두세요, 라고 정중히 부탁"(109쪽)하며 아버지를 "제한적으로 포용"(246쪽)[2]하려는 태도를 보인다. 이는 "내가 아버지를 아주 닮았다는 사실"(107쪽)을 문득 깨닫는 것처럼 아버지가 그토록 중시하는 가족주의적인 면모가 '나'에게도 어느 정도 내포되어 있음을 인정했기에 가능한 것이기도 하다. 따라서 '나'의 행동은 아버지가 죽기를 진심으로 바라거나 아버지의 죽음에 적극적으로 가담하기보다 김치찌개를 관두기를 "정중히 부탁"하는 것으로

2 신샛별, 「이야기를 상상해 드립니다」, 『이를테면 에필로그의 방식으로』(문학과지성사, 2019) 해설, 246쪽.

상생할 수 있는 기회를 마련해 보고자 하는 시도로 읽힌다.

반면 「칵테일, 러브, 좀비」의 두 모녀는 생전의 가부장적인 행동을 그대로 반복하는 아버지의 숟가락을 빼앗아 식탁에서 내쫓고, 골프채로 두들겨 패기도 하며 급기야 '처리'라 불리는 살인을 공모하기에 이른다. 좀비 아버지를 대하는 두 소설의 (모)녀의 대응 방식이 다른 것은 송지현의 소설에서 아버지가 공격력 0, 감염력 0의 좀비였던 것에 비해 조예은의 소설 속 아버지는 시간이 지날수록 허기를 느끼며 2차 감염의 위험이 있는 좀비라는 설정에서 발생하는 차이 때문이기도 하지만, 「칵테일, 러브, 좀비」의 모녀가 느끼는 생존의 위협이 감염에 대한 것뿐만이 아니기 때문일 것이다. 생계유지의 막막함 역시 그들을 위협하는 것이기도 하다. 때문에 "병사나 사고사로 조용히 정리"(91쪽)하여 아버지의 퇴직금을 수령하는 것만이 조금이나마 더 생계를 이어 나갈 수 있는 방법이었기에 두 모녀는 적극적으로 아버지를 처리할 계획을 세운다. 이렇게 「칵테일, 러브, 좀비」는 고전 좀비 서사에서 보였던 사람-좀비의 대결 구도를 수용하면서 가부장적인 아버지와 그에 대항하는 모녀를 그리고 있다는 점에서 아버지-모녀 간의 대결로 서사 구도가 확장된다. 이를 전면적으로 보여 주는 대목이 바로 어머니가 아버지를 직접 총으로 쏴 죽이는 장면인데, 이는 대결의 승패를 가르는 순간이자 아버지-좀비를 물리치는 일타쌍피의 쾌거를 이루는 명장면이기도 하다. 딸의 감염을 막기 위해 불가피하고 합당한 폭력을 행사하는 것으로, 근절되어야 마땅한 가부장제의 폭력에 대한 복수까지 행하게 되는 것이다.

흡. 누가 낸 소리인지 알 수 없었다. 자신인지, 민인지, 엄마인지. 주연은 고개를 들어 정면을 응시했다. 한 발 앞에, 엄마가. 아빠를 향해 총구를 겨누는 엄마가 보였다. 엄마의 자세는 엉성하기 짝이 없었고 묵직하고 긴 총은 버거워 보였지만 그 끝만은 정확히 아빠를 향했다. 엄마가 분노와 울분이 섞인 목소리로 말했다.

"빌어먹을 양반, 끝까지 자식 새끼한테 민폐나 끼치고."

"엄마!"

모든 일은 순식간에 벌어졌다. 탕, 소리와 함께 썩은 피 냄새가 코를 훑었다. 다리가 풀린 엄마가 그대로 주저앉았다. 오열할 줄 알았던 엄마는 그냥, 그 상태로 멍하니 바닥을 보았다. 그게 다였다. 산탄총은 아무렇게나 바닥을 굴렀다. (102~103쪽)

완벽한 처리를 끝낸 후에야 남는 물음은 "도대체 어쩌다가 좀비가 되었을까?"(84쪽) 하는 것이다. 아버지는 "술을 좋아하고 고집불통이고 가부장적이고 의사소통이 잘 안 되는 인간이었"지만 "크게 사고를 친 적은 없었"(같은 쪽)기에 어쩌면 인간으로서의 연민은 가질 수도 있었으니 말이다. 그러나 아버지가 좀비가 된 이유가 "제약 회사들의 악한 음모"(같은 쪽) 따위가 아니라 "살아 있는 뱀을 담가 만든 술"(85쪽)을 마셨기 때문이라는 사실이 밝혀지면서 소설은 아주 찰나의 연민마저도 말끔하게 소거한다. 비인간적인 행동으로 스스로 비인간이 되어 맞이하게 된 파멸이었으므로 이에 대항하는 두 모녀의 처리 방식은 다분히 인간적이고 또 이성적이라 이해된다. 아버지에 대한 연민은 사라졌지만 그 자리에 진득하게 남아 있는 건 딸을 위한 엄마의 사랑이다. "20년이 훌쩍 넘는 세월 동안 시가 제사상을 차리던 실력"(106쪽)으로 뱀을 위로하고 용서를 구하는 제사상을 차리는 엄마의 모습은 유쾌하면서도 "네가 살아야 끝"(105쪽)난다는 말의 진심은 순도 100퍼센트의 것이라 뭉클하기까지 하다.

이처럼 송지현, 조예은의 소설이 좀비가 된 이후에도 여전히 가부장제 질서 안의 권력자로 군림하려는 아버지에 대한 각기 다른 대응 방식을 보여 주었다면, 은모든의 소설에서는 가부장에 대한 한층 더 강력한 복수극이 펼쳐진다. 앞선 소설과 차이가 있다면 은모든의 소설에서 감염은 위계에 대한 전복의 도구로 사용되며 가정 폭력과 친족 성폭력 가해자를 향한 복수의 도구로 쓰였다는 것일 테다. 「501호의 좀비」에서 감염의 대상이 되는 이는 큰아버지로, 그가 표적이 되는 건 가족 내 한 개인의 결단에 의해서가 아니라, 큰아버지를 제외한 가족 전체가 가담한 감염 및 살해 공모라는 점에서 단연 흥미롭다. 십수 년 만에 한국을 찾은 큰아버지는 "심혈관 질환의 권위자"라는 사회적 지위를 가정 내에서도 유효하게 여기는 사람으로 큰어머니는 물론, 한나의 가족까지 부리는 일에 거리낌이 없었다. 사람을 부리는 방식 또한 실로 권위적이라 할 만했는데, 가령 큰아버지는 "결정적으로 뭔가를 시키기보다는 그저 자신이 원하는 바를 말했다." 때문에 대규모 좀비 이동 사태로 인해 집 밖으로 나갈 수 없는 상황에서 단 한 사람을 제외한 501호의 모두는 더욱이 답답함을 느낄 수밖에 없는 것이었다.

생활 범위가 집안으로 제한된 상황에서도 큰아버지가 원하는 바를 묵묵히 수행하던 한나의 가족들이 태도를 달리하게 된 것은 한나의 동생 이은이 열 살도 되기 전, 큰아버지에게 성폭력을 당했다는 사실을 고백한 이후부터다. 게다가 범행 중 돌아가신 엄마의 목숨을 빌미로 이은의 저항을 막았다. 그런 과거가 있는데도 피해자가 사는 집에 찾아와 뻔뻔하게 도움을 요청했다는 사실에 한나는 "기만이든, 망각이든" 어느 쪽이라도 용서할 수 없는 분노를 느낀다. 복수를 꿈꾸며 아버지에게 이은의 이야기를 전한다. 그리고 아버지에게서 뜻밖의 소식을 전해 듣는다. 큰아버지의 친족 성폭력은 이은이 처음이 아닌데, 막내 고모에게 같은 짓을 저지르는 걸 아버지가 목격한 적이 있으나 큰아버지는 그것을 꿈이라 무마했다는 것이다. 더 이상의 자비가 필요 없는 간악한 친족 성폭력 가해자에 대한 처단의 방법으로 한나의 가족은 건물 밖을 둘러싸고 있는 좀비로부터 감염을 계획하며 일부러 큰아버지를 술에 취하게 하고 전기 충격기로 기절시킨다. 이때 이들에게 가장 큰 걸림돌이 되는 건 이 집의 또 다른 이방인인 큰어머니다. 그는 큰아버지의 아내이자 지극히 권위적인 큰아버지의 모습에도 별다른 불만 없이 순응하는 듯 보였기에 이것이 단순한 친족 살해가 아닌, 처단되어야 마땅한 가해자를 단죄하는 것임을 설득할 방법이 없어 보인 까닭이었다. 그런데 뜻밖에도 큰어머니는 가족들의 행동에 "보랏빛 멍 자국"을 보이며 도움의 손길을 보낼 것을 원한다. 좁은 집안에서도 "실크 블라우스에 펜슬 스커트"를 차려입고 "엷고 우아한 화장"을 고수했던 큰어머니의 모습들은 모두 큰아버지의 엄격한 통제의 결과이며 그것이 곧 가정 폭력으로 이어졌다는 사실을 고백하면서 큰어머니 역시 사건의 공모자로 가담하게 되는 것이다. 그리하여 한나와 이은, 두 딸의 아버지와 큰어머니는 기절한 큰아버지를 현관문 밖에 던져 버리며 마침내 좀비들의 먹잇감이 되게 하는데, 큰아버지가 깨어나며 극한의 공포를 느끼고 도망치는 마지막 장면은 읽는 이에게 더없이 짜릿한 카타르시스를 선사한다.

닥터 리는 옥상으로 향하는 계단을 급히 오르다 엉덩방아를 찧으며 굴렀고, 겨우 종종걸음밖에는 칠 수 없도록 묶인 하반신으로 다시 일어서기 위해 발버둥쳤다.

그의 이마에 피가 흘렀다. 타박상의 아픔보다 메슥거림이 더 심했지만 입술이 단단히 봉해진 터라 구역질조차 할 수 없었다. 오직 고통스러울 만큼 격렬히 펌프질해 대는 심장만이 아직 그가 살아 있다는 사실을 증명하는 듯했다. 닥터 리를 위해 일생 헌신한 심장, 그를 매혹시키고 드높은 곳까지 끌어올려 주기도 했던 심장. 허겁지겁 계단을 오른 좀비들을 강렬하게 유혹하는 것 또한 뜨거운 피의 원천인 바로 그 심장이었다. 그것을 손에 넣고 맛보기 위해 좀비들은 앞다투어 그의 살점을 물어뜯었다. 닥터 리는 그렇게 심장을 잃었다. 굳게 닫힌 문 바깥에서, 살려 달라는 말 한마디 외쳐 보지 못하고, 공포에 질린 두 눈을 부릅뜬 채로. (160~161쪽)

이 장면을 통해 감염이 가부장에 대한 복수의 방법으로 효과적으로 기능하였음을 확인하며 앞서 이야기한 소설과 달리 처단 대상의 자리가 감염된 주체에서 감염의 대상으로 이동한 점에 대해서도 다시금 짚어 볼 필요가 있을 것이다. 가령 이미 감염된 주체를 직접 살해하는 방법은 가부장제라는 이데올로기적인 폭력에 대한 마땅한 대응으로써의 폭력이었다고 말할 수 있을 테다. 이보다는 간접적이나 감염 자체를 처단의 방식으로 이용하는 것이 더 효과적으로 여겨지는 까닭은 그것이 가해자로 하여금 신체적인 통증은 물론이며 감정적인 고통까지 선사할 수 있기 때문일 것이다. "살려 달라는 말 한마디 외쳐 보지 못하고, 공포에 질린 두 눈을 부릅뜬 채로" 죽어 가는 이를 지켜볼 수 있다는 것, "경악과 공포"가 어떤 감정인지 피해자가 깨닫게 했다는 것에서 오는 일시적인 해소감은 처단 대상이 느낀 고통에 비례한다. 이것이 아주 찰나에 불과하다는 사실만이 못내 아쉬운 것일 테다.

죽음으로도 무너지지 않는 지난한 폭력의 구조를 해체하기 위한 인물들의 결단은 유효하다. 인간이기에 망설일 수 있는 윤리적 선택의 문제 역시 감염에 의한 존재 변화와 생존의 위협으로 인해 말끔히 정리된다. 감염에 대한 대응과 감염을 이용하는 방식마저 적절했다고 여겨지는 건 지금과 같은 감염의 시대에 아이러니한 생각일까 아니면 현실에 조응하는 마땅한 생각일까. 아무래도 좋았다. 구조적인 감염으로 사라질 기미 없는 이데올로기를, 동시에 결코 감염되지 않는 이데올로기를 전복할 수 있는 가능성을 감염 안에서 발견했으므로. 침입은 이미 시작되었다.

마주침의 장소에 대한 회고

— 필굿 소설이 그리는 안전한 세계의 위험성

"나는 나를 돌아다니기 위해 글을 쓴다."

— 앙리 미쇼

1 don't feel good

최근 서점의 소설 매대는 작은 골목을 이루고 있다. 김호연의 『불편한 편의점』(나무옆의자, 2021)에서 시작해 황보름의 『어서 오세요, 휴남동 서점입니다』(클레이하우스, 2022), 윤정은의 『메리골드 마음 세탁소』(북로망스, 2023), 김지윤의 『연남동 빙굴빙굴 빨래방』(팩토리나인, 2023) 등 현실의 다양한 장소를 배경으로 삼는 소설들이 베스트셀러 반열에 오른 까닭이다. 온·오프라인 서점은 물론, '밀리의 서재'와 같은 독서 플랫폼에서는 유명한 배우들의 목소리로 전하는 오디오북을 출간해

'듣는 소설'로 독자와 한걸음 가까워지게 했다. 나날이 어려움이 가중되고 있는 출판업계에서 이와 같은 책들이 이례적인 판매량을 기록하고 있다는 점에서 소설 분야의 골목화 현상은 이미 그것이 하나의 장르가 되었음을 방증하는 듯하다. '장소 힐링 소설' 또는 'K-힐링 소설' 등 위와 같은 소설을 일컫는 명칭은 유사하면서도 여러 갈래로 나눌 수 있으나, 이를 통칭할 수 있는 용어가 있다면 바로 '필굿 소설'(feel-good novel)일 것이다.

"필굿 소설이라는 게 정확히 뭐죠?"

"주인공들이 절대 골치 아픈 일을 겪지 않는 소설이에요. 특별한 사건이 거의 일어나지 않고 주인공은 대단한 영웅과는 거리가 멀죠. 사소한 일들과 더없이 일상적인 것들에서 행복을 찾아가는 이야기랄까……."[1]

『리빙스턴 씨의 달빛서점』에서 정의하는 필굿 소설은 작은 것에서 행복을 찾는, 이를테면 소확행 서사를 기반으로 하는

---

1 모니카 구티에레스 아르테로, 박세형 옮김, 『리빙스턴 씨의 달빛서점』(문학동네, 2023).

듯하다. 특별한 사건이 없고 주인공이 영웅이 아니라는 점은 근대 이후 현대소설의 전반적인 특징과 일치하는 바, 중요한 것은 '주인공들이 절대 골치 아픈 일을 겪지 않는 소설'이라는 점일 테다. 그리고 바로 이 지점이 지금의 독자들을 필굿 소설로 이끈 셀링 포인트일 것이다. 여가 시간에 취미로 독서를 즐기는 독자에게 있어 핍진한 현실을 재현하는 문학은 읽는 것만으로도 적지 않은 피로를 유발하기에 선뜻 다가가기 어려울 수 있다. 하지만 동시에 묻고 싶어지는 건, 필굿 소설은 독자에게 무조건적인 좋음만을 선사하느냐는 질문이다. 오히려 모든 골치 아픈 요소를 배제한 나머지 판타지에 가까워지진 않았는가? 이러한 소설들이 더없이 일상적인 장소를 내세우며 안전한 울타리를 만들고 있다는 사실은 결코 안온하지 않은 현실에 견주어 보았을 때 상당히 모순적이지 않은가? 그렇게 생성-확장되는 골목의 모습이 한국소설의 한 장르가 되어 버린 것에 나는 전혀 '필굿'할 수 없었다. 이른바 순문학이라 규정했던 시와 소설을 대상 텍스트로 삼아왔기에 이 글이 어쩌면 순문학과 그렇지 않은 문학을 구분 지으려는 시도처럼 읽힐 수도 있을 것이다. 더불어 뒤에서 이야기할 몇 편의 소설이 필굿 소설의 대안 정도로 느껴지지는 않을까 하는 우려 또한 내

내 지울 수 없다. 그러나 이 글은 장르를 구분하여 위계를 세우려는 목적이 아니라, 필굿 소설의 대중화가 결론적으로 문학 생태계를 비롯하여 소설을 읽는 독자 생태계를 지속하는 데에 좋지 않은 영향을 끼칠 수도 있다는 우려에서부터 촉발되었음을 미리 밝힌다.

이러한 의견에 힘을 보태 줄 최근의 논의로는 대중문화 칼럼니스트 강상준의 글이 있다. 그는 "너무나도 새하얗고 맑다 못해 지극히 안전하기 그지없는" "무균실처럼" 보이는 드라마 「슬기로운 의사생활」 시리즈에 "일종의 기만"[2]과 같은 감정을 느끼며, 『불편한 편의점』을 비롯한 최근의 소설 역시 비슷한 감상이었다고 말한다. "이제는 서사마저 너무나도 안전해 때때로 이야기는 예상 가능한 품을 결코 벗어나지 않는", "투명한 판타지"[3]를 근간에 둔 이러한 소설에서 갈등을 일으키는 존재는 잠시 동안 마음을 심란하게 할 만큼의 진상 손님뿐이라는 것이다. 강상준의 글은 "독자의 예상과 기대를 압도할 생각일랑 하

---

2 강상준, 「위로하는 소설의 함정」, 《자음과모음》 2023년 겨울호, 37쪽.
3 위의 글, 38쪽.

나도 없이 그저 독자와 함께 나란히 걸어가는 안전한 소설"[4]에 당혹감을 느끼며, 이와 같은 '착한 세계'가 "오랫동안 대세가 되면 곤란하다"는 소신을 밝히는 것으로 마무리된다.

그런데 직접 책을 만드는 이의 의견은 조금 다르다. 『어서오세요, 휴남동 서점입니다』를 펴낸 출판사이기도 한 클레이하우스의 대표 윤성훈은 필굿 소설의 열풍이 이미 오래전부터 해외에서 시작해 왔음을 밝히며, "오히려 그동안 한국에서 이런 소설들이 나오지 않고 있었던 것이 더 특수한 일처럼 느껴졌다"[5]고 말한다. 그는 필굿 소설을 쓰는 한국 작가들에 대한 공통점[6]을 발견하고, 이러한 소설이 "자기 계발적인 메시지를 강하게 내포"하고 있다는 점에서 "자기 계발 소설"[7]이라는 나름의 명명을 통해 새로운 분류를 시도한다. 글의 말미에서 윤성훈은 평론가 김현의 질문("문학은 써먹을 수 없다. 그렇다면

---

4   위의 글, 39쪽
5   윤성훈, 「"이런 걸 읽으면 기분이 좋거든요." — 한국형 필굿 소설의 가능성」, 《릿터》 2024년 2/3월호, 37쪽.
6   윤성훈에 따르면 "그들은 공대를 졸업한 IT업계 직장인이거나 영화 시나리오 혹은 드라마 대본 집필을 공부한 스토리텔러거나 그동안 소설이 아닌 에세이를 여럿 집필한 에세이스트"다. 그는 사소하고 일상적인 내용이 중심이 되는 필굿 소설에서 이러한 작가들이 약진할 수밖에 없는 건 "당연한 결과"라고 말한다. 위의 글, 38쪽.
7   위의 글, 39쪽.

도대체 문학은 무엇을 할 수 있는가?"[8])을 경유하며 자기 계발 소설들이 그 해답이 될 수 있을지도 모른다고 답한다. "독자들에게 더 나은 삶을 탐색하게 해 준다고, 그래서 제법 유용하다고, 어쩌면 배고픈 거지를 구할지도 모른다고."[9] 손쉬운 위로를 얻는 것을 문학의 쓸모라 여기는 이에게는 그것만으로 충분할 수 있다. 하지만 김현의 질문은 애초에 문학의 무용함에 대한 고백이 아니라, 문학이 유용하지 않기 때문에 인간을 억압하지 않으며, 동시에 현실의 삶이 인간을 얼마나 억압하는가를 보여 주기에 유용하다는 역설적인 답을 도출해 내기 위한 물음이다. 정말로 자기 계발 소설은 배고픈 거지를 구할 수 있을까? 이어지는 김현의 말을 다시 짚어 보자. "문학은 배고픈 거지를 구하지 못한다. 그러나 문학은 배고픈 거지가 있다는 것을 추문으로 만들고, 그래서 인간을 억누르는 억압의 정체를 뚜렷하게 보여 준다. 그것은 인간의 자기기만을 날카롭게 고백한다."[10] 그의 말에서 '문학'을 '자기 계발 소설'로 고쳐 읽을 때, 이 문장은 성립하지 않는다. 그 안에는 배고픈 거지가

---

8   김현, 『한국문학의 위상』(문학과지성사, 1977).
9   윤성훈, 앞의 글, 39쪽.
10 김현, 앞의 책.

없어서 소설 바깥에 있는 같은 존재를 바로 볼 수 없다. 따라서 추문은 만들어지지 않는다. 골치 아픈 일은 아예 없거나 미미해야 하므로, 억압의 실체를 보기도 어려울 테다. 하지만 여전히 아름답고, 안전한 세계. 강상준이 이와 같은 소설에서 기만의 감정을 느낀 것도 같은 이유일 것이다.

  소설이 꼭 현실을 재현해야 할 필요는 없다. 또한 현실에 대한 재현이 이루어진다고 할지라도 필굿 소설에서 지양하는 골치 아픈 일을 중심으로 진행될 필요도 없을 테다. 그러나 안전한 영역 내에서 현실인 것처럼 그려지는 이야기는 소설이 나아갈 수 있는 확장의 가능성을 저지시킬 뿐만 아니라 그 안에서 우리가 문학을 향유하고, 다채로운 마주침이 이루어질 수 있는 범위를 축소시킨다는 점에서 문제적이다. 필굿 소설을 읽어 냄으로써 위로를 받는 건 당연한 일이다. 안전한 세계가 만들 수 있는 최대 감정일 테니 말이다. 문제는 그 위로 역시 넓은 범주로 확장되지 못하는 영역적 특성 때문에 일회성에 머무른다는 사실이다. 레토르트식품을 맛보았을 때의 일시적인 만족감과 같은 감정으로 남을 뿐이다.

2 장소들

 필굿 소설에 대한 독자의 관심이 커진 건 이미예의 소설 『달러구트 꿈 백화점』(팩토리나인, 2020)이 화제에 오르면서부터일 것이다. 크라우드 펀딩을 성공적으로 달성하고, 전자책 출간 이후 온-오프라인 서점과 독서 플랫폼에서 오랫동안 1위 자리를 지킨 것은 괄목할 만한 성과였다. 이때 『달러구트 꿈 백화점』은 지금과 같이 필굿 소설이라는 하나의 장르로 여겨지기보다 꿈을 모티프로 하는 환상소설로 주목받았다. 나 역시도 과거의 글에서 많은 독자들이 이 책을 선택한 이유에 대해 "벗어나고 싶은 현실에 대한 욕망의 발현"이라 진단한 바 있다. 이때의 욕망은 "실현할 수 없는 선택에 대한 욕망이 아닌 지금-여기의 현실로부터, 좁게는 외출이 제한된 공간으로부터 일종의 탈주 욕망"에 가까웠다. 소설이 이슈가 되었던 시점이 팬데믹으로 인해 현실의 구체적인 제약을 감내해야 했던 시기와 일치하므로, 지난한 현실을 벗어나 꿈의 세계를 유영하는 것만이 독자가 누릴 수 있는 모든 것이었을 테다. 이 책의 성공을 긍정할 수밖에 없던 또 하나의 이유는 그 시기 매 계절에 발표되었던 단편소설에서도 꿈을 비롯한 환상 모티프를 중심으로 전개되는 작품[11]이 많았기 때문이다. 따라서 이때의 "환상은 현실과 동떨어진 것이 아닌 현실의 확장"[12]으로, 어떠한 알레고리로 작용한다기보다 현실을 바라보는 "우리의 모습을 다른 방향에서 비추는 역할"을 하는 "등 뒤의 거울"[13]로 유효했다.

그렇다면 『달러구트 꿈 백화점』과 최근의 필굿 소설은 어떻게 다른가? 이 소설의 주인공인 페니가 사는 '도시'는 만들어진 꿈과 그와 관련된 물품을 파는 상점가 마을이다. '도시'에 진입할 수 있는 방법은 하나, 오직 꿈을 꾸는 것밖에 없다. 그 안에서 좋아하는 꿈, 필요한 꿈 등 독자가 원하는 것을 상상해 볼 수 있는 자리가 소설 안에 마련되어 있었다. 최근의 필굿 소설로 넘어오면서 발생한 가장 큰 변화는 '꿈 백화점'이라는 완전한 환상 속에 있는 장소에서 서점, 편의점, 빨래방 등 현실의 일상적인 장소로 바뀌었다는 사실이다. 더 이상 '꿈

---

11 관련하여 언급할 수 있는 작품으로는 이유리의 「브로콜리 펀치」, 「손톱 그림자」, 「치즈 달과 비스코티」, 「평평한 세계」, 임선우의 「여름은 물빛처럼」, 「유령의 마음으로」 등이 있다.
12 류진아, 「여성 소설의 주제 형상과 방식 연구 — 환상소설과 리얼리즘 소설을 중심으로」, 《젠더와사회》 31집(2020), 38쪽.
13 소유정, 「현실의 잔상으로 유영하기」, 《릿터》 2021년 4/5월호, 34쪽.

속의 꿈'이 아닌, 우리 가까이 어딘가에 있을 법한 이야기를 표방하는 것 역시 자연스러운 수순이다. 달라진 공간을 마주한 우리 앞에 우리를 비추는 또 다른 거울 하나가 놓인다. 앞서 논의했던, 현실의 확장으로서 기능하는 환상의 거울과는 다른 종류의 것이다. '꿈 백화점'이 닿을 수 없는 유토피아를 그려냈다면, 필굿 소설의 일상적 공간들은 현실에 존재하기는 하나 유토피아적인 장소로 그려지고 있다는 점에서 헤테로토피아다. 따라서 눈앞의 거울에 모습을 비춰보았을 때, 나는 내가 없는 곳에 있는 나를 본다. "그 자리가 주위를 둘러싸고 있는 모든 공간과 연결되어 있다는 점에서 현실적"이지만, "내가 거울 안의 나를 바라보는 순간" "절대적으로 비현실적 것"[14]으로 지각되기에 헤테로토피아적으로 작동하는 것이다.

푸코는 우리 공간(현실)이 무질서해 보일 정도로 "완벽하고 주도면밀하고 정돈된 또 다른 공간, 또 다른 현실 공간"[15]을 만들어내는 기능의 헤테로토피아가 존재한다고 보며, 그것은 환상illusion이 아닌, 보정compensation의 헤테로토피아라 말한 바 있다. 예컨대 지금까지 말해왔듯 외적으로도, 내적으로

14 미셸 푸코, 이상길 옮김, 『헤테로토피아』(문학과지성사, 2023), 52쪽.
15 위의 책, 61쪽.

도 큰 갈등이 일어나지 않으며, 그에 따라 인물들이 느끼고 독자에게 전달되는 감정 또한 한정적이며, 결말의 방향마저 크게 다르지 않은 세계. 이 외에 어떤 특정성으로도 변별하기 어려운 필굿 소설의 장소들이야말로 보정의 헤테로토피아다.

문학으로 마련할 수 있는 헤테로토피아 중 최근 소설의 경향을 살필 때 설재인의 『월영시장』(문학과지성사, 2024)은 보다 넓은 사유를 가능케 한다. 서울의 가장 서쪽, 공항 근처의 어느 가상의 시장을 배경으로 하는 이 소설은 여러 사람이 모이는 장소답게 골치 아픈 일이 전혀 생기지 않는 건 아니지만, 나름의 현실적인 선을 지키며 문제의 크기를 줄여 간다. 총 다섯 개의 장으로 이루어진 『월영시장』은 시장 골목 안에서 살아가는 — 인간과 비인간을 포함하는 — 존재들이 각 장의 초점화자가 되어 저마다의 이야기를 한다. 시끌벅적한 시장의 배경음악처럼 유쾌하고 리듬감 있는 문장으로 풀어내는 이야기 속에는 사회적인 이슈로도 연결되는 주요 문제들이 녹아 있다. 부모의 학대로 인해 돌봄이 필요한 아이 동윤, 학교폭력의 방관자로 낙인찍혀 어린 나이에 유학을 시작했던 해랑, 엄마의 죽음에 대해 죄책감을 느끼며 개인의 취향과 성 정체성을 숨기고 은둔하는 정한 등. 월영시장이라는 한 공간을 배경으로 할뿐 겹쳐지지 않는 이들의 이야기는 소설이 끝난 후에도 진행 중일 만큼 쉽게 해결될 만한 것이 아니다. 그러나 이제 더 이상 혼자만이 겪는 슬픔은 아니라는 걸, 이해라는 다정한 손길로 함께해 주는 이가 있다는 걸 그들은 알게 되었다. 마찬가지로 돌봄이 필요했던 동지가 자라 유아교육과 학생이 되어 동윤의 곁에 있어 주고, 너무나 빨리 딸의 잘못을 인정해 버리고 그것이 아빠로서 옳은 행동이라 생각했던 자신에게 뒤늦게 부끄러움을 느끼는 강산이 있고, 마침내 은둔 생활을 마치고, 좋아하는 애니메이션의 캐릭터 '무이'가 되어 집을 나선 코스어 쥰(정한)의 곁에는 "태어나자마자 불의의 재난으로 헤어진 쌍둥이" '무크'의 코스어 심파이가 있다. 물건 거래를 목적으로 하는 시장이라는 배경 속의 이들은 먹고 사는 일에 급급해 보이지만, 결국 이 소설이 말하고자 하는 건 산다는 건 화폐 가치로 교환되는 일처럼 딱 맞아 떨어지지 않는다는 사실이다. 그렇기에 부족한 곳을 채워 주는 타인이 있어야 한다는 걸, 작가는 월영시장이라는 작은 공동체를 통해 보여 주고자 한다.

너는 나지. 우리는 같은 땅에서 같은 물을 마시며 자라야 했던 이들이지. 비록 너는 스스로를 꺾었으나 우리는 흔히들 말하는 표유류,가 아닌 유기체의 말단과도 같아서 꺾이면 다른 층과 차원에서 다시 소생해. 너는 조금 더 나은 세상에서 태어났을 것이다. 그러나 그곳에서도 사람들은 이런 식으로 섞여 팔고 나누어 버리고 또 주울 게 분명하다. 어느 한 사람이 자신의 모든 요구를 스스로 채워낼 수 없으니까. 그것은 지구상의 모든 생물에게 당연한 이치이고 너의 층과 차원에서도 딱히 다를 것 같진 않다. 그렇지 않니? (240~241쪽)

"어느 한 사람이 자신의 모든 요구를 스스로 채워낼 수 없"다는 사실에 긍정하며, 불완전한 우리는 서로를 채우려는 투박하고도 다정한 손길을 건넨다. 그것은 머리를 헝클어뜨리는 모양새와 같은 아주 거친 모습이지만, 묵직하게 내려앉은 손의 온기는 다른 무엇으로도 바꿀 수 없이 소중하다.

연극배우부터 학원 강사까지. 이렇다 할 이력 없이 여러 직업을 전전하다 작은 카페 '마은의 가게'를 오픈한 서른일곱 마은과 그 카페의 단골이 되는 보영의 이야기인 『마은의 가게』

(문학과지성사, 2024) 또한 함께 볼만하다. 지금까지 이서수의 작업이 그래왔듯 이 소설은 한국사회에서 여성으로 살아간다는 것이 어떤 의미인지를 되묻게 만든다. 자영업자 마은과 직장인 보영은 그들의 능력치만큼 인정받지 못하고 사회적으로 제한된 여성이라는 틀 안에 갇혀 버린 듯하다. 가령 보영의 경우 이제 막 입사한 남자 사원의 진급이 자신보다 빠를 것이라는 직장 내 분위기에서 여성이기 때문에 마주하게 되는 유리천장과 같은 한계를 느낀다.

> 사원으로 입사해 대리가 될 수는 있어도 그 이상은 불가능하다는 걸 이미 알고 있었다. 누구도 내게 회사에 충성하면 팀장이 될 수 있을 거라고 말해준 적이 없었다. 나는 류 팀장이 지시하는 일을 처리하는 사람이었고, 만년 경리였고, 과장이나 팀장이라는 직급은 내 것이 될 수 없다는 걸 알았다. (……) 나는 조현수의 입사 지원서를 면접 후보군에 올리며 이 회사에서 3년이나 일한 나를 앞지를 수는 없을 거라고 생각했지만, 회식 분위기는 그가 반드시 나를 앞지르고 말 것이라고 예단하는 방향으로 흘러갔다. (30쪽)

누구도 보영에게 의지를 북돋아 주는 말을 건넨 적이 없으며, 그녀 역시도 상사의 지시에 따라 업무를 처리하는 위치에 익숙해져 버린 탓도 있지만, 보영이 스텝업에 대한 열망을 가질 수 없던 가장 큰 이유는 앞선 사례가 있기 때문이었다. 선배인 미혜는 "이례적으로 과장으로 승진한 뒤 연봉이 인상되는 것과 동시에 야근은 물론이고 좀더 유능한 업무 능력을 갖출 것을 요구받았"(31쪽)으나 임신을 하며 업무를 완벽히 수행해낼 수 없었고, 보영을 비롯한 팀원들이 받게 되는 피해에 눈치를 보다 결국 출산을 앞두고 퇴사했다. 보영은 "류 팀장과 야근을 하며 나 역시 그녀를 미워했다"며 당시의 솔직한 심정을 밝히면서도, 미혜의 퇴사에 대해서는 "어떤 식으로 내쳐지는지 이미 보았다"고 진술하며 그것이 단순히 한 개인의 의사로만 이루어진 것이 아니라 회사를 떠날 수밖에 없게끔 만드는 조직 내부의 압박이 작용한 결과임을 이야기한다. 미혜의 사례를 떠올리며 보영이 다음 계단에 오르기를, 그런 마음을 갖기를 주저하는 까닭은 선배와 같은 길을 걷게 될까 두려워하는 마음보다도 이미 포기에 가까운 것이 되었기 때문일 테다. 언젠가 자신도 결혼을 하게 된다면 기혼 여성에게 발생할 수 있는 변수 — 임신과 출산, 육아 그 사이의 경력단절 — 는 기혼 남성보다 많고 치명적이므로. 보영은 부러 실망할 일조차도 만들지 않는다. 그런 그녀를 보며 류 팀장은 "나는 보영 씨가 욕심이 없는 게 싫"다며 "욕심을 좀 내보"(34쪽)라고 충고하지만, 보영은 여전히 선뜻 자신의 열망을 꺼내어 놓기가 쉽지 않다. 대신에 "팀장님, 요즘 그렇게 사는 90년대생은 없어요."(같은 쪽)라는 말로 대꾸하고는 자신의 의지 없음을 세대적인 문제로 치환해 버리는 것으로 상황을 면피하고자 한다. 자기의 미래에 대해, 자기 자신에 대해 솔직할 수 없었던 이유로 이 시대를 살아가는 'N포세대'로서 그럴 수에 없음을 논했으나, 사실 보영의 고민은 성별에 따른 분명한 제한에서 비롯된 것이다. 이는 마은의 경우도 크게 다르지 않다. 보영과 달리 그녀는 조직 생활을 하지 않는 1인 자영업자이지만, 이상하게도 한 골목 내에서 좀 더 넓게는 동네에서 감시받고 있고 배제된다는 기분을 느끼며, 규모를 가늠할 수 없는 커다란 조직 안에 속한 것만 같은 이질감을 느낀다.

누군가 내 말을 무시한다면 도대체 무엇 때문일까. 궁금했다. 그는 나에 대해 모른다. 그가 아는 것이라곤 눈에 보이는 사실뿐이다. 나의 성별과 외모, 말투, 가게에서 먹고 자는 삶을 산다는 것. 그게 전부인데 그 사실 가운데 무엇이 나를 무시해도 좋다는 결론을 내리게 한 걸까. 나에게서 문제점을 발견하려는 태도를 버리고 싶어도 도저히 이해할 수 없는 사람을 맞닥뜨렸을 땐 차라리 그렇게 하는 편이 화가 덜 났다. 거대한 조직에 들어온 기분이 또다시 들었다. 회사는 규모와 범위를 짐작할 수 있지만 이 동네에서는 그런 짐작조차 어려웠다. 어디서부터 어디까지가 나에 대해 아는 사람들이 사는 곳일까. 나를 알고 있다면, 나의 어떤 점에 대해 알고 있을까. (108~109쪽)

맞은편 열쇠 가게 사장에게 마은은 번번이 가게 앞 흡연을 자제해 달라고 말하지만, 그것은 부탁에 가까운 말이었다. 마은은 스스로에게 묻는다. 고칠 생각이 없어 보이는 그에게 왜 자신은 화를 내지 못하는가. 아마도 그가 자신을 "어디서부터 어디까지" 알고 있는지 짐작할 수 없기 때문일 것이다. 그는 처음 마은을 보았을 때에도 아무렇지 않게 그녀를 평가("열쇠 가게 사장은 담배 연기를 천천히 내뿜더니 내 얼굴을 빤히 보며 말했다. "귀엽네."", 73쪽)한 적이 있었고, 마음만 먹으면 퇴근 후 자신이 집으로 가는 것이 아니라 가게 안에서 숙식을 해결한다는 사실을 알 수 있었다. 어쩌면 문이 닫힌 가게 앞을 서성이는 발걸음과 "모자를 깊숙하게 눌러쓴 남자"(90쪽)가 그일 수도 있었다. 이처럼 동네라는 하나의 공동체에서 마은은 구성원으로 소속감을 느끼기보다, 여성이라는 타자로 배제당하며 위협을 느낀다. 마은의 불안이 점차 커질 수밖에 없는 건 분리되지 않는 생활 공간 때문이다. 가게 오픈을 위해 살던 고시원에서 나온 그녀에게 있어 가게는 생계를 위한 공간이자 마감 이후의 생활을 책임지는 집이기도 했다. 그러나 이곳은 주거 공간에서 느낄 수 있는 안락과 편안과는 거리가 멀었고, 범죄 피해 가능성에 대한 불안을 더욱이 높일 뿐이었다. 그때마다 어떤 일이 일어날지 모르니 반드시 비상벨을 달아야 한다는 주변의 당부들이 떠올랐지만, 마은은 끝내 비상벨을 달지 않는다. 그건 아마 금전적 여유가 없기 때문이기도 하지만, 자신이 그러한 위험에 노출되어 있지 않다고 믿고 싶은 일종의 자기부정이자 그것을 누를 일이 없기를, 이대로도 괜찮기를 바라고 바라는 마음에서 비롯된 것일 테다.

마은의 가게를 중심으로 나란히 전개되는 마은과 보영의 이야기가 점차 같은 선을 그리게 되는 건 CCTV 사건이 발생한 이후부터다. 연인인 주호가 가져온 중고 CCTV를 마은의 가게에 설치하고 얼마 뒤, 보영은 주호의 핸드폰에서 CCTV

모니터 어플을 발견하고 이를 계기로 그와의 관계를 정리한다. 껄끄러운 사이가 될 수도 있었으나 그 일로 좀 더 가까워진 보영과 마은은 구체적으로 자신의 이야기를 전하지 않아도 가까운 거리에서 언제나 힘이 되어 줄 수 있는 존재가 된다. 다행스럽게도 마은의 가게는 아직 망하지 않았다. 장사는 그럭저럭이고 마은은 여전히 한 공간에서 돈을 벌고, 밥을 먹고, 잠을 잔다. 불안 또한 완전히 사라진 건 아니지만, 그녀는 이제 어느 정도 그 불안을 견딜 수 있는 상태가 되었다. 마은의 가게가 자신의 자리를 지키고 있으며, 그러기를 바라는 주변 사람들의 지지가 마은으로 하여금 오늘 하루를 잘 지날 수 있게 했다. 단골 손님 보영, 고시원 친구였던 정미 언니, 이웃 카페 사장 솔, 이모와 엄마 등. 주변 여성들과의 느슨한 연대가 마은과 마은의 가게를 지키고 있었다.

3 알면서도 나아가는 것

물론 이 두 소설은 필굿 소설의 기준에서 많이 벗어난다. 주인공이 대단한 영웅은 아니지만, 머리를 지끈거리게 하고 마음을 불안하게 하는 문제를 겪고, 일어나지 않았으면 했던 사건의 중심에 서기도 한다. 애초에 두 소설이 필굿 소설이거나 그것의 대안이라는 식의 주장을 하기 위해 글의 일부로 삼은 것도 아니다. 다만 이야기하고 싶은 것은 지금의 현실에 대해, 불투명한 미래에 대해 낙관하기 위해서는 『월영시장』과 『마은의 가게』 속 인물들의 고민처럼 개인적인 사안인 동시에 사회적인 맥락을 결코 배제할 수 없는 문제들을 결코 누락시켜서는 안 된다는 사실이다. 갈등을 경험하지 않은 낙관은 거짓에 가깝다. 낙관은 미래의 시간을 기반으로 발생한다. 예측할 수 없는 시간 속에서 건져 올려 보는 희망은 다양한 갈래의 가능성을 내포하고 있다. 하지만 어떠한 변수도 허용되지 않는 —무엇보다 그 미래가 궁금하지 않은— 소설의 낙관은 오히려 너무나 안전한 결말이기에 독자의 해석으로 개척되는 활로를 지운다. 문학에서 그리는 낙관은 "알면서도 나아가는 것"(『마은의 가게』, 265쪽)이어야 한다. 마주침의 장소와 그곳에서 만나는 인물, 그들의 이야기 역시 그래야 할 것이다. 그렇게 모인 걸음으로 닿은 소설의 미래에서는 더는 낙관 아닌 진짜 희망을 찾을 수 있을 거라고. 이 글로 지나온 모든 장소를 돌아보며 말한다.

시대의 초상

— 이서수 소설집 『젊은 근희의 행진』[1]

소설의 시대성, 소설의 시의성

2020년대 한국 소설 안에서 동시대의 감각을 가장 잘 담아내는 작가는 이서수가 아닐까. 이서수의 소설은 시대를 말한다. 그가 포착하는 시대의 감각은 주로 청년 세대의 것으로 나타난다. 이서수의 소설 안에서 청년들은 자신이 살아가는 시대에 대해 여러 번 말한다. "인간을 육체적으로 학살하는 것은 시간이지만, 정신적으로 학살하는 것은 시대야."(「미조의

---

[1] 이서수, 『젊은 근희의 행진』(은행나무, 2023). 이후 본문에 인용할 경우 작품명과 쪽수만 표기한다.

시대」), "언니, 내 인생이 이렇게 된 것은 내 탓이 아니야. 누구나 유명해질 수 있는 시대 탓이야."(「젊은 근희의 행진」), "이젠 그런 시대야. 기념비를 세우는 게 촌스러워진 시대."(「연희동의 밤」)처럼. 물론 이들이 단지 그렇게 말했다고 해서 소설이 시대성을 획득한다는 의미는 아니다. 푸념과 같은 '시대 탓'을 제외하고도 이들이 살고 있는 시대적 배경이 "팬데믹 시대"(189쪽)라거나 "아파트가 오르면 빌라도 뒤따라 오르는 시대"(219쪽)라는 점에서 이는 우리가 살고 있는 현실, 그리고 우리가 겪고 있는 고통과 일치한다. 여기에 실제 보도된 기사들, 예컨대 "프리랜서 청년들이 동반 자살한 기사"(101쪽), "부동산 하락기가 올 것이라는 기사"(129쪽), "노인에게 집을 빌려주지 않으려는 집주인들에 관한 기사"(201쪽) 등으로 인해 소설은 더욱 핍진하게 다가온다.

이 책에 수록된 모든 소설 속에서 인물들이 보이는 공통적 모습은 바로 안전장치 없는 미래에 대한 불안이다. 이들이 살고 있는 시대, 그러니까 지금 여기와 같은 시대에서 가늠해보는 미래란 한 치 앞도 보이지 않는 안갯속에서 어떠한 안전장치도 없이 나아가야 하는 시간이다. 이는 당연히 미래에 대한 기대도, 희망도 가질 수 없게 만드는 현재의 문제적 상황에서 기인한 것으로, 하나가 아닌 여러 개의 문제가 복잡다단하게 얽혀 있어 더욱 혼란하다. 열 편의 소설 중에서도 표제작 「젊은 근희의 행진」은 이서수의 소설에서 나타나는 모든 문제의 키워드를 관통하고 있기에 여러 번 언급이 될 만하다. 그렇기에 『젊은 근희의 행진』을 읽는 것은 우리가 살아가고 있는 지금의 시대를 정확하게 바라보는 일이자 우리의 모습이기도 한 인물들을 한 걸음 떨어진 자리에서 지켜보며 감정을 나누는 일이라는 점에서 의미가 있다.

(구)시대에서 구원 찾기

이서수가 소설로서 청년 세대의 초상을 그리기 시작한 것은 데뷔작 「구제, 빈티지 혹은 구원」에서부터다. 이 소설에서 P를 중심으로 모인 친구들, K와 L 그리고 P의 오랜 여자 친구인 '나'는 P의 제안으로 인적이 드문 곳에 위치한 창고형 빈티지 옷 가게를 털기로 한다. 그런데 이상한 점은 범죄 공모에 아무도 의문을 품는 이가 없다는 사실이다. "여자 친구로서의 의무감"(298쪽)으로 묻는 것도 기껏해야 "고작 옷 가게를 털어서 뭐 하게?"(같은 쪽)와 같은 질문일 뿐, 옷 가게를 '터는' 행위에 대한 근본적인 물음은 아무도 하지 않는다. P가 "새 것이라면 무조건 기피"(같은 쪽)하는 탓에 언제나 "구제 옷만 입"(297쪽)는다는 서술이 있기는 하나 그들이 저지르려는 짓에 대한 합당한 이유는 될 수 없다. 옛것을 통해 새것을 안다는 온고지신의 자세도 아닐뿐더러 그렇다면 이들이 빈티지 옷 가게를 털고자 하는 까닭은 과연 무엇일까. 이는 제목이 시사하듯 '구제, 빈티지 혹은 구원'이라는 동의어에서 실마리를 찾을 수 있다. 시대에 적응하지 못하고 방황하는 청년들이 구시대적인 것으로 상징되는 구제(vintage) 안에서 무언가를 발견한다면, 그 무언가는 그들에게 구원이 될지도 모를 일이었다. 그러나 이들의 계획은 어설픈 시작만큼이나 시도로 이어지지도 못한 채 끝나고 만다. 주인 남자에게 "히피를 하든가, 쓰레기를 하든가" "선택"(313쪽)하라는 말만 듣고서. 한편 남자의 말은 불쾌할 뿐만 아니라 의미심장하게까지 들린다. 이 시대를 살아가려면 어느 쪽이든 정확한 자세를 취해야 한다는 듯 말이다. "버려진 옷"(314쪽)처럼 보인다는 점, 그리고 여자와 남자가 그것을 '선택'했다는 점에서 이들의 자세는 모범적이지는 않을지언정 정확하고 올곧다. 하지만 P와 친구들은 '히피'인지,

'쓰레기'인지 결정하지 못하고, 어떤 '답'을 찾기 위해 다시 길을 떠난다. 이들이 찾고 있는 '답'은 오래전 K가 아버지와 함께 "식당 마당 한구석에" 묻어 둔 "타임캡슐"(299쪽) 속에 있는 것으로, 하나의 단어다. 그것은 바로 사랑도, 돈도 아닌, "젊음"(317쪽)이다. 답이 무엇인지는 알았으나 '젊음'이 곧바로 이들에게 해답으로 작용하지는 않는다. 이유는 "우리에게 그 단어는 가장 불가해한 것"(같은 쪽)이기 때문이었는데, 그들은 모두 나이가 같았고, 충분히 젊은 탓이었다. 문제는 이 '젊음'이 그들을 배회하게 만든다는 사실이었다. P와 친구들에게 '젊음'은 어떤 선택을 하고, 앞으로 나아갈 수 있는 조건이 되지 못했다. 오히려 젊기 때문에 어떻게 해야 할 줄을 몰랐다. 결국 구제로도 구원받지 못한 청년들은 어디에도 멈춰 서지 못한 채 "가속페달"(같은 쪽)을 더욱 힘껏 밟는다. 어떤 무엇도 그들의 '답'이 되지 못하는 지금, 배회를 멈추지 않는 것 말고는 할 수 있는 게 없다.

안전장치 없는 미래

「구제, 빈티지 혹은 구원」의 청년들은 이렇게 묘사된다. "K는 여전히 멍청해 보이는 차림새였고, L은 옷 같지도 않은 옷을 입고 있었으며, P와 나는 원래부터 남들에게 호감을 주지 못하는 부류의 사람이었다."(314~315쪽) 즉 외적인 모습이 비호감인 탓에 식당 안마당에도 들어가지 못할 만큼 소외되었던 것일 뿐, 이들이 시대와 불화하는 내적인 요인은 구체적으로 드러나지 않는다. 이 소설이 2014년 발표되었음을 기억하며 그로부터 지금까지 시대의 흐름을 되짚어 보면 어떨까. 2010년대 초반에서 2020년대 초반에 이르기까지 청년 세대가 시대에 불만을 갖고, 갈등하는 요인들에 대해 떠올려 본다면. 날이 갈수록 실감하는 고용, 주거 문제, 이상(꿈)과 현실의 괴리로 인한 문제 등 당장 떠오르는 것만 해도 여러 가지다.

이에 이서수의 근작에서는 시대의 흐름에 따라 청년 세대가 시대와 불화하는 지점이 달라졌다는 사실이 보다 구체적이고 복합적으로 나타난다. 그중 가장 공통적인 문제로 발견되는 건 주거 불안이다. 대부분의 수록작에서 인물들은 주거 불안을 겪는다. 가령 「미조의 시대」의 미조는 아버지가 남긴 유산 오천만 원으로 엄마와 함께 살 집을 구해야 하는 위기에 처해 있고,「발 없는 새 떨어뜨리기」(이하「발 없는 새」)의 가진은 군산에 있는 삼천만 원짜리 아파트를 사고 싶어 하지만, 시세의 진위와는 관계없이 그녀에게는 삼천만 원이 없기 때문에 집을 살 수 없다. 또한「나의 방광 나의 지구」의 젊은 부부도 "노인이 된 미래의 그들이 의탁할 집"(218쪽)을 매수하려고 계획하지만, 그저 꿈으로 끝날 뿐이다. 이 소설들에서 인물들은 집을 구하려 하면 할수록 희망보다 더 큰 좌절을 맞이한다. "아버지가 평생 동안 모은 재산" 오천만 원은 "서울의 집값"으로는 "6평 남짓한 반지하방의 전세금"(「미조의 시대」, 31쪽)에 그친다는 사실을 깨닫게 되었고, "어디에도 내려앉아서 쉴 수가 없"기에 "집이 없는 우리도 그 참새 같다는 생각"(「발 없는 새」, 120쪽)만 들었으니 말이다.「나의 방광 나의 지구」에서는 서울을 떠나 "수도권 외곽 지역으로"(200쪽) 이동을 고려할 뿐 아니라 아파트가 아닌 다가구 주택과 빌라까지도 알아보지만, 끝내 집을 매수하지 못한다. 게다가 얼마 있던 돈을 투자한 신탁 상품에서 손해를 보는 바람에 누구보다 적극적으로 집을 알아보던 남편은 "전 세계에 대공황이 올 것이고, 가진 자들을 크게 망할 것이고, 못 가진 자들은 거의 죽은 것이나 다름

없이 살아가야 할 것"(223쪽)이라는 내용의 영상을 믿으며 "모든 것에 회의적으로 변하기 시작"(222쪽)한다. 결국 아내마저도 "집을 사랑하는 대신 지구를 사랑하기도 마음먹"는데 "그러면 지구가 그녀의 집이 될 것 같았"(230쪽)기 때문이다. 지구 사랑에 대한 실천으로 식단의 고기를 채소로 대체하며 "그녀의 보금자리를 가질 수 있을 것 같은 착각"(231쪽)에 잠시 빠지기도 하지만, 기후 위기로 인해 두 사람의 집은커녕 생태계의 보금자리가 위협받고 있는 지금, "지구를 소유"(같은 쪽)한다는 그녀의 생각은 터무니없는 것처럼 보일지 몰라도, 달리 방법이 없는 현실에서 어쩌면 그것은 최선의 자기 위로일 수 있다.

그런데 더 큰 문제는 앞서 시대와의 불화 요인이 복합적으로 드러난다고 말한 바 있듯 이 소설들에서 주거 불안은 반드시 고용 불안을 동반한다는 점이다. 「나의 방광 나의 지구」의 아내는 20대엔 글을 썼으나 "결국 책을 내는 대신 도서관에서 계약직으로 근무하게 되었다."(203쪽) 은행에 다녀왔다는 남편의 말에 아내는 "내가 정규직 회사원이었다면 대출을 받을 수 있을 텐데."(같은 쪽) 하고 중얼거리며 고용 불안이 주거 불안으로 이어지는 연결 고리를 가시화한다. 다른 소설 또한 다르지 않다. '정규직 회사원이었다면' 오천만 원으로 둘이 살 집을 구하지 않아도, "밤마다 음식을 배달"(92쪽)하지 않아도 대출에 희망을 걸어 볼 수 있었을 것이다. 이처럼 고용 불안과 주거 불안은 어느 쪽이든 해결되지 않는다면 반복될 수밖에 없는, 악순환의 굴레가 되어 이들을 시시때때로 조여 온다.

집주인이 되지 못하는 이들의 이야기는 특정한 성별보다는 청년 세대 전체에 보편적으로 적용되는 것이었다. 이서수는 여기에서 한 걸음 더 나아가 주거 소유의 문제를 몸, 특히 여성의 몸으로 확장하여 심화된 문제의식을 보여 준다. 육체를 나라는 한 개인의 집에 빗댈 수 있다면, 여성의 경우 그 주인으로 완전히 인정받지 못할 때가 많다. 일상에서 만연하게 발생하는 성범죄야말로 이를 반증한다. 왜 여성의 몸은 침범해서는 안 되는 것으로 여겨지지 않을까. 왜 여성은 자기 몸의 주인으로 인정받지 못할까. 애초에 왜 여성은 자신이 몸의 주인임을 타인으로부터 인정받아야 하는가. 「엉킨 소매」의 '나'와 「젊은 근희의 행진」의 근희 역시 이 물음 속에 빠져 있는 듯하다.

우선 「엉킨 소매」의 '나'는 임신 6주 차로 임신 사실을 알자마자 임신 중단을 결심한다. 가장 친한 친구인 해정은 임신을 "임대업에 비유"하며 "방의 주인은 나이기에 나의 결정에

달린 문제"(52쪽)라며 '나'를 위로하지만, 정말로 그런지에 대해서는 고민이 필요했다. '나의 결정'에 따라 행한 일이더라도, 그것이 타인에게, 또 스스로에게 "나의 온전한 결정으로 이루어진 사람"이 되겠냐고 묻는다면 확신할 수 없었다. 그렇다고 해도 '나'는 더 이상 경현을 사랑하지 않았고, 아이를 원하지 않았으므로 수술을 이행한다. 회복이 필요한 때에 윗집이 공사를 해 집에 있을 수 없게 된 '나'는 해정이 담당하고 있는 매물 중 오랫동안 비워져 있던 집에 잠시 머무른다. "안에서 뭔가가 벽을 밀고 나올 것 같은 모양새"의 "터질 듯 부풀어 오른 벽"(66쪽)은 임산부의 배를 닮아 기묘한 인상을 주지만, '나'는 별수 없이 해정이 안내한 집에서 인스턴트와 배달 음식을 먹으며 휴식을 취한다. 수술 이튿날, '나'의 임신 사실을 알고 있던 또 다른 친구인 주영이 해정과 함께 그 집을 방문하고, 주영은 임신 중단에 대한 윤리적 판단 문제를 다시 언급하면서 '나'와 설전한다. "나였어도 같은 선택을 했을 거"(74쪽)라면서도 묘하게 핀트가 다른 주영에게 '나'는 자신의 의견을 분명히 말한다. 우리가 몸의 주인으로서 무엇을 판단하고, 선택할 수 있다면 그것은 "임신 후 선택"에 대한 것이 아닌, "임신 자체"(75쪽)에 행해져야 하는 일이라고, "좋은 임신이 있고, 나쁜 임신이 있"(같은 쪽)다면 "원치 않는 임신"(74쪽)은 나쁜 임신에 해당하기에 '나'는 '임신 자체'에 대한 윤리적인 판단과 함께 결정한 것이라고 말이다. 두 사람은 미묘하게 다른 서로의 입장을 온전히 이해할 수 없을 것이다. 때문에 "나의 사건이 아니라 우리의 사건이 되어 버렸다."(76쪽)라는 진술에서는 '나'의 몸의 일로 그치지 않고, '우리'로 연결되는 데에서 오는 피로감이 묻어나기도 하지만 동시에 그만큼의 의지와 연대의 감정 또한 느낄 수 있다.

집주인의 예기치 못한 등장으로 쫓겨난 세 사람은 집과 여성의 몸이 다른 점에 대해 생각한다. "집은 재산이라는 이유로 침입을 허락하지 않는데, 여자 몸은 집만도 못하다는 건가", "여자 몸은 누구나 간섭할 수 있는 공공 자산이라는 건가"(81쪽) 하는 생각이 꼬리에 꼬리를 물다가, "나는 불법 점유에 반대합니다. 그러므로 오늘 우리의 행동은 불법 점유임을 인정하고 사죄합니다."(같은 쪽)라고 외치는 '나'에게서는 집이든, 몸이든 누구나 간섭할 수 없는 고유한 자산임을 알고 행하겠다는 의지와 타인 또한 그러하기를 바라는 마음이 있다.

「젊은 근희의 행진」은 어떤가. 이 소설에서 근희는 "먹방, 술방을 거쳐 북튜버로 정착"(138쪽)해 활동 중이다. 근희의 언니인 문희가 동생을 이해할 수 없고, 걱정되고, 화가 나는 부분이 있다면 왜 "책을 읽어 주고 책에 대해 말하는 방송에서" "어깨를 훤히 드러내고 가슴이 푹 파인 옷"(같은 쪽)을 입어야 하냐는 것이다. 근희에게 "사상"이나 "해방운동"(같은 쪽)의 취지가 있었다면 조금 달랐겠지만 그럴 리 만무했다. 따라서 문희의 눈에 근희의 행동, 그러니까 "걸레들이나 입는 옷"(160쪽)을 입고 '방송'하는 것은 그저 "관종"(138쪽)이라고밖에 받아들일 수 없는 것이었다. 한편으로는 이러한 지적들이 사실은 자신이 "그토록 싫어하는 유교걸의 현현"(141쪽)이라는 점에서 모순적임을 알고 있지만, 근희를 통제하기 위해서라면 어쩔 수 없다고 여기며 모른 체한다. 서로를 영원히 이해할 수 없을 것 같던 두 자매가 처음으로 아주 깊숙한 마음까지 꺼내 보이게 된 계기는 근희가 SNS로 사기를 당한 후 자취를 감추는 사건이 발생했기 때문이다. 템플스테이를 하며 쓴 편지에서 근희는 이렇게 말한다. "누구나 유명해질 수 있는 시대에 나도 같이 유명해지고 싶었던 것뿐이"(158쪽)라고. 그리고 "절대로 벗방" 같은 걸로 "내 몸을 상업적으로 이용하지 않"겠다는 약속도 하지만, "내 몸이 아름답다고 생각하"기에 "'걸레들이나 입는 옷'을 입고 방송은 계속할 거"(160쪽)라고 말이다. 더불어 근희는 편지 너머의 문희에게 되묻는다. "언니는 왜 우리의 몸을 핍박하는 거야? 언니의 몸은 언니의 식민지야? 언니는 왜 우리 몸을 강탈의 대상으로만 봐?"(같은 쪽) 몸의 주체로서 자신의 몸을 잘 지키는 것은 물론 중요한 일이나 스스로가 "식민지"로 취급하며 "핍박"한다면, 나의 몸을 진정으로 사랑한다고 말할 수 없을 것이다. 따라서 자신을 "핍박"받는 몸으로만 보지 않고, 몸의 아름다움을 발견하는 일 역시 문희와 같은 시선의 변화를 위해서도 중요하다. 근희에게 직접적으로 응원의 메시지를 보내지는 않지만, 소설의 말미에서 문희는 "근희의 행진은 나의 행진과 명백히 다를 것"(162쪽)임을 인정하며 세상을 향해 말한다. "나의 동생, 많은 관심 부탁드립니다."(같은 쪽) 이는 자신과 같은 시선으로 근희를 바라보는 세상에, 그리고 우리에게 내미는 진심 어린 부탁의 손길이다.

근희의 편지 일부를 다시 떠올려 보자. "언니, 어쩌면 이 세계에선 진짜와 가짜의 구별이 의미 없는지도 몰라."(158쪽) 근희가 이렇게 말한 까닭은 유명 인플루언서 '김오리'가 진짜 사람이 아니라 버추얼 휴먼이고, 그 사실이 알려졌는데도 "팔로어는 줄지 않고 오히려 늘었"(157쪽)음을 발견했기 때문일 것이다. 사람이 아니라고 해서 그것을 '가짜'라고 말할 수 있는 시대는 이미 끝났다. 진짜와 가짜는 이제 생명력 따위로 구분되지 않는다. 한편 「연희동의 밤」에서 '진짜와 가짜의 구분'은 드라마 작가가 되겠다는 꿈을 이제 막 포기한 경희에 의해 또 다른 의미로 재현된다. "저는 지금까지 진짜 인생은 여기가 아니라 다른 데 있다고 생각했어요. 근데 아니었어요. 여기가 진짜고, 거기가 가짜였어요."(173쪽) 경희는 줄곧 자신이 쓰는 드라마 속에 "진짜 인생"이 있다고 여기며 살아왔지만, 사실 경희가 쓴 각본 속에서도 진짜와 가짜를 구분하기란 쉽지 않다. '나'의 말처럼 "등장인물이 죄다 언니를 닮"아 "처음부터 고뇌에 빠져 있었고 세상을 멸시"하는, 그래서 통 재미가 없는 경희의 각본은 진짜와 가짜가 뒤섞여 구분되지 않는 세상이 아니던가.

인물들이 진짜와 가짜를 논하게 된 배경에는 그들의 꿈 또는 직업과 연관이 있다. 이서수의 소설에서 인물들이 시대와 불화하는 가장 큰 요인 중 하나는 꿈에 대한 것이다. 생계유지가 되지 않는 꿈 때문에 「연희동의 밤」의 '나'처럼 "오래전에 꿈을 포기"해 "내일채움공제라 불리는 내일채움족쇄를 차고 2년 동안 꿋꿋하게 버티"(167쪽)고 있는 인물도 있지만, 「발 없는 새」의 가진과 같이 "확신할 수 없는 재능과 뜨거운 열정"(93쪽)만으로 여전히 갈등하는 인물도 있다. 그렇다면 이것은 재능의 문제일까? 재능이 있다고 할지라도 상황은 크게 달라지지 않는다. 재능이 있는 것과 꿈의 달성은 엄연히 다른 문제였으므로.「미조의 시대」에 등장하는 수영 언니가 바로 그러한 경우인데, "언니의 꿈은 웹툰 작가였지만 회사에서 요구하는 그림", 그러니까 "다소 수위가 높은 성인 웹툰을" "그리는 어시스턴트"(9쪽)가 될 수밖에 없었다. 이처럼 이서수의 인물들은 시대의 요구에 따라 어느 한쪽을 손에서 놓는다. 꿈을 포기하는 대신 생계유지라는 목표를 위해 노력하고, 반대로 꿈을 포기할 수 없다면 아주 근근이 살아갈 뿐이다. 생계의 문제가 해결됐다고 해서 끝은 아니다. 과도한 업무는 질병으로 이어지고, 질병은 삶의 구석구석을 돌아볼 여유를 잃게 만든다. 그러는 사이 가장 가까운 관계마저도 서서히 금이 간다. 가장 슬픈 건 그것을 눈치 챘을 때에는 이미 많은 것을 잃게 된 후라는 사실이다.(「재활하고 사랑하는」)

「연희동의 밤」의 두 사람은 다짐한다. "우리, 할 말은 꼭 하고 살자."(185쪽) 그도 그럴 것이 "할 말을 하지 못해 끙끙 앓다가 평생 혼자 산 사람"(같은 쪽)이 '나'의 가까이에 있었기 때문이다. 비단 '나'의 이모뿐인가. 할 말은 하자며 굳게 다짐하는 언니조차도 사랑하는 사람에게 자신의 마음을 고백하지 못하고 있지 않은가. 이 소설만의 이야기는 아니다. 「그는 매미를 먹었다」에서 "작은 덮밥집을 운영"(255쪽)하는 그는 할 말을 하지 못해 이상 증세를 보인다. 그것은 "두 팔과 두 다리로 몸통을 감아 나무에 매달"려 "매앰매앰 소리를"(261쪽) 내며 우는 것이었다. 이웃들로부터 "투명 인간으로 취급"(258쪽) 받아 "이래도 돌아보지 않나 싶"(같은 쪽)은 마음에 매미 소리를 흉내낸 것이 시작이었으나 여름이 깊어질수록 그래서 매미가 더 크게 울면 울수록 "참지 말고 매앰매앰 큰 소리로 울"(265쪽)고 싶은 충동에 휩싸이고 만다. 여름이 끝날 무렵 길에서 마주친 매미가 "이때껏 그가 들어 본 가장 큰 소리로"(270쪽) 울다 숨이 멎는 것을 목격했을 때, 남자는 매미를 집어 삼킨다. 다소 기이하지만 남자의 행동에 어떤 불쾌보다도 안쓰러운 감정이 먼저 드는 건, 매미를 먹은 이후 "두 팔을 펼쳐서 날아 보려는 듯이 흔들다가 곧바로 내려뜨"(271쪽)리는 날갯짓 때문이었을 것이다. 날아가 보려 하지만 날 수 없는 날갯짓, 다시 자신의 가게로 돌아가 기다림을 이어 가야 하는 날갯짓은 더욱이 서글프다. 배 속에서 울려퍼지는 매미의 "길고 긴 여음"(같은 쪽)을 들으며 남자는 자신과 매미의 비수기를 외롭게 견뎌

낸다.

주어진 많은 문제들을 스스로 해결하면서 시대가 요구하는 것들에 발맞춰 가야 하는 이들은 자신의 정체성에 대해 돌아볼 여유가 전혀 없다. 정체성은커녕 자신의 꿈에서 점점 멀어지고, "좋아하는 것"(238쪽)이 무엇인지도 까맣게 잊을 만큼 일상에 치여 산다. 그렇기에 보다 명확히 자신의 정체성을 알고, 행동하는 이들은 「젊은 근희의 행진」에서의 근희와 같이 그저 '관종'으로 취급받을 뿐이다. 자신이 외계인이라 주장하는 「현서의 그림자」의 현서도 크게 다르지 않다. 대학에서 심리학을 전공했다는 이유로 숙모의 부탁을 받아 망상증을 앓고 있는 사촌동생 현서를 상담하게 된 '나'는 삼촌이 시작한 외계인 추적을 현서가 계승했음을 알게 된다. 그런데 외계인을 찾아 나서는 "삼촌의 소망을 계승하는 것과 현서가 현재 겪고 있는 망상증", 즉 자신이 외계인이라고 주장하는 데에는 "교차점이 없는 것처럼 보"(286쪽)인다. 그러나 이어지는 현서의 이야기 속에서 그녀는 자신이 외계인인 까닭을 밝힌다. 그건 바로 "인간의 그림자는 검은색이지만 외계인의 그림자는 무지개색"(288~289쪽)이며 이에 따라 현서의 그림자 역시 무지개색이기에 외계인이라는 것이었다. 헤어지기 전, "아빠가 그토록 찾아다녔던 게…… 나였어."(293쪽)라는 현서의 말은 슬픔을 가득 머금고 있다. 삼촌은 정말로 외계인을 찾아다녔던 걸까? 삼촌이 찾고 있었던 건 어쩌면 나와는 다른 외계 생명체가 아니라, 나와 같은, 자신을 이해해 줄 수 있는 사람을 찾아 다녔던 게 아닐까. 그렇다면 외계인의 그림자가 무지개색이라는 것 또한 남들과는 다르게 별나다는 의미일지도 모르겠다. 소설의 끝에 이르러서야 "삼촌의 소망을 계승"했다는 현서의 말은 이러한 이해로 인해 조금은 다른 의미로 다가온다. 단순히 UFO나 외계인을 만나고 싶은 것이 아니라 자신의 말을 믿고, 이해해 줄 수 있는 사람을 만난다면 현서는 삼촌의 소망을, 그리고 자신의 소망을 겹으로 이루게 될 것이었다. 그러니 "저 아래 건물 어딘가에 숨어서 우리를 쏘아 맞추려고 하는 사람들"(293쪽)이 있더라도 무뎌지기를, "굳게 믿어 의심치 않는 자신의 정체성을"(292쪽) 버리지 않기를, 그녀의 그림자를 보며, 바라본다.

시대의 초상 — 우리의 얼굴

  열 편의 소설을 경유해 다시금 확인한바, 이서수의 소설은 과연 핍진하다. 그러나 소설이 사실적이라고 해서 곧장 훌륭한 작품으로 연결되지는 않는다. 그럼에도 이서수의 소설에 자신 있게 일독을 권할 수 있는 까닭은 이 소설들이 단순히 시대만을 논하는 것이 아닌, '우리'를 이야기하고 있기 때문일 것이다. 이서수의 소설을 읽을수록, 그리고 소설에 대해 말할수록 지울 수 없던 생각은 인물들이 꼭 다른 이름을 한 나의 얼굴이며, 나의 가까이에 있는 이들의 얼굴처럼 느껴진다는 것이다. 이것이 가장 치열하게 이 시대를 살아가는 우리의 얼굴이라면, 시대의 초상이라 말해도 좋지 않을까. 시대의 초상을 그리는 이서수의 소설은 우리와 함께 간다. 관찰하고 기록하는 것에서 그치지 않고, "나의 동생, 많은 관심 부탁드립니다." 인사하고 위로를 건네면서. 이 시대를 살아간다는 건 여전히 쉽지 않은 일이지만, 동시대의 한국문학에서 이서수의 작품을 만날 수 있다는 사실만큼은 무엇보다도 기쁘다.

증언하는 소설

— SF소설에서의 역사적 재현[1]

1 기억 증언

    정은우의 「이지의 다카코」는 몇십 년 만에 고향 땅을 다시 밟은 한 사람에 대한 이야기다. 남편과 사별한 후 줄곧 살아왔던 나가사키를 떠나 한국으로 돌아온 다카코는 어느 날 조카 손녀 이지에게 제주에 함께 가 달라고 청한다. 제주에 도착

---

[1] 이 글에서 다루는 작품은 다음과 같다. 정은우, 「이지의 다카코」, 「심해로부터」, 「묘비 세우기」(창비, 2023); 정보라, 「증언」, 『작은 종말』(퍼플레인, 2024); 황모과, 「나시와세다역 B층」, 『밤의 얼굴들』(허블, 2020); 켄 리우, 「역사에 종지부를 찍은 사람들」, 『종이 동물원』(황금가지, 2018). 이하 본문에서 인용할 경우 쪽수만 표기하기로 한다.

했지만 어째서인지 다카코는 호텔 밖으로 나가지 않고 심지어 "유리 너머의 풍경에 눈길조차 주지 않는다."(120쪽) "호텔 지배인이 다른 일본인 관광객들과 함께 투어에 참여하기를 권했지만"(같은 쪽) 그마저도 거절한 그는 이지가 외출했다가 돌아올 때까지 일본어 책을 읽는 것으로 시간을 보낸다. 먼저 제주행을 제안했으면서도 체류 기간 내내 다카코는 자신이 발붙이고 있는 땅을 있는 힘껏 부정하는 듯하다. 한국어를 할 수 있지만 "제주에 도착한 후로 일본어만 고수"(113쪽)하는 것 또한 "나카무라 부인"(114쪽)으로 살아온 '나'의 정체성을 잊지 않으려는 것처럼 보인다. 마치 자신은 철저한 이방인이며 이곳에 속해 있는(던) 사람이 아니라는 듯 온몸으로 제주라는 섬을 밀어내고 외면하는 다카코의 모습은 오히려 어딘가 불편하고 어색해 보인다.

다카코와 이지의 할머니, 두 자매가 언제, 어떻게 각각 일본과 미국으로 건너가게 되었는지는 소설에서 전부 설명되지 않는다. 자신의 이야기를 전부 털어놓지 않으며 또 그럴 수 없는 인물들의 사연은 그들의 대화를 통해, 눈에 띄게 예민해지는 어떤 포인트에 의해 유추될 뿐이다. 가령 "이지의 남동생인 영수가 한국에 친구들과 놀러 갔을 때 외할머니는 입에 거품을 물 정도로 난리를 피웠다."라거나 이후 "영수에게 다시는 한국에 가지 않겠다는 약속을 받아 냈다."라는 점, "한국만 가도 난리법석인데 제주도에 간다고 하면 그 여파가 얼마나 클지 차마 상상조차 할 수 없었다."(100쪽)라는 점에서 제주에서의 사건이 이주의 계기가 되었던 걸로 파악할 수 있는데, 그것은 "육지 사람들" "공비 취급"(125쪽)과 같은 표현을 통해 제주 4·3 사건임이 분명해진다. 즉 선택에 의한 이주가 아닌 생존을 위한 불가피한 피난으로 고국을 떠난 두 사람이기에 다시는 제주를 찾을 생각도 하지 않았고, 그때의 일을 입 밖으로 꺼내는 것조차 꺼리며 살아왔던 것이다.

그런데 남편 미노루의 죽음 이후 다카코는 전에 없던 어떤 결심을 하게 된다. 살아 있다는 것, 그 이상은 "욕심"으로 여기며 숨죽이고 살아왔던 지난날과 달리 "대체 어떤 사람들인지"(126쪽) 확인해야겠다는 굳은 의지는 그를 결국 제주행 비행기에 오르게 만들었다. 그러나 그때와 지금의 제주는 당연하게도 같은 모습일 리 만무하다. 많은 이들을 죽이고 삶의 터전에서 몰아내었던 그날의 제주가 "지옥도" 같았다면, 지금 제주는 "한 폭의 풍경화처럼 평화롭고 아름다웠"(130쪽)으며 관광객들을 사로잡는 요소들로 가득한 도시였다. 이지 역시 아쿠아리움이며 테마파크, 테디베어 박물관 등을 돌아다니며 관광지로서의 제주를 한껏 즐기기도 했다. 다카코는 어떤가. 과거로부터 무언가를 보고 오겠다는 다카코 또한 관광에 목적을 두는 건 마찬가지다. 단 이때의 관광(觀光)은 일반적인 의미가 아닌, 과거를 향해 가거나 그러한 과정을 뜻하는 의미에서의 관광이다. 비극적 역사의 현장에서 지난날로의 관광을 목적했다는 점에서 다카코의 제주행은 일종의 다크 투어리즘(Dark tourism)이라고 할 수 있을 것이다. 하지만 공항에 내려 마주한 첫 풍경, "차창 너머로 보이는 야자수와 푸른 하늘"(114쪽)부터가 그때와는 너무도 다른 모습이므로, 다카코의 관광은 유예될 수밖에 없다.

소설의 말미에서 그는 돌아가는 날에야 호텔에서 멀리 떨어지지 않은 한 해변을 찾는다. 가만한 얼굴로 "눈앞의 해변을 묵시"하며 동시에 잊을 수 없는 어떤 날들을 기억하는 다카코의 손은 "레이스 장갑을 끼지 않은 맨손"(130쪽)이다. 이는 다카코가 비로소 과거의 자신과 직면했음을 뜻하는 상징으로 이해할 수 있다. 핏빛으로 물들었던 제주에서 그는 분명한 피해자였으나 살아남기 위해 제 손으로 밀어내고 남겨 두었던 것들이 있었다. 혼자 살아남아 먼 훗날 다시 찾은 그 자리에서 다카코는 나카무라 부인으로서 자신이 아닌, 이곳에 살았던 지난날의 '나'를 마주한다. 그리고 오래전의 모든 이들에게 전하는 회한과 애도의 마음을 무엇으로도 가리지 않은 손에 담는다.

생존을 위해 고향을 떠나 낯선 땅에서 스스로를 타자화해야 했던 다카코의 이야기는 이어지는 소설 「심해로부터」에서 좀 더 선명해진다. 「이지의 다카코」에서 그러했듯 전사(前史)를 모두 말해 주는 식은 아니지만 미노루와의 이야기를 통해 구체화되는 지점이 있다. 다카코와 미노루의 사랑 이야기라고 보아도 무방한 이 소설에서 흥미로운 점은 사랑에 동반되는 필수 요건들, 이를 테면 믿음과 같은 것들이 둘 사이에서는 유사한 경험의 공유로 성립된다는 것이다. 그 역시도 이 소설의 불투명한 서술 방식과 동일하게 서로에게 자신의 과거나 아픈 상처를 낱낱이 말하지 않지만, 사랑이라는 전제하에 납득 가능한 감각적인 공유라는 점에서 흥미롭다. 이때 무엇보다 중요한 사실은 두 사람이 희미하게 내어 주는 자신의 일부가 모두 역사적 상흔과 관련되어 있으며 식민 침략이나 전쟁 등 외부에 의한 탄압이 아닌, 자국민에 의한 가해라는 것일 테다.

예컨대 앞서 살펴보았듯 다카코가 제주 4·3사건의 피해자였다면, 미노루의 경우 미군정시대 오키나와에서 나가사키로 건너온 이주민으로 본토와의 차별을 경험한 적이 있었다. 그것은 자신의 직접적인 경험이 되기 이전, 늘 "분노의 감정"(161쪽)을 품고 있던 아버지에게서 간접 체험되었다. "어깨를 부딪치고도 사과는커녕 아는 척조차 하지 않는 사람, 공사장에서 그에게 직접 말하는 대신 다른 사람을 시켜 말을 전하는 사람, 자신의 억양이 독특하다며 우스꽝스럽게 흉내 내는 사람, 수영을 잘하는지 물어보거나 집에 돌담을 쳤는지 궁금해하는 사람들, 얼마 없는 일자리를 두고 다투는 조선인들을 한없이 미워하고 저주"(161~162쪽)했던 아버지의 뒤틀린 감정은 간혹 미노루를 향한 날카로운 화살이 될 때도 있었다. "완벽한 내지인 말투"로 "학교에서 우수한 성적표를 받아 올 때마다" 칭찬 대신 화를 내며 "선연한 질투"(같은 쪽)를 보였던 것처럼 말이다. 미노루가 본토에 자리 잡을 수 있었던 건 어머니가 후첩으로 들어간 집의 성(나카무라)를 물려받은 이후부터다. 그러나 내지인의 성과 집을 물려받았는데도 그는 "완벽한 내지인"이 되었다고 할 수 없었다. "법학과를 우수한 성적으로 졸업했으나" "이미 예상한 결과"대로 "법조인이 되지 못했다."라는 부분 등에서 알 수 있듯 '내지인'으로서의 승계는 증여의 형태로 완벽하게 이루어질 수 없는 것이었기 때문이다.

이렇듯 아버지에서부터 내지인의 성을 따른 지금의 자신까지 이어져 온 차별이 있었기에 미노루는 그와 닮은 다카코를 더 빨리 알아본 것일지도 모른다. "신원은커녕 내력조차 확실하지 않았"(166쪽)지만, 조선어 이름을 알려 주지 않거나 조선어로 건네는 인사도 모른 척하는 모습에서 조선인으로서 자신의 정체성을 지워야만 했던 사람이라는 것을. 그렇기에 "미노루, 제발 아무것도 묻지 말아요. 그래 줄래요?" 하는 부탁에 "그러겠다고, 아무것도 묻지 않고 궁금증조차 품지 않겠노라고"(167쪽) 다짐한다. "그 역시 다카코에게 미처 말하지 못한 것들이 있었고, 평생토록 이야기하고 싶지 않았다."(같은 쪽)라는 사실만이 오직 분명했다.

묻지 않고 말하지 않았으나 그 까닭으로 두 사람은 서로에게 어떤 사람이 있음을 안다. 평생을 한곳에 뿌리내리지 못하고 살아온 경계인의 감각으로 당신도 나와 같은 사람이라는 걸 감지한다. 「심해로부터」는 각각 제주와 오키나와를 떠나온 다카코와 미노루가 자신의 영토를 확보하는 과정을 보여 주는 소설이다. 출신과 관계없이 어떠한 차별도 없이 이 땅에서 가능한 건 오직 사랑뿐이라 두 사람은 서로의 유일하고 완전한 영토가 된다.

2 두 번의 증언

포스트메모리 세대 소설에서 역사의 재현은 대개 기억 계승의 일환으로 해석된다. 이때의 기억은 과거의 상처를 들추어 확인하고 증명하는 차원이 아니다. 여전히 진행 중인 역사로 현재와 공명하는 지점을 짚어 내고 있기에 이러한 작업은 동시에 '기억 증언'이 된다. 증언의 주체는 계승된 기억을 소설이라는 경유지를 통해 발화하는 작가 혹은 그와 같이 후세대에 속하는 인물이다. 그런데 이와 같은 소설들이 어떤 가능성을 찾는 시점은 당연하게도 현재를 포함하는 이후의 시간이므로, 이미 발생한 사건에 대하여 또 깊이 새겨진 상흔에 대해서는 역설적이게도 불가능한 가능으로밖에 남길 수 없는 것이기도 하다. 만일 소설이라는 허구의 형식을 적극 활용해 역사를 다시 본다면, 우리가 가능성을 말하는 시점을 현재의 미래가 아닌, 과거의 현재로 둔다면 어떨까? 최근의 SF소설에서 빈번하게 나타나는 역사의 재현은 가능한 불가능을 타진하는 적절한 예시다.

정보라의 「증언」을 보자. 이 소설은 주인공 완의 현실과 꿈의 교차적인 삽입으로 구성되어 있다. 완의 꿈은 심리 치료를 디지털화한 "가상현실 시뮬레이션 치료"(228~229쪽)의 한 과정이다. "간단히 말해 꿈을 기록한 다음에 다른 꿈으로 '덮어쓰기'하는 것"으로, 인공지능과 함께 꿈을 꾸면서 "점점 더 무난한 꿈 시나리오"(229쪽)가 삽입되면 꿈에서 두려워하던 대상에 대해 더 이상 공포를 느끼지 않게 되는 효과가 있었다. 이러한 치료를 필요로 하는 이들은 "얕은 잠을 자다 놀라서 깨어나는 일"(228쪽)이 잦았던 완과 같은 사람들일 텐데, "반복적인 악몽"을 꾸는 까닭은 곧 "과거의 충격적인 경험이나 트라우마로 인한 경우"(229쪽)였다.

앞서 살폈던 정은우의 소설과 유사하게 「증언」의 완 또한 자신의 이야기를 전부 말하지 않는다. 소설의 서두에서 우리가 완에 대해 알 수 있는 건 그의 허리에 "흉터"가 있으며 다리를 쓰지 못한다는 것이며 이는 독자뿐 아니라 완의 가족들도 다르지 않았다. 자신이 어떤 이유로 다리를 쓰지 못하게 되었는지 "딸뿐만 아니라 그 누구에게도 평생 말하지 않았"고 "말하기는커녕 생각조차 하기 싫었다."(230~231쪽)라는 진술로 미루어 그것이 완에게 충격적인 경험이었음은 분명해 보인다. 하지만 완이 굳이 자신의 경험을 꺼내 놓지 않은 또 다른 이유는 그 일에 대해 말한다는 것이 '새삼스러운' 일이었기 때문이다.("그리고 새삼스럽게 말할 이유도 별로 없었다.", 230쪽) 무언가에 대해 굳이 말하는 것이 새삼스럽게 느껴지기 위해서는 그 경험이 단지 사적인 종류가 아닌 공동의 것일 때 가능하다. 예컨대 "해마다 5월이 되면 동네 모든 집이 같은 날 제사를 지냈다."(231쪽)라는 말처럼.

짧은 서술에서 완은 5·18 민주화운동의 직접적인 피해자임이 드러났듯 그가 지금까지 발화하지 않고 침묵으로 응수해야만 했던 까닭에 대해서도 이해가 가능해진다. 만일 소설이 여기에서 완의 트라우마적 경험을 꿈을 통해 치료하는 전개를 보였더라면 다소 납작한 서사가 만들어졌을 것이다. 하지만 완의 꿈은 본인의 경험을 넘어 "다른 시간대의 다른 사건들"(237쪽)까지 확장된다는 점에서 주목을 요한다. 처음에는 다양한 데이터베이스를 기반으로 하는 인공지능의 혼란 혹은 독자적인 행동이라는 생각을 하기도 하나 이내 "누군가의 경험이고 증언"(260쪽)이라는 걸 깨닫는 데는 오래 걸리지 않았다. 완의 꿈으로 나타나는 타인의 경험 또는 조언은 그마저도 사변적 경험만이 아닌 공동의 것이라는 사실로 인해 어떤 부름이자 연대 등 연결 고리를 말할 수 있는 타당성을 갖는다. 한국전쟁, 제주 4·3 사건, 5·18 민주화운동 등 민족 역사의 아픔으로 기억된 시간을 생생한 꿈으로 보여 주는 국가 폭력 희생자들의 증언은 완으로 하여금 외면하고 있던 자신의 일을 그리고 '나'라는 사람을 다시 직면하게 하는 계기로 작용한다.

> 자신은 병원에 있었다. 트라우마 완화를 위한 치료를 받고 있었다. 의사가 지켜보는 가운데 인공지능이 자신을 이끌어 주고 있었다. 어둠 속에서 쫓기고 도망치고 총을 맞고 죽어 갔던 모든 이름 없는 여자와 아이들의 기억 속으로. 완은 깊게 숨을 들이쉬었다. 무서웠지만 용기를 내야 했다. 피를 흘리며 고통과 두려움을 견디며 역사의 암흑 속을 자신의 두 팔만으로 기어서 나간 여자아이는 세상에 완 혼자만이 아니었다. (249쪽)

나 혼자만이 아니었다는 사실은 그동안 완이 잃어버렸던 정확한 단어들을 다시 찾게 한다. 이를테면 "'나쁜 일'이 아니라, '말 못 할 일'이나 '그 일'이 아니라" "국가가 저지른 폭력"(264쪽)과 같은 말처럼. 과거를 설명할 수 있는 단어를 찾았다는 사실은 그간 의도적으로 회피하며 침묵했던 자신의 이야기를 언어로 발화할 수 있게 되었다는 뜻이기도 하다. 딸과 손녀의 앞에서 조심스럽게 그날의 기억을 더듬는 완의 증언은 "자신의 목소리로 마침내 처음으로 세상에 내놓았다."(266쪽)라는 점에서 특별한 의미를 갖는다.

거듭 강조하지만 완의 이야기는 한 개인을 넘어서서 공동의 경험과 직결되어 있다. 다르지 않은 방식으로 희생된 많은 사람들, "어쨌든 나는 살아 있다."(218쪽)라고 중얼거리며 과거를 돌아보지 않으려 했던 사람들은 5·18 민주화운동만이 아닌 완의 꿈으로 보여진 많은 사례들에도 존재할 것이다. 때문에 완의 증언은 자신이 겪은 국가 폭력 피해 사실에 대한 증언일 뿐만 아니라 보다 더 오래 전에도 있었던 역사적 상흔에 대한 증언이기도 하다. 이렇듯 정보라의 「증언」은 인공지능 기술을 통해 기억 증언과 발화의 주체를 피해 당사자로 돌려놓는다. 소설이라는 후세대의 작업 속에서 발화되는 당사자 인물의 목소리는 더욱 효과적으로 발휘된다.

3 은폐, 자백, 복원

SF 역사소설은 시공간적 배경을 가상의 미래에 두지만 그곳에서 가능한 기술을 활용하여 재현하고자 하는 역사적 시간에 직접적으로 침투한다. 기억 계승이나 학습의 형태가 아닌 사건을 직면하고 지울 수 없던 상처를 치유해 보려는 시도를 하거나 가해자가 은폐하고자 했던 사실을 가시화하는 등 적극적인 움직임을 보이는 식이다. 이들의 작업이 유의미하다고 여겨지는 건 소설 안에서 가능한 해결 지점을 모색하고 수행했기 때문일 테다. 이는 단순히 소설 내부의 일만으로 남지 않는다. 기억 증언과 더불어 감춰진 진실을 폭로하는 소설은 그 너머의 현실에도 치명적인 영향을 미칠 수밖에 없다. 대표적인 사례가 바로 켄 리우의 「역사에 종지부를 찍은 사람들」이다.

이 소설은 빛의 속도로 이동 가능한 '뵘기리노 입자'를 통해 과거의 기억과 정보를 그대로 체험할 수 있는 시간 여행이 가능해진 세계를 배경으로 한다. 중국계 미국인 물리학자 애번은 자신과 같이 어릴 때 미국으로 이민 온 연인 기리노가 일본계로서 자부심을 가질 수 있도록 일본사에 대해 공부하고 이런저런 이야기를 들려준다. 그러던 중 2차 세계대전 당시 731부대에서 실제 사람을 대상으로 인체 실험을 벌였다는 사실을 알게 되고 731부대 희생자 유족을 과거로 보내 은폐된 진실을 밝히고자 한다. 소설의 제목과 동명의 다큐멘터리 영화 형식으로 구성된 소설은 동북아시아 역사 연구자, 세계 각국 정부 관계자 그리고 731부대 희생자 유족 인터뷰 등이 교차되어 전개된다. 이들의 각기 다른 입장 차이로 인해 두드러지는 건 731부대에 희생된 동북아시아 국가의 아픔과 역사의 한 부분을 도려내기 위해 로비했던 일본의 추악한 행태, 이에 대해 논의하는 미국 정치계의 대립 등 다양한 관계에서 발생하는 첨예한 갈등이다. 그런데 폭로에 가까운 애번의 시도는 그것을 바라지 않는 거대 세력에 의해 무력화되며 오히려 그에게 도덕적 책임을 묻는 지경에 이른다. 과거로의 시간 여행은 가능하지만 같은 시간으로는 딱 한 번의 체험만이 가능하다는 점은 어떤 관점에서는 역사에 대한 훼손일 수 있다는 주장이나 희생자 유족이 진실을 보았지만 기록할 방법이 없어서 그들의 증언이 역사적 사실을 증명할 수는 없다는 것이 그러한 주장이었다.

광란에 빠진 세계 각국이 내린 결정은 결국 이 모든 걸 없었던 일, 다시 일어나서는 안 될 일로 만드는 것이다. "아르메니아인, 유대인, 티베트인, 아메리카 원주민, 인도인, 케냐의 키쿠유족, 신대륙 노예의 후손들까지, 세계 곳곳의 희생자 집단이 길게 늘어서서 관측 장비를 사용하게 해 달라고 요청"(549쪽)하는 데에는 어느 방향으로든 자신의 정치적 이

익을 위한 욕망이 내재되어 있었다. "시간 여행 전면 금지 협약"(같은 쪽)에 서명하는 것으로 종지부를 찍는 이들을 보며, 기리노는 지금을 살아가는 우리가 수행해야 하는 과거에 대한 윤리적 의무가 있다면 그것은 진실을 기억하고 이야기하는 것이라고 말한다.

> 진실은 연약하지 않고, 누가 부정한다고 해서 훼손되지도 않습니다. 진실은 아무도 진짜 이야기를 하지 않을 때 비로소 숨을 거둡니다.
> 말하고자 하는 충동, 이야기를 들려주고자 하는 그 충동을, 저는 점점 늙어 가며 하나둘 세상을 등지는 731부대의 전 대원들과, 희생자의 자손과, 이야기되지 못한 역사 속의 모든 비극과 함께 느낍니다. 과거에 떠난 희생자들의 침묵은 그들의 목소리를 복원할 의무를 현재에 부과합니다. 그리고 우리는 그 의무를 기꺼이 떠맡을 때 비로소 자유로워집니다.
> (……) 너무 오랫동안 역사학자들은, 그리고 우리 모두는, 망자들의 착취자 노릇을 해 왔습니다. 하지만 과거는 죽지 않았습니다. 우리와 함께 있습니다. 발 딛는 곳마다 마치 창밖을 내다보는 것처럼 쉽게 과거를 보게 해 주는 뵘기리노 입자장

(場)이 우리를 뒤덮고 있기 때문입니다. 죽은 이의 고통은 우리와 함께 있습니다. 우리는 그들의 비명을 들으며 유령들 사이를 걷고 있는 겁니다. 눈을 돌릴 수도 없고, 귀를 막을 수도 없습니다. 우리는 말 못 하는 이들을 위해서 보고, 말해야 합니다. 바로잡을 기회는 오직 한 번뿐입니다. (557~559쪽)

다큐멘터리 형식을 적극 차용한 「역사에 종지부를 찍은 사람들」은 731부대의 행적에 대해 실제 관련자 인터뷰, 서적 그리고 미국 하원 '종군 위안부에 관한 하원 결의안 121호' 의결 전 진행된 청문회 자료 등을 참고하여 사실적 근거를 더했다. 그럼에도 이 작품이 누군가에게 은폐된 진실에 대한 증명으로 유효하지 않으려면 그저 '핍진한 소설'이어야만 했다. 부정할 수 없는 사실임을 증명한 건 오히려 그들이었다. 켄 리우의 작품집을 번역하는 과정에서 일본은 이 소설을 수록하지 않았다. 중국은 수록하기는 했으나 공산당에 대한 비판적인 서술은 검열하여 삭제했다. 그러므로 동북아시아 4개국 가운데 완전한 「역사에 종지부를 찍은 사람들」을 읽을 수 있는 나라가 한국과 타이완뿐이라는 사실이 말해 주는 바는 자명해 보인다. 저들의 손으로 거듭 지워 낸 역사가 우리에게는 끊임없이 말해야만 하는 이야기가 된다는 건 여전히 슬픈 일이지만, 아이러니하게도 이것이 문학적 동력으로 작용한다는 건 우리로 하여금 그 '의무'를 수행하게 만든다.

국내 작가 중 희생자의 목소리를 복원하고 증언하는 임무에 가장 몰두하는 이는 황모과가 아닐까. 황모과의 소설은 시간 여행이나 과학기술의 발전으로 과거와의 조우가 가능해진 세계에서 번번이 잊혀진 역사의 자리를 살핀다.[2] 가령 유골에 남아 있는 DNA를 추출해 불명의 신원을 확인할 수 있는 세계관을 배경으로 삼는 「니시와세다역 B층」을 보자.

일본 유학생 소라는 괴담 서클 회장인 에즈라에게서 니시와세다역에 대한 괴담을 듣고 함께 확인에 나선다. 그에 따르면 지상과 지하철역 사이에는 B층이라는 곳이 존재하는데, 엘리베이터에서 해당 버튼을 아무리 눌러도 B층에 멈추지를 않는다는 것이다. 에즈라의 말을 시답잖게 듣던 소라가 무심코 B층의 버튼을 눌렀을 때, 어찌 된 일인지 엘리베이터는 그들

---

2 황모과의 소설 중 SF를 소재로 역사의 재현을 적극적으로 보이는 작품으로는 이 글에서 언급한 소설을 비롯하여 『말 없는 자들의 목소리』(래빗홀, 2023), 『그린 레터』(다산책방, 2024) 등이 있다.

을 B층으로 안내한다. 긴 어둠 속에 남겨진 두 사람이 복도에서 한 남자를 목격한다. 그는 도야마 공원에서 소라가 "유령으로 착각했던 사람"(121쪽)이기도 하다. 그가 왜 이런 곳에 홀로 있는지 의문이 드는 것도 잠시, 남자가 있던 방을 둘러보면서 그와 지하에 숨겨진 은밀한 장소에 대한 물음의 답을 찾아가기 시작한다. 생활 공간이자 연구실로 보이는 남자의 방은 수백 명의 홀로그램으로 가득 차 있었는데, 에즈라에 따르면 그 홀로그램은 과거 이 부근(신주쿠구)에서 무더기로 발견된 유골이었다. 괴담에 가까울 정도이나 실제 사건이라는 점에서 더욱 공포스러운 이야기는 이런 것이다. "두개골만 62개, 두개골이 없는 시신은 100여 구 이상이었어. 4분의 1은 여성이었고, 미성년자들도 포함되어 있었지. 드릴로 인한 천공, 톱에 의한 절단, 절창, 자상, 총상 등의 흔적이 발견됐어. 대부분의 유전자는 몽골계로 밝혀졌고 일본계는 없었지."(124쪽) 이후 유골에 대한 진상 규명이 촉구되었으나 후생성의 대응은 전혀 달랐다. "서둘러 유골을 소각해 매장하려고" 하다 "이의신청"으로 인해 유예 후 "유골 보관 시설"(같은 쪽)을 만들어 수습했으며 그 뒤로 요청된 "신원 확인 및 유골 반환과 보상"(125쪽)에 있어서도 어떠한 조치를 취하지 않았다는 이야기였다. 그리고 그렇게 영영 보관이라는 명목으로 방치된 신원 불명의 유골들은 731부대와 같이 인체 실험을 강행했던 일본군에 의해 희생된 유골이라는 이야기까지도.

"능글대는 미소"(125쪽)로 "영화 스포일러라도 밝힌 것처럼 즐거워"(126쪽)하는 에즈라는 과거에 대한 어떠한 문제의식도 보이지 않는다는 점에서 소라를 불쾌하게 만든다. 그런데 그의 이야기가 유골들에게는 하나의 기폭제로 작용했다면 어떨까? 홀로그램이 입을 열기 시작한 까닭은 바로 에즈라가 땅 아래 묻혀 있던 역사적 사실을 '자백'했기 때문이다. 또한 "B급 엔터테인먼트로 소비"하며 "비참하게 다른 민족을 살육한 과거"(134쪽)를 토로했기 때문일 것이다. 선대의 침묵과 달리 후대의 무지한 자백으로 지하에서 오랫동안 잊혔던 사람들의 목소리와 그들의 삶은 하나둘 복원된다.

남자에게서 연구 데이터를 전달받고 집으로 돌아가는 길, 소라는 스스로를 의심한다. "안면 인식 장애"(111쪽)를 가진 자신이 "사람들의 얼굴을 되살리고 싶었"(133쪽)다는 남자의 평생 과업을 잘 전달할 수 있을지에 대해. 몸을 잃고 삶도 잃은 그 사람들에게 개인의 고유성을 되돌려주려면 어떻게 해야 하는 걸까. 고민 끝에 소라는 자신의 과업이기도 했던 "타인을 인식할 다른 방식"(112쪽)을 마침내 발견한다. 그것은 그들 각각에게 어울리는 이름을 지어 주는 것. "이름을 떠올리자 두 사람의 얼굴이 점점 또렷하게 보이기 시작했다."(136쪽)라는 마지막 문장은 과거와 현재에 적지 않은 영향을 끼치는 유의미한 변화를 드러내는 듯하다.[3]

기억해야 하고 이야기되어야만 하는 위의 소설은 우리의 역사를 넘어 동북아시아 역사에 새겨진 교차를 짚어 낸다. 역사적 다름 속에서도 유사하게 드러나는 상처를 세심하게 살피고 소설로써 접면을 그리는 일은 과거를 잊지 않는 자의 귀 기울임이다. 희미하게 들려오는 목소리를 놓치지 않는 소설의 증언은 계속해서 이어질 것이다.

---

[3] 이름을 기억하는 일이 한 사람의 삶을 이야기할 뿐만 아니라 그가 통과해 온 역사적 시간마저 증명한다는 사실은 「연고, 늦게라도 만납시다」를 통해 확장된 의미를 갖는다. 공동묘지 관리 사무실에 숨어 지내며 유족들이 놓고 간 음식들로 배를 채우는 도라이치(虎一)는 어느 날 무덤 주변을 서성이는 한국인 유미를 만난다. 유골의 DNA로 후손을 찾는 일을 한다는 유미와의 대화 끝에 그는 그동안 잊고 있던 기억을 모두 떠올린다. 자신의 이름은 도라이치가 아닌 '황호일'관동대지진 학살에 의해 오래전 생을 마감했으며 "죽어서까지 기억을 잃고 고향 아닌 곳에서 떠돌고 있었"(35쪽)다는 사실을. 유미의 도움으로 이름을 되찾은 그는 마침내 홀가분한 마음으로 자신의 이름을 부르는 소리가 들리는 곳을 향해 떠난다.

4부

안-팎을 뒤집는 소설

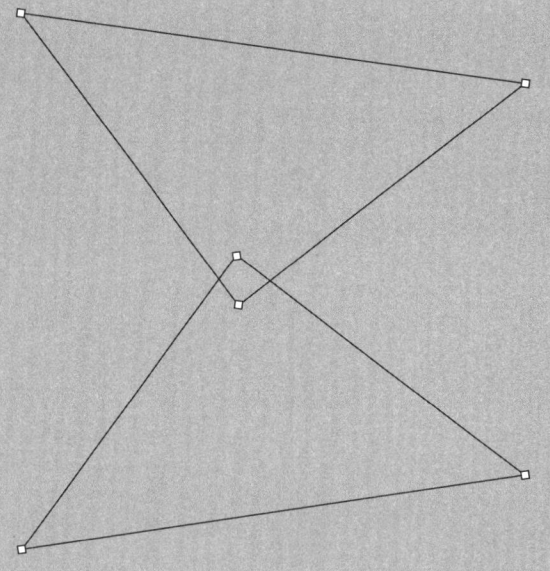

슬픔을 실현하는 이야기

— 정선임 소설집 『고양이는 사라지지 않는다』[1]

상실의 자리로부터

정선임의 소설은 상실의 자리에서 시작된다. 이 책에 수록된 여덟 편의 소설은 가족 또는 가까운 이의 죽음(「우리가 우리였던」, 「얼음이 떨어지던 밤」, 「귓속말」, 「몰려오는 것들」)이나 지켜야만 하는 사회에서의 자리(「구부린 마음」, 「얼음이 떨어지던 밤」) 혹은 한 사람의 고유한 생애(「요카타」, 「무슨 말인지 알죠」)와 같이 다양한 상황에서의 상실을 가시화한다. 그렇다면 상

---

[1] 정선임, 『고양이는 사라지지 않는다』(다산책방, 2021). 이후 본문에 인용할 경우 작품명과 쪽수만 표기하도록 한다.

실 이후에 남은 이들은 어떠한가? 롤랑 바르트가 죽은 어머니를 애도하며 자신은 슬픔 속에 있는 것이 아니라, 슬픔을 실현하고 있다고 말한 것처럼 정선임의 인물들은 상실 속에 그저 젖어만 있는 것이 아니다. 그들은 보다 능동적으로 슬픔을 실현하기를 택하며 상실의 자리에 선다. 또한 상실을 경험하며 어느 한 부분이 탈각된 '나'를 마주하고, 해체되는 자기동일성 속에서 자신만의 방법으로 고유한 '나'를 찾고자 한다. 이 느리고도 착실한 움직임이 담겨 있는 여덟 편의 소설을 함께 읽어 보자.

소설집의 문을 여는 「요카타」의 주인공 연화는 100세에 가깝게 살았지만 사실 태어나서 단 한 번도 고유한 '나'로서의 삶을 살아 본 적이 없다. 1919년 3월 1일이라는 주민등록상 출생일이나 '서연화'라는 이름은 "본래 언니 것"(21쪽)으로, 언니의 죽음 이후 그대로 물려받은 것이기 때문이다. 삼일운동 100주년을 맞아 여성의 날 특집 라디오 생방송 인터뷰를 하게 된 연화는 미리 전달받은 질문지에 적당한 답변을 고르며 자신의 삶을 반추한다. 아버지가 일하던 염전의 주인이었던 일본인과의 첫 번째 결혼, 나가사키에 있는 본처를 만나고 온다며 남편이 아이를 데리고 떠난 후 원자폭탄이 투하되어 둘을 다시는 만날 수 없게 된 것, 두 번째 결혼을 했으나 아이를 낳지 못한다는 이유로 후처를 두고도 바람난 남편, 해방 후 발발한 전쟁으로 아버지와 이산가족이 된 것까지.

하지만 이 모든 것은 "방송에서 원하는 평범한 여성의 삶"(25쪽)과 거리가 멀었으므로 연화는 "보기 좋은 부분만 남도록 다듬어"(29쪽) 들려주기로 한다. 라디오 생방송 인터뷰 당일, 연화는 "지금은 볼 수 없지만 제일 보고 싶은 사람"이 있냐는 진행자의 물음에 "네 살 터울인 여동생"(35쪽)이 있다고 답하며 이름도 갖지 못하고 죽은 것과 다름없던 자신의 존재를 증언한다. 그동안 스스로에게 외우는 주문처럼 중얼거리던 '요카타'라는 말 뒤에 감춰 온 슬픔과 서러움, 매일의 고단함 같은 감정들이 한꺼번에 밀려오는 순간이다. 자신만이 아는 존재의 증언 이후 연화는 "눈꺼풀 안쪽"에서 더듬거렸던 "누군가의 뒷모습, 걸어가는 그림자"가 식도 올리지 않은 채 일본인 남편의 방으로 밀어 넣어진 그날, 멀리 도망가지 못하고 "흑점"(27쪽)처럼 남은 어린 자신이라는 걸 비로소 깨닫는다. 이렇듯 단 한 번도 고유한 '나'로서 살아 보지 못했던 연화의 삶은 100년이라는 시간을 넘어 지금 이 자리에서 '나' 자신의 기억으로 다시 쓰인다.

표제작 「고양이는 사라지지 않는다」는 어떤가. 「요카타」가 타인의 삶으로 대체되었던 인물이 자신의 고유한 개별성을 찾는 과정을 보여 주었다면 이 소설에는 고유한 '나'로서 자기동일성의 혼란을 겪는 이들이 등장한다. 비대면 뜨개 모임으로 서로를 알게 된 지연과 연지는 멤버들이 각자의 사정으로 모두 이탈한 후에도 단둘이 남아 모임을 지속한다. 그러던 중 한 달 동안 여행을 떠나기로 한 지연을 대신해 연지가 그의 고양이, '고'와 '양이'를 돌보기 위해 지연의 집에 머물기로 한다. 연지를 위해 방 하나를 비워 주고 냉장고에 반찬을 채워 놓은 것이나 당부의 말이 적힌 쪽지 등에서 지연의 다정함이 느껴지지만, 실제 만남 없이 비대면으로 지속되는 이들의 관계는 어딘가 의심스럽게 보인다. 하지만 오히려 지연과 연지의 개별성은 비대면인 상태여야만 성립될 수 있다는 점에서 흥미롭다. 타인과 대면하게 되는 세계에서 연지는 옆집 여자, 정수기 관리원, 심지어 1년 동안 뜨개 모임을 같이 해 왔던 방장 현규에게마저 지연으로 혼동된다. 이것이 단순히 연지가 지연의 일부였던 배경(공간) 안으로 들어왔기 때문일까? 그러나 구체적인 설명이 없는데도 최근 연지가 보낸 몇 년이 엄마에게는 "그냥 버린 시간"(208쪽)으로 치부되었고, "좁은 원룸 안에 발 디딜 자리도 없이 가득 쌓인 상자들"이 존재한다는 상황으로 미루어 볼 때 연지는 이미 자기동일성을 상실한 상태이기에 지연과 혼동될 수 있었던 것이다. 지연의 집으로 왔을 때부터 어쩌면 연지가 바란 건 자신의 회복을 위한 적극적인 움직임보다 안온한 풍경 속에 있는 듯한 지연이 되는 것이었을지도 모를 일이다. 그렇다면 지연은 정말로 안온한 상태인가?

지연의 사정이 낱낱이 서술되어 있지는 않으나 그 역시도 연지와 크게 다르지 않았다. "뭔가를 찾고 싶은 사람들이 간다"(203쪽)는 산티아고 순롓길로 여행을 떠났다는 점, 집 안에서는 좀처럼 모습을 드러내지 않는 양이와 비슷한 생김새를 한 고양이가 3년 전 실종되었다는 SNS 게시물 등을 볼 때 지연에게도 "보이지 않는 누수"(213쪽)와 같은 징후가 감지되기 때문이다. 이처럼 두 사람은 양면에 놓인 듯 닮아 있는 인물들이다. 이들이 다름의 차이를 가질 수 있는 건 오직 대면하지 않은 상태일 때에만 가능하며 인물의 자기동일성 역시도 비대면 상태일 때 획득할 수 있다. 어둠 속의 빛나는 눈을 바라보며 양이의 이름을 "몇 번이고 부를 수 있다"는 의지는 이러한 자기동일성의 확인을 통해 다시금 되새겨진다. 블랑쇼의 말처럼 어떤 존재는 상실을 통해서만 혹은 결핍되어 있을 때에만 존재 가능하므로. 여기에 '없음'으로 존재를 증명하는 이들의 방식 역시 비대면 만남이 자연스러운 이 시대에는 충분히 유효해 보인다.

떠나온 자리, 지켜야 하는 자리, 응시하는 자리

어떠한 환경의 변화에도 달라짐 없는 '나'를 뜻하는 것이 자기동일성이라고 하지만 이를 유지하는 일은 결코 쉽지 않다. 가령 다섯 번의 이직(「구부린 마음」)과 정규직 전환(「얼음이 떨어지던 밤」)과 같은 현실적인 문제들, 또는 우리 모두 지난 몇 년간 경험한 전 세계적인 재난 상황(「몰려오는 것들」)에 관해서라면 더더욱 말이다. 지금 언급한 세 편의 소설에서는 내외적인 상황으로 인해 어쩔 수 없이 탈각되고 침식되지만, 자신의 자리를 지키기 위해 부단히 노력하는 이들의 모습을 찾을 수 있다.

먼저 「구부린 마음」이다. 오후 반차를 내고 퇴근 중이던 '나'는 길게 늘어선 줄의 한가운데에서 잠깐 자리를 맡아 달라는 여자의 부탁을 받고 얼떨결에 그 자리에 선다. 거절할 수도 있었던 부탁에 응하고 만 것은 그 여자가 고등학교 시절 같은 반 친구였던 애리와 닮았기 때문이었다. 읽은 흔적이 가득한 시집 하나를 맡기고 떠난 여자를 기다리던 '나'는 "여기는 내 자리가 아니"(159쪽)라며 부정하지만, 줄을 이탈하지도 못한 채 계속해서 그 자리에 서 있다. 마침내 스스로 찾은 답은 "어느 자리든 한번 벗어나면 다시 그 자리를 되찾기는 어렵다"(176쪽)는 것이었는데, 이는 화자가 10년 동안의 직장 생활을 통해 체득한 바이기도 하다. 지난 삶에서 '나'의 자리는 어땠나. 고등학교 3학년, 애리의 투신과 자퇴로 공석이 생겨 간신히 특별반의 자리를 지킬 수 있었고, 다섯 번의 이직 동안 지키고 싶었고 동시에 떠나고 싶었던, 결국엔 떠나온 자리들이 있었다. 그리고 악착같이 지켜야 하는 지금의 자리가 있다. "처음으로 연봉이 올랐고, 대리라는 직함을" 준, "나 자신이 능력 있고 인정받고 있다고"(같은 쪽) 느끼게 했던 것이 지금의 자리였다. 그러나 "언니는 오래오래 변하지 않았으면 좋겠어"(같은 쪽)라는 팀장의 말이 곧 "자리에 그대로 있으라는 경고"(177쪽)임을 알게 된 건 한 달 전쯤의 일이었다. "한껏 수그렸던 고개를 빳빳이 들고, 팀장의 의견에 반하는 주장 몇 번"으로 온전히 누렸던 "달콤함"(176쪽) 또한 박탈당한 것도 그 무렵이었다. "폭언도, 성추행도 없었고, 구조조정이나 임금 삭감"도 없었지만 "하루에 한 번", 팀장이 내미는 카드를 받아 들고 "아메리카노 다섯 잔과 달콤한 케이크 다섯 조각을"(181쪽) 사 와야 하는 교묘한 방식의 괴롭힘은 '나'를 다시 구부리고, 수그리게 만든다.

그런데 지금, 언제 올지 모를 여자를 기다리며 목적도 알 수 없는 줄 서기를 하는 게 '나'에게 "이상한 위안"(185쪽)을 주는 건 왜일까. 이탈하지 않고 이 자리에 있을 이유가 분명하다는 것, 그것은 자리 주인으로서의 존재 의미를 스스로 찾는다기보단 "고작 그것밖에" 안 되지만 "허리를 펴고 고개를 꼿꼿이"(186쪽) 세울 수 있는 일이어서이기 때문이다. "그 자리를 벗어나고 싶어 하면서도 지키려고 애썼던 흔적"(185쪽)처럼 이 소설이 남긴 슬픔과, 떠나온 자리에 남겨진 이들을 향한 위안에 이루 말할 수 없는 감정이 드는 건 나뿐이 아닐 것이다.

지금의 시대에서 자기동일성을 확립할 수 있는 조건은 「구부린 마음」의 화자가 보여 주었듯 '내 자리'의 유지가 아닐까. 「얼음이 떨어지던 밤」의 현우 역시 "밀려나지 않을 자리, 변하지 않을 자리"(149쪽)를 갈망하며 분투하는 인물이다. 그는 10년 동안 프리랜서 PD로 일하며 정규직 전환을 목전에 두었으나 함께 일하던 정규직 동료들의 극심한 반대로 전환에 실패한다. 현우와 함께 전환을 기다리던 동료들 대부분은 노조를 꾸려 시위를 했지만, 현우는 그들과 같은 편에 서지 않고 다른 삶을 살아 보겠노라 다짐하며 7년 차 연인 지원과 함께 제주로 내려간다. 여행을 다닐 적 좋아하던 마을에서 적당한 집을 골라 계약하고 카페 개업을 준비하던 두 사람은 그 집의 두 가지 단점과 맞닥뜨린다. 하나는 공항에서 멀리 떨어진 위치였으나 이는 제2공항이 들어선다면 해결될 문제였다. 진짜 걸림돌은 담 안쪽에 놓인 "두 개의 봉분"이었다. 그렇지만 만일 무연고자의 무덤일 경우 "형식적인 요식 행위"(125쪽)로 연고자를 찾는다는 공고를 내고, 3개월 뒤 공동묘지로 이장을 진행하면 된다는 업자의 말에 현우와 지원은 공고 후 살림살이를 갖추며 영업 준비를 시작한다.

그런데 공고 마감일을 하루 앞둔 오늘, 무덤 때문에 찾아왔다는 이는 예견된 평온한 일상 속에 침입한 불청객과 다름 아니다. 게다가 그가 지원에게는 죽은 아버지, 현우에게는 오랫동안 함께 일했던 죽은 선배 작가와 닮게 느껴진다는 점은 매우 의미심장하다. "성별도 나이도 국적도 쉽게 가늠이 되지 않는 이목구비"는 모든 죽은 이의 얼굴을 하고 있고, "마치 자신이 지금 무덤에 있는 사람인 것처럼"(146쪽) 계속해서 묘한 말을 남기는 모습은 심상치 않아 보인다. 끝내 이장 의사가 없음을 밝힘으로써 그는 현우와 지원의 행복한 미래를 방해하고 위협하는 존재인 듯 여겨진다. 그러나 이 섬의 입장에서 '침입자'는 정작 현우와 지원이 아니었던가. "밀려나지 않을 자리, 변하지 않을 자리"(149쪽)의 주인에게 "웃돈"(141쪽)을 얹어 주겠다며 떠나라고 설득하고, 지역 내 갈등이나 부동산 투기 등을 야기할 수 있으니 제2공항 신설은 반대해야 마땅하다고 생각하면서도, 카페의 번영을 위해서는 찬성으로 스르륵 기울어지는 양가적인 마음을 가지고 있으니 말이다.

한편 훼손하여 쟁취하고자 하는 현우의 마음은 지원에게 있어서 일방적이다. "명의로 된 집을 갖고, 혼인신고를 하고, 아이를 낳아 출생신고를 해서 존재를 증명해 줄 문서"(149쪽)를 갖는 것 중 어느 것도 지원의 뜻이 담긴 건 없었으므로. 타인의 죽음 이후 누군가는 새로운 생명을 더 강하게 원하지만, 누군가는 완전한 포기를 선언할 수도 있다는 걸 현우는 미처 알지 못했다. 이처럼 동상이몽인 두 사람의 미래에 닥친 "불길한 예감"(151쪽)은 툭, 툭 얼음이 떨어지는 소리, 그리고 정적으로 이어지며 소설의 긴장감을 한껏 고취시킨다.

「구부린 마음」과 「얼음이 떨어지던 밤」의 화자들로 하여금 자기동일성을 확립하게 하는 것이 자리의 유지였다면, 「몰려오는 것들」의 수경에게는 "작가 정신"(266쪽)이 바로 그것일 것이다. 수경의 아버지가 타박하곤 하는 그 작가 정신이란, 재난 이후 소설뿐 아닌 여러 가지 글을 쓰며 살아왔지만 많은 돈을 준대도 부호의 "자서전 대필"(같은 쪽)만은 하지 않겠다는 수경의 신념이다. 전 세계적인 수몰 사태로 인해 국토의 3분의 1 이상이 잠긴 근미래를 배경으로 하는 이 소설은 지금의 기후 위기가 지속된다면 일어날 법한 재난이라는 점에서 충분한 개연성을 확보하고 있다. 이에 핍진함을 더하는 것은 한층 심화된 주거 계급화의 양상이다. 물에 잠길 일이 없는 고지대의 고급 주택단지와 그렇지 않은 저지대는 갈림길과 차단기, 그리고 높은 담장이라는 시각적 요소로 구분된다. 이 소설에서 주거 계급화는 지금의 아파트 계급론보다 더욱이 극단적인 형태로 나타난다.

수경은 아버지 노석이 고지대에서 관리인으로 지내고 있는데도 그와 함께 살지 않는다. 당분간은 괜찮다는 진단을 받았을 뿐인 건물에서 생활하며 어머니의 기일에나 이곳을 찾는다. 이는 계급이 만연한 사회에서 중도를 지키려는 수경의 의

지다. 노석은 수경에게 "미래는 생각하고 있는 거니?"(271쪽)와 같은 말을 자주 하지만 재난이 일상이 된 현실에서 수경에게 미래란 "자신이 가진 것만큼만"(같은 쪽) 생각할 수 있는 것이다. 그런데 어머니가 죽고, 노석의 생도 1년 남짓밖에 남지 않았다는 소식을 들은 지금, 수경은 어떤 미래를 그려야 할지 더 확신이 들지 않는다. 그런 와중에 자꾸만 '저쪽'을 건너다볼 수 있는 구멍 앞에 서는 건 왜일까. 그곳엔 '요즘'에도 서점을 하는 여자가 있고, 그림을 그리는 남자가 있기 때문일까. 구멍 앞을 서성이다 서점 여자와 몇 번 마주친 이후 그의 초대로 수경은 마침내 '저쪽'으로 넘어간다. 그리고 아무도 없는 서점에서 자신의 소설집과, 그 위에 붙어 있는 포스트잇을 발견한다. 거기엔 과거 그 책에 달렸던 대부분의 리뷰들과는 다른 평이 적혀 있었다. "완전한 고요와 평화라니. 지금까지 읽은 소설 속 인물 중 가장 욕망이 크다. 그 평화와 고요를 쟁취하기 위해 얼마나 고단한 싸움을 해야 할까."(288쪽)

남겨진 메모를 통해 수경은 '완전한 고요와 평화'를 갖는 것은 싸우지 않고서 불가능하다는 것을 비로소 깨닫는다. 이 섬의 거주민이 아닌 수경이지만 '이쪽'에 서서 '저쪽'을 바라볼 때에는 '이쪽'에 속한 사람과 다름 아니라는 것, 그리고 구멍을 들여다보는 것만으로는 '저쪽'의 삶을 모두 이해할 수 없다는 사실을 알게 된다. 정말로 '완전한 고요와 평화'를 바란다면 그간 중도를 지킨다는 이유로 수경이 외면해 왔던 것들을, 더 나쁜 쪽을 정확하게 응시해야 한다는 것을 그는 이제 안다. 그것이 진정으로 자신이 가져야 할 정신이라는 것도. 그렇기에 아직은 눈에 보이지 않지만 분명하게 "몰려오는 것들"(290쪽)을 고요히 바라보는 소설의 마지막 장면은 인상적일 수밖에 없다. 더 낮은 쪽에 있는 이들이 "되도록 온전한 모습이기를"(같은 쪽) 바라는 마음에 영원이 깃들기를, 바라고 바라는 마음으로 같은 쪽을 바라본다.

'우리'라는 공동체

「얼음이 떨어지던 밤」과 「귓속말」의 인물들은 가족 또는 가까운 이들의 죽음으로 상실을 겪은 이들이다. 한편으로 그와 대립되는 키워드가 공존하는데, 그것이 바로 '무연고(無緣故)'다. 앞서 살펴보았듯 「얼음이 떨어지던 밤」에서 현우와 지원의 집 담장 안에는 "무연고자 묘지"(119쪽)가 놓여 있고, 「귓속말」에서 대수의 집에 세 들어 살던 캄보디아 여성 썸낭은 죽음 이후 "무연고 시신"(233쪽)으로 분류된다. 이들은 사전적 정의로는 어떤 혈통이나 정분 또는 법률상으로 맺어진 관계가 없다고 판단된 자들이나, 사실 인물들의 가장 가까이에 있던 존재라는 점에 주목하게 된다. 동시에 어떤 관계는 혈통이나 정분, 법률만으로 설명되지 않는다는 것을 다시금 실감하는 바이다. 어쩌면 무연고라는 명명은 관계를 무화시키고 존재를 지워 내는 가장 손쉬운 방법이 아닐까.

관계에 대한 정의를 혈통과 법률 따위로만 규정할 수 있다면, 「우리가 우리였던」의 고모와 은재, 고양이 치자를 한데 묶을 수 있는 적당한 단어는 존재하지 않는다. 이들은 가족, 부부, 연인, 친구와 같이 타인과의 관계를 규정하는 단어 중 어느 하나에도 귀속되지 않고, 그저 '우리'라는 공동체로서 유효하다. 소설은 고모의 1주기를 맞이하여 주인공 수아와 예비 신랑 연호, 그리고 고모의 동거인이었던 은재가 같이 묘지로 향하는 것에서부터 시작된다. 은재를 1년 만에 만나게 되어 수아는 그가 조금 어색했으나, 불편함의 진짜 이유는 여전히 은재가 고모의 아파트에 살고 있다는 사실이었다. 고모가 남긴 "유언 대용 신탁증서"(97쪽)가 은재에게는 고모의 아파트에서 일정 기간 동안 더 머무를 수 있게 해 주는 명분이었지만, 수아의 가족들이 볼 때 법, 즉 "혈연과 법적으로 연결된 가족"(같은 쪽)보다 우위에 있는 것은 없었다. 고모가 폐암으로 죽기까지 두 사람과 고양이 한 마리는 10년을 같이 살아왔는데도 어떠한 단어나 법으로 규정되지 않았다. 그들은 오히려 그 규정을 거부한 것에 가까웠다. 가족이나 부부라기엔 혈연과 결혼으로 묶여 있지 않았고, 연인이나 친구라기엔 그들은 정서적으로 더 긴밀한 관계였다. 결혼과 출산, 육아로 엮이지 않은 하나의 공동체로서 그들은 견고했다.

하지만 이들의 삶을 누구보다 잘 알고 있던 수아에게도 은재를 더 이상 용인할 수 없는 이유가 있었다. 고모의 아파트는 곧 연호와의 신혼집이 될 예정이었기 때문이다. 고모를 만나러 가는 길, 가방 안에 은밀히 담긴 건 청첩장과 퇴거 명령이 담긴 내용증명이다. 은재를 밀어내는 것이 결국 법과 제도에 의해 증명된 서류라는 현실 앞에서 수아가 주저하는 까닭은 그가 두 사람의 생활을 가까이서 보아 온 유일한 사람이라서가 아닐까. 그들을 "무엇이라 부를 수 있는 관계인지"(94쪽)만이 중요할 뿐, 고모가 선택한 삶의 형태는 수아의 가족들에게 전혀 의미 있는 것이 아니었다. 가족에게서 느낄 수 없던 이해와 안락이 고모의 집에는, 그들 사이에는 존재한다는 사실을 아는 건 오직 수아뿐이었다. 그러나 즐거운 시간을 보내고 집으로 돌아갈 때면 "마치 마법이라도 풀려 버린 것처럼 허탈한 기분"(108쪽)이 들었던 건 왜일까. 그들을 힐끔거렸던 이웃들의 시선, 어떤 관계인지를 가늠하는 달갑지 않은 시선을 떠올릴 때면 수아는 어김없이 보이지 않는 현실의 벽 앞에 마주 서곤 했다.

가족이라는 이름으로 행해진 폭력은 고모가 폐암 말기 진단을 받은 이후부터 계속되었다. 치료를 받지 않고 집으로 돌아가고 싶다는 고모의 의사는 "혈육으로 할 수 있는 의무를 다하"(110쪽)겠다는 아버지의 말에 의해 묵살되고, 은재와 치자 없는 "일방적인 시간"(111쪽)이 임종까지, 그리고 그 이후로도 이어졌다. 그렇기에 지금, 1년이 지나고야 고모의 석실 앞에 죽은 치자의 골분을 묻으며 늦은 장례를 치루는 은재의 손길은 더없이 슬프다. "여기 있다는 걸 우리가 알고 있으니까. 괜찮아."(113쪽) 이 말에서 '우리'가 누구인지를 더듬어 보는 일 또한 소중하다. 그것은 이제 특별한 기대 없이 정상 가족을 이루며 살아갈 수아에게도 마찬가지일 것이다. "우리가 우리였던 날들을" 떠올리는 "잠시"(114쪽)의 시간으로 어떤 하루를 살아갈 힘을 얻을지도 모를 일이니 말이다.

가족 공동체 안에서 마땅한 역할 수행을 강요받았던 이가 수아의 고모뿐일까. 「무슨 말인지 알죠」에는 율리아의 두 할머니가 등장한다. 한 명은 이 소설의 화자인 안나다. 임종을 앞두고 간신히 청각만을 유지한 채 들려오는 목소리에 귀 기울이던 안나는 오래전 실종된 또 한 명의 안나를 떠올린다. 그는 바로 안나의 사돈이자 율리아의 또 다른 할머니, 미영이다.

다섯 살 율리아의 표현을 빌리자면 안나는 "할머니 같은 할머니"(68쪽)였다. 그는 손주들 입에 맛있는 음식이 들어가는 걸 가장 큰 기쁨으로 여기며 율리아가 원한다면 기꺼이 '할머니 같은 할머니'가 되어 주고 싶어 한다. 반면 미영은 어떤가. 그는 우리가 흔히 떠올릴 수 있는 전형적인, 즉 가족 공동체 안에서 규범적 역할로서의 할머니와는 거리가 멀다. 사돈에게 시답지 않은 농담을 던지거나 "우리 동갑이죠?"(50쪽) 하며 말을 놓고, 손녀가 어떤 음식을 좋아하는지엔 관심이 없고 그저 미제 초콜릿을 쥐어 줄 뿐이다. 기도할 때도 마찬가지였다. 가족의 평화가 아니라 "나의 안녕과 건강"(66쪽)을 바란다는 점에서 미영은 안나와 정반대의 인물이었다. 그렇기에 할머니로서의 역할, 시어머니로서의 역할에는 도통 관심이 없는 미영을 두고 안나는 내심 철이 없다고 생각했던 것도 사실이었다.

그런데 갑작스레 단둘이 떠난 하루 동안의 서울 나들이는 안나로 하여금 미영에게 가졌던 낯선 마음을 조금이나마 덜어낼 수 있는 계기가 된다. 미영이 가진 작은 방 하나만큼의 자유를 통해 죽은 아들이 바랐던 자유를 떠올릴 수 있었기 때문이다. 그전까지 안나에게 자유란 단순한 것이었다. 백지 위에 새로운 그림을 그리는 것이 아니라 "주어진 그림을 내가 주어진 색으로 다르게 색칠하는 것", 그마저도 "24색이면 충분"(67쪽)하다고 여겼던 것이 안나가 생각하는 자유이자 지금까지의 삶이었다. 아내답게, 엄마답게, 할머니답게 주어진 역할을 가장 알맞은 색들로 착실히 채워 나가지 않았나. 이런 안나에게 "자유, 혁명, 시대의 어둠, 죽음, 해방"(55쪽) 등의 단어에 허기를 느끼는 아들은 좀처럼 이해할 수 없는 존재였다. 그러나 미영과의 나들이로 안나는 아들이 바랐던 자유를 다시금 헤아리고, "아들이 믿고 충성하길 바랐던 사람"(69쪽) 앞에서 작은 돌멩이 하나를 쥐어 보기까지 한다. 비록 던지지는 못했을지언정 쥐어 보는 것만으로도, 누군가 곁에 함께 울어 준다는 것만으로도 단단히 맺힌 울분과 처절한 마음을 나눌 수 있었기에 유의미하다.

죽음에 가까워진 지금, 목소리가 들려주는 이야기를 따라 그날의 나들이와 미영을, 자신이 누린 적 없는 자유를 되짚던 안나는 이제야 긍정한다. "내가 가진 24색만으로는 부족"했다는 것을, "48색을 가졌다 해도 부족할 거라는 것을"(77~78쪽). 또한 기억으로 고백한다. 서울 나들이로부터 얼마 되지 않아 자신의 의사와는 관계없이 아들의 집으로 모셔지고, "원망만 남아 있는 늙은이"(71쪽)로 시들어 가던 미영을 자유롭게 만든 이가 바로 자신이었다고 말이다. 자꾸만 미영을 떠올리게 되는 건 그와 닮아 가는 율리아 때문이기도 했다. 미영이 가졌던 작은 방 하나만큼의 자유보다 더 큰 것을 위해 싸우는 율리아. 어쩌면 율리아가 바라는 자유는 그 옛날, 안나의 아들이 염원하던 그것과 비슷한지도 모른다. 그들이 바라는 자유는 "자신이 믿어 왔던 일에 배신"(52쪽) 당하지 않고 믿음을 유지할 수 있는 세상 안에서 살아가는 것일 테다. 이는 아직도 많은 이들에게 인정받지 못하고 이해되지 않을 것이지만, 그럼에도 불구하고 더 나은 쪽을 향해 끊임없이 목소리를 내고 뜻을 굽히지 않는 사람들이 있다는 걸 안나는 끝에 다다라서야 다행으로 여길 수 있게 되었다. 조금은 편안해진 마음으로 안나는 이제 또 다른 안나에게 마지막 인사를 건넨다. 미영이 입버릇처럼 묻던 '무슨 말인지 알죠?' 하는 말에 뒤늦게 답하듯, 이 세상 어딘가에 아직 살아 있다면 "당신이 마음을 표현할 수 있는 단어"(77쪽)를 가득 쥐고 살아가길 바라며.

믿음의 증표를 쥐어 보며

여덟 편의 소설은 상실의 자리를 그리고 있지만 결코 황폐하지 않았다. 그 자리를 살아가는 인물과 그들의 삶을 그리는 작가의 시선이 항상 그 너머를 바라보고 있기 때문이었다. 정선임의 소설에는 무엇을 잃었든 정확하게 슬퍼하고 다음으로 갈 수 있다는 의지가 있다. 한발 더 나아가, 정선임은 이 의지를 소설만의 것으로 남겨 두지 않았다. 우리가 우리였던 시간과 존재한다는 믿음이 있기에 가능한 부름, 맞잡은 두 손과 따뜻한 바람, 응시하는 눈, 고작 그것뿐이지만 고개를 들게 만드는 것, 그리고 다행이었지, 하는 중얼거림까지. 읽는 이에게도 믿음의 증표를 하나둘, 여러 번 나눠 주었으니 말이다. 소설이 건네는 증표를 기꺼이 받아 들며 나 역시 정선임의 소설에 대한 믿음을 약속한다. 그러니 함께 증표를 나눈 당신에게

도 묻고 싶다. 굳이 덧붙이지 않아도,

"무슨 말인지 알죠

그 말의 끝이 마침표인지, 물음표인지 헷갈리지 않고."(78쪽)

낙차의 기록

— 성해나 소설집 『빛을 걷으면 빛』[1]

이해하고 오해하기

「김일성이 죽던 해」의 한 장면으로부터 시작해 보자. 글쓰기 수업 중 수강생 하나가 작가이자 강사인 '나'에게 묻는다. 좋은 소설이란 무엇인가요? 문학을 읽고 그것에 대해 쓰는 일을 업으로 삼고 있는 나조차도 쉽게 대답할 수 없는 질문이다. 이 질문에 대한 '나'의 생각은 이렇다. "주인공에 대해 이해하려 했지만, 결국은 실패한 소설."(355쪽) '나'는 자신의 생각을

---

1 성해나, 『빛을 걷으면 빛』(문학동네, 2022). 이후 본문에 인용할 경우 작품명과 쪽수만 표기하도록 한다.

밝히지 못하고 앤 라모트의 문장으로 답변을 대신한다. "인물 하나하나를 온전히 이해하고 연민하는 소설이죠. 설사 악당일지라도요."(같은 쪽)

수강생들에게 전하지 못한 '나'의 입장은 성해나의 이번 소설집 『빛을 걷으면 빛』에 수록된 작품들과 공명한다. 대부분의 작품이 이해의 시도로부터 비롯되는 오해를 첨예하게 그린다. 이해는 어떻게 오해가 되는가? 나 아닌 다른 이, 내가 알지 못하는 무언가에 대한 이해가 필요한 근본적인 이유는 우리 사이의 차이에 있다. 그것은 연인 관계에서도, 세대간에서도 나타날 수 있다. 한 핏줄도 예외는 아니다. 가족 안에서 발견되는 차이는 친밀한 관계일수록 섣부른 이해의 시도가 금세 오해로 변질되고 마는 비극을 더욱 선명하게 한다.

그렇다면 이해하려는 시도는 결국 실패로 귀결될 수밖에 없는 것일까. 이 물음에 대한 답은 좋은 소설에 대한 '나'의 생각을 다시금 환기해 봄으로써 찾을 수 있다. 이해에의 실패는 단순히 실패에서 그치는 것이 아니라, 또 실패에 이른 이들을 절망케 하는 것이 아니라, 실패 이전과 이후의 낙차를 가늠해 보게 한다는 점에서 유의미하다. 이해가 아닌 오해일 수밖에 없던, 미처 발견하지 못했던 차이의 폭을 비로소 실감할 수 있는 것도 이 지점에서다. 실패가 있기에 우리는 다음으로 갈 수 있다. 만약 그렇지 않다면, "인물 하나하나를 온전히 이해하고 연민"한다면, 한 걸음도 떼지 못한 채 거기에 발이 묶여 있을 테니까. 그러한 소설은 좋은 소설이 아니라 고통스러운 소설에 가깝다.

이 책에 그려진 여러 실패 중 가장 먼저 「언두」를 살펴보기로 한다. 「언두」는 데이팅 앱으로 시작된 인스턴트식 만남에서 연인으로 발전한 이들의 이야기다. '유수'와 '도호'는 첫 만남(이자 마지막이 될 뻔한 만남)에서 십년지기 친구에게도 못 한 이야기를 서로에게 털어놓는다. 유수는 "십 년째 두 집 살림을 하는 아빠에 대해, 그런 아빠를 묵인하고 때때로 용인까지 하는 엄마에 대해"(11쪽) 이야기하고, 도호는 부모님이 돌아가신 후 고아가 된 자신을 맡아 준 농인 할머니에 대해 말한다. 이들이 하룻밤에 지나지 않을 관계의 틀을 깨고 만남을 지속할 수 있게 된 건 이날 서로의 이야기에 "'난 다 이해해.' '괜찮아.' 따위의 무책임한 말"로 "함부로 동정하지 않으려"(13쪽) 했기 때문일 것이다. 그런데 도호와의 관계가 깊어질수록 유수가 이해하지 않아도 괜찮았던 것들은 "감수해야"(27쪽) 하는 것으로 바뀐다. 가령 농인인 할머니를 혼자 둘 수 없기에 외박을 못 하는 것, 잠을 자더라도 모텔이나 호텔이 아니라 반드시 도호네 집에서 자야 한다는 것, 취업 후 바쁜 도호를 대신해 할머니를 보살피고 집안의 이런저런 일들을 신경 써야 한다는 것 등이 그렇다. 이 모든 일은 도호가 종종 가볍게 내뱉는 "너도 내가 돼 봐." 같은 말로 '나'에게 자연스레 인계된다. 유수가 온전히 이해할 수 없는 것들은 짐이 되어 조금씩 그 무게를 더해 간다. 도호의 할머니가 사회적 약자인 동시에 교인들이 보는 앞에서 목사에게 밀린 월세를 독촉하는 4층 건물의 소유주임을 알게 되었을 때, 아무도 없는 집에서 "거들과 슬립만 걸친 할머니"(49쪽)가 "몸부림에 가까운 동작"(50쪽)으로 춤을 추는 모습을 보았을 때, 유수는 도호와 할머니가 자신이 이해 가능한 범주를 벗어나 있음을, 그리고 사랑과 이해가 동의어는 아님을 뒤늦게 깨닫는다. "무거워, 다 너무 무거워."(같은 쪽) 집으로 돌아가는 길, 끝없이 중얼거리는 이 말은 사랑이라는 이름으로 불렀던 모든 것들을 향해 있다. 유수는 "비겁할 수 있는 사람과 그럴 수 없는 사람"(51쪽)이 있다는 엄마의 말을 다시금 떠올린다. 1년 중 반을 밖으로 나도는데도 나머지 반은 자신의 곁에 있다며 아빠를 떠나지 못하는 엄마, 도망치려고 했으나 그러지 못한 도호는 '비겁해질 수 없는 사람'일 것이다. 그렇다면 유수는. "도호야, 난 네가 될 수 없어."(52쪽)라는 보내지 못한 메시지를 속으로 되뇌며 비겁해지려는 사람, 악취가 나는 아빠 옆에서 "이제 곧 익숙해질, 그 냄새를 맡으며"(53쪽) 함께 웃는, '비겁할 수 있는 사람'과 별수 없이 닮아 있는 사람이다. 비겁할지언정 비난할 수 없는 유수의 선택은 이 소설의 제목이 갖고 있는 또 하나의 의미를 상기시킨다. 도호와의 이별 이후 유수의 생활은 도호를 만나기 이전으로 돌아간다. 언두(undo), 실행 이전으로. 하지만 그 전으로 되돌린다고 한들 아예 없었던 일이 될 수는 없는 것처럼, 도호와의 시간은 유수에게 입버릇처럼 붙어 버린 흥얼거림으로 남는다. 도호 할머니의 "몸부림에 가까운 동작"에 배경음악으로 깔렸던, 기괴하게 늘어지던 노래와 같이.

친밀하게, 무정하게

이처럼 끝내 이해할 수 없는 서로의 차이는 성해나의 소설에서 매우 다층적이고 전 범위적으로 그려진다. 「언두」에서 유수와 도호가 "비겁할 수 있는 사람과 그럴 수 없는 사람"의 차이를 극복할 수 없었다면, 나아가 할머니와 유수가 손의 언어와 말의 언어의 차이를 좁힐 수 없었다면. 「소돔의 친밀한 혈육들」과 「괸당」에서 차이는 보다 가족적이며 역사적인 차원으로 드러난다. 시대가 여러 번 바뀌는 동안 변화한 그 시간만큼이나 후손에게 대물림되어 온 것들의 격차는 뚜렷하다. 가령 "기업의 생존 토대는 사회"(186쪽)임을 표방하는 한 집안에서 가보의 진위를 밝히려던 중 그들이 친일파의 후손이라는 사실이 밝혀진다면 어떨까. 「소돔의 친밀한 혈육들」에서 그려지는 이 현장은 우리의 예상과 달리 쉽게 파국으로 치닫지 않는다. 조상이 친일파였다는 사실은 그저 "조상의 과오"(200쪽)이며 후손인 자신들과는 무관한 일인 것이다. "우리가 이룩한 건 선대와는 무관"(201쪽)하다는 당당한 태도에 "시대가 지났어도 누군가는 반드시 져야 할 책임"(200~201쪽)이나 "죄의식"(201쪽)은 갈 곳을 잃고, 도리어 그들을 향한 비판이 시대착오적인 책임 전가로 치부되고 만다. 그렇기에 비판의 근거도, 비판을 하려는 자 역시도 지금까지 그래 왔던 것처럼 흔적도 없이 사라지게 된다. 현장을 녹화한 영상에서 이 장면은 깔끔한 편집으로 삭제되고, 책임을 묻던 이는 "원래부터 존재하지 않았던"(204쪽) 것처럼 어느 순간 사라진다.

흥미로운 점은 이 집의 이방인이었던 두 사람('나'와 도검 감별사) 중 한 사람(도검 감별사)은 사라졌지만, '나'는 끝까지 남아 음식을 함께 나누어 먹음으로써 그들의 편에 서게 된다는 것이다. 문제의 장면을 영상에 담고 있었다는 점에서 '나'는 지워져서는 안 될 역사의 한 장면을 기록하는 사관(史官)이었으나, 그것을 "깔끔히 편집"(같은 쪽)하는 것으로 사관(史觀)을 다시 쓰는 셈이 된다. 이 경험은 과거의 식민 지배 관점이 그러했던 것처럼 '나'에게 하나의 견고한 관점으로 자리한다. 이는 '나'가 인사 담당자로 있는 회사에서 "어제까지 같이 밥 먹고 일하던 사람들"(207쪽)의 편이 아닌 사측의 입장을 완고하게 밀어붙이는 태도에서 엿볼 수 있다. "규정대로 할 수밖에" 없으며 "그편이 더 경제적"(같은 쪽)이라는 '나'의 생각은 "아름답고 경제적"(178쪽)이라는 이유로 혈앵무를 키운다는 그 집안의 태도와 겹쳐진다. 동족 번식이 불가한 종인데도 "이상하게 종족 유지가 가장 잘"(같은 쪽)된다는 혈앵무는 스스로 세력을 키울 수는 없지만, 거대 세력에 충성하며 기생하는 이들을 가리키는 것일 테다. 그리고 그것이 그때나 지금의 '나'와 결코 다르지 않다는 것을, 작가는 또 한 명의 사관들이 되어 밝히고 있다.

한편 「괸당」은 가족 안에서도 선택과 인정에 의한 차이가 존재함을 보여 주는 작품이다. 제주에 사는 '나'는 아버지의 요청으로 북카자흐스탄에서 온 고려인 재종숙 부부를 반나절 동안 가이드하기로 한다. 그런데 공항에서 만난 재종숙 부군은 "키가 크고 눈매가 깊었고, 백인 혈통이 묘하게 섞인 듯한 모습"(135쪽)으로 "'고을나'를 시조로 참고 있는 순혈"(137) '제주 고씨'라기엔 상당히 낯설다. 이는 "괸당의 일이라면 열 일 제치고 찾아가는 사람"(141쪽)인 아버지마저도 주춤하게 만드는 차이이다. 하지만 부군의 요청으로 그의 부친이 살았다는 월정리로 향하는 길, 아버지와 부군은 비슷한 역사적 경험을 공유하며 한집안 사람이라는 유대를 쌓아 간다. 제주에 있던 아버지는 4·3사건을, 연해주에 있던 부군의 부친은 고려인 강제 이주를 겪은 적이 있으므로, 서로가 고통과 핍박의 시간을 견뎌 왔으며, 그들은 제주에서나 북카자흐스탄에서나 "시신을 수습하지 못한 이들의 묘"(153쪽)를 지어 넋을 기려 온 것이다. 그런 그들을 보며 '나'는 "누군가의 평안을 비는 얼굴들은 어딘지 모르게 닮아 있"(153~154쪽)다고 느낀다. 그러나 재종숙 부부가 자신들이 제주에 온 까닭은 단지 관광이 아닌 죽은 아버지의 뼈를 고향에 묻기 위함이며, 그러기 위해서는 재외 동포 비자가 필요하기 때문에 현재 방치되어 있는 가업인 고야

주 사업을 맡겠다고 할 때. 미약하게나마 연결되어 있던 가족의 끈은 가차없이 끊어진다. "자격이 되는 사람만 할 수 있는 일"(167쪽)이라는 기준에서 '자격'은 제주 본을 가진 고씨 집안의 사람만 해당되는 것이므로 사실상 무용한 잣대였으나 부군에게만은 그것이 본의 여부가 아닌 집안 사람들의 인정과 선택으로 둔갑하는 것이다.

2018년 제주 예멘 난민 사건을 떠올리게도 하는 이 작품은 소속될 수 있는 집단이 있음에도 그 결속이 얼마나 허술하며 선택적으로 범주화될 수 있는지를 보여 준다. 조금의 손해도 보지 않으려는 이기심 앞에서 재종숙 부부는 "파란 눈과 장발"(137쪽)을 가진 "외국 씨"(159쪽)로 철저히 타자화된다. 또한 이러한 배척은 단지 재종숙 부부에게만 적용되는 것이 아니다. 친족인 당숙은 "엄혹함과 냉정함"을 지닌 사람인데도 아버지의 입을 통해 "가족에게 잘하는 사람으로 둔갑"(145쪽)하는 반면, 당숙이 죽은 후 제주를 떠난 당숙모는 일평생 집안을 위해 일해 왔는데도 "종부의 역할을 다하지도 않고 떠난 비정한" "뭍것"(160쪽)이 된다. 그렇다면 이 모든 선택과 평가를 바라보는 '나'는 어떤가. 재종숙 부부를 이방인으로 여기는 아버지와 삼촌의 입장과 '나'의 입장은 무관한가.

"십이 인 혼성 도미토리"(169쪽)에서 묵을 거라는 재종숙 부부에게 선뜻 '우리 집에서 지내시겠냐'고 묻지 못하는 것으로 '나'는 자신이 아버지와 삼촌의 입장과 다르지 않음을 인정하는 셈이다. 집으로 돌아오는 길, '나'에게 끊임없이 '왜'라는 물음이 따르는 것 또한 이 때문이다. "왜 부부를 재종숙부나 숙모가 아닌 재종숙 부군과 부인이라는 기묘한 호칭으로 일컬었는지 고씨 삼촌과 아버지가 벌인 일들에 왜 내가 더 긴장하고 송구스러워했는지, 왜 우리는 누군가에겐 관대하면서도 누군가에겐 한없이 매정해질 수밖에 없는지"(171쪽), 그리고 그랬던 것은 자신이 방관과 묵인으로 그것에 동조했기 때문이라는 것을 '나'는 이미 알고 있다.

「OK, Boomer」는 가족 안의 갈등을 세대론의 차원으로 확장시킨다. 이 소설의 중년 남성 화자인 '나'는 동년배와 자신을 비교하며 '나는 다르다'는 식으로 자신이 시대에 발맞춰 가는 사람이라고 긍정한다. 하지만 이 같은 판단의 근거는 사실 초라하다. "애플 워치"(102쪽)를 사용하며 "모바일 앱으로 신문을 읽었고 유튜브와 페이스북 계정도 있"(113쪽)다는 것만이 시대를 따라가는 '나'의 방식이기 때문이다. 말하자면 시대와 긴밀하게 연결되는 수단의 사용만을 근거로 삼고 있는 셈이나 이는 '나'

로 하여금 집을 뮤직비디오 촬영 장소로 쓰게 해 달라는 아들의 부탁을 너그럽게 들어주며 "건스 앤 로지스 티셔츠"(106쪽)를 입고 아들과 그의 동료를 맞이할 수 있는 열린 사람이라는 자의식을 갖게 하는 데에 충분하다. 이 자의식의 기저에 "부당한 일에 목소리를 높이고 교육 환경을 개선하기 위해 힘써 왔으"며 진보 그 자체로 표상되는 "조합의 지부장"(111쪽)으로 활동했다는 사실이 자리하고 있음은 물론이다.

호기롭게 "중요한 건 언제나 속도가 아니라 수용"(113~114쪽)임을 강조하는 '나'의 말과 행동에는 명백한 아이러니가 존재한다. "뭐든 빠른 게 좋은 거라는 인식"(115쪽)으로 아이를 1년 일찍 학교에 보냈던 것은 과거의 일이라지만, 채식을 한다는 아이들에게 '말뿐인 존중'의 의사를 표하고, '아이패드와 루프스테이션'으로 연주하는 아이들을 떨떠름한 시선으로 바라보는 '나'의 모습은 시대의 변화를 수용했다고 보기 어려우니 말이다. 그리고 '나' 역시 그 사실을 여실히 실감하게 된다. "음악이라기보다는 기술에 가까"(116쪽)운 음악 속에서 '진짜 악기'로 연주하는 "아들의 기타 솔로"가 "그 밴드의 옥의 티"(같은 쪽)로 여겨지는 것이다. 진정 이질적인 건 그들의 것이 아니라 '나'에게 익숙한 구시대적인 것이라는 걸 알아차렸을 때, 그리고 그 발각의 화살이 '나'에게로 향할 때, '나는 다르다'는 믿음은 산산조각 난다. 밑천 없는 자부심의 정체를 알아챈 듯 Z세대가 가볍게 날리는 훅(hook)은 '나'에게 상당한 데미지를 입힌다. "잔존해 있는 일본말"(118쪽) 사용을 지적받는 것으로 한 방, 지금까지 '나'의 "아이덴티티"(111쪽)라고 할 수 있던 감사패를 치워 달라고 요구받는 것으로 또 한 방. 애지중지했던 감사패가 "존나 별것도 아닌 걸로"(121쪽) 치부되며 이 시대에서 더 이상 어떤 "미장센"(같은 쪽)으로도 기능하지 못한다는 것을 알게 되었을 때, '나'를 지탱해 오던 "똘레랑스"(같은 쪽)는 더는 남지 않게 된다. 그저 '꼰대스럽다'고밖에 할 수 없는 말들("니들 마음대로 할 거면 당장 나가라.""여긴 내 집이야."(같은 쪽))을 뱉으며 권위에 호소하는 순간, 'OK, Boomer.' 하고 '나'를 조소하는 것은 눈앞의 아이들이 아니다. "기하급수적"으로 쏟아지는 "형형색색의 하트"(122쪽)들, "고요하면서도 시끄럽고 무심하면서도 관심으로 들끓는"(113쪽) 화면 속의 보이지 않는 존재들이야말로 '나'가 진정으로 수용해야 할 이 시대의 중심에 있는 이들이다.

어색하고 투박하지만 열렬히

젊은 신입 교사를 욕하는 동료 '오'의 말에 입을 닫고 있던 '나'마저도 "요즘 애들"(125쪽)이라는 말로 자신의 이해 불능 상태를 세대론적으로 구조화할 때, 이 격차는 쉬이 좁혀지지 않은 채 갈등의 수렁으로 점점 더 깊이 빠져들 것처럼 느껴진다. 하지만 실패하면서도 계속해서 이해의 시도를 그만두지 않는 인물들이 있어 성해나의 소설은 일말의 가능성을 타진할 수 있는 방향으로 나아간다.

예시로 「당춘」은 농촌을 배경으로 하고 있어 청년세대와 기성세대의 생활양식이나 입장의 차이 등이 더욱 분명히 나타나지만 그렇기에 오히려 차이의 면면을 연결할 수 있는 지점 또한 선명하다. 어른들로서는 농촌에 방문한 청년들과 함께 마을을 살리는 활동을 하는 것으로, 청년들로서는 "무용하지만 함께라는 것으로 충분"(261쪽)했던 시간을 되새기는 것으로 서로에게 "비빌 언덕"(227쪽)이 되어 줄 수 있다. 이는 '두루'와 '헌진'이 "해맑은 낙관"(256쪽)을 가진 '영식 삼촌'을 못마땅해하는 것처럼 이상에 지나지 않는 그림일 수 있으나, 이상에 기대고 싶을 만큼 팍팍한 현실은 이 이야기에 설득력을 불어넣는다. 팬데믹의 영향으로 평생 직장이라 여겼던 회사에서 해고당하고 아르바이트를 하며 생계를 유지하는 두루와 배달 기사로 일을 하는 헌진이, 남는 장사가 아니라는 걸 알면서도 "이틀에 사십"(213쪽)이라는 말에 솔깃해 진천까지 왔으니 말이다. "우리도 죽겠는데, 왜 남은 파이까지"(221쪽) 뺏으려 하냐며 위 세대를 비난하는 심술궂은 마음, 절대 손해 보지 않겠다는 마음으로 왔건만 그 마음은 약속한 이틀을 보내는 사이 슬그머니 약해진다. 그리고 종내에는 "여기가 (······) 좋아서, 더 좋은 곳으로 만들고 싶"(258쪽)다는 영식 삼촌의 말에 도움의 손길을 보태듯 제법 열심히 하는 모습으로 변모하기까지 하는 것이다. 어쩌면 그들에게 정말로 필요했던 건 수중에 쥐이는 단돈 몇 푼이 아니라 "너희들이 내킬 땐 언제든 머물다 가도 된다."라는, "산도 보고 밭도 보고 사는 얘기도 나누며 숨 돌리고 가도 된다."(같은 쪽)라는 말이었을지도 모른다.

그렇다고 두 세대의 격차가 단번에 부드럽고 매끄럽게 좁혀지는 것은 아니다. 그들은 "어색하고 투박하지만 열렬히"(270쪽), 그래서 더 좋을 만큼 서서히 궤를 맞춰 나간다. 누구 하나 제대로 찍히지 않은 단체 사진 속, 마스크 너머로 조용히 그러나 일제히 환한 웃음을 짓고 있음을 알아차릴 수 있을 정도로, 지금은 그 정도로도 충분하다.

이러한 소통과 연대의 가능성은 여성 인물 간의 관계에서 특히 구체화된다. 이는 등단작 「오즈」에서부터 주목할 만한 것이었다. '나'는 주거 사업의 일환으로 한 할머니의 집에 세입자로 들어간다. "식사는 알아서 해결할 것, 허락 없이 사람을 들이지 말 것, 벽체가 얇은 집이니 통화는 작은 소리로 할 것, 그리고 무슨 일이 있어도 자기 방에는 들어오지 말 것"(295쪽) 같은 규칙을 정해 두고 할머니와 '나'는 한집에서 각자 살아간다. 이들이 집주인과 세입자의 관계를 벗어나기 시작하는 것은 할머니가 '나'에게 커버업 타투를 요청하면서다. "가슴부터 갈비뼈까지 이어지는 여러 개의 문신들"과 붉은빛으로 깜빡이는 "인공 심박동기"(294쪽)는 할머니가 어떤 시간을 지나온 것인지 쉬이 가늠할 수 없을 정도로 온몸 깊게 새겨진 한 여성의 역사 그 자체다. 고통의 시간을 몸에 새겨 온 사람은 할머니만이 아니다. '나' 또한 스스로 몸에 상처를 내는 것으로 견디는 삶을 살아왔으므로. 이들은 자신의 가장 약한 부분을, 달리 말하면 삶의 흔적을 내보이는 것으로 서로를 보듬는다. 이 지점에서 집주인과 세입자, 노년과 청년이라는 관계의 벽은 이미 사라진 지 오래다. 가만히 있을 수가 없어 꾹꾹 눌러 담는 마음으로 압화를 만들기 시작한 사람과 상처를 감추기 위해 타투를 시작한 사람, 그러지 않고서는 견딜 수 없던 시간을 마음으로 나누는, 더는 '할머니'가 아닌 '오즈'와 '나', 그저 두 사람이 있을 뿐이다. 이 시간들이 있어 오즈가 죽은 후 '나'는 엄마와 동생의 죽음으로 겪어야 했던 허무와 절망을 되풀이하지 않을 수 있게 된다. 그렇게 '나'는 처음으로 상처 없이 깨끗한 살에 "어떤 문양으로 이어질지 아직 알 수 없"는 가능성과 같은 "반듯하지도, 깔끔하지도 않은 실선"(338쪽) 하나를 새기기 시작한다.

「화양극장」 역시 노년 여성과 청년 여성을 중심으로 한다는 점에서 「오즈」와 맥락을 같이한다. '경'은 임용 고사에 여덟 번 낙방한 후 삶의 의욕을 모두 상실한 것처럼 보인다. 번번이 시험에 떨어져서이기도 하지만, "남들만큼은 살아야 한다."(72쪽)라는 압박과 "숨소리가 너무 크다."(61쪽)며 눈치를 주는 가족들로 인해 자존감은 이미 바닥이 난 상태다. 자기 효능감은 어디서도 찾을 수 없으며 스스로의 무능함을 하루하루 실감하는 날들 속에서 화양극장은 경에게 일종의 대피소이다. 그곳에 앉아 영화를 보고 있으면 아무것도 하지 않았다는 기분이 들지 않으며, 가족들의 압박에서도 잠시 벗어날 수 있으니까. 경이 노년 여성인 '이목'을 만난 것도 화양극장에서다. 그와 나란히 앉아 영화를 본 뒤 영화에 대한 이야기를 잠시 나누는 것으로 경은 "전에는 안 보이던 것들이 그제야 조금씩 보이기 시작"(70쪽)하는 것을 느끼며 서서히 회복해 나간다. 이목과의 만남을 지속하며 경은 이목에 대해 하나둘 알게 된다. 그가 과거 스턴트 배우로 활동했으며, 뤼미에르라는 이름을 가진 고양이와 함께 살고 있다는 것. 그리고 오랫동안 한 여자를 사랑해 왔다는 사실까지. 스크린 속에서는 아름답게 그려지지만 그 바깥에서는 "바지씨"(84쪽)로 불리며 "'러브'가 되고 '그거'가 되고 마는"(79쪽) 동성 간의 사랑에 대해 경은 한참을 생각한다. 온전히 이해할 수는 없지만, 경은 영화의 한 장면을 떠올리듯 이목의 삶과 사랑을 짐작해 본다. 그리고 그 장면 안에 자신을 놓으며 이목과 '연수'의 사랑을 그저 바라보는 것이 아닌 함께하는 것으로 여긴다.

이목 씨의 삶과 사랑을 경은 온전히 이해할 수 없었으나. 그래도 짐작해 보려 애썼다. 이목 씨가 기꺼이 그래 주었듯, 자신도 그의 편이 되고 싶다고. 영사막을 투과한 무수한 빛들이 숯이 되어 사라지는 동안 경은 상상했다. 이목 씨와 연수

씨가 한 식탁에 앉아 둥글게 새알심을 빚는 장면, 그들 사이에 끼어 함께 그릇을 세팅하고 수저를 놓는 장면. 뭉근한 불에 팥죽은 끓어 가고 은근한 온기가 흐르고, 달고 부드러운 죽을 먹으며 세 사람이 농담을 나누고 같은 지점에서 웃는 장면을. (79~80쪽)

함께 팥죽을 먹는 일은 결국 실현되지 못했지만, 이목이 자신을 "동등한 존재"(69쪽)로 대해 주었듯 경 역시 이목과 연수의 사랑을 다른 사랑과 동등한 것으로 여긴다는 점에서 이 장면은 유효하다. 이후 화양극장이 문을 닫고 경이 다시 서울살이를 하게 되면서 두 사람은 더 이상 만나지 못한다. 그러던 어느 날, 과거 이목이 해피 엔딩으로 설명해 주었던 영화를 홀로 보게 되었을 때, 그것이 사실은 지독하게 비극적이며 참담한 결말로 끝난다는 걸 알게 된 경은 뻔하지 않은 결말로 자신을 데려다주고 싶어 했던 이목의 배려를 뒤늦게 깨닫는다. "살아 내지 않고" 살아갈 수 있기를, "견디지 않고 받아들이면서"(92쪽) 살 수 있기를 바라는 마음이 지금의 어둠을 잠시 거두어 낼 수 있다는 것을, 그 마음 덕에 극장 안 캄캄한 어둠 속으로 숨어든 이들이 더 이상 막이 내린 후의 빛을 두려워하지 않을 수 있다는 것을 읽는 이 역시 이 소설을 통해 체득한다.

아버지의 말들이 자신의 영혼을 갈기갈기 찢고 있다는 경의 말은 어느 영화 속 대사의 일부이다. "비록 지금은 영화 속 대사를 차용하지만, 언젠가는 자신의 대사만으로 충분할 날도 올 거라 여기며" 그는 "초연을 올리는 배우처럼 서툴지만, 담대하게"(85쪽) 자신이 받은 상처를 처음으로 토로한다. 「김일성이 죽던 해」의 화자 '나' 역시 타인의 말을 빌려 자신의 입장을 드러내는 인물이다. '나'는 자신의 글을 쓰는 소설가임에도 불구하고, 독자적인 관점에 대해서는 끝내 말하지 못한다. 그것은 "내 문장, 내 이야기라고 여겨 발표했으나" "아류"(354쪽)라는 평가를 받았던 적이 있기 때문이다. 그렇기에 자꾸만 타인의 주장과 관점을 인용하는 방식으로 '나'는 자신의 자리를 채우고자 한다. 그런데 '나'가 느끼는 자기 자신에 대한 공허함은 소설가라는 정체성을 공고히 하지 못하는 데에서 오는 것인 한편, 근본적으로는 엄마와의 관계에서 비롯된 것이기도 하다. 「언두」도 그러하듯, 성해나의 소설에는 엄마와의 관계에서 결핍을 느끼는 인물들이 자주 등장한다. "모녀만이 나눌 수 있는 소상한 연대, 다정하고 친밀한 위로"(102쪽)와는 거리가 먼 이들 모녀에게는 관계의 성립이 곧 무조건적인 연대를 뜻하지는 않는 것이다. 탄생과 동시에 육체적인 분리가 이루어진다는 점에서 모녀는 가장 가까우면서 먼, 어쩌면 가장 이해할 수 없는 존재일 수도 있다. '나' 역시 엄마를 이해할 수 없으나 자신은 이해받길 원하는 일방적인 마음 탓에 엄마와의 관계가 조금씩 더 엇나가던 중, 우연찮게 '김일성이 죽던 해'로 시작되는 엄마의 글을 읽고 엄마에 대해 몰랐던 사실들을 하나씩 알아가게 된다. 엄마가 공장에 다니며 노동자 글쓰기 모임을 했었다는 것, 고작 셋뿐이었던 구성원 중에서도 가장 적극적이지 않았다는 것, 꾸역꾸역 써 간 글에는 "우리의 권익이나 현실"(379쪽)도 없어 보인다는 평가를 받았다는 것, 사실은 그것을 알고 있음에도 현실을 똑바로 직시하는 것이 어려워 부러 모른 척했었다는 것을. 그랬던 엄마가 비로소 '우리'에 대한 이야기를 쓸 수 있었던 건 '나'를 출산한 이후 울음을 그치지 않는 아이를 달래다 아이의 입안에서 "작고 흰 젖니"(391쪽)를 발견한 순간이었다는 것 또한. 전에 없던 '우리'가 스며 있는 엄마의 시를 읽고, '나'는 더 이상 엄마를 피하지 않을 뿐만 아니라 "엄마 딸이잖아"(394쪽) 하고 말할 수 있게 된다. 새로 생겨난 아기의 작은 이에서 엄마가 지난날의 '우리'를 불러왔듯, '나' 역시 엄마의 지난 기억이 담긴 글을 통해 엄마와 '나', 그리고 '우리'를 말할 수 있을 것이다. 이제 '나'의 글을 쓸 수 있으리란 기대도 물론이다.

긴 이야기를 갈무리하며 「오즈」의 한 장면을 되새겨 본다. 표지에 아무것도 적혀 있지 않은 데다 「오즈의 마법사」 속 캐릭터들이 테두리만 희미하게 그려져 있을 뿐 안은 검게만 칠해져 있는 책. 오즈는 그 안에 무언가 숨어 있다며 '나'에게 "그걸 찾아내는 건 네 몫"(324쪽)이라 말한다. 책 안에 숨어 있는 건 캐릭터들 각자가 가진 고유한 색이었다. 검은 바탕을 살살 긁어 내야만 만날 수 있는 따뜻한 색감을 마음속에 그려 보며 나는 이 장면이 작가가 독자에게 건네는 작은 속삭임이라 여겼다. 말하고 싶은 것들을 알아채 주었으면 하는 마음, 소설로써 전하고 싶은 것들이 읽는 이에게 온전히 닿았으면 하는 마음. 한편으로는 작가 스스로를 향한 중얼거림처럼 느껴지기도 했다. 말해야만 하는 것들을 찾는 것은 자신의 몫이라는 겹겹의 다짐. 어느 쪽이라도 좋을 만큼 성해나의 소설은 부단히 성실하게 따뜻한 마음을 품어 왔다. 온전히 이해할 수 없으리라는 걸 알면서도 이해하려는 시도를 멈추지 않고 반복되는 실패 속에서 그 낙차를 기록하며, 짙은 오해 속에 숨겨진 진심을 세심하게 그려 내었으니 말이다. 그러니 어둠을 거둔 이곳에서 맞이한 환하고 따뜻한 빛을 열렬히 사랑해도 좋을 것이다. 혹시나 들이닥칠지 모를 또 다른 어둠에 대해서라면 이른 고민은 하지 않는 것이 좋겠다. 빛을 걷으면 빛, 이 소설집의 제목이 그렇게 말하고 있으므로. 더 밝은 쪽으로 나아가리란 낙관과 믿음, 이 단어들을 사어(死語)로 두지 않을 힘이 이 안에 있기에 지금의 빛은 더욱 찬란하다.

모험으로 전복하기

— 이미상, 「모래 고모와 목경과 무경의 모험」[1]

 여기, 모험하는 세 여자가 있다. 형제들 사이의 "출생 순서와 가치"(15쪽)를 따져 보자면 쌀은 물론 보리에도 미치지 못해 스스로를 모래쯤이라 자조하는 고모, 그리고 그의 조카인 목경과 무경 자매다. 두 아이는 아직 부모의 사랑을 필요로 하는 나이이나 돌봄의 영역 바깥에 있다. 때문에 이들이 전적으로 의지할 수밖에 없는 건 자신들의 집으로 가출해 온 모래 고모다. 사회가 기대하는 정상 가족의 영역에서 어딘가 조금 비껴 있는 것처럼 보이는 세 사람의 모험담을 담은 이 소설은

---

[1] 이미상, 「모래 고모와 목경과 무경의 무덤」, 『2023 젊은작가상 수상작품집』(문학동네, 2023). 이후 본문에 인용할 경우 쪽수만 표기한다.

서사 구조부터 흥미롭다. 목경이 현재 고모의 상중에 들른 카페에서 과거의 이야기를 반추하는 액자식 구성으로 읽는 이를 그들의 모험에 가담하게 하는 효과를 불러오니 말이다. 그렇게 들어간 액자 안쪽에서 펼쳐지는 모래 고모와 목경과 무경의 모험은 오래전 세 사람이 함께 겪은 일이지만 이를 모험 서사로 읽을 때 그들에게 모두 같은 의미로 적용되지는 않는다. 예컨대 우리를 모험으로 이끄는 안내자이자 소설의 초점화자인 유년의 목경에게 이 모험은 낭만적 사랑의 탐색 로맨스다. 목경을 늘 흥분시키는 놀이 상대일 뿐만 아니라 어쩐지 성애적 감정까지 느끼게 하는 고모("고모의 몸에 맺힌 고모의 것인지 자신의 것인지 모를 짭조름한 땀방울을 빨아 먹던 감각")와 "어딘가로 떠내려가 둘만의 생활을 꾸리길"(22쪽) 바란 모험이었으니 말이다. 낭만적 사랑에 대한 목경의 환상은 자신을 그 안에 적용시키는 것에만 그치지 않는다. 한밤중에 마주친 남자들에 의해 남성 권력의 위협을 느끼는 순간에도 "고모와 빨간 남방이 결혼하는 그림"(28쪽)을 상상하며 공포스러운 상황을 모면하고 싶은 마음을 내비치기도 한다. 이와 같이 목경의 모험이 사랑 안에 귀속되는 근대적인 방식의 탐색 로맨스였다면, 무경과 고모의 모험은 자아 탐색의 길 끝에서 자기 구원을 발견하기 위한 것에 가깝다. 또한 모험의 끝자락에서 두 사람이 "대관식"(40쪽)으로 여겨질 만한 감정적 공유를 한다는 점에서 직계친족은 아닌 여성 간에 계승되는 일종의 영웅 서사로도 읽어 볼 수 있을 것 같다.

신화학자 조지프 캠벨은 여러 문화권의 신화를 총망라하여 영웅들의 모험을 세 단계로 분석했다. 모험에의 소명을 가지고 현실을 떠나는 출발 단계, 시련을 맞이하지만 극복하는 입문 단계, 마지막으로 모험을 통해 구원의 힘을 얻어 돌아오는 귀환 단계이다.[2] 기본적으로 「모래 고모와 목경과 무경의 모험」은 이 세 단계의 과정을 모두 따르는 듯하다. 집을 떠나 작은 시골 마을로 여행을 가고(출발), 고모의 총인 '츄츄'를 잃어버려 빨간 남방과 파란 남방을 입은 남자에게 도움을 청했으나 도리어 위협을 당하는 밤을 건너(입문), '츄츄'를 되찾고 집으로 돌아가는 여정(귀환)이 이들의 모험에 대한 요약이라 할 수 있을 테니 말이다. 하지만 이미상은 고모와 무경의 모험을 통해 모든 신화는 남성의 경험에서 비롯되었다는 캠벨의 주장을 뛰어넘고, 남성 영웅의 모험을 돕는 조력자 또는 방해꾼으

---

2   조지프 캠벨, 이윤기 옮김, 『천의 얼굴을 가진 영웅』(민음사, 2018), 42~53쪽.

로 축소되었던 여성의 성 역할을 완전히 전복한다. 모래 고모의 돌봄 노동을 정당화하기 위해 할머니가 "남성의 '성욕 배출 신화'를 여성의 '모성 배출 신화'"(18쪽)로 탈바꿈하였듯 이미 상은 고모에서 무경으로 이어지는 여성의 계보를 그려 냄으로써 영웅 신화적인 요소를 남성만이 아닌 여성의 것으로 취득한다.

소설 속에서 이러한 전복이 발생하는 건 여행의 시작에서부터다. 사냥을 하기 위해 고모가 흔히 남근에 비유되며 남성의 전유물로 여겨지는 총을 쥐는 순간부터 말이다. 그런데 꿩 사냥을 나갔던 고모가 '츄츄'를 잃어버리는 바람에 총으로 취득했던 유사 권력은 사라지고 동시에 시련 또한 시작된다. 산에서 만난 두 남자에게 모래 고모는 총을 같이 찾아 달라 도움을 청하지만, 이들은 고모의 요청에 "주시면?"(27쪽) 하고 응당 대가를 바라는 뉘앙스로 되묻는다. 또, 날이 밝으면 함께 총을 찾아 주겠다며 모닥불을 쬐게 해 주는 등의 선의를 베푸는 듯하나 목경과 무경에게 노래를 시키고 "작은 기쁨"(33쪽)을 강요하는 식이다. 깊어 가는 밤, 공포에 휩싸인 세 사람은 사냥개에 몰린 멧돼지와 다르지 않아 보인다. 총을 지닌 두 남자와 총을 잃어버린 세 여자(중 둘은 아이). 후자의 입장에선 오갈 데 없이 몰아붙여진 상황을 극복할 수 있었던 건 빨간 남방의 총이 발사됨과 함께 셋 중 한 사람, 무경의 모험이 시작되면서부터다.

무경의 모험이 모래 고모, 목경과 출발 시점이 같지 않다는 점은 단연 주목할 만하다. 집을 떠나 시골로 함께 여행을 왔다는 점에서는 동일하나 무경에게 이는 모험의 시작으로 충분하지 않다. 모험은 현실 바깥의 세계를 향해 가는 것에서 시작되므로, 과연 무경이 어떤 세계를 현실로 여기는지, 어떤 시점부터 현실 바깥의 세계로 가고 있는지를 파악한다면 그의 모험의 시작점을 가늠할 수 있다. 가령 고모가 두 자매에게 『버섯 도감』을 남기고 사냥을 떠난 장면이 그렇다. 목경이 "버섯 그림을 참고 삼아 진짜 버섯을 찾아다닌 것과 달리" 무경은 "버섯 그림에 만족"했고 오히려 "책에서 얼굴을 떼고 허공을 볼 때, 거기서 진짜 버섯이 생겨나는 듯했다"(23쪽). 다시 말해 무경에게는 "그림과 사진이 실물, 현실 그 자체"(같은 쪽)였다. 그렇기에 두 남자에게 뺏긴 도감이 모닥불에 던져진 그 순간, 무경은 자신의 현실로부터 눈을 떼고 모험해야 할 경이의 세계를 마주한다. 캄캄한 주위를 밝히고, 유일한 온기를 주는 불길을 등지고 뚫어져라 어둠을 응시하며 무경은 제 앞에 놓인 모험의 길을 살폈을지도 모른다. 어둠 속으로 뛰어든 무경의 모험과 시련의 경험은 서술로써 모두 공유되지는 않는다. 다만 다음 날 아침, 사라졌던 무경이 '츄츄'를 안고 산 끝자락에 위치한 아파트 단지에서 발견된 장면에서 무경은 "개인 남성의 선택 의지와 남성적 특권이 결합된 신화화된 남성"[3]이라는 영웅의 성취를 여성의 이름으로 이루고 남성적 권력으로 표상되는 전리품을 손에 쥐는 것으로 모험에서의 승리를 알린다. "너는 내 딸이구나."(39쪽) 고모의 간결한 공표로 이들의 대관식은 끝이 난다.

고모와의 감정적 유대는 단연 목경이 더 깊었을지언정 무경이 '고모의 딸'로 인정받게 된 건 "할 순 있지만 정말 하기 싫은 일"(39쪽)을 고모 대신 수행했기 때문이다. 그것은 무경이 고모의 "비밀스러운 원칙"인 "내적 기준"(40쪽)을 이해하고, 그에 부합하는 선택을 했다는 뜻이기도 하다. 어떠한 일의 수행성을 따질 때 두 가지 준거를 세울 수 있다. 하나는 그것을 할 수 있는가, 할 수 없는가 하는 (불)가능성의 문제이고, 또 하나는 하고 싶은가, 하고 싶지 않은가에 따른 의지의 문제이

---

[3] 이정옥, 『로맨스라는 환상』(문학과지성사, 2022), 294쪽.

다. 이 소설에서는 가능성과 의지에 따라 다음과 같이 세 가지의 수행 명제를 도출해 낼 수 있다.[4]

> ① 할 수 없고 하고 싶지도 않음(불가능-무의)
> ② 할 순 있지만 하기 싫음(가능-무의)
> ③ 할 수 있으니 해야 함(가능-유의)

첫 번째로 할 수 없고 하고 싶지도 않다는 태도는 가능성과 의지의 영역이 모두 '없음'으로 일치한다. 이는 세 사람 중 목경에 해당한다. 그도 그럴 것이 목경은 어떤 가능성 자체를 두려워하는 모습을 보이곤 하는데 예를 들어 천장에 적힌 "무경의 비밀 리스트"에 "공포"(19쪽)를 느끼는 장면이 대표적이다. 시간이 지나고 나서야 목경은 "그건 천장의 리스트가 무한한 가능성을 지녔기 때문"(같은 쪽)이라 이해한다. 비밀 리스트에 적힌 책들은 아직 번역되지 않은 것들이고, 그러므로 그 안에

---

[4] 이 글에서는 바깥(현재)과 안쪽(과거) 서사를 연결할 수 있는 세 개의 명제만을 도출했으나 이미상의 『이중 작가 초롱』(문학동네, 2022) 해설 「혁명의 투시도」에서 전승민은 모래 고모의 '원칙'을 "여성의 선택이 욕망과 능력을 변수로 갖는 부등식 안에서 산출"되었다고 보며 '하기'와 '하지 않기'라는 선택에 따른 여섯 개의 명제를 제시하고 있다.

어떤 세계가 있을지를 오직 "상상"(같은 쪽)에 기대어 가늠해야만 했다. 그것은 "너무 많은 여지를 제공"(같은 쪽)한다는 점에서 목경으로 하여금 두려움을 갖게 했다. 이러한 목경의 태도는 산에서 만난 두 남자 앞에서도 동일하다. 어른 노래를 부른 무경보다 「아빠의 얼굴」을 부른 "자신이 선택되었다"(28쪽)는 사실에 뿌듯해하는 목경은 '선택되는' 지금의 현실에 만족할 뿐 무엇이 있을지 모를 어둠 너머를 모험하고 싶은 생각은 없어 보인다.

그렇다면 두 번째 명제, 할 순 있지만 하기 싫다는 태도는 "가능이 아니라 선택의 영역에 속하는 일"(40쪽)이라는 말처럼 '하기 싫다'라는 의지에 따른 선택에 의해 결정되는 것이다. 이는 앞서 이야기한 바와 같이 두 남자의 "어떠한 공격에도 웃으며 그들 너머의 어둠을 흘금거"(41쪽)리던 모래 고모에 해당한다. 하지만 이것이 고모의 일상에도 적용되는 수행 태도라고 볼 수 있을까? 모험 중에 예상하지 못한 고난을 맞이한 겨울밤의 산이 아니라, 지긋지긋한 집이라면. 아픈 부모와 어린 조카들을 살피는 등 집안의 모든 돌봄 노동을 책임져 온 고모라면. 이때에도 모래 고모는 "할 순 있지만 하기 싫은 일"을 하고 있다고 말할 수 있을까? "환영받지 못하는 막내딸", "처지는 자식"(15쪽)일 때 고모의 수행성은 오직 가능-불가능의 여부로만(사실 불가능에 대한 여지는 거의 남지 않은 채) 판단된다. "무상으로 가사와 돌봄과 간병 노동을 제공"(같은 쪽)하는 데 있어 하고 싶다거나 하고 싶지 않다는 고모의 의지는 개입조차 되지 않은 채 그저 소거되는 것이다. 때문에 간혹 '하기 싫다'라는 의지의 발현은 언어적 표현이 아닌 수행의 장소를 탈주하는 가출로 나타난다. 그러나 고모의 가출은 가족들에게 그의 의지를 대변하는 행위로 읽히는 것이 아니라 아이러니하게도 또 다른 돌봄 노동을 떠넘길 수 있는 구실로 작용한다. 두 자매의 집으로의 가출은 고모의 의지에 따른 자발적인 선택이므로, 그러한 형식에는 어떤 의미를 부여해도 좋을 것이었다. 부모로서의 의무를 다하지 않는다는 죄책감에서 벗어날 수 있고, 생색을 감당하지 않아도 괜찮으며, "갈급한 모성 배출 욕구 때문"(18쪽)이라 우길 수도 있는. 그렇기에 가능이 아닌 선택의 영역에서 갈팡질팡하는 고모를 두고 '하기 싫은 일'을 기꺼이 선택한 무경은 전(前) 세대에 해당하는 고모보다 능동적인 수행성을 지녔다는 점에서 여성의 계보를 이어받고 더블배럴 샷건을 쥘 만하다. 이 소설에서 무경은 의지를 선택의 영역에 두지 않는다. 세 번째 명제와 같이 그에게 '할 수 있는 일'은 곧 '해야 하는 일'이며 따라서 가능과 의지는 긍정적인 방향으로 일치한다. 당연하지만 무경의 선택은 의지가 소거된 고모의 지난날과 같지 않다. 모래 고모의 "비밀스러운 원칙"(40쪽)을 완벽히 이해하면서도 자신만의 기준에 따라 상상의 세계를 모험하는 무경의 선택은 그 자체로 의지가 된다.

귀환의 길에서 다시금 되새겨야 할 것은 이들의 모험이 수십 년 전의 일이라는 것이다. 오랜 시간이 지나 그날을 돌아보는 목경은 시기와 질투로 점철되었던 감정을 덜어 내며 그때는 몰랐고 지금은 조금 알 것도 같은 것들을 어렴풋이 감각한다. 모래 고모와 무경은 어땠을까. 뜨거운 눈빛을 주고받던 대관식 이후 아무 말 없이 집으로 돌아오는 길에서 그들이 얻게 된 건 무엇이었을까. 앞서 모험의 과정을 구분하며 귀환 단계에서 영웅이 취득하는 것은 구원의 힘이라 말한 바 있다. 캠벨에 따르면 이는 (정말 영웅스럽게도) 세상을 구원하는 힘이다. 「모래 고모와 목경과 무경의 모험」에서 얻게 되는 구원의 힘이 있다면 그것은 자기 구원에 관한 것일 테다. 고모에게는 가족 내 독박 노동에서 해방되어 또 다른 생활 공동체를 꾸리고 살아갈 수 있는 힘, 그리고 무경에게는 의지 없이 하는 일들에 속박되지 않고 오직 자신이 믿는 현실을 따를 수 있게 하는 힘 말이다. 이것이야말로 그들에게는 명백한 구원이리라.

"어떤 기억은 통으로 온다."(42쪽)라는 목경의 말처럼 소설의 말미에서는 오래전 어느 날의 기억이 통째로 환기된다. 모래 고모와 목경과 무경, 세 사람이 함께 목욕탕에 갔던 날, 장애가 있는 아이가 탕 안에서 코를 풀어 물이 더러워지고, 사람들을 따라 목경이 자리를 피해 일어났던 그때, (증)둥지협동조합이라는 글자가 적힌 거울을 통해 고모와 무경, 아이와 아이 엄마는 그대로 탕 안에 앉아 있는 것을 보았던 기억이다. 목경은 비로소 깨닫는다. 고모의 삶에 남은 '한 방'은 무경이 '츄츄'를 찾아와 고모에게 인정받았던 그날의 기억처럼 날카로운 한 부분이 아니라 할 수 있다면 해야 하는 선택이 그대로 의지가 되어 하나의 둥지를 이룬 듯한 그들의 모습처럼 아주 커다랗고 해칠 수 없는 무언가일 거라는 걸.

흥미롭게도 이 마지막 장면은 이미상이 세 사람의 모험담이라는 이야기 바깥에 겹쳐 둔 소설론과도 연결된다. 목경의 옆 테이블에 앉아 있는 소설가 동생에 따르면 단편소설에는 "에피파니"랄지, "와우 포인트"랄지 싶은 결정적인 "한 방"(10쪽)이 있어야 한다. 그리고 그것은 "어떤 한 포인트를 융기시킨다."(41쪽)는 의미다. 소설가 동생은 자신은 "'한 방'을 못 치기도 하지만 안 치고 싶기도"(11쪽) 하다며 "핑계"일지 또는 "자존심을 건져 보려는 가여운 시도"(10쪽)일지 모를 말을 한다. 이는 어쩌면 소설가의 목소리를 직접적으로 내세운다는 점에서 작가의 솔직한 자기 고백일 수 있다. 하지만 생각해 보면 이 소설에서 이미 상이 자신의 소설론을 담아 경유하는 목소리는 동생의 것만은 아니다. 근본적으로 그의 소설론에 가깝다고 여겨지는 건 "영원히 일회용 비닐봉지와 용기를 쓰지 않겠다." "'되도록'은 안 된다."(13쪽)라며 온몸으로 짐을 잔뜩 안고 떠난 세 번째 여자의 목소리다. 그 안에는 할 수 있는 것을 하겠다는 마음이 있다. 바꾸어 말하면 쓸 수 있는 것을 쓰겠다는 마음이다. 그 마음이 있어 「모래 고모와 목경과 무경의 모험」은 단편소설이 터뜨릴 수 있는 강력한 '한 방'은 물론이거니와 '통으로 오는' 묵직한 기억 모두를 성취한다. 남성 중심적인 신화를 전복하는, 모험하는 여성의 계보를 잇는 한 페이지로서 이 소설은 쉽게 내려놓을 수 없는 무게를 갖는다.

바로 여기, 뒷장으로부터

— 최미래 소설 『녹색 갈증』[1]

　　에드워드 윌슨에 따르면 녹색 갈증이란 다른 형태의 생명체와 연결되고 싶어 하는 욕구다. 인간에게는 자연과 생명체에 이끌리는 경향이 내재되어 있기 때문에 자연으로의 회귀 본능은 자연스러운 증상이라는 것이 윌슨의 주장이다. 그가 말하는 녹색 갈증의 의미는 제목이 그러하듯 최미래의 소설에서도 어느 정도 유효하다. 단지 녹색 갈증에 목말라하는 도시 생활자를 그리고 있기 때문만은 아니다. 이 소설에서의 녹색 갈증이 더 효과적으로 읽히는 건 소설의 배경이 코로나로

1　최미래, 『녹색 갈증』(자음과모음, 2022). 이후 본문에 인용할 경우 쪽수만 표기하도록 한다.

고립된 생활을 하고 있는 지금-여기의 시공간을 공유하기 때문일 것이다. 소설 속 현재는 전염병 대유행이 한차례 지나간 지금의 현실과 많이 닮아 있다. 구체적인 시간은 코로나로 가장 많은 사망자 수를 기록한 "모두의 기일"(54쪽) 무렵으로 국가적 추모 분위기가 형성되어 더 삭막한 풍경이다. 마스크와 낙엽을 태우는 추모 행위로 인해 연기가 자욱한 하늘은 어쩐지 비현실적으로 느껴지지만, 이 비현실적인 분위기는 소설 바깥의 현실과 연결되어 충분히 그려 봄직한 것이다. 익숙한 동네에도 사람이 없어 꼭 꿈속에 들어와 있는 것처럼 낯설면서도 "우리와 같은 시공간을 공유하면서 사실은 전혀 다른 이야기"(147쪽)를 하고 있는 많은 소설들을 떠올려 보면 이는 전혀 이상하지 않다.

그렇기에 현실의 우리가 그러하듯 『녹색 갈증』에 등장하는 인물들에게 제목과 같은 욕구가 이는 것은 당연한 일이다. 눈여겨볼 것은 이 소설에서 녹색 갈증은 질병으로 인해 통제된 환경 안에서 발생한 것이라기보다 개인의 결핍에 의한 욕망과 결합해 발생한다는 사실이다. 때문에 최미래의 소설에서 녹색 갈증은 윌슨이 말한 것보다 한층 더 입체적인 욕망으로 그려진다. 이 소설에서 녹색 갈증을 느낀 이들이 주로 찾는 공간은 '산'이다. 자연 그대로를 표상하는 공간이지만 인물들의 개인적인 욕망이 섞여 산은 좀 더 의뭉스럽고 알 수 없는 공간으로 변모한다. '나'의 엄마는 산에서 사랑했고, 사랑했던 사람을 그 산에서 죽이려고도 한다. '나'가 일하고 있는 모텔의 장기 투숙객인 203호 할머니 역시 목적을 알 수 없는, 산과는 어울리지 않는 복장으로 자주 산을 찾는다. 그렇다면 '나'는 어떤가. '나'에게도 산은 더없이 중요한 공간이다. 어렸을 때는 주체할 수 없는 에너지를 분출하기 위해 엄마와 산에 갔던 기억이 있다. 집으로 돌아간 뒤에도 (내키지는 않았으나) 엄마, 언니, 윤조와 함께 산에 오른다. 헤어진 연인인 명과의 재회를 바라며 향하는 곳도 바로 산이 아니던가. 그런데 '나'에게 산은 앞에서의 서술처럼 바라 마지않는 소망을 이루고자 찾는 고지이며 끓어오르는 에너지를 해소할 수 있는 자연의 공간일 뿐만 아니라, "연필을 굴리지 않아야 그려지는 그림"(29쪽)처럼 오직 상상으로만 닿을 수 있는 장소이기도 하다.

그게 아니야. 윤조는 손바닥으로 내 두 눈을 감겨 주었다. 이걸 뭐라고 이름 붙여야 할까. 윤조는 산으로 가는 법이라고 했고, 언젠가는 그림을 그리는 법이라고 다시 비유를 들어 말해 주기도 했다. 나는 윤조의 목소리를 길잡이 삼아 따라갈 수밖에 없었다. 연필을 굴리지 않아야 그려지는 그림이 있다는 건 아직도 믿어지지 않는 사실이다. 어떻게 그 감각을 설명할 수 있을까. 나로서는 불가능하지만 어쩌면 윤조는 여전히 가능할지도 모르겠다. 그렇게 보았던 장면은 내가 상상해 왔던 그 어떤 것보다도 살아 있었다. 일부러 애쓰지 않아도 그곳의 날씨는 자유자재로 바뀌었으며 처음 디뎌 본 곳인데도 이미 예전에 와 본 적 있는 것만 같이 익숙했다. 긴 시간 뒤에 찾아올 거라고 예상한 미래가 바로 눈앞에 당도한 것처럼. 아니야, 넌 언제나 여기에 있었어. 귓가에 맴도는 윤조의 말이 숨과 함께 전언처럼 들려왔고, 바다가 보이지 않았는데 어디선가 파도가 쳤다. (29쪽)

'산으로 가는 법'은 간단했다. 가만히 눈을 감고 눈 안쪽으로 그늘을 만들어 보면 충분히 가능한 일이었다. 감은 눈 안으로 만들어지는 공간은 원하는 만큼 확장될 수 있고, 언제든지 원하는 곳이 되었다. 산에 있지 않아도 눈을 감으면 언제든 산이었고, 바다에 있지 않아도 파도 소리가 들렸다. 이는 '나'의 내면에서 새로운 공간을 모색하여 그림을 그려 보는 것이자 현실과는 구분되지 않는 시공간을 무의식에 만들어 두는 것이기도 했다. 이와 같은 심상화 과정에서 가장 중요한 원리로 작동하는 것은 바로 어떤 마음이다. "목표가 뭐든 결국 얻게 될 거라는 마음가짐"이라면 믿음을 현실로 끌어당기고 있다는 "아름다운 착각"(30쪽)으로 살아갈 수 있었다. "세워 놓은 계획도 딱히 원하는 것도 없었"지만 "어떻게든 모든 일이 술술까지는 아니지만 차근차근 이루어지리라." 하는 믿음은 바람을 현실로 실현시키기 위한 필수 조건이었다. 하지만 '나'의 마음으로부터 비롯된 이 근거 없는 믿음이 흐지부지 끝나 버린 것은 그것의 시작과 맞닿아 있다. '나'에게 산으로 가는 법을 알려 준 이는 바로 윤조이며, 윤조는 실존하는 인물이 아닌, '나'가 쓴 소설 속 인물이기 때문이다. 그동안 상상으로 내면의 공간을 확장시킬 수 있었던 것도 소설을 쓰고 있기에 가능한 일이었다.

쓰기의 시작은, 그러니까 윤조와의 만남은 화자가 어린 시절 피아노 대회에 나갔던 날의 꿈을 꾸는 것에서부터 시작된다. 연주하기 위해 올라선 무대 위로 온갖 것들이 떨어지는 꿈은 '나'에게 "윤조를 불러오는 신호"(11쪽)와 같았는데, 그 이유는 그날의 기억이 아직까지도 '나'의 무의식에 내상으로 남아 있는, 도망치고 싶었던 최초의 순간이기 때문일 것이다. 이러한 현실도피적인 욕망은 '나'로 하여금 현존하고 있는 이 세계가 아니라 윤조가 있는 소설적 현실의 공간을 더욱 확장시킨다. 그렇기에 '나'에게 "살아 있다는 느낌"(14쪽)은 윤조와 함께 있을 때에만 실감할 수 있는 것이다. 그러나 "윤조만 바라보는 동안 가족, 다른 친구 등 인간관계는 단절"되어 버리고, "성적도 살아가는 모양도 엉망"(14쪽)이 되어 가면서 화자는 진짜 현실의 물음들과 마주하게 된다. 마침내 "윤조를 놓아 버리고 안정적인 마음 상태와 선명한 미래를 그리기로 결심"(12쪽)하게 되는 것도 그러한 까닭이다. "윤조를 불러내다가도 다시 없애 버리는 일"(12쪽)은 소설적 현실이 아니라 현존하는 지금의 세계에 가까워지려 할수록 더 수월한 것이었으므로, '나'는 결국 윤조를 자신이 쓴 소설 속에 두고 나온다. 「프롤로그」의 말미는 어떠한 완결성 없이 중단되어 버린 '나'의 소설 속 마지막 장면이기도 하다. 더 이상 넘어가지 않는 페이지 안에 윤조를 두고 나오긴 했지만 '나'에게 소설은, 그리고 쓰는 일은 그렇게 간단한 것이 아니었다. 윤조와 함께 있을 때에만 '살아 있음'을 느꼈다는 '나'의 고백은 오직 글쓰기를 통해서만 실존을 감각했다는 말이기도 하므로. 요컨대 '나'에게 작동하는 녹색 갈증은 실존하는 생명체는 아니지만, 쓰는 이에 의해 강력한 생명력을 부여받은 하나의 세계로 이어진다. 오직 '나'에 의해서만 만들어질 수 있는 세계, 그러나 닿을 수 없는 세계를 향한 열망이 지금 '나'에게는 가장 선명한 갈증일 테다.

어쩌면 '나'는 언제라도 윤조를 다시 불러낼 수 있지 않을까? '나'를 찌르던 현실의 물음을 걷어 내고 그때로 돌아가기로 마음먹는다면, 충분히 가능한 일이 아닐까? 하지만 '나'에게 던져진 현실의 물음은 어느 순간부터 타인보다 스스로를 향한 것들이 더 많았다. "어느 날에는 내가 소설을 쓰기 때문에 말을 거의 하지 않는다는 말을 들었다."라거나 "어느 꿈에는 내가 소설을 쓰려고 하기 때문에 다른 모든 걸 다 놓아 버리지 않냐는 말을 들었다."라는 말은 모두 자기 자신으로 향한 말이었다. 때문에 지금의 '나'는 "한 편의 이야기가 아니라 어떤 마음 자체를 잃어"(43쪽)버린 상태에 가깝다. '나'를 윤조의 곁으로 데려다주었던 마음들을 몽땅 상실한 채로 있는 지금의 화자는 그가 일하는 삭막한 모텔 그 자체와 다르지 않다. 빛도 들지 않는 모텔에서 보내는 매일 같은 일상도 '나'를 고취시킬 수 없는 요소 중 하나다. 잠깐이나마 그를 생기 있게 만드는 건 옛 연인 명과의 우연한 재회다. '나'는 명과 함께 산에 오르며 관계의 회복을 바라지만, 오히려 돌이킬 수 없는 완전한 이별을 맞이하고 만다. '나'가 명을 이해할 수 없어서 사랑했다면, 명은 '나'를 이해할 수 없기에 사랑할 수도 없는 것이었다. 이별의 이유를 정확히 확인하고 돌아서며 쓸쓸함을 느끼지만, '나'는 언제나 그랬듯 "명이 한 말에서 내가 해야 하는 것들이나 하고 싶었던 것들의 힌트"(65쪽)를 얻는다. 그것은 명과 헤어지던 날 밤, 감은 눈 안으로 생겨난 문으로 나타난다.

어둠에 익숙해진 눈으로 방문의 네모나고 길쭉한 형태가 보였다. 그 테두리가 지하철에서 바라본 한강처럼 일렁였고, 움직이는 문을 열기는 쉽지 않을 텐데 왜 자꾸만 꿈틀거리는가. 숲에 가고 싶어졌다. 산에 오르고 싶다기보다 녹음이 짙은 숲속에 들어가 길을 잃고만 싶었다. 이를 어쩌면 좋지, 라는 마음을 가지고 오랫동안 해가 질 때까지 숲속을 헤매다가 외딴집 하나 발견해서 그곳에 잠시 머물고 싶었다. 이 마음은 결국 헤매는 데 중점이 있는 게 아니라 쉴 곳을 만나고 싶은 것에 가까운가. (78~79쪽)

문을 열고 그 너머의 숲에서 길을 잃고 외딴집을 발견해서 잠시 머물고 싶은 마음. 아주 오랜만에 갖게 된 마음 덕에 '나'는 어딘가로 향할 수 있게 되었다. 이 마음으로 향할 그곳, 헤맬 곳, 아니 쉴 곳은 어디인가.

명과 헤어진 후 모텔을 떠나 찾은 곳은 다름 아닌 집이다. 외롭도록 혼자였던 모텔과 달리 빛이 들고 고유한 냄새를 가진 집. 언제 와도 혼자가 아닌 집이었다. 그러고 보면 '나'가 집으로 돌아온 건 당연한 수순이기도 했다. 집은 언제나 그가 무언가를 흐지부지 끝내고 돌아가는 장소였으며 동시에 또 다른 시작을 위해 떠나야만 하는 경유지였다. '나'에게 집이 영원한 종착지가 될 수 없는 까닭이 있다면 그것은 가족 때문이었다. 엄마와 언니를 향한 '나'의 감정은 가족 간의 애틋한 사랑이 아니라 자기혐오적인 것에 가깝다. 이해할 수 없는 사랑을 포기하지 못하는 엄마의 미련함이나 방 안에 틀어박혀 자기 세상 안에 갇혀 있는 언니의 고집스러움은 그들만의 것이 아니다. 그건 분명 '나'에게도 있는 모습이었다. 그런 장면을 마주할 때마다 화자가 느끼는 건 심각한 갈증이다. 녹색 갈증이 아닌 아무리 물을 마셔도 해소되지 않는 실제적인 목마름은 집으로 돌아간 후 내내 '나'를 지배하는 감각이다. 그럴 때마다 물을 마시는 탓에 자주 요의를 느끼는 건 당연한 결과다. 문제는 요의를 해결한 뒤에도 끝나지 않는 잔뇨로 이어진다는 점이다. '나'는 잔뇨를 기다리며 엄마와 언니, 그리고 자신에게 결핍되어 있는 것을 떠올려 본다. 우리 안에서 빠져나간 것들, "다르게 보면 다르지만 또 비슷하게 보면 비슷한 것"(104쪽), 그것은 큰 범주에서는 결국 사랑이라고 이름 붙일 수 있는 존재였다.

깨달음 이후에는 늘 그래 왔던 것처럼 다시 떠나야만 한다. "두 사람이 사는 꼴을 지켜보고 있으면 정의 내릴 수 없는 역한 기분이 밀려"(117쪽)드는 까닭은 결국 그들이 '나'와 닮았기 때문임을 인정하고 싶지 않았으니까. 자기 자신을 똑바로 바라볼 수 없어서 다른 사람도 온전히 사랑할 수 없는 '나'는 집으로부터, 그리고 자신과 다르지 않은 엄마와 언니로부터 벗어나고자 한다. "아무도 없는 곳에서 새로운 시작"(117쪽)을 하는 건 지금까지 그가 해 왔던 최선의 선택이었으므로, 그다지 어려운 일은 아니었다. 그런데 그때, 윤조가 다시 나타난 건 왜였을까. 이전처럼 꿈을 신호로 윤조를 부르지도, 산으로 가는 법을 통해 낯선 공간에서 만난 것도 아니었는데. 어째서 윤조는 그 오랜 시간을 건너 지금 이곳에 나타날 수 있었던 걸까. 윤조의 세계도 아닌, '나'의 세계인 이곳에. 윤조와의 만남은 늘 '나'로부터 시작되었으니 지금의 윤조 역시 그러할 텐데,

언제부터 은밀한 부름이 시작되었던 걸까. 돌아보면 '나'의 갈증과 빈뇨 감각은 단지 엄마와 언니에 대한 감정에서 비롯된 것만은 아니었다. 빈뇨 감각에 대한 '나'의 묘사는 "밀려드는 파도"와 같은 "문장"(105쪽)으로 표현되고 있으니 말이다.

> 거짓이다. 내가 지어낸 문장들은 아저씨가 할 것 같은 말이 아니었다. 그렇다고 내가 엄마에게 하고 싶은 말인가 생각했으나 그것도 아니었고, 그저 경미라는 인물을 빌려 나의 망상을 잇는 문장에 불과했다. 금방 또 소변이 마려웠으나 다리를 꼬았다. 화장실에 가면 자꾸만 마려워졌으므로 참을 수 있을 때까지 모았다가 한 번에 내보내는 게 효율적이었다. 소변을 참는 동안에도 나는 손가락을 멈추지 않았다. 밀려드는 파도처럼 문장은 끝도 없이 이어졌다. 이것까지만 맞아야지. 이것까지만. 하지만 파도는 하나, 두 개 나누어져 있다고 볼 수 없고 내가 그 끝을 선택할 수도 없었다. (105~106쪽)

경미라는 인물을 빌려 망상을 이어 나갈 때 밀려드는 파도와 같은 문장들은 과거 윤조가 알려 준 대로 산으로 갈 때 들려오던 파도 소리와 유사하다. 그렇기에 "그 끝을 선택할 수도 없었다."라는 말처럼 '나'의 요의는 속수무책으로 맞을 수밖에 없는 문장으로 자연스럽게 치환된다. 그리고 자기혐오적인 감정을 분출할 수 있고, 현실도피를 할 수 있던 수단인 글쓰기에 대한 갈증과 여과되지 않은 쓰기의 욕망들은 요의와 겹쳐 더욱 강한 인상을 남긴다. 어쩌면 윤조와의 재회는 이때부터 예견되었던 것일지도 모른다. 우리가 눈치채지 못하는 사이, 밀려드는 파도와 같은 문장 사이에서 윤조는 다시 형체를 얻는다.

그런데 윤조와의 재회는 적어도 '나'가 원하던 방식은 아니었을 것이다. 윤조와 함께 있으면 편안하고 살아 있음을 느꼈던 과거와 달리 지금 윤조와의 만남은 어딘가 어색하다. 그사이 세월이 흘렀기 때문일까? 그보다는 존재의 자리에 대한 괴리가 컸다. 지금까지 윤조와의 만남은 화자가 만들어 낸 소설 속에서 이루어졌다. 윤조의 세계였으나 '나'에 의해 지배되었던 세계 안에서 그들은 아름답게 조우했다. 그러나 지금 윤조가 나타난 곳은 소설 바깥의 현실이다. 아니, 정말 그런가? 절대로 윤조를 알 리 없는 엄마와 언니이지만 마치 원래 알고 있던 것처럼 그들은 잘 어울린다. 게다가 윤조는 가족 구성원으로서 화자가 수행하지 못한 역할을 척척 잘 해낸다. 엄마의 살가운 딸 또는 언니의 다정한 동생 역할을 '나'가 아니라 윤조가 수행한다. 이에 '나'는 "보석함에서 기어 나온 게 윤조가 아니라 나인 것만 같"(122쪽)은 기분에 휩싸인다. 윤조가 더는 내가 쓴 소설의 등장인물이 아니라, 윤조가 쓴 소설에 자신이 등장하는 것만 같은 느낌을 지울 수가 없는 것이다.

쓰기에 대한 갈증에 시달려 왔음에도 화자가 윤조의 등장을 일종의 침입으로 여기는 까닭은 그동안 자신이 써 왔던 윤조의 이야기와 현실이 다른 방향으로 흐르고 있기 때문이다. 그러니까 이것은 '나'의 예상을 벗어나는 전개였다. "윤조가 속한 곳에서 이렇게 말도 안 되는 해피 엔딩이 지속되는 게 이해되지 않았다."(128쪽)라는 말처럼 지금까지 윤조의 이야기는 한 번도 행복한 적이 없었다. 쓰는 이도 몰랐던 텅 빈 시간을 메꿔 보려는 시도로 가늠해 보는 윤조의 과거 역시 그랬다. "할머니가 돌아가신 후 원룸으로 거처를 옮긴 윤조. 마트에서 일하면서 동료 아주머니들과 친해진 윤조. 울고 웃기를 제 마음대로 할 수 있게 된 윤조. 퇴근길, 오랜 시간에 걸쳐 화분을 고르고 사는 윤조. 어느 날 화분을 던지는 윤조. 깨진 화분을 쓸어 담는 윤조. 화분처럼 기분을 고르게 된 윤조."(126쪽) 몇 개의 문장으로 정리된 윤조의 지난날에도 '나'는 조금의 행복도 선사하지 않는다. 내가 알고 있는 윤조와 지금의 현실에 대한 부조화는 결국 "나 자신에 대한 생각으로"(134쪽) 이어진다. 그간 윤조를 불행에 빠뜨렸던 건 다른 누구도 아닌 자신이었으므로. "소설 속 어린 윤조에게 각종 불행한 상황을 던져 둔 뒤에 혼자만 빠져나왔"(134쪽)다는 건 '나'의 불안의 이유이기도 하다. 그런데 쓰는 이로서는 윤조를 그러한 상황에 몰아넣을 수밖에 없던 나름의 이유가 있었다. "더 단단하고 예쁘게 만들려고 손을 댈수록 한순간에 녹아 버리는 장면들"(134쪽)이 있었기 때문이다. 『설탕으로 만든 사람』의 그려진 적 없는 결말처럼 말이다.

아니카 에스테를의 『설탕으로 만든 사람』(비룡소, 2000)은 그리스의 옛이야기가 담긴 그림책으로 『녹색 갈증』에서 여러 번 언급되고 있다. 마음에 드는 사람이 없어 직접 설탕으로 세상에서 아름다운 사람을 빚은 공주가 나오는 이야기다. 『설탕으로 만든 사람』이 피그말리온 신화와 다른 점은 사랑을 내세운 일방적인 소유와 지배의 관계로 끝나는 것이 아니라 공주와 설탕으로 만든 사람이 진정한 사랑의 관계로 발전하기 위해 시련을 겪는다는 점이다. 설탕으로 만든 사람을 빼앗기고 그를 되찾기 위한 공주의 여행담 또한 그림책의 한 부분이다.

시련을 겪은 뒤에야 공주와 설탕으로 만든 사람은 비로소 행복해진다. 그런데 이 이야기의 결말을 두고 '나'는 "내가 글쓴이였다면 설탕으로 만든 사람이 녹아 버리는 것으로 결말을 맺었을 것"(53쪽)이라고 말한 적이 있다. 아무리 생각해도 "녹거나 녹이거나 녹는 척 자기 존재를 감추는 것 외에 다른 결말은 생각나지 않"(53쪽)는 까닭은 '나'에게 실패에 대한 두려움이 있기 때문이다. 세상에서 가장 아름다운 사람을 빚어내듯, 가장 행복한 장면을 그려 내듯 예쁘게 만지고 싶지만, 자칫하다 녹아 버리진 않을까 하는 불안한 마음이 선행하는 것이다. 이 마음 때문에 '나'는 늘 실패로 인해 실망하기 전 자신의 손으로 녹여 버리는 의도된 불행을 선택하고 말았다. 그러나 지금의 윤조에게는 결코 같은 선택을 할 수 없다. '나'와 윤조의 이야기는 그리스의 옛이야기처럼 공주와 설탕으로 만든 사람의 이야기 꼴을 하고 있으며, '나'에게는 더 이상 윤조를 녹여 버릴 수 있는 권한 같은 건 없으므로. 그때의 윤조와 지금의 윤조가 다르듯, 그때의 '나'와 지금의 '나' 역시 다를 수밖에 없다. 그토록 마음에 들지 않던 「설탕으로 만든 사람」의 결말은 '나'에게서 답습된다. 공주가 설탕으로 만든 사람을 찾아 나서는 고행의 길은 이 소설에서 '나'가 산에 두고 온 윤조를 찾아나서는 여정으로 나타난다.

그런데 어떤 길을 되돌아간다는 건 지금껏 '나'에게는 없던 선택지였다. "나는 내가 예상한 방향으로 미끄러져 왔다. 그건 아무리 걸어도 앞으로 나아가지 않는 긴 복도를 홀로 걷는 것과 비슷했다."(148쪽)라는 말처럼 '나'는 오래도록 제자리걸음을 했고, 그 걸음은 절대로 예상을 벗어나지 않았다. '나'의 통제 아래 있던 윤조 역시 과거에는 그랬을 것이다. 하지만 '나'의 예상을 벗어난 윤조를 마주한 지금, '나'는 지루했던 경로를 이탈하여 되돌아가기를 택한다. 이는 미뤄 두었던 윤조와의 완전한 재회에 대한 선택이며 제 손으로 녹여 버린 장면에 대한 다시 쓰기의 결심이다. '나'는 이제야 윤조의 불행이 아니라 윤조 그 자체만을 궁금해 할 수 있게 되었다. "경계 없이 정말로 활짝 웃는 표정의 윤조. 그런 건 생각해 본 적 없는데 만약에 활짝 웃는다면 얼굴에 깔린 크고 작은 점들도 같이 움직이겠지. 윤조는 어떻게 그 지난하고 재미없는 삶을 견뎠을까. 여전히 여름 과일을 좋아할까."(148쪽) 윤조를 마주하지 않고서는, 윤조에게 묻지 않고서는 알 수 없는 물음을 품은 채.

땀을 많이 흘렸기 때문일까. 무언가 해낸 것만 같은 착각이 들었고, 이 산은 윤조 그 자체라는 확신. 윤조를 찾는 일은 이제 그만둘 수 있을 것도 같았으나 그래서는 안 될 것만 같았다. 오래도록 걷는 건 땀이 나고 힘들고 생각보다는 재미가 있었다. 걷다 보면 윤조가 은근슬쩍 메아리를 통해 자신의 위치를 알려 줄지도 모르고. 오늘은 조금만 더 이곳을 헤매고, 내일은 윤조에게 갈 것이다. 딱히 해 줄 수 있는 건 없지만 손톱을 깎아 줄 수는 있지 않을까. 윤조의 손톱을 깎아 주는 사람은 수식이 길어서 꽤 마음에 들어. 어떤 사람의 손톱은 아주 아주 느리게 자랐다. 나는 그 속도를 이해해야 했다. 양말을 벗어 볼까 하다가 공원에서 봤던 사람들처럼 뒤로 걸어 보았다. 뒤로 걷기는 쉬웠다. 뒷걸음질 치는 건 내 특기니까. 뒤로. 더 뒤로.
(151~152쪽)

"뒤로. 더 뒤로." 뒷걸음질 치며 닿은 곳은 윤조네 집이다. 「프롤로그」의 마지막 장면, 할머니의 유품을 정리하던 날이자 '나'의 소설의 마지막 페이지이기도 한 그곳. 화자가 마지막으로 윤조를 두고 나온 곳이자 윤조를 다시 만날 수밖에 없는, 무언가 다시 쓰여야 한다면 시작되어야 하는 자리였다. 그 페이지에서 '나'는 윤조와 완전히 재회한다. 소설은 '나'와 윤조가 함께 보석함을 열어 보는 것으로 끝이 난다. 보석함 안에는 아무것도 들어 있지 않고, 보석함 안에는 또 다른 보석함이 그 안에는 또 다른 보석함이 들어 있다. 어느 때는 잔뜩 녹이 슨 열쇠가 들어 있었고, 어느 때는 아무리 힘을 주어도 잘 열리지 않았다. 또 다른 때에는 "손을 대지 않아도 저절로 입을 벌린 채 새로운 욕이나 이상한 이야기"(155쪽)가 흘러나올 수도 있었다. 무엇이라도 담을 수 있고, 무엇이라도 나올 수 있는 가능성 그 자체로 '나'의 뒷장은 아직 쓰이지 않았다. 다시 한번, 『설탕으로 만든 사람』의 결말이 그러하듯 '나'는 이제 윤조를 멋대로 통제하거나 소유하지 않는다. '나'와 다르고 또 '나'와 같은 윤조를 통해 '나'는 자신을 들여다볼 수 있게 되었다. 그래서일까? 무심코 지나쳤던 명의 마지막 말 역시 지금에야 비로소 이해할 수 있게 되는 것이다. "이건 기억해야 할 거야. 너도 그 이야기 속에 있다는 거."(78쪽) 이제 '나'는 누구보다 그 사실을 잘 알고 있다.

미래의 책

— 최진영 소설집 『쓰게 될 것』[1]

1 쓰게 될 것

롤랑 바르트는 「마지막 강의」에 이르러 '쓰다(ecrie)'라는 동사를 목적어를 갖는 타동사로 보았다. 그에 따르면 '쓰는 행위'는 그 주체가 사랑했던 사람들이 이 세상에 존재했다는 사실과 기억의 증언과 같다. 가령 바르트의 어머니가 세상을 떠났을 때, 바르트는 자신이 어머니의 모습을 기억하고 있지 않다면 그녀가 이 세상에 존재했다는 사실이 영영 사라지고 말 것

---

[1] 최진영, 『쓰게 될 것』(안온북스, 2024). 이후 본문에 인용할 경우 쪽수만 표기한다.

이고, 그것은 견딜 수가 없다고 여겼다. 따라서 쓰는 주체가 자신이 기억하는 이들이 이 세계에서 헛되이 살지 않았다는 걸 보여 주고, 그들이 역사의 허무 속으로 떨어지는 것을 막으려 애쓰는 일이 그에게 있어서 쓰기였던 것이다.

최진영의 소설에 대해 말하기 앞서 롤랑 바르트의 이야기를 먼저 꺼낸 까닭은 최진영에게 쓰기의 목적과 의미 역시 바르트의 그것과 다르지 않아 보이기 때문이다. 표제작 「쓰게 될 것」은 표면적으로 어린아이의 눈으로 바라본 전쟁의 현장과 어른이 되어 다시 돌아본 자리에 남은 상흔에 대한 소설처럼 보인다. 그러나 세 번의 전쟁을 겪고 죽은 할머니, 전쟁이 벌어지는 와중에도 '나'를 지키고자 애썼던 엄마, "아끼는 스마일 스티커"(34쪽)를 붙여 주었던 지하실 친구 우영, "나의 신"이었던 "전쟁 속에서도 서로를 돕는 사람들"(39쪽)처럼 지금 이 세상에 없거나 생사를 확인할 수도 없지만, 그들이 분명히 존재했다는 것을 증언하고, 헛된 삶을 살지 않았음을 기록한다는 점에서 이 소설은 바르트의 '쓰기'와 맥락을 같이한다. 이뿐일까? 무언가에 대한 목적을 갖는 쓰기로 「쓰게 될 것」이 유효하다는 관점은 여러 면에서 그 안의 함의를 짚어 보게 만든다. 그리고 그것은 최진영 소설의 깊이 있는 독해와 무관하지 않다.

결론부터 말하자면 「쓰게 될 것」은 그 제목처럼 소설집에 수록된 나머지 일곱 편의 소설의 시원(始原) 역할을 하며 각 소설을 읽을 수 있는 중요한 힌트를 제공한다. 사랑하는 마음과 혼자 만들어 내는 이야기, 죽지 않을 수 있는 가능성, 타인을 돕는 마음 등 다른 소설의 조각들을 이 안에서 발견할 수 있다. 또 하나, 이 소설은 최진영 소설의 시간선에 대한 기본적인 이해를 가능케 한다. 그의 소설에서 시간은 일반적인 통념과 같이 과거-현재-미래로 이어지는 직선적인 흐름을 따르지 않는다. 발생한 사건이 있다면 그것은 "모두 지난 일"인 동시에 "반복될 일"(10; 39쪽)로 반복과 회귀의 특성을 갖는다. 때문에 한 번의 발생으로 끝나는 것이 아니라 어느 시간에나 다시 일어날 수 있는 일이 된다. 예컨대 「쓰게 될 것」에서의 전쟁처럼. 전반부의 시점(세 번째 전쟁이 진행되던 시기)에서 전쟁은 '나'를 비롯한 인물에게 직접 경험하거나 추체험한 과거이자 현재였다. 후반부에 이르러 어른이 된 '나'의 시점에서 전쟁은 과거("모두 지난 일")이자 동시에 미래("반복될 일")로 오지 않은 시간의 발생 가능성을 포함한다. 이는 과거에 입은 지울 수 없는 상흔이 언제든 또다시 그와 같은 크기로, 어쩌면 그보다 더 끔찍한 얼굴로 찾아올 수 있다는 뜻이기도 하다. 그렇다면 과거와 미래의 반복되는 운명 속에서 그것을 '이해'하기로 한 다음의 말은 어떻게 이해할 수 있을까?

> 모두 지난 일이다. 그리고 반복될 일이다. 나는 이제 그것을 이해한다.
> '이해한다'는 '받아들인다'는 뜻이다. 태어나면서 세상을 받아들이듯.
> 그러므로 싸우지 않겠다는 뜻은 아니다. (「쓰게 될 것」, 같은 쪽)

반복되는 사건의 발생은 '나'의 의지와 무관하다. 그렇기에 "태어나면서 세상을 받아들이듯" 이해할 수밖에 없는 것이다. 하지만 그것이 싸움이 필요한 사건이라면 '나'는 함께 싸움으로써 자신의 의지를 보여 주고자 한다. 일종의 선포와 같은 이 말은 소설의 앞에서 그리고 이야기를 모두 마친 후에 한 번 더 반복된다. '쓰게 될 것'의 예고, 그리고 다시 또 '쓰게 될 것'으로 강조되는 선포가 과거와 현재, 그리고 미래에 여러 번 새겨진다. 눌러쓴 다짐으로 미래에 대비하는 이는 "이제 내게도 총이 있다."(39쪽)라고 말한다. 어쩌면 그것은 정말로 자신을 지키며 타인을 살해할 수 있는 혹은 그 반대 도구로서의 총을 말하는 것일지 모른다. 하지만 적어도 "그것이 거기에 있다는 사실을 한순간을 잊지 않는 방법으로 사람들을 살렸"(같은 쪽)던 엄마를 기억하는 '나'에게 있어, '나'의 말을 소설로 전하는 최진영에게 있어 총은 다른 무엇도 아닌 '쓰기'에 대한 은유적인 표현일 듯하다. 바로 이 지점에서 「쓰게 될 것」은 사랑했던 이에 대한 증언과 기록으로서의 쓰기만이 아닌, '나' 자신과 누군가를 지키고자 하는 목적으로서의 쓰기라는 의미를 갖는다. "누군가를 죽여야만 내가 살 수 있는 상황을. 내가 죽어야만 누군가가 살 수 있는 상황을" 상상하며 거울 속의 자신을 겨누는 연습은 모든 인물을 경유하여 나 자신에게로 향하는, 반복되는 쓰기의 얼굴과 다르지 않다.

그렇게 여덟 편의 소설이 모인 『쓰게 될 것』은 미래에 대한 책이다. 최진영에게 미래란 알 수 없는 시간이 아니라 어쩌면 이미 알고 있기 때문에 달리 바꿔야만 하는 것이다. 그것은 거울을 앞에 두고 총을 겨눌 때, 총구가 향하는 방향을 기억하듯, 이미 본 것 같은 미래를 외면하지 않고 내면의 주머니를 채워 보듯이 행해져야 한다고, 이 책을 통해 시종 말하고 있다.

2 불안의 발산

　미래를 떠올릴 때 가장 앞서는 건 기대와 희망이 아닌 불안이다. 더군다나 이제 막 제 힘으로 현실에 발을 붙이고 살아가는 청년의 경우라면 더욱 그렇다. 「디너코스」의 두 딸, 오나영과 오민영 또한 이에 해당할 것이다. 소설은 오석진의 환갑을 맞아 한자리에 모인 식구들을 조명한다. 이런저런 대화를 나누던 중 가족들의 관심이 집중되는 건 오석진의 다음 스텝과 관련된 이야기였다. 5년 전 명예퇴직을 한 이후 대리운전과 주식시장을 들여다보며 시간을 보내 왔던 석진이 친구가 만든 공간에서 바리스타로 일할 예정이라는 사실에 가장 큰 의문을 품는 건 장녀 오나영이었다. "그래도 아빠는 회사에서 부장까지 한 사람인데, 이제 와서 친구 밑에서, 그것도 최저 시급 받으면서 일한다는 게"(218쪽) 나영으로서는 도통 이해가 가지 않는 것이었다. 미래의 일을 결정하는 일에 나영은 유독 조심스러운 자세를 취했다. 엄마인 영선도 3년 전 오래 일했던 출판사를 떠나 도배기능사로 전직했지만, 오히려 자신을 "되살아난 사람"(209쪽)에 가깝다고 여기며 지금의 삶을 긍정했다. 동생인 민영은 "두 명의 딸과 고양이, 강아지"는 있으나 '아직' 남편은 없는 미래를 꿈꾸며 "그것을 이상하게 생각한 적이 없"(213쪽)었다. 가족 중 어떠한 미래조차 꿈꾸지 않는 건 오직 나영뿐이다. 이는 그녀의 비혼 선언과도 무관하지 않겠지만, 애초에 오나영이 바라는 미래는 지금과 같이 안정을 느낄 수 있는 형태여야 했다. "서울 중심의 문화예술을 즐길 수 있는 수도권 거주자의 혜택을 누리"는 "1인 가구의 삶"(198쪽)에 다른 무언가를 추가하기에 "경험 대비 리스크"(212쪽)를 고려하지 않을 수 없었고, 그래서 다른 것을 꿈꾸지 않았다. 이는 언제나 나영을 지배하고 있는 "불안"(219쪽)으로 말미암은 결과이기도 했다. 실패에 대한 두려움은 나영을 불안하게 만들었고, 그것은 자기 자신에게로 향하는 물음으로 이어졌다. "이직을 꿈꾸고 있지만 과연 더 나은 조건의 자리를 구할 수 있을까?" "지금 직장에 머무르면서 부장이 퇴사하기를 기다리는 게 낫지 않을까? 새로운 직장에 적응하는 스트레스와 현재의 예상 가능한 스트레스 중 무엇이 더 치명적일까?"(같은 쪽) 나영의 신중함은 "후회를 두려워하기 때문"에 만들어진 것이었다. 그런데 그녀와 거의 100퍼센트 일치하는 유전자인 석진은 어째서 저렇게 대책 없이 무모할 수 있을까. 자신과는 다른 석진을 생각하며 나영은 아빠에 대해 "그동안 한 번도 궁금해하지 않았던 것들"(221쪽)에 물음을 갖는다. 마지막 장면에서 맞부딪히는 "네 개의 각기 다른 잔"(222쪽)은 꼭 그들의 모습 같다. 핏줄이고, 같은 유전자를 가지고 있으며, 한자리에 모여 밥을 먹지만 네 명의 인물이 바라는 미래는 모두 제각각이다. 다만 그중에서 같은 것이 있다면 서로의 다음 스텝이 행복하길 바라며 응원하는 마음만이 아닐까.

만일 나영이 비혼이 아닌 기혼을 선택했다면, 나아가 임신과 출산까지도 마음을 먹었더라면, 「차고 뜨거운」의 '나'와 같은 모습이었을까? 이 소설에서 드러나는 불안의 모습은 오직 자신에 대한 불안뿐이었던 나영의 것과 확연히 다르다. 남편과 아이, 엄마와의 관계 등 지켜야 할 것이 더 늘어났기 때문이다. 그중에서도 '나' 자신보다 더 소중하게 지켜야 할 존재는 바로 딸 태양이다. 태양을 향한 '나'의 불안은 다소 강박적으로 느껴질 정도로, 그것은 아이를 한 번 잃어 본 경험에서 비롯된 것이다. 임신 소식을 들었을 때 "축하한다"는 말에 "두려움이 밀려"온 것도, 그것이 "행복인가?"(225쪽) 스스로에게 되묻게 된 까닭 역시 과거의 아픔 때문이었다. 유산된 아이가 그랬듯 이 아이도 언젠가 사라질 수 있다는 생각은 출산 이후에도 지속되어 왔다. 그런데 무엇보다도 '나'의 불안은 엄마로 인해 더욱 극심해질 수밖에 없었는데, 엄마가 곁에 있을 때면 "나는 계속 부주의하고 부족한 엄마", "생각이 없는, 아무것도 모르는, 가르쳐도 나아지는 게 없는 엄마"(228쪽)가 되어 점점 작아지는 탓이었다. 이른바 자존감 도둑으로서 엄마는 '나'의 유년 시절부터 그 역할을 공고히 해 오고 있었고, '나'에게는 불안의 근원으로 자리 잡은 지 오래였다. 태양이 있는 지금, 엄마는 모순된 행동으로 '나'를 더 혼란스럽게 만든다. 엄마처럼 살지 않기를 바란다면서 왜 꼭 '나'의 불행을 바라는 것 같은지, 태양에게 그러하듯 다정할 수 있으면서 '나'에게는 왜 한 번도 그런 적이 없었는지. 올바른 사랑을 학습하지 못해서 타인에게도 주는 법을 알지 못했던 '나'는 이제 "내 안에도 다정함이 있다면 더 늦기 전에 그것을 꺼내고 싶었다."(240쪽)라고 말한다. 하지만 정말로 그것이 가능할까? 불안에 덮여 다그치는 사랑이 아닌 다정함만으로 태양을 대할 수 있을까? 이어지는 물음 속에 '나'의 시선이 향하는 건 태양보다도 엄마에 가깝다.

이 소설은 쉽게 분리되지 못하는 복잡 미묘한 K-모녀 관계에 대한 정확한 고증이다. 아빠가 아빠로서 또 남편으로서 제 역할을 수행하지 못하는 가정에서 대개 엄마는 "유일한 보호자"(230쪽)가 된다. 문제는 보호자의 사랑이 비뚤어진 방향으로 발현되기도 한다는 것으로, 이는 아이들의 '유일한 보호자'가 되어야만 했던 배경과 깊이 연관되어 있다. 남편에게 기대어 본 적이 없고, 사랑받지 못했던 엄마는 아이들에게 온전히 그것을 줄 수 없다. 비뚤어진 사랑은 "자식을 무시하면서 엄마의 자리를 견고하게 다지는 방식"(230쪽)으로, "계속 깔아뭉개다가 내가 완전히 돌아서기 전에는 달래는 방식"(253쪽)으로 계속되었고, 성인이 된 후에도 그리고 지금도 여전히 '나'를 지배하는 방식으로 유효했다. 그러니 '나'의 불안은 미래의 자신과 태양의 관계를 향할 수밖에 없는 것이기도 했다. 배운 적 없는 다정함을 제 안에서 꺼낼 수 있을지 알 수 없었기에 태양과의 관계가 엄마와 '나'의 것과 다른 모습일 거라는 확신도 가질 수 없었다. 상대를 갉아먹는 해로운 사랑, 아닌 척 동일시되는 두 사람 같은 건 답습하고 싶지 않았지만, '나'는 정말 엄마와 다를 수 있을지 모르겠다. 태양은 이미 그녀에게 "늘 확인할 수 있어야" 하며 "나보다 오래 존재해야만" 하는 "오직 하나"(226쪽)였으므로. 본 적 있는 그림은 그녀의 불안 속에서 천천히 제 모습을 드러내는 중이었다.

3 예측 가능한 미래

최진영의 소설에서 불안은 예측 불가의 변수나 실패의 가능성에서 비롯되는 것만은 아니다. 누구나 알 법한 미래를 향한 불안 또한 지지 않을 정도다. 이때의 미래는 한 개인의 사적인 시간에 해당하기보다 인류 전체의 삶을 고민해 볼 만큼 크고 복잡한 의미 속에 위치한다. 예를 들어 기후 위기로 인해 생태계의 존속이 불분명하며 인류 전체의 삶이 암울해지고 말 우리의 미래처럼. 최진영은 우리에게 닥친 현실의 문제와 얼마 되지 않아 맞이할 법한 근미래의 상황을 날카롭게 짚어 내면서도, 인물들이 그 자리에서 좌절하도록 내버려두지 않는다. 종말 이후의 폐허 속에서도 사랑을 발굴하는 것이 그의 뛰어난 능력 가운데 하나이듯, 「썸머의 마술과학」과 「인간의 쓸모」에서는 미래를 향한 이러한 낙관이 한줄기 빛처럼 내린다. 그리하여 소설 너머의 우리 역시 비로소 미래를 낙관할 수 있게 한다.

우선 지금의 현실과 가까운 「썸머의 마술과학」부터 이야기해 보자. 이 소설의 봄은 "나의 미래는 암울한가?"(116쪽) 자문하며 암울하지 않은 미래를 그려 보고자 노력하는 인물이다. 하지만 그것은 부모의 무심한 행동에 의해 금세 흐려지고 만다. 매주 아빠는 '토해술', 엄마는 '시금석' 모임에 나가는 게 미래의 인류를 위해 어떤 도움을 줄 수 있는지, 당장 오지 않은 시간을 위해서가 아니더라도 지금의 현실을 살아가는 데 얼마나 긍정적인 영향을 주는 것인지 도무지 이해할 수 없는 것이다. 게다가 가상화폐 사기로 3억에 가까운 빚을 지고 이사를 갈 수도 있는 상황에서도 태연한 아빠로 인해 봄은 점점 심각해지는 중이었다. 다른 것들에 더 큰 관심을 가질 법한 나이인데도 봄이 이토록 미래를 불안해하는 이유는 동생 썸머(여름) 때문이었다. "썸머를 생각하면 미래를 무한하게 긍정하고 싶"(153쪽)었으므로, 자신보다 더 오래 미래를 살아갈 썸머에게 좋은 것을 주려면 지금부터 대비를 해야만 했다. 예측을 어긋나는 긍정적인 미래를 만들기 위해, 적어도 예상보다 악화된 모습을 마주하지 않기 위해서는 현재의 행위가 중요했다. 가령 "텀블러와 스테인리스 빨대"(148쪽)를 쓰는 것. 그런데 봄은 이러한 자신의 행동이 위선일 수도 있다는 걸 썸머를 통해 느낀다. "탄소 발자국 줄이기" 운동의 일환으로 "남은 음식을 반찬 통으로 옮기"는 썸머를 보고 자신도 모르게 "넌 진짜 진심이구나."

(153쪽) 하고 말할 때, 분노의 연설을 하는 그레타 툰베리를 보며 자신의 용기 없음을 인정할 때 봄은 종종 그런 생각을 했다. 그럼에도 행위하지 않는 어른보다 눈에 보이는 작은 실천을 하는 자신이 낫다고, "위악보다는 위선이 낫다고"(152쪽) 말한다. 위선으로라도 좀 더 나은 미래를 맞이할 수 있다면, "엄마 아빠에게는 낯설지만 우리에겐 당연해질 것들"(153쪽)을 썸머가 걱정 없이 누릴 수 있다면 아무래도 좋았다.

위선과 위악 사이에서 갈등하는 봄과 달리 썸머는 착실하게 "저금하듯"(133쪽) 배운 것을 수행한다. "내가 분리수거를 잘하고 쓰레기를 주우면 딱 그만큼은 환경이 나빠지지 않을 거라"(132~133쪽)는 믿음, 우리는 이 믿음을 잃어 슬픔이 예정된 미래를 만들지 않았나. '나 하나쯤'으로 변질된 마음은 작고 올바른 손길 앞에서 한없이 송구해진다. 썸머가 마술과학을 보여 주는 소설의 마지막 장면은 미래와 연관된 중요한 알레고리로 읽힌다. 마술을 성공하려면 즉 알고 있는 바와 같은 결과를 얻기 위해서는 여기서 멈추어야 하지만, 썸머는 "이번에는 세 개까지 성공할 수도 있을 것 같"(154쪽)다고 말한다. 썸머의 마술과학이 성공할지 실패할지는 알 수 없다. 하지만 시도하지 않는다면 여부조차 확인할 수 없다. 실패를 두려워하지 않는 과감한 손짓은 자신에 대한 믿음이 없다면 행해질 수 없는 것이다. 그것이 때로는 아무도 예상하지 못했던 놀라운 결과를 불러올 때도 있음을 긍정하며 다른 미래의 가능성을 기대하게 된다.

근미래를 배경으로 하는 「인간의 쓸모」는 재력 등을 근거로 하여 각각 갤럭시존, 타운존, 노고존(No go zone)으로 구역이 나누어진 지구를 그린다. 뿐만 아니다. 지금과 다른 이 세계의 가장 큰 특징은 "섹스 없이" "유전자 편집"과 "배아 디자인"으로 아이를 만든다는 것이다. 금액에 따라 편집의 옵션과 디자인의 범위가 천차만별이듯 인간들의 특징 역시 구역별로 차이를 갖는다. 갤럭시존에서는 최고급 디자인을 가진 우등한 인간들이 살고 있지만, 그들은 "외모와 체형이 대체로 비슷"하다는 점에서 "유행" 또는 "세련"(157쪽)이라는 명목 아래 개인의 고유성이라는 차이를 배제하고, 동일성을 추구하도록 설계되어 있다. 주인공 안나는 타운존의 기본 옵션인 '−3+2'의 조건으로 태어난 아이다. 그러나 "3D 모델링으로 확인"(156쪽)한 안나와 달리 예상을 조금씩 벗어나는 안나를 보며 부모는 걱정보다도 "뭐든 가격 대비"(159쪽)라며 후회를 일삼는다. 부모로 인해 안나는 자신의 존재와 미래에 의문을 품게 된다. "디자인이 없었다면 안나는 없다."(같은 쪽)라는 대답이 도출되기까지는 오랜 시간이 걸리지 않았다.

안나가 삶의 다른 국면을 맞이하게 되는 계기는 우연히 노고존의 노아와 대화를 나눈 이후부터다. 부모가 인터넷에 올린 안나의 영상을 무료로 지워 주겠다는 노아가 아동 인권에 대해 자신의 신념을 밝혔을 때, 안나는 비로소 그간 부모의 관심과 사랑이라는 이름으로 행해진 모든 것들이 일종의 학대와 같았음을 깨닫는다. 노고존 사람을 통해 무언가를 새롭게 알게 된다는 사실이 안나에게는 신선한 충격이었는데, 그도 그럴 것이 그녀는 지금껏 모든 답을 AI에게 들어 왔으며 한 번도 그에 의심을 품어 본 적이 없었던 까닭이다. 이제 안나는 노아로 인해 다른 꿈을 꿀 수 있게 되었다. 자신이 아는 건 "미래의 외모뿐, 미래의 내면은 안나에게도 미지수"이며 "아무도 모르는 미래가 아직 남아 있다는 것"을 "유일한 희망"(170쪽)으로 여길 수 있게 되었으니 말이다. 내면의 주머니에 그동안 몰랐던 "신념"(176쪽), "자긍심"(179쪽) 같은 단어를 주워 담으며 안나는 새로운 미래를 그린다.

노아는 안나에게 가능성의 존재를 일러 주었을 뿐만 아니라 지금 현재를 어떻게 바라보는가에 따라 그것을 현실로 바꿀 수 있다는 것 또한 알게 했다. 예컨대 노고존은 "우리를 전혀 모르는 외부에서 멋대로 지은" "멸칭"(178쪽)이며, 그들 사이에서는 '코뮌'이라는 공동체적 용어로 통일된다는 사실처럼. 이에 안나는 "어떻게 부르냐가 문제가 되나요?"라고 되묻는다. 자신이 평가의 우위에 있다고 믿는 사람들에게 '어떻게 부르냐'의 문제는 중요하지 않을 수 있다. 하지만 같은 것을 지칭하고 있음에도 어떤 이름은 자긍심을, 어떤 이름을 멸시를 포함한다는 점에서 호명의 문제는 다시 말해 '어떻게 바라보고 있는가'와 다르지 않다. 그렇기에 자신의 시선을 메타적으로 성찰하고, 좁은 시야를 확장해 보는 일이야말로 "단순한 발생에서 충만한 의미로"(192쪽) 가는 길이자 '인간의 쓸모'를 찾는 일이라 할 수 있을 것이다.

소설 안의 서술처럼 머지않은 미래에서 "인간이 할 수 있는 일은 AI가 할 수 없는 일뿐"인 "생태적인 출산과 성장, 노화와 죽음 같은 것"(167쪽)에 지나지 않을 수 있다. 고작 그것을 위안 삼으며 인간이 AI보다 우등하다는 주장을 하기에 인간의 의미는 점차 퇴색되고 있다. 정말로 인간의 우등함을, 그 쓸모를 증명하고 싶다면 자기 자신을 어떻게 구성해야 하는가에 대한 고민을 멈춰서는 안 될 것이다.

4 같은 얼굴의 미래

예측되는 미래를 다른 방향으로 이끌어 보고자 하는 움직임이 발견되는 가운데 몇몇 소설에서는 관계하는 두 인물의 모습이 마치 과거와 미래인 듯 겹쳐 보일 때가 있다. 이는 「유진」과 「ㅊㅅㄹ」에 해당하는 내용으로, 두 소설은 각각 20대와 40대, 10대와 40대의 적지 않은 나이 차이를 갖는 인물들을 과거와 미래에 해당하는 시간의 표상으로 그려 내면서 더욱 큰 효과를 획득한다. 그들은 같은 문제로 고민한 적이 있고, 고민하는 중이다. 「유진」에서는 자신의 근성과 다른 방향으로 사는 삶에 대해, 「ㅊㅅㄹ」에서는 사랑에 골몰한다. 두 소설에서는 지난날의 자신과 같은 고민을 하는 이를 보며 또는 시간이 흘러 과거의 자신을 돌아보며 이렇게 말하는 듯하다. 나는 너의 미래일까? 이 질문에 '그렇다'고 단언하기보다 '그렇지 않다'고 답할 수 있기를 바라는 마음만은 공통된 것일 테다.

「유진」의 '나', 최유진은 친구 공미에게서 이유진의 부고를 듣는다. 이유진은 그들이 아르바이트를 했던 레스토랑의 매니저로 그 당시 최유진이 되고 싶었던 "무라카미 하루키의 인물"(51쪽)에 가까운 사람이기도 했다. 이유진은 매우 엄하게 아르바이트생들을 교육하면서도 퇴근 후에는 "유진 언니로 돌아오는 향기"(58쪽)를 풍기며 친근함을 드러냈고, 베네치아가 그런 곳이 아니었는데도 "품격을 보여 줘야 품격을 챙길 수 있다."라며 "고급 레스토랑의 분위기를 추구했다".(56쪽) 또한 영업 후 아르바이트생들의 뒷정리 시간까지 급여에 포함시키는 등 자신이 옳다고 생각하는 바는 투쟁을 통해서라도 반드시 얻어 냈다. 자신의 신념을 따르면서도 낭만 있는 삶을 추구하는 그녀는 최유진에게 닮고 싶은 사람이었고, 다른 아르바이트생들에게도 동경의 대상이었다.

이유진에 대한 평가가 달라지는 지점은 그녀의 집에서 회식을 하게 된 이후부터다. 건물주의 딸이라는 유진이 "좁고, 깔끔하고, 적막하고, 고급스러운 향이 번지는 지하방"(68쪽)에 살고 있다는 것을 알게 된 다음부터 사람들의 태도가 조금씩 달라지기 시작한 것이다. '나'에게 이유진이 사는 집 같은 건 태도를 달리하는 데 큰 영향을 끼칠 수 있는 게 아니었다. 문제는 "분위기를 믿는 나"(65쪽)에 있었다. "함부로 추측하고 과장하고 비아냥"(71쪽)거리는 사람들의 말들은 '나'로 하여금 "아주 깊은 곳에 숨겨 둔 나의 근성"(59쪽)을 드러내는 데 성공했고, 과거 무영과의 관계가 그러했듯 유진과도 거리를 두다 마침내 끊어 내기에 이르렀기 때문이다. 20년이 지난 지금, 그때 이유진의 나이가 된 최유진은 조카 이나를 돌보며 그날을 다시 떠올린다. "너와 나는 다르지. 우리는 다를 거야."(69쪽) 그 말을 곱씹어 보며. 어느새 유진을 닮아 버린 '나'는 그때는 이해할 수 없던 유진의 마음을 이제야 조금 알 것 같다고 느낀다.

「ㅊㅅㄹ」의 주인공 서진의 안정적이고도 권태로운 일상에 끼어든 뜻밖의 사건은 잘못 온 비밀 문자에서 시작되었다. 서진을 "유시진"이라 부르며 "중요한 비밀"(86쪽)을 말하려는 은율에게 잘못 보냈다는 메시지를 보내기도 전에 아이는 자신의 자해 사실과 좋아하는 사람이 생겼다는 이야기를 털어놓는다. 사랑을 하며 느낄 수 있는 온갖 감정이 묻어나는 은율의 메시지를 보며 서진은 "이제 다 지나간 일"(80쪽)이라고 여겼던 바랜 단어들을 다시금 떠올린다. 사랑, 상처, 지옥, 배신감, 원망, 후회 같은 감정들에는 무뎌진 지 오래였다. 은율을 통해 서진이 변화를 맞이하게 되는 건 지난날의 단어를 다시 꺼내 보일 뿐만 아니라 그것을 재정의해 보려는 시도에 있다. "'사랑'의 사전적 정의"가 아닌 "윤서진 사전"(93쪽)을 만드는 것으로. 예컨대 그녀의 첫사랑이었던 고등학교 동아리 선배를 보고

"아름다움의 개념을 뒤엎고 확장"했으며 "왜 여자를 사랑하는가"(99쪽) 고민 없이 사랑했던 것처럼. 이러한 감정은 자신의 남은 인생에 있어 좀처럼 갱신되기 어려웠다. 앞으로 "새로 겪을 감정"이라면 "극복할 수 없는 상실감. 환멸과 허무. 그리고 더해질 그리움과 연민"(100쪽) 같은 것. 좀처럼 사랑을 숨기지 않는 은율의 계속되는 메시지에 마침내 서진은 그녀가 수신인을 착각했다며 자신의 존재를 밝힌다. 하지만 대나무 숲이 어떤 대나무로 이루어졌는가는 그다지 중요하지 않듯, 비밀 이야기에 있어서 수신인도 마찬가지다. 초성으로 이어지는 알쏭달쏭한 비밀 이야기를 서진은 굳이 해석하려 하지 않는다. 정말로 은율에게 필요했던 건 이런 친구가 아니었을까. 은율과의 대화를 비밀로 남겨 두며 서진은 그로부터 비롯되는 감정들을 하나둘 꺼내 보았을 것 같다. 설렘과 두려움, 초조함을 비롯한 모든 사랑의 감정을. 알고 있지만 새삼스럽게, 처음 느껴보는 것처럼.

5 기억하는 미래 부르기

선형적 구조의 시간 흐름을 따르지 않는 방식으로 미래를 이야기했던 최진영의 소설은 「홈 스위트 홈」에 이르러 자신의 논리를 완벽히 입증한다. 이 소설은 「쓰게 될 것」으로부터 시작해 『쓰게 될 것』을 이루게 하는 마지막 조각으로 더없이 완벽하다. 말기 암을 선고받고 수술과 항암 치료를 마쳤으나 1년도 지나지 않아 재발, 이제는 3차 재발을 경계해야 하는 이에게는 생의 감각보다 죽어 간다는 실감이 더 선명할지 모른다. 병증이 깊어짐에 따라 발병의 이유가 스스로에 대한 자책으로 이어지던 어느 날, '나'는 더 이상의 "화학적 치료"(277쪽)를 거부하고 다른 방식으로 남은 삶을 살아 보고자 한다. 그것은 바로 미래의 기억 속에 있는 집을 찾는 것. 경험하지 않은 시간을 기억한다는 것 자체에 대해 누군가는 오류를 지적할 테지만, 오래전부터 시간을 다른 방식으로 사유했던 '나'에게는 그리 놀라운 일이 아니다. "시간은 발산한다."라는 명제에 따라 그것은 "하나의 무언가가 폭발하여 사방으로 무한히 퍼져 나가는 것처럼 멀리 떨어진 채로 공존"(262쪽)하는 것이다. 이를 증명하는 건 '나'의 선명한 기억들이다. 엄마의 신혼집이나 아주 어릴 때 살았던 집, 그리고 아직 살아 본 적 없는 집까지. 존재하지 않았던 때부터 언제 맞이할지 모를 시간까지의 기억이 한데 공존하고 있는 것이다.

"살아 본 적은 없으나 기억하는 집"(278쪽)이 있다는 건 무엇을 의미할까? 이는 적어도 그 시간 속의 '나'는 살아 있다는 뜻이다. 병원 침대에 누워 하루하루를 연명하는 것이 아니라 하늘색 지붕과 노란색 낮은 대문이 있는 주택에서 비 오는 날에는 부추전을, 눈이 많이 오는 날에는 김치볶음밥을 먹는 구체적인 기억으로 '나'는 여전히 살아 있다. '살고 싶다'거나 "완치하리라는 희망"이 아닌 "훨씬 단단한 확신"(280쪽)을 가진 기억이 있어 '나'는 다시금 생의 의지를 다진다. 미래의 기억을 실현시키기 위해 '나'는 병원 근처가 아닌 작은 마을에 위치한 폐가를 새 보금자리로 택한다. 지어진 지 거의 100년에 가까운 그 집은 공사 이후에도 끊임없이 손을 보아야 할 테지만 그럼에도 '나'는 그것이 "내가 할 수 있는 일"(286쪽)이라 여기며 삶을 긍정해 본다. "탄생과 죽음은 누구나 겪는 일"(291쪽)이라지만 이 소설의 화자처럼 그 끝에 이르는 과정은 모두가 편안하지만은 않을 것이다. 그러나 '죽어 가고 있다'며 남은 생을 포기하는 것이 아니라 "살아 있다는 감각에 충실"(278쪽)하겠다는 이의 선택은 쉽지 않은 것인 만큼 소중하다. 우리가 '희망'이라는 단어를 구체적으로 그려 볼 수 있는 것도 이러한 순간이 있기 때문이 아닐까. "폭우의 빗방울 하나. 폭설의 눈 한 송이. 해변의 모래알 하나"(261; 291쪽)는 티도 나지 않게 아주 작은 것일지도 모른다. 하지만 그 하나가 모여 폭우와 폭설, 해변을 이루듯 '나'의 하루가 모여 미래를 현재로 불러들이고, 온전한 자신을 이룰 수 있다는 걸 알기에 '나'는 매일의 하루를, 그리고 스스로를 포기하지 않는다.

이 자리에서 우리는 최진영이 한 권의 책으로 이야기하고 싶었던 '쓰게 될 것'을 모두 확인했다. 그것은 하나의 소설에 담아 놓은 다짐이었고, 자신을 겨누는 연습이었으며 나누고 싶은 불안이자 실현하고 싶은 미래였다. 여덟 편의 소설이 모두 미래를 향하고 있어서, 과거를 돌아보는 방식조차 뒷걸음질이 아닌 한 발 나아가는 모습이라 나는 내내 안심했다. 언제부터일까? 최진영의 소설은 나에게 뗄 수 없는 의지가 되었다. 이는 비단 나만의 일이 아니라는 확신. 그러니 우리는 최진영의 소설을 통해 다른 미래를 그리고 그것의 가능성을 쥐어 보게 된다고 말해도 좋을 것이다.

5부

쏟아지고 넘나드는 시

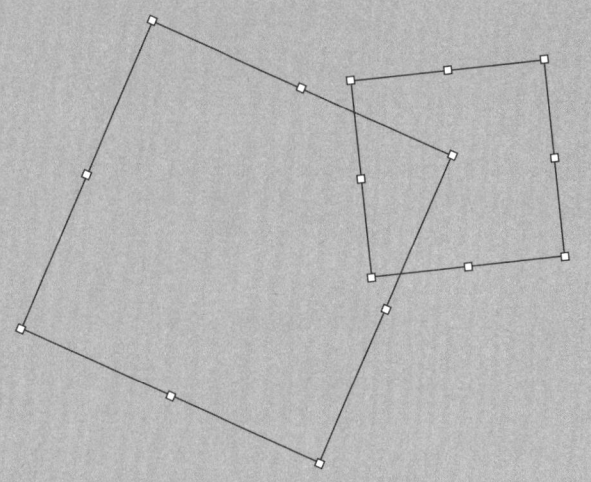

입술을 가르며 '찢는' 말

— 『서랍에 저녁을 넣어 두었다』[1]의 파토스적 말하기

　　열차 안, 일시적 어둠이 내릴 때 떠오르는 글이 있다. 한강의 시집 『서랍에 저녁을 넣어 두었다』(이하 『서랍』) 뒤표지에 담긴 '시의 말'이다. 이 글이 "전철 4호선,/ 선바위역과 남태령역 사이에/ 전력 공급이 끊어지는 구간이 있다"로 시작하는 것처럼 시인은 이미 이 구간에 대해 알고 있었다. "객실 천장의 조명은 꺼지고/ 낮은 조도의 등들이 드문드문/ 비상전력으로 밝혀"질 때, '나'는 읽던 책에서 눈을 떼고 "맞은편에 웅크려 앉은 사람들의 얼굴"을 보았고, 그들의 얼굴에서 찰나의 '어둠'을

1　한강, 『서랍에 저녁을 넣어 두었다』(문학과지성사, 2013). 이후 본문에 인용할 경우 작품명만 표기하도록 한다.

감지한다. 그리고 "십이 초나 십삼 초" 정도가 지나는 사이, 다시 불이 켜지고 "갑자기 누구도/ 파리해 보이지 않는다"라고 생각한다. 짧은 시간 동안 이러한 경험에 대해 '나'는 "무엇을/ 나는 건너온 것일까?" 중얼거리며 끝맺는다.

    그가 잠시나마 타인의 얼굴에 내린 어둠을 발견할 수 있었던 것은 조도의 변화 때문만은 아닐 테다. 우리는 대개 빛의 영향 아래 있다. 한낮에만이 아니라 해가 잠든 시간에도, 심지어는 위의 이야기의 배경인 빛 한 점 들어오지 않는 지하를 달리는 열차에서도 마찬가지다. 무언가를 '본다'는 건 그러한 빛의 '있음' 안에서 유효한 것으로 여겨지지만, 어떤 것들은 식별 가능한 어둠 속에서 더 또렷하게 느낄 수 있을지도 모르겠다. 『서랍』에 나타나는 주된 시간이 흑백 음영만으로도 소묘가 가능한 저녁 또는 새벽녘인 까닭도 이와 무관하지 않아 보인다. 뿐만 아니라 최근 발표작[2]에도 같은 기조가 유지되어 있다. 가령 「북향 방」의 화자는 해가 잘 들지 않는 북향 방에서 1년간 "이 방에서 지내는 법을" 익힌다. 그것은 "북향 창 블라인드를 오히려 내리고/ 책상 위 스탠드만" 켜 두어 외부의 빛

---

2   「(고통에 대한 명상)」, 「북향 방」, 《문학과사회》 2024년 가을호.

을 모두 차단하는 방법이다. 이는 시의 말미에 드러나듯 "빛이 변하지 않는" 공간을 만들기 위함이라고 할 수 있다. 빛의 변화로 "단어"나 "잉크" 같은 것들이 녹거나 스미지 않도록 최대한 가변성을 배제하려는 노력이 있다. 어스름한 방 안에서 한강은 고요를 뚫고 나오는 것을 본다. 어둠에 익숙해질 때까지 오랫동안 응시하는 시선 끝에는 무엇이 있을까.

『서랍』에서 존재의 탄생은 기본적으로 '찢김'과 연결되어 있다. 찢겨 갈라진 틈에서는 무언가 흐르거나 쏟아지고, 비좁은 사이를 애써 가르고 나오기도 한다. 일례로 시적 주체부터 그렇다. 두 편의 연작으로 이어지는 「마크 로스코와 나」에서 (시인과 동일시되는) '나'는 화가 마크 로스코와 자신의 연결 고리를 찾는다.

> 미리 밝혀 둘 것도 없이
> 마크 로스코와 나는 아무 관계가 없다
>
> 그는 1903년 9월 25일에 태어나
> 1970년 2월 25일에 죽었고
> 나는 1970년 11월 27일에 태어나

아직 살아 있다
그의 죽음과 내 출생 사이에 그어진
9개월여의 시간을
다만
가끔 생각한다

작업실에 딸린 부엌에서
그가 양쪽 손목을 칼로 긋던 새벽
의 며칠 안팎에
내 부모는 몸을 섞었고
얼마 지나지 않아
한 점 생명이
따뜻한 자궁에 맺혔을 것이다
늦겨울 뉴욕의 묘지에서
그의 몸이 아직 썩지 않았을 때
—「마크 로스코와 나 — 2월의 죽음」에서

'나'와 마크 로스코는 같은 시간대의 삶을 공유한 적이 없다. 그렇기에 두 사람의 관계에서 교집합을 찾기란 쉽지 않지만, 마크 로스코의 죽음과 '나'의 탄생 사이에 "9개월여의 시간"이 있다는 것에서부터 화자의 상념은 시작된다. 그에게 있어 '나'를 말할 때 마크 로스코를 말할 수밖에 없는 까닭은 앞서 말했듯 찢김으로 비롯된 사이의 발생에 있다. 마크 로스코가 "양쪽 손목을 칼로" 그어 죽음에 이르렀다면, '나'는 모체를 가르며 탄생을 알렸다고 할 수 있기 때문이다. 끝과 시작이라는 점에서 양극단에 있는 것 같지만 실은 같은 출발선에 있는 존재론적 사건은 선행 발생되었던 마크 로스코의 손목 위에 겹쳐진다. "죽음과 생명 사이/ 벌어진 틈"이 "마침내 아물어 갈 무렵"(같은 시) 다시 사이를 열고 나온 '나'는 자신의 몸에 새겨진 그의 영혼을 자연스레 감각할 수밖에 없다.("내 실핏줄 속으로/ 당신 영혼의 피",「마크 로스코와 나 2」)

인간은 '찢긴 존재'라는 모리스 블랑쇼의 말처럼 찢긴 자리에서 탄생한 한 사람은 삶을 사는 동안 계속해서 찢어지고 찔리며 베이는 고통을 반복할 수밖에 없는 운명에 놓여 있다. 『서랍』의 시적 주체 '나'는 바깥을 향해 기어코 고개를 내미는 것들이 고통스럽다. 눈꺼풀 틈새로 흐르는 피와 같은 눈물("눈에서 흐른 끈끈한 건/ 어떻게 피가 아니라 물이었는지",「피 흐르는 눈 3」) 그리고 입술 사이를 가르는 말이 그렇다. "나에게/ 혀와 입술이 있다"는 사실을 "견디기 어려울 때가 있다"(「해부극장 2」)라는 고백이나 "나의 혀는" "더 캄캄한 데를 찾아/ 동그랗게 뒷걸음질"(「심장이라는 사물」)하는 모습에서 드러나듯 시적 주체는 말하는 것에 큰 어려움을 느낀다. '안녕' 같은 간단한 인사를 전하는 일도 두 입술을 가르고 혀를 움직여 발화해야 한다는 점에서, '나'에게 말하기는 찢김과 동일하다. 이 때문에 말을 한다는 것은 지극히 일상적인 행위이지만 한강의 시에서 그것은 결코 아물 수 없는 상처가 계속해서 벌어지는 고통과도 같다.

그렇다면 이 지점에서 두 가지의 물음이 생긴다. 첫 번째는 왜 시여야 하는가에 대해서다. 등단과 첫 시집 출간까지 20년이라는 시간이 있었고, 그사이 한강은 소설 집필에 조금 더 매진해 왔다. 그럼에도 그가 첫 문학 활동을 시로 시작했고 지금도 시인으로서 활동을 계속하고 있다는 사실은 의미가 있어 보인다. 한강의 시와 소설 모두 고통의 말하기-글쓰기를 보여 준다는 점에서는 유사하나 그중에서도 시는 함축적인 형식을 통해 최소 단위의 메시지[3] 전달이 가능하기에 탁월하다. 또한 시인-주체의 목소리가 공명하는 지점에서 타인의 것만 아니라 개인의 내밀한 고통 역시 선명히 감각할 수 있다. 그렇다면 이어지는 물음은 좀 더 본질적인 말하기를 향해 있다. 매번 찢어지는 아픔을 감내하면서도 왜 '나'는 말하기를 멈추지 않는가? 왜 말해야만 하는가? 언어의 발화가 바깥을 향한 파종이듯 한강의 시에서 사이의 발생은 대부분 외부를 겨냥한다. 이와 반대로 바깥에서 '나'의 안쪽으로 스며드는 것은 고통으로 이어지는 장면의 목격이며 온몸으로 퍼져 나가는 통증이다. 시집 전반에 걸쳐 핏빛 이미지("보이는 것은/ 피의 수면", 「피 흐르는 눈 2」)가 빈번한 이유도 이와 관련이 있다. 시인은 스민 것들이 신체와 영혼을 잠식하도록 두지 않는다. "눈물" "악몽" 모두 "습관이 되"어 "온몸의 혈관"에 달라붙어 있지만 "나를 다 먹어 치울 순 없"고 "최후의 나를 짓부수지 못"할(「휠체어 댄스」) 것이라 예고한다. 이러한 과정을 뜯어보면 한강의 시에서 고통은 고이지 않는 순환구조를 갖는다. 바깥에서 흘러와 내부에 맺힌 슬픔을 입 밖으로 내뱉을 때 "다시/ 아문 데가/ 벌어"지지만 "이렇게 한 계절/ 더 피 흘려도 좋다"(「새벽에 들

---

3 한강의 시에서 괄호의 빈번한 쓰임도 이와 같은 맥락에서 이해할 수 있다. 고통과 두려움을 최소화하기 위해 하지 못한/않은 말은 괄호 속에 묶여 수시로 덧붙여진다. 이때 괄호 안의 말은 대개 진심에 가까운 속마음으로 여겨진다. 들리지 않지만 '볼 수 있는' 양태로 남은 중얼거림은 한강 시의 주요한 특징 중 하나다.

은 노래 3」)라고 말하는 시적 주체는 고통을 고통으로 이어받는다.

『서랍』중후반부에서 한강의 시적 주체가 응시하는 대상은 대개 타인과 이면을 향해 있다. 4부를 가득 채운「거울 저편의 겨울」연작에서처럼 시선이 닿지 않는 곳의 얼굴들을 보기 위해 그는 거울이라는 도구를 적극 활용한다. 그에게 "거울 저편"은 아주 가까이에 있지만 기민한 발견이 어려운 바로 등 뒤의 일이다. 고통을 고통으로 이어받으며 말하고 쓰는 사람이 감지하는 영역은 근처에만 있지 않고, 중력의 힘이라면 닿을 수 있을 만큼 먼 지구 반대편을 향하기도 한다.

> 사물이 떨어지는 선.
> 허공에서 지면으로
> 명료하게
>
> 한 점과
> 다른 점을 가장 빠르게 잇는
>
> 가혹하거나 잔인하게,

직선

(……)

백인들이 건설한
백인들의 다리를 걷다가,
완전한 살육의 기억을 말의 발굽으로 디딘
로카의 동상을 올려보다가

거울 이편과 반대편의 학살을 생각하는 나는

난자하는
죽음의 직선들을 생각하는 나는

―「거울 저편의 겨울 6」에서

한강은 마크 로스코의 끝과 자신의 시작을 연결시킨 것과 비슷하게 "거울 이편과 반대편의 학살을" 함께 생각한다. 위치상으로는 정반대에 놓여 있으나 공통감각 안에서의 연대 가능성은 그를 지구 반대편으로 손 뻗게 한다. 그 과정은 물론 두려움과 함께 간다. "사람의 몸의 부드러움"(같은 시)으로는 "이 편과 반대편"을 가장 빠르게 잇는 게 불가능할지도 모른다. 그러나 "마주 볼 수 없는 걸 똑바로 쏘아볼 것"(「거울 저편의 겨울 9 — 탱고 극장의 플라멩코」)을 다짐하는 마음으로 행한 고통의 연대는 반대편만이 아닌 손길이 필요한 곳곳에도 닿았다. 한강의 노벨문학상 수상은 이를 증명한다. 이 경이롭고 벅찬 쾌거는 문학이 이편과 저편을 잇는 곧은 선의 역할을 하며 한국 최초이자 아시아 여성 최초 수상이라는 여러 측면의 가능한 실현을 보여 주었다는 사실에서 더없이 큰 의미를 갖는다.

한강은 『서랍』에서 이와 같은 가능한 실현이 마주침으로 나타나는 순간을 개기일식을 보며 상상한다. 그는 "나의 도시가/ 거울 저편의 도시에 겹쳐지는 시간/ 타오르는/ 붉은 테두리만 남는 시간"에 "마주 보는 두 개의 눈동자가/ 동그랗게 서로를 가리"며 "완전하게 응시를 지우는 순간"을 떠올린다. '나'의 말처럼 맞닿음으로 이어지는 순간에 더 이상의 응시는 필요하지 않다. 겹쳐지는 자리 주변을 둘러싼 형형한 빛을 통해 어둠 속 더욱 또렷해진 하나가 된 눈동자. 그 "기적"(「거울 저편의 저녁 4 — 개기일식」)을 잠시나마 영원처럼 쥐어 보면 된다.

상흔의 자리는 완전한 재건이 이루어질 수 없다. 아문 듯 보이지만 언제라도 다시 벌어질 수 있으며 이전보다 더 큰 슬픔을 선사하고 치유를 위해서는 곱절의 시간을 필요로 하는 장소이기 때문이다. 한강의 작업은 언제나 상흔의 주변을 맴도는 것으로 이어진다. 벌어진 틈새에서 그는 같은 모습으로 입을 벌린다. 입술을 가르며 '찢는' 말은 시라는 언어의 옷을 입고 그 자리에 쓰인다. 증언과 폭로, 울부짖음이 혼재되어 있는 파토스적 말하기로 한강의 시는 고유한 가치를 지닌다.

모서리 허물기

— 김리윤 시집 『투명도 혼합 공간』[1]

재세계(reworlding)

김리윤의 시는 말한다. "우리는 기호가 아니다"(「이야기를 깨뜨리기」). 하나의 기호로 환원되기를 거부한다는 이 말은 김리윤의 시가 언어 또는 이미지의 형식과 의미에 사로잡히는 것을 극도로 경계한다는 뜻일 테다. 나아가 시를 가두는 모서리를 허물고, 바깥을 향하겠다는 다짐과도 같다. 이는 그 움직임이 단지 언어나 이미지의 형식을 넘어 책이라는 물성의 시

[1] 김리윤, 『투명도 혼합 공간』(문학과지성사, 2022). 이후 본문에 인용할 경우 작품명과 쪽수만 표기하도록 한다.

집에도 유효하게 느껴지는 기이한 체험을 하게 한다. 그도 그럴 것이 이 시집을 읽다 보면 시가 분명 이 안에, 우리의 눈앞에 있지만 동시에 없다고도 느껴지기 때문이다. 정확히 말하면 있기는 하나, 보이지 않음으로써 있다고 여겨질 때가 있다. 마치 투명도 0에서 100 사이를 오가듯, 그러다 종내에는 완전히 투명해지고 마는 것이다. 암전과 명전 사이의 이 시를 어떻게 말하면 좋을까. 비평 역시 텍스트가 하나의 해석으로 의미화되는 것을 부단히 경계하며 그 무한한 가능성을 탐색하는 장르이지만, 비평적 언어란 그렇지 않을 수 있으므로, 나 역시 이 아름답고 투명한 언어를 하나의 그릇에 담지 않으려 노력하는 마음으로 쓴다. 대신 손가락 사이로 빠져나가는 잔물결의 시를, 그것의 반짝이는 윤슬을 감상하는 기쁨을 기꺼이 나누고 싶은 마음으로 쓴다.

다시 시의 이야기로 돌아와 형식과 의미의 모서리를 부수고자 하는 이의 시작으로 주목할 만한 것은 시집의 문을 여는 첫 시 「재세계reworlding」다. 1연에서 어느 영화 속 대사를 옮겨 와 주문처럼 외는 "지나간 일은 다 잊자/ 지나간 일은 다 잊는 거야"라는 말은 시의 제목과도 조응한다. 김리윤의 시가 탈의미·탈이미지를 지향하듯 "재세계reworlding"는 사전적으로 정의되지 않은 합성어이나, 유추해 보건대 세계를 재건해야 한다는 뜻으로 읽을 수 있을 것이다. 이는 궁극적으로는 앞서 이야기한 대로 기호의 세계 너머, 의미화되기 이전의 세계를 향하는 것일 테지만, 구체적으로 이 세계가 어떤 얼굴과 풍경을 하고 있기에 무너뜨리고 다시 쌓아 올려야 하는지를 확인해 볼 필요가 있다. 세계의 면면과 재세계의 의지를 다음의 부분을 통해 보자.

> 세계의 근원은 이제 전기라고
> 인간은 빛보다 한참 느린 속도로 움직이면서 원하는 만큼의 빛을 만들 수 있다
> 운전자가 죽은 다음에도 계속 달릴 자동차를 가질 수 있다
>
> 이것은 생명의 낭비를 줄여 주는 기술입니다
> 그러나 너무 환한 곳에서는 생명을 낭비하게 될 수도 있습니다
> 높은 조도에서는 사물을 정확하게 인지하기 어렵기 때문입니다
> 밝게 빛나는 하늘과 흰옷을 입은 사람을 구별하기란 거의

불가능한 일입니다

　(……)

　앞서 걸어가는 사람의 등에 죽은 짐승의 등이 포개져 있다
　너는 어쩜 죽어서도 이렇게 따뜻하고 부드러운지
　짐승의 등을 어루만지며

　아름답다 감탄하는 사람들이 모두 사라진 자리에서 아름다움은 시작되었다
　이것은 전기로 작동되는 신이 들려준 이야기다
―「재세계reworlding」에서

 세계의 재건 앞에서 폐허를 짐작했을 수도 있겠으나 놀랍게도 이 세계는 폐허가 아니다. 우리가 살아가는 지금-여기와 다르지 않은 세계, 그렇기에 반드시 재세계되어야 하는 세계다. "세계의 근원"을 "전기"로 삼아 빛보다 느린 인간이 어디에서나 끄고 켤 수 있는 빛을 만들고, 운전자의 생존 여부와 관계없이 전기로 움직이는 자동차를 만드는 세계. 이 세계에서

그러한 기능은 인간의 편의를 돕고, "생명의 낭비를 줄여 주는 기술"로 여겨지지만, 한편으로 "너무 환한 곳에서는 생명을 낭비하게 될 수도 있"다는 것 역시 아이러니한 진실이다. 또한 죽은 짐승의 털가죽으로 인간의 생명과 체온을 유지하는 것과 이를 보고 "어쩜 죽어서도 이렇게 따뜻하고 부드러운지" 모르겠다며 "아름답다"고 감탄하는 것 또한 오랫동안 계속된 불편한 사실이다. 그러나 정말로 아름다움이 시작되는 건 그런 이들이 "모두 사라진 자리"에서 가능한 것이기에 이 세계는 재세계되어야 마땅하다.

김리윤의 재세계는 이 세계를 정확히 감각하는 것에서부터 시작된다. 시집 곳곳에서 발견되는 세계에 대한 명명으로는 "이 세계는 형태가 결정하는 물질로 이루어진 레이어"(「영원에서 나가기」)라거나, "세계는 재현되는 평면의 연속"(「근미래」)이라는 말 등이 있다. 이는 우리가 짐작한 대로 이미지, 즉 어떤 형태에 의해 의미가 결정되고 지속되는 세계를 뜻하는 것이라 할 수 있다. 그렇다면 이러한 의미화의 현상은 김리윤의 시에서 어떠한 형태로 나타나는가? 「재세계reworlding」에서 그려지듯 빛과 전기라는 물질은 각각 자연적으로 생성된 것, 그리고 인간에 의해 만들어진 것이라는 점에서 대비적이다. 이러한 구도는 여러 시편에서 변주되어 나타나는데, 가령 여름을 기억하기 위해 "'여름'으로 찾은 이미지"들을 외우다 도리어 계절을 망각하게 된 이들이 "우리는 모든 풍경을 그림처럼 바라보는 법을 배웠다"(「근미래」)라며 "비행기 창문으로 본 풍경을" 두고도 "볼 때마다 신기해, 여기서 보면 모든 게 가짜 같아"(「생물성」)라고 말할 때와 같이 말이다. 유사하게 "컴퓨터그래픽 같아, 모형 같아"라며 "가짜가 아니고서야 아름다운 풍경은 없다는 듯이"(「관광」) 이야기하는 장면도 있다. 이러한 모습에서는 참과 거짓을 가르는 기준이 인간에 맞춰져 진짜(자연/풍경)와 가짜(그림/컴퓨터그래픽)가 전도되고 있음을 알 수 있다.

인간중심적 사고에 대한 비판적 시선은 참과 거짓에 대한 판단뿐 아니라 사람이 아닌 자연의 존재, 특히 동물을 대할 때에도 여실히 드러난다. 「얼굴의 물성」에서 누군가 "잠든 개의 얼굴"을 보며 "정말 사람 같"다고 말하고, "창밖 공작새의 아름다움에 감탄"하다가도 새의 "기괴한 목소리"가 아름다운 순간을 방해했다고 느끼는 것 모두 그러한 경우다. 하지만 시인이 막스 피카르트의 말을 인용하였듯 "새들은 말할 수 없기 때문에 노래하는 것이 아니"고, "노래 자체가 일차적으로 새들에게 속하기 때문에 노래"하는 것이므로, 새들의 노래를 소음으로,

또 언어를 대신하는 수단이라 판단할 수 있는 근거는 (불충분하지만) 우리가 '인간'이라는 것 외에는 어디에도 없다.

또한 김리윤의 시에는 형태를 알 수 없는 것에 부여한 물성 때문에 의미화되는 것들이 주목을 요한다. 예컨대 "사랑이 결실을 맺는다면 거기 열린 것은 뭘까" 하고 묻는다면, 어떤 말보다 "사랑에 열리는 것이 있다면 자꾸 열리는 문이나 있겠지"와 같은 말이 현답일 것이다. 그런데 누군가 "우리는 모르는 사랑의 모르는 열매의 모습을 구체적으로 묘사할 수 있다"라고 말할 때, 우리의 머릿속에는 자연스럽게 "사랑의 열매"가 떠오른다. 그러니까 "그것은 빛을 빌려 오기 좋은 매끈한 표면 빨갛고 작고 반짝이는 세 개의 동그라미 하나의 가지에서 뻗은 세 개의 초록색 줄기에 열린" "작고 분명한 물성"(「사물은 우리를 반대한다」)을 가진 이미지로 환원되는 것이다. 이처럼 형태가 물질을 결정하는 양상은 아래 시에도 나타난다.

> 우리는 한 단어를 초과하고 싶지 않다
> 주민센터나 은행 앞에서도
>
> 우리는 매일 같은 집으로 돌아갑니다 우리는 같은 햇빛에

게 얻어맞으며 깨는 아침 우리는 아침 빛에 왼쪽을 맞으면 오른쪽을 내어주는 뺨 그 빛 아래에서 몰랐던 털의 존재를 알려주는 얼굴 같은 습도로 눅눅한 티셔츠 단어를 흘러넘치는 우리는

    그릇은 물에 담길 수 있다 물이 그릇에 담기듯이
    가족당 한 부의 신청서만 작성하면 됩니다. ("가족"이란 같은 가정에서 함께 살고 있으며……)

    조금 더 무거워진 가방과 두 사람이 들어서는 하나의 문
    이것은 휴가의 끝에 대해 종이 한 장과 두 사람이 떠올릴 수 있는 유일한 장면

—「얼굴의 미래」에서

이 시에서 '우리'는 매일 같은 집에서 잠들고 깨어나며 생활하는 '가족'이다. 한 가정에 살고 있는 공동체 집단이라는 점에서 '우리'는 가족이 마땅하지만, "주민센터나 은행"과 같이 법적 관계로 증명되어야 하는 장소에서는 가족이라는 한 단어에 담기지 못하고 흘러넘치고 만다. 가족으로 인정받지 못하기

에 법적인 보호도, 지원도 받을 수가 없다. 이 경우 또한 가족이라는 형태가 그 안의 물질, 즉 구성원을 결정하는 것에 다름 아니다. "그릇은 물에 담길 수 있다 물이 그릇에 담기듯이"라는 말은 이러한 현실의 전복을 바라는 중얼거림이다. 이성혼만이 가족을 이룰 수 있는 조건이 아니라 "혈연, 결혼 여부, 젠더, 성적 지향 등에 구애받지 않고, 함께 살아가"는 이들 모두가 가족으로 인정받고 보호받을 수 있어야 한다. 모든 얼굴을 포함하여 가족은 다시 쓰여야 한다.

이와 같은 것들이 모두 의미망 안에 갇혀 있는 지금 세계에서는 미래를 감각하는 일조차 쉽지 않다. 새로운 의미의 가능성이 제한된 이미지만이 이 세계를 지배하고 있으니 말이다. 그 안의 본질을 찾기 위해 재세계는 불가피하다. "집이 불에 타오를 때만 비로소 건축 구조를 목격할 수 있"고, "열매들이 나무에 매달린 채로 썩어 갈 때/ 우리는 꽃의 모양을"(「영원에서 나가기」) 볼 수 있으니까. 재세계를 향한 발화(發話), 터져 나온 말이 세계를 점화(點化)한다. "모두 타 버린 다음의 시간이 올 거야. 그런 것을 우리는 미래라고 부를 거야"(「라이프로그」).

공간으로 열리는 미래

"미래는 공간으로 열린다"(「얼마나 많은 아이가 먼지 속에서 비를 찾고 있는지」)라는 말은 다소 어색해 보인다. 물론 시간과 공간은 결코 분리될 수 없지만, 이 문장에서 '미래'에 대한 가능성은 시간보다 공간에 한껏 기울어져 있는 것처럼 읽히기 때문이다. 왜일까? 이는 어쩌면 아감벤의 말처럼 직선적인 시간의 지속성이 단절될 때, 인간은 과거와 미래 사이에 현존하는 고유한 공간을 다시 발견할 수 있게 되므로,[2] 시간성을 초월한 후에야 재발견되는 공간으로 하여금 긍정적인 미래를 그려 볼 수 있는 게 아닐까. 그렇다면 지금 재세계되는 이 자리에서 공간에 대한 사유 역시 전환이 필요할 것이다. 이에 따라 김리윤의 시는 도형과 공간을 이루는 세 가지 요소 점, 선, 면에 대해서도 이전과는 다른 의미를 찾는다.

> 비행기에서 본 도시는 강과 바다가, 광장과 공원이 서로를
> 지나치게 닮아 있었어

---

2 조르조 아감벤, 윤병언 옮김, 『내용 없는 인간』(자음과모음, 2017).

늙거나 젊은 사람 여자이거나 남자인 사람 개와 고양이가 모두 같은 점으로 요약되고

―「생물성」에서

밤새 기록적인 폭설이 내렸다 아침에 눈을 떴을 때 커다란 유리창에는 흰 지평선이 생겨 있었다 눈은 유리의 일부를 하얀 면으로 채우고 있었다 어릴 때 봤던 개미집 관찰 교구 같아, 우리 중 하나가 말했고 파묻힌 식물의 가지는 지평선 아래에서 어지럽게 뻗은 채 무늬를 만들고 있었다

―「비결정적인 선」에서

방을 만들고 싶다는 생각이 들었습니다. 열거나 닫을 수 있는 작은 문을 만들고, 그것을 가볍게 밀면서, 언제든 나갈 수 있고 들어올 수 있다면…… (……) 아니요, 제게 원하는 풍경 같은 것은 없습니다. 저는 보이는 것을 볼 뿐입니다. 모든 것이 이곳을 방으로 만들고 싶다고 생각했기 때문인지도 모릅니다. 열리고 닫히는 문이면 충분하다고, 공간이란 것은 언제나 문으로 열리고 닫히고, 완결되지 않은 채로 남는 것이 좋다고 생각했기 때문인지도 모릅니다.

―「장소성」에서

    가령 점의 경우 비행기에서 내려다볼 때는 "늙거나 젊은 사람 여자이거나 남자인 사람 개와 고양이 모두가 같은 점으로 요약"되며 "모든 풍경은 점의 집합일 뿐"(「거울과 창」)이라는 말처럼 부분인 동시에 전체를 아우르는 것으로 여겨진다. 선은 어떤가. 선은 지평선 또는 수평선처럼 닿을 수 없고 막연히 직선으로 감각되나, 인용하고 있는 베르나르 브네의 작품 「비결정적인 선」이 그러하듯 경계 지을 수 없고, 형태에 얽매이지 않으며 무한히 확장하는 것으로 나타난다. 면도 마찬가지다. 그저 하나의 문만으로도 공간은 충분히 성립하기에 특정한 장소성을 두지 않고도 어디로든 향하게 하거나, 사면이 유리인 글라스하우스처럼 안과 겉의 경계를 무화시키는 것으로 공간에 대한 다른 이해를 가능케 한다. 이렇듯 점, 선, 면에 대한 새로운 감각으로 공간을 (재)탐색하고, 미래를 도모하는 적극적인 움직임은 2, 3부의 시들에 드러나 있다. 특히 2부에 수록된 「장소성」, 「생물성」, 「투명성」 3부작은 각각의 속성이 세계를 감각하는 데 주의해야 하는 요소이므로, 고유한 성질에서 벗어나 새로운 가치 정립을 위한 작업의 일환으로 보인다. 이 중에서도 가장 눈길을 끄는 건 다소 모호하게 느껴지는 '투명성'일 것이다.

김리윤의 시에서 빛과 더불어 빈번하게 등장하는 시어는 바로 '유리'인데, 빛과 유리 모두 투명성과 관계한다는 점에서 흥미롭다. 유리는 시집에서 여러 형태로 등장한다. 가령 유리라는 물질의 속성은 같으나 비추는 것은 다른, 거울과 창이라는 대비로 나타나거나(「거울과 창」), 친구의 이름으로 불리기도 한다(「유리를 통해 어둡게」). 대개는 유리잔이나 창문과 같은, 우리에게 익숙한 모습으로 있다. 빛이 모두 통과하는 탓에 유리는 대개 투명하고, 투명하기에 바깥의 존재가 있음을 믿게 하며, 세상을 있는 그대로 바라보게 한다고 착각하기 쉽다. 하지만 유리는 투명하면서도 단단한 물성을 가지고 있으며 그것을 자연스럽게 알고 있는 건 유리를 만들어 낸 인간뿐이라는 사실을 우리는 종종 망각한다. 그렇기에 유리의 물성을 모르는 새나 개는 "투명을 허공과 혼동"(「장소성」)하여 유리에 머리를 처박곤 하지만, 인간은 헤매지 않고 투명한 벽 너머에서 안전할 수 있다.

투명도 100

 투명하다는 인식은 어떻게 생겨나는가? 우리를 이미지 안에 사로잡히게 하는 건 '보는 것'이라는 시각적인 감각과 연결되어 있다. 김리윤의 시가 이미지에서 벗어나 그 본질에 닿고자 한 것은, 다시 말해 보이는 것 이상의 무언가를 향해 가는 것이다. 우리는 어떤 대상을 볼 때 내가 그것을 '보고 있다'고 생각하지만, 사실 내게 대상을 '보게 하는' 건 빛이 있기 때문이다. 오직 빛의 반사에 의해 우리는 그것을 '본다'고 인식할 수 있다. 그렇기 때문에 김리윤의 시가 정말로 닿고자 하는 건, 빛이 우리에게 보여 주는 것 너머, 그 의지를 가진 빛에 있다. 시인은 귀신처럼 또는 유령처럼 잠시 사물의 피부를 입고 나타났다가 사라지는 빛을 감각하고, 의도는 궁금해 하지 않은 채 그것의 의지를 헤아린다. 이것이 김리윤의 시가 투명하게 빛날 수 있는 이유다.

 "여기 당신이/ 공부하듯이 상상해 왔던 낯선 나라야"(「관광객」). 3부의 끝에서 4부로 넘어가며 시인은 우리를 재세계로 안내한다. 4부에 수록된 열두 편의 연작시 「관광(觀光)」은 재세계 이전의 모습과 크게 다르지 않지만, 이전과는 다른 인식 체계로 이 세계를 바라볼 수 있다는 점에서 충분히 새롭다. 누군가 천지가 어둠인 바깥을 보고 "밖이 정말 바다야? 보이지도 않는데 어떻게 믿어?"라 물을 때, "보이지 않아도 믿지 않아도 있다는 걸 어떻게 설명해야 할까"(「관광」, 155쪽) 고민하지만 설명하지 않아도 더 이상 모호하게 느껴지지 않으니 말이다. 새로운 눈을 뜬 기분으로 섬으로 떠난 이들을 따라 낯선 나라를 구경하듯 함께 걸음을 옮겨 본다. 그러면 풍경을 볼 수도 있고, 빛을 볼 수도 있다(觀光). 그것은 같은 글자를 쓰는 만큼은 같지만, 그 안의 의미까지 모두 같다고 할 수는 없다.

「관광」은 끝에 이를수록 점차 투명해진다. 그리하여 시집의 문을 닫는 마지막 시, 「관광」에 이르러 우리는 가장 투명하고, 가장 완전한 빛을 만나게 된다. "암부를 통해서만 빛을 포착할 수 있는 법"(「관광」)이라는 말처럼 빛이 있기 위해서는 어둠이 선행해야만 하는 것이라, 완전한 빛은 곧 "완전한 어둠"과 맞닿아 있다. "모든 것을 투명하게 지우는 어둠"[3] 속에서는 우리의 몸마저도 투명해진다. 사물은 오직 "소리로만 존재하"며 종아리를 스치는 풀이 "어떤 모양의 생채기"(「관광」, 193쪽)

---

3 김리윤 산문, 「투명도 혼합 공간」, 강보원 외, 『시 보다 2021』(문학과지성사, 2021), 93~94쪽.

를 만드는지 볼 수 없고 쉽게 상상할 수도 없다. 하지만 왜일까? 볼 수 없기에 무언가 '있다'는 걸 상상하기는 어렵지만, 볼 수 없어도 상상하게 되는 것이 오직 빛뿐인 까닭은. 이미지로부터 벗어나기 위해 끝없이 상상했던 많은 것 너머, 어떤 얼굴로든 찾아오는 불빛 하나를 떠올리게 되는 것은.

> 그러나 불빛. 저 멀리 보이는 불빛 하나. 흔들리고 점멸하는 아주 작은 빛. 한 걸음 한 걸음 뗄 때마다 조금씩 커질 것이라는 믿음을 심어 주는 그런 빛. 도착할 빛, 아직 도착하지 않은 빛 앞에서 있다는 믿음은 불가능했다. 틀렸다. 제가 도시에서 나고 자랐기 때문일까요? 제 믿음의 흐릿함이 문제일까요? 제 마음의 약함이 문제일까요? 또 저 멀리 보이는 빛을 상상하고 말았습니다. 투명한 손을 잡고 투명한 발의 무게를 느껴 보려 애쓰며 우리는 계속 걸었다. 투명한 발등을 파고드는 어둠을 들어 올리며.
> ─「관광(觀光)」에서

저 너머의 빛은 아직 우리에게 오지 않았다. "도착할 빛"이나 "아직 도착하지 않은 빛"이기에 그것에 대한 믿음도 아직 충분치 않다. 그럼에도 '어둠 속의 희망'을 품어 보는 이유는 빛이 있을 거라 여기는 방향을 향해 계속해서 나아가고 있다는 실천적인 움직임 때문일 것이다. "또 저 멀리 보이는 빛을 상상하고 말았"다고 고백하면서도, 끝내 상상을 멈추지 않고 걸음을 계속할 이들은 끝내 암부 속에서 찰나의 빛을 마주할 수 있으리라. 언젠가 걸음을 멈춘 곳에서 '우리'는 또다시 이미지로부터 벗어나고, '우리'를 담을 수 없는 모든 형태로부터 빠져나와야 할 수도 있다. 끝없이 갱신되어야 하는 의미 속에서 재세계는 몇 번이고 계속될 수 있다. 그럼에도 그때마다 김리윤의 시가 흔들리지 않고, 재건의 과정을 잘 수행해 내리라 믿게 되는 건 전환과 상상의 힘 때문일 것이다. "다시 상상해"(「환등기」). 이 투명한 단단함을 가진 목소리를 지금의 시에, 한줄기의 빛이라 여기지 않을 수 없다.

심약자 주의 — 마음이 약한 사람에게는 정말 스미기에 좋지

— 김복희 시집 『스미기에 좋지』[1]

어느 귀신 이야기

잠이 오지 않는구나. 이야기가 필요한 밤이구나. 마침 적당한 이야기가 있어. 옛날 옛날에 어떤 귀신이 살았대. 어떻게 죽어 귀신이 됐느냐고? 글쎄, 그런 건 잘 모르겠어. 꼭 죽어야만 귀신이 될 수 있는 건 아니니까. "복숭아 귀신 곶감 귀신"처럼 "한집에 둘이면 곤란"(「귀신 하기」[2])한 존재들은 어디에나 있잖

---

[1] 김복희, 『스미기에 좋지』(봄날의책, 2022). 이후 본문에 인용할 경우 작품명만 표기하도록 한다.
[2] 김복희, 『희망은 사랑을 한다』(문학동네, 2020).

니. 하지만 혼자라고 꼭 하나만 하는 것도 아니어서 그 귀신이 좋아하는 건, 그러니까 귀신 '하는' 건 한두 가지가 아니었대. 복숭아, 초콜릿, 술[3]…… 내가 알기로는 빵 귀신이기도 하다지. 그런데 사실 그 귀신이 가장 좋아하는 건 따로 있었어. 그게 뭐냐면…… 이쯤 말했을 때, 나는 당신의 곁을, 어깨 부근이나 그 너머를 지그시 바라볼 것이다. 그런데 말야, 이런 말 혹시 들어 봤을까? 귀신은 자기 얘기하는 사람을 좋아한대. 귀신 이야기를 하면, 꼭 귀신이 찾아온대. 바로 이 시들처럼.

마음에 스미기

괴담(시)집 이야기는 아니니 오해 마시라. 이 시집에는 사람만큼 귀신이 등장하지만 썩 무섭지는 않다. 무엇보다 김복희의 시에서 귀신의 등장이 처음이 아니라는 점에서 반갑기까지 하다. 너, 아직 저승에 가지 못했구나. 좋아하는 것들이 이승에 너무 많아 아직도 귀신으로 살고 있구나. 이런 마음으로

---

3   김복희, 「시인의 말」, 『내가 사랑하는 나의 새 인간』(민음사, 2018).

반기기까지 되는 것이다. "많이 좋아하면 귀신이 돼"(「귀신 하기」). 김복희의 두 번째 시집 『희망은 사랑을 한다』의 문을 여는 첫 문장을 기억하는 이들이라면 아마 같은 마음이리라. 좋아하면서도 귀신은 되지 않으려 노력했지만, 결국에는 귀신이 되고야 말았다는 이야기가 일종의 말장난이듯 김복희의 귀신들은 기본적으로 장난기가 많다. 정말 아이 생각이 없냐는 물음에 곤란하다는 얼굴로 "나 아이 있어", "내 아이는 내 옷이고 내 신발이고, 내가 싼 똥이야"(「아이 생각」)라고 말하고 싶은 걸 꾹 참고, "죽고 싶은 마음"에게 칼자루를 쥐여 주고 그것이 뽑힐 때에 "칼 손잡이를 없애 버리는"(「죽고 싶은 마음과 친해지기」) 상상을 하며 킬킬대니 말이다. 장난치기를 아주 좋아하는 이들이지만 앞서 귀띔하였듯 가장 좋아하는 건 따로 있다. 그건 바로, 다른 무엇도 아닌 '인간'이다.

고양이도, 토끼도, 새도 아닌 인간이라니, 왜일까. "기껏/인간을 너무 좋아하는 것이 가엾다"(「귀신 하기」) 여겨질 만큼이라면 얼마나 좋아해야 하는 걸까? 까닭을 알기 위해서는 귀신들의 행동을 살펴야 할 필요가 있다. 인간을 좋아하는 이들이 가장 즐기는 건 「체리 사러 다녀왔지」, 「거울」과 같은 시에서 나타나듯 사람을 구경하는 것이다. 이 중에서 특히 「거울」

은 사람과 사람을 따라다니는 (귀)신을 비추는 '거울'을 화자로 내세우고 있기에 주목할 만하다.

나는 마음이 궁금하여 마음에 대해 이런저런 물음을 가지고 있지만 마음에 대해서 이해하는 것은 금기 중의 금기. 내가 깨질 수도 있다 추측건대 마음은 사고와 다르지 않고 기호와 유사한 경우도 있고 변덕에 대한 핑곗거리에 지나지 않는 경우도 있다 어떻게 보다 보니 모르는 것만 늘어 보이는 것을 본다 귀퉁이부터 조금씩 마음을 반사한다

사람을 구경하고 있으면 여러 번 태어나는 것 같다 그러나 사람은 단 한 번만 사람으로 태어난다 신의 자비다 신은 조금 미쳐 있지만 그래서 사람처럼 보일 때도 있지만
나는 정신을 차린다
그들이 가까이
멀리 걸어 빛 속으로 사라진다 신이 그들을 따라다닌다
미치지 않고서야 사람을 저렇게 따라다닐 리 없다 나는
그 마음이 궁금하여 신을 대놓고 본다

—「거울」에서

사람이 자신의 모습을 살피기 위해 거울 앞에 설 때, 거울은 단지 그들을 비추는 역할만을 하지 않는다. 거울의 입장에서는 사람들을 "대놓고" 구경할 뿐이다. 이때 '나'(거울)의 관심이 향하는 곳은 사람의 외형이 아니다. 거울의 시선은 그 너머, 보이지 않는 마음에 있다. 그 마음이 궁금해 "이런저런 물음"을 품어 보지만, 물음을 갖는 까닭이 인간의 마음을 온전히 이해하고 싶기 때문만은 아닐 것이다. "마음에 대해서 이해하는 것은" "내가 깨질 수도 있"어 "금기"와 같았으므로, 어떤 땐 "사고"나 "기호" 같고, 또 "핑곗거리"처럼 느껴지기도 하는, 영 '모르는' 마음들을 그대로, 보이는 바와 같이 "반사"할 뿐이다. 투명하게 비출 수 없어 그저 마음을 '반사'하는 거울의 자세는 그간 인간을 부지런히 학습해 온 김복희의 화자들을 떠올리게 한다. 시인은 꽤 오랜 시간 꾸준히 인간에 대해, 범위를 좁혀서는 인간의 마음에 대한 탐구에 열중해 왔다. 지난 시집에서는 한 부가 '서성이며 일렁이며 만지는 마음'이라는 제목으로 이루어져 있을 정도로 마음에 깊이 천착해 있음을 알 수 있다. 거울이 마음을 이해할 수 없어 그저 반사하듯 김복희에게도 마음은 곧장 이해에 닿지 않고 학습해서 체화할 수밖에 없는 것이다. 마음은 입체적이고 종잡을 수가 없기에 어쩌면 당연한 일이다. 하물며 귀신은 어떨까. 인간의 몸으로 생각하고, 인간의 언어로 말하고 있음에도 전부 이해할 수가 없는 것이 마음인데, 그것이 궁금해 따라다니는 귀신이라면. 이 시의 후반부가 그러하듯 인간의 마음을 말하는 시에 (귀)신의 등장은 마음을 조금은 다른 방향으로, 낯설게 감각할 수 있는 길이 된다. 가령 그들은 인간을 너무나 좋아해서 "먹는 시늉 자는 시늉 걷는 시늉"으로 인간을 흉내 내기도 하지만, 그러는 와중에 이유를 알 수 없이 "목이 잠겨"(「인간 놀이」) 오는 걸 느끼곤 한다. 인간의 행동이라면 뭐든지 따라 할 수 있지만, 마음만큼은 무엇으로도 흉내 낼 수 없기 때문이 아닐까. 이처럼 인간과 비슷하지만 다르고, 마음이라고는 좋아하는 것뿐인 순정한 귀신들로 인해 인간을 인간답게 만드는 건 결국 마음뿐이라는 것을 다시금 실감하게 된다.

보통 사람들은 누군가 자신의 마음을 들여다보려는 기척을 눈치채지 못한 채 마음의 일에만 열중하겠지만, 김복희는 자신을 따라다니는 존재를 누구보다 빨리 알아차린 것 같다. 흥미로운 점은 먼저 그들에게 말을 걸거나("있잖아/ 내가/ 너 있는 곳으로 가면/ 볼 수 있어?", 「귀신같이 알기」) 귀신이 함부로 접근할 수 없도록 하는 미신적인 상징들, 예컨대 줄, 금, 선 등을 열어 ("이제부터 여기로 들어오라고/ 들어오고 싶다면 들어오라고",「귀곡」) 결계 혹은 경계를 해제한다는 것이다. 지극히도 인간적인 호의에 귀신들은 기뻐하며 금세 곁으로 온다. 가까이에 붙어 마음을 살피고, 마침내 그곳에 닿는다. 어떻게? 바로 이런 방식으로.

    나 혼자서는 어디도 갈 수 없구나
    산 사람을 빌려야겠구나
    아무래도 몸보다는 마음이 편하지
    스미기에 좋지

    가끔 사람들이 묘한 꿈을 꾼다면
    그건
    마음이 쐰 것
    마음이 그 사람 모르게 유랑한 것

    내가 잘 타고 돌아다닌 다음 놓아준 것

그런데 귀신도 꿈을 다 꾸나

네 꿈이 정말 춥구나
귀신에게 가혹한 온도다

네 마음을 타고 너무 멀리 나왔었나 보다
네 마음을 놓아주었다고 생각했는데
네 마음이 이제 너를 어색해한다

—「쓰기」

    거울이 인간의 마음에 대한 이해를 멈추고 곧장 반사를 했었다면, 귀신도 시작은 크게 다르지 않다. 이해할 수 없으니 그냥 쓸 수밖에. 어떤 귀신들은 처음부터 마음이란 것에 관심을 갖게 되었던 게 아니었을지도 모르겠다. 이 시의 화자처럼 "혼자서는 어디도 갈 수 없"으니까 "스미기에 좋"다는 이유로 마음을 빌려 쓴 것이 시작일 수 있다. 그런데 귀신같이 요상한 일은 시의 후반부에 발생한다. "그런데 귀신도 꿈을 다 꾸나"라는 중얼거림처럼 빌려 쓴 인간의 꿈을 꾸게 된 것이다. 일어날 수 없는 일이 일어났다는 점, 그리고 쓴 마음의 온도가 아주 낮음을 감각했다는 점에서 마음이 씌는 행위는 일방적인 것이 아닌, 점차 스며드는 것으로 변모한다. 이러한 변화는 두 존재를 긴밀하게 연결시켜 귀신이 인간의 마음을 놓아주었다고 생각했을 때에도, "네 마음이 이제 너를 어색해"하는 지경에 이르게 되는, 완전한 스밈을 경험하게 한다. 기묘한 마음의 연결을 통해 김복희의 귀신들은 이제 자유로운 유랑을 넘어 마음의 탐험을 시작한다. 「자유로운 마음」, 「차가운 마음」 등의 여러 마음 들에 스미고, 느낀다. 천 개의 간을 먹으면 인간이 될 수 있다는 구미호처럼 귀신들도 마음을 먹으면 그 마음들을 모두 이해할 수 있게 될까? 그것을 이해라는 언어에 전부 담기에는 부족할 것 같다. 스밈은 그들에게 이해의 또 다른 말이지만, 이해보다는 더 능동적인 몸의 언어이기 때문이다.

없는 건 알 수 없는데 알 수 없으면 없어?

"네 마음이 이제 너를 어색해한다"(「씌기」)라는 말을 곱씹으며 스며듦으로 경계가 불분명해진 인간과 귀신을 생각한다. 인간의 경계를 해체하는 복합적인 존재는 김복희의 첫 시집에서부터 등장했기에 낯설지 않다. 기계 인간과 나무 인형, 그리고 동묘에서 데려온 사랑하는 나의 새 인간까지. 이들은 모두 인간이라고만 할 수 없으며 동·식물, 기계 등과 혼합되어 경계의 몸으로 감각해야 하는 존재였다. 이번 시집에서 귀신은 이들과 비슷한 맥락 안에 놓여 있지만 한편으로는 분명한 차이를 갖는다. 예컨대 새 인간 또는 나무 인형이 신체적으로 인간의 특징을 갖고 있었다면, 귀신은 인간의 몸이 아닌 마음에 스며들어 그와 연결되고 있다는 점이 그렇다. 또한 전자는 신체의 이형적인 특징이라는 외부 요인에 따라 분리되고 경계 지어질 수밖에 없는 한계가 있었다면, 이번 시집에서는 시적 주체 스스로가 그 사이와 경계를 정확하게 감지하고 있는 듯 보인다. 그리고 스스로 경계를 느슨하게 하여 낯선 존재를 환대하고 포용한다는 점에서도 차이를 갖는다. "지붕도 없고 바닥도 없이/ 그런 것을 우리라고 한다지요?"(「형태를 완성하기」) 같은 말처럼 '나'와 낯선 존재의 바깥으로 경계의 선을 밀어낼 때, 사이를 가로막는 어떠한 경계도 없는 상태가 되어서야 비로소 '우리'를 말할 수 있게 되는 것이다.

이렇듯 김복희는 세 번째 시집에서 인간과 닮아 있는, 또 인간과 관계하는 존재에 대해 눈에 띄는 변화를 보여 준 동시에 그간 함께했던 새 인간에게도 자유를 선사한 듯하다. 첫 번째 시집에서 "나의 새 인간이 되어 주세요"(「새 인간」)라는 정중한 요청으로부터 관계가 시작되었고, 두 번째 시집에 이르러서는 새 인간과 '나' 사이에 생긴 새 알을 깨뜨림으로써(「새 소식」) 미래의 파국을 예견하기도 했다. 이들의 관계는 정말로 끝나 버린 걸까? '나의' 새 인간이 되어 달라며 그를 소유하고, 자유로운 몸을 인간이라는 신체 안에 가둔 것 역시 인간의 이기일 수 있음을 알아차린 걸까? 이번 시집에는 새 인간에 대해 직접적으로 언급하는 시가 수록되어 있지 않음에도 '나'의 곁에 있던 것들이 "밖에서 보자"(「밖에서 보자」)라는 말을 남기고 떠나거나 "날개가 없는 사람은 감당할 수 없다고./그렇지만 마음만은 고맙다고."(「발과 날개」)와 같은 부분의 뉘앙스에서 새 인간과 '나'의 말로를 짐작해 볼 수 있다. 후일담이 궁금해지는 가운데 시인은 모든 이야기를 들려주는 대신 우리가 상상할 수 있는 최대치의 멋진 둥지 하나를 선물한다. 새 인간이 아닌, '세상에서 가장 멋진 새'가 사는 둥지를 선사하는 것으로 새 인간과 '나', '우리'의 다음을 이야기한다.

즉흥적으로, 어린 친구를 향해 펜을 내밀었다.

그러면요. 이걸로 혹시 그 새가 사는 둥지를 그려 보면 어때요?

어린 친구는 조금 망설이다가 펜을 받아 들었다. 의자에 앉지도 않고 테이블에 양 팔꿈치를 올린 채, 신중하게 한 선 한 선을 이어 둥지를 그렸다. 나는 어린 친구의 손끝에서 둥지라고 하는 무엇인가가 조금씩 나타나는 걸 보며 말했다.

둥지를 만들어 놓으면 새가 없어도 있는 것 같잖아요. 그쵸. 맞죠.

이번에는 제발 이 어린 친구가 내 의견에 동의해 주길 바라며, 서점에 누구라도 와 주어서, 내말에 동의해 주며(오늘따라 출근이 늦는 사장님을 애타게 기다리며) 이 어린 친구를 설득해 주길 바라며, 말했다.

어린 친구는 펜에서 손을 떼지 않은 채 고개를 끄덕였다. 어른인 내가 말끝을 늘이며 힘없이 말하는 게 웃겨서 조금 봐 준 것 같기도 했다.

다 그렸어요. 이거는요. 밤에 안 보이는 둥진데요. 왜냐하면 그 새는요……

한참 둥지에 대한 설명을 들었다. 새에 대해서 설명할 때보다 더 신나 보여 마음이 놓였다.

이제 가야 돼요. 다음에 또 올게요.
정중한 인사를 받았다.
고마워요. 잘 가요. 또 와요.
어린 친구가 내려 가 버리자 창밖 로터리에서 경적 소리가 들려왔다.

어떻게 새를 그려 줬어야 했을까? 어린 친구가 내게 둥지 그림을 남겨 두고 가 버렸다. 또 오겠다는 말을 남기고.

세상에서 가장 멋진 새를 볼 수 있을까
얼마나 멀리 갈 수 있는지 물어본 거야
손톱만 한 새 쌀알만 한 새
먼지만 한 새
눈이 멀 정도로 흰 새를 말하는 거야

심약자 주의 ― 마음이 약한 사람에게는 정말 스미기에 좋지

날개 사이로 머리를 묻고 잠든 거위나 백조,
그런 새들도 흰빛은 흰빛이지만,

그 새들의 깃 사이에 잠든 새
새들의 새
세상에서 가장 멋진 새를 말하는 거야
부리부터 두 눈까지 두 다리까지 꽁지의 마지막 깃까지

순간보다
깨끗한

아주
희미한

—「세상에서 가장 멋진 새」에서

    이 시는 "세상에서 가장 멋진 새"를 그려 달라는 어린 손님의 요청에 "이런 새 저런 새"를 그려 보다 급기야 아이에게 "새가 사는 둥지"를 그려 줄 것을 반대로 요청하는 이야기이다. 아이의 손에서 멋진 둥지가 태어나는 것을 보고, 그 둥지가 밤에는 보이지 않는 이유에 대한 설명까지 어린아이의 시선을 가늠해 보게끔 하는 귀여운 일화이나 아이가 떠나고 나서도 남은 것이 새가 아닌 둥지라는 사실은 걸음을 멈추고 다시금 생각하게 만든다. 이는 앞서 이야기한 것처럼 대상을 대하는 태도의 변화와 연결된다고 볼 수 있기 때문이다. 가령 둥지만이 있는 그림에서 "세상에서 가장 멋진 새"는 어떤 부리를 가졌는지, 어떤 날개를 가졌는지 알 수 없지만, 보이지 않기 때문에 각자의 가장 멋진 새를 그려 볼 수 있다. 이 시의 화자에게 그 새는 "손톱만 한 새 쌀알만 한 새/ 먼지만 한 새/ 눈이 멀 정도로 흰 새"이며 흰빛을 가진 새들 사이에 잠이 든, 깨끗하고 희미한 새일 테지만, 우리 손에 쥐어진 둥지 안에는 저마다의 '가장 멋진 새'가 잠들어 있을 테다. 이렇듯 시인은 가시화되지 않으나 재현하지 않고, 시 안에서 숨 쉬는 모든 것들을 소유하지 않고 가두지 않는 방식으로 세상에서 가장 멋진 새와 함께한다. 어쩌면 새 인간 또한 그렇게 놓아준 것이 아닐까. 곁에 없고, 두 번 다시 볼 수 없을지도 모르지만, 언제라도 돌아와 쉴 수 있는 둥지를 만들어 줌으로써 "어린왕자에 나오는 그 상자"와는 또 다른 방식으로 최대치의 가능성을 열어 두는 것이다.

마음, 귀신, 새. 이다음에는 무엇이 올까? 아마도 김복희는 계속해서 보이지 않는 것들을 들여다볼 것이다. 내가 아는 시인은, 그의 시는 쉽게 손에 잡히는 것들에는 흥미를 느끼지 못하니까. 골치가 아프더라도 재밌는 것들은 참지 못하니까. 그러다 마주친 것들에 기꺼이 경계를 허물고 자신의 자리를 반쯤 내어 줄 것이다. 스미고자 하는 궁금한 마음을 귀신같이 알아차리고, "너를 위해 문을 열어 둘게"(「문 열기」) 말하며. 또한 수많은 만남 끝에 마음에 스민 것들에 대해서도 쉽게 입을 열지 않으리라. 모두 이해한다고 말하지 않는 미더운 태도가 있어 우리는 김복희의 시를 계속해서 읽는 것일지도 모르겠다. 나는 그의 시를 종종걸음으로 따라 읽으며 단언하지 않는 사람 앞에서 함부로 단언하고 싶다. 이해를 말하지 않으면서 전부 스미고 싶다. 내게 쏜 마음을 모른 척하고 함께 모험하고 싶다. 이 책 너머의 당신도 함께해 주길. 시집의 열린 문을 따라 들어온 당신에게도 김복희의 시는 이미 깊게 스며들었을 테니.

입체 전시 '하이퍼큐비클'을 위한 서문

— 백가경 시집 『하이퍼큐비클』[1]

3D: 화이트큐브

 마침내 여기서 만났군요. 참으로 흥미로운 전시가 아니었습니까? 하고 묻는다면 당신은 의아한 얼굴을 할지도 모를 테지만 나는 이것을 하나의 공간으로 사유하기를 제안한다. 시집은 일종의 화이트큐브다. 출입구를 제외하고는 사방이 막혀 있으며 정해진 규격의 프레임은 오직 시를 위해 놓여 있다. 시집을 읽는 행위가 수십 개의 흰 벽에 걸린 작품들을 감상하

---

[1] 백가경, 『하이퍼큐비클』(문학과지성사, 2025). 이후 본문에 인용할 경우 작품명만 표기하도록 한다.

는 것이라면, 이는 달리 말해 하나의 전시 공간을 천천히 둘러보는 일과 같다. '하이퍼큐비클'에 공간적으로 접근하며 전시 혹은 관람과 같은 용어를 사용할 수 있는 까닭은 여러 편의 수록작에서 미술관이나 박물관, 영화관 등의 공간을 시의 배경으로 삼고 있기 때문일 것이다. 「『관내 여행자』」에서 그랬듯 시인은 인물에게 '관내 여행자'라는 수식어를 붙인 뒤 관에서 관으로 여행하게 한다. 이에 독자 역시 관내 여행자가 되어 시에서 시로 건너가는 여정을 따른다. 그런데 흥미로운 시작과 달리 관내 여행은 진행될수록 전시 관람과는 점점 멀어지고 있다는 석연찮은 인상을 남기다 종내 기이한 체험으로까지 이어진다.

가령 「Dummy No. 1 — 캔버스 위 15개의 구멍, 다회성 퍼포먼스 영상 「환촉」(60min), 40×164cm」의 작가는 "약 164cm의 대형 캔버스"를 자신의 "미술적 토대로 삼"아 "캔버스 위를 직접 기어다니며 입으로 물어 연조직을 해체하는 방식의 퍼포먼스를 선보"인다. 언뜻 예술적 행위로 문제가 없어 보이지만 인체를 뜻하는 작품 제목이나 "대형 캔버스는 단백질과 여러 유기체의 합성물로 만들어졌다"라는 서술로 미루어 볼 때 이 퍼포먼스의 대상은 다름 아닌 인간이다. 더 놀라운 건 작가의 정체다. "자신의 몸보다 약 3천 배 거대한 캔버스를" 다루는 이는 "렉투라리우스", 벌레이니 말이다.

신체적 조건을 비롯해 벌레와 인간의 모든 차이를 뛰어넘는 관계의 전복은 지금까지 관객의 태도로 관내 여행을 이어 온 이들의 자리마저도 의심케 만든다. 그리고 이 불안은 전시 작품에 대한 것만이 아닌 여행 중인 공간에 대한 것으로 번진다. 아직 끝나지 않은 관내 여행은 「사이파이 사일런스관 애장품 가이드 투어」로 계속된다. 가이드 투어로 진행되는 관람은 마지막 장소인 관·욕조 체험방에서 "클라이맥스"를 맞이한다. "그 옛날 석공이 만든 욕조와 관"을 "직접 체험"하며 "황홀경을" 느낄 수 있다는 가이드의 말끝에는 그냥 지나칠 수 없는 문제점이 뒤따른다. 바로 체험 시 "약간의 오작동"으로 인해 "지구형 행성의 '고대 인류의 삶'을 살 수 있다는 것이"다. 미래를 배경으로 하는 시에서 "고대 인류"에 해당하는 건 지금 여기의 우리라는 사실이 명징한 가운데 이곳에서의 삶에 대한 혼란이 섞여 든다. 이 삶은 어쩌면 미래에서는 찰나에 가까운 "오작동"이 아닐까. 관 체험이 죽음 체험과 다르지 않다면 지금의 삶을 산다는 건 반대로 죽음과 같다는 게 아닌가.

관내 여행 중 겪은 기현상으로 인해 우리가 거쳐 온 수

많은 관은 본래의 의도와 목적을 상실한 리미널 스페이스(Liminal space)가 된다. 작품(대상)과 관객(주체)의 전도로 인해 무엇을 위한 전시이며 어떤 의미를 담고자 하는지 원래의 의도를 알아차리기 어려운 상태가 되어 버렸기 때문이다. 관객의 자격을 잃은 이에게 이곳은 더 이상 느긋한 시선으로 즐길 수 있는 공간이 아니다. "솔직히 말해 봐요 사실 출구 없죠?"(「1460은 걷고 있다」) 그렇게 묻는다면 화이트큐브의 유일한 통로인 출입구는 애초에 관객을 위한 것이었다고, 핀 조명 아래 전시품에게는 영원히 열리지 않을 문이라고 답할 수밖에 없다.

사람들 코끼리와 광대가 서 있는 무대로 돈을 던진다 광대는 모르지만 코끼리는 안다 먹을 수 없다는 것이 분명하다 광대는 두리번거리고 떨어진 돈을 주머니에 주섬주섬 구겨 넣는다 광대의 주머니에는 작은 구멍이 나 있고 광대가 돌 때마다 주머니에서 돈이 후드득 떨어진다

광대는 회전하며 떨어지는 돈을 본다

후드득

내가 자빠지는 것보다 재미있어?

광대는 떨어지는 돈을 흉내 내며

자빠진다

오줌이 찔끔

사람들 자지러지고 휘파람을 분다

—「비질」에서

　「비질」은 큐브 안에 갇힌 운명을 확인한 이를 잠시 무대로 데려간다. 신나는 공연이 준비되었을지 모른다는 기대는 눈앞의 코끼리와 광대로 인해 사라지고 만다. 벌레에 의해 해체되는 인간을 보여 주는 것과 유사한 형태의 퍼포먼스가 무대에서 펼쳐지는 까닭이다. 서커스의 주인공인 코끼리와 광대는 비인간 동물과 인간이라는 차이가 있으나 이는 크게 중요하지 않다. 둘 중 성공적인 기술을 보여 주는 건 코끼리 쪽이 월등하고, 광대가 다른 인간처럼 관객의 자리에 서는 경우는 오직 "자빠진 자신을" 보는 순간이 유일하기에. 마침내 관객 입장과 함께 무대의 막이 오르고 그곳에는 완벽히 합을 맞추지 못한 코끼리와 광대가 서 있다. 이쯤에서 궁금해지는 건 공연의 성공 기준이다. 다시 무대의 막이 내려갈 때, 오늘 공연은 성공적이었다고 말할 수 있는 기준은 무엇으로 판단할 것인가? 훈련된 기술을 완벽하게 수행해 내는 것? "미래의 광대를 연기"할 뿐 실패가 예견되어 있다면? 그런데 정말로 공연의 성공 여부란 준비한 기술을 잘 수행하는 것과는 무관하다는 사실이 "작은 구멍"으로 인해 분명해진다. 어떤 멋진 기술도 주머니에 난 "작은 구멍"을 통해 "떨어지는 돈"보다 열광적인 관객의 반응을 이끌어 내지는 못했기 때문이다. 이에 광대는 "떨어지는 돈을 흉내 내며" 기꺼이 넘어진다. "다음 단계" 앞에서 번번이 고꾸라졌던 그의 실패는 "떨어지는 돈을 흉내 내"는 것으로 아이러니하게도 성공으로 변모한다.

코끼리와 광대가 아닌 돈에 반응하는 관객을 조명하는 이 시는 그들 앞에 잘 꾸며진 무대와 그 위의 비인간 동물, 돈보다 못하게 여겨지는 인간이 무엇 때문에 그 자리에 있는가를 다시금 생각하게 만든다. 언제까지나 관객의 자리를 내줄 일 없는 자들의 자본주의적 욕망에 따라 탄생한 유흥에서도 그들은 결국 돈에만 환호를 보낸다. 처음부터 코끼리와 광대의 몸짓 따위에는 아무런 관심도 없었다는 듯이. 쇼의 막바지, 시의 말미에서 "사람들은 보지 못하고" 광대와 코끼리만 '보는'

것 역시 그러한 욕망일 테다. 욕망에 의해 끝없이 돌고 넘어지면서도 그 욕망을 위해 무대에 올라야 하는 현실 또한 그들이 목격한 무엇일 것이다. 그것을 같이 보고 경험한 코끼리와 광대는 구조화된 착취 시스템의 피해자인 동시에 서로의 유일한 목격자가 된다. 시의 제목인 '비질(vigil)'은 덧붙은 설명처럼 "도축장을 방문해 비인간 동물이 처한 진실을 목격하고 증인이 되는 일"을 뜻한다. 여전히 누군가는 코끼리와 광대가 다르다고 말할 수도 있겠지만 이 시에서 그들을 종의 차이로 구분하려는 시도는 무용하다. 인간과 비인간을 나누는 건 종(種)이 아닌 권력의 차이라는 불편한 진실을 이미 목도했기 때문이다.

진실의 목격은 출구 없음에 대한 또 한 번의 자각이다. 자신이 속한 세계가 문이 없는 화이트큐브라는 걸, 그것이 시적 현실이 아닌 우리의 현실과 일치한다는 걸 알게 된 이상 한 걸음 물러선 관람자의 태도를 고수할 수만은 없다. 복제된 현실이 눈앞에 있다는 인식은 작은 틈을 만든다. 벌어진 틈새를 비집고 나온 무언가가 시공간을 비틀고, 닮은 모습만큼 자리를 넓힌다.

4D: 하이퍼큐브

복제된 현실로 하여금 화이트큐브는 제 안에 그만큼의 공간을 내주는 것으로 하이퍼큐브의 발생을 가능케 한다. 모든 변의 길이가 같은 큐브가 보다 입체적으로 확장된 하이퍼큐브와 관련해서는 「하이퍼큐브에 관한 기록」을 참고할 필요가 있다.

x가 머리 위에 달린 축을 오른손으로 잡고 있다 높이를 미처 재지 못한 x의 발이 바닥에 거의 닿을락 말락 누군가 실컷 타다 뛰어내린 그네처럼 어안이 벙벙하다 x의 팔과 다리가 점점 빠르게 버둥거린다 x는 하나의 커다랗고 검은 점이 되는가 싶더니 그 어떤 축으로부터 멀어지지 않고 x값이 무한 증폭된다

y님 행복을 주는 치과 생일 축하드립니다 임플란트 10퍼센트 할인 1

어떻게, 잘 지내? 1

은평구립도서관『세계의 끝』연체 49일 빠른 반납 요망 1

소액 대출 최저 이율로 신용 등급 모두 가능 1

y는 몸을 정육면체 안으로 구겨 넣는다 점점 y값을 잴 수

없고 그럴수록 y는 생각한다

　이 모든 되풀이는 나의 결괏값 "(경제적) 자유"를 위한 것

　z의 미랫값: 직사각형 화장실 천장에 도시가스 공급관이 노출돼 있음 장판과 텐트 사이 혈액이 말라붙어 표백제와 기타 용액을 계산한 것보다 한 통 더 사용함 추가 비용 청구 예정

　z의 현잿값: 중위소득 85퍼센트 이하 가정에서 자란 3학년 C반

*

　발가락 하나로 자신의 목숨을 지탱한 x는 같은 위치 옥상에 사는 z를 찾아 창백한 타일로부터 그를 무한 증식시킨다 열화 과정에서 z는 기체로 변할 수 있게 되고 y가 연체한 『세상의 끝』을 대신 반납한 후 49일을 1초 만에 앞당겨 『세상의 끝 역자 후기』를 대출한다 y가 연탄과 소주를 담아 온 마트 봉지를 쓰레기통에 넣을 때 자연스럽게 제목을 볼 수 있도록 책을 비스듬히 세워 놓는 것을 잊지 않는다

　　　　　　　　　　　　　　──「하이퍼큐브에 관한 기록」에서

하이퍼큐브를 이루는 각 축의 이름과 위치가 같은 세 명의 등장인물 x, y, z가 있다. 이들의 상태는 '값'으로 나타나며 값을 통해 그들의 현재와 미래에 대한 추정이 가능하다. 그런데 세 사람의 값은 「비질」에서와 같이 단순히 개인적인 문제를 넘어 사회 계급 구조와 긴밀하게 연결되어 있다. 가령 현재 y값을 측정할 수 없게 된 까닭은 간명하다. 값이라고 부를 수 있는 상태가 존재하지 않기에 그렇다. 읽지 않음을 나타내는 '1'이 사라지지 않는 메시지나 대출한 도서가 "49일" 동안 "연체"되었다는 기록에서 y의 사망을 추정하기란 어렵지 않다. 그가 극단적인 선택("연탄과 소주")을 할 수밖에 없던 이유는 단 하나, "(경제적) 자유를" 위해서다. z의 경우는 어떤가. "z의 현잿값"은 "중위소득 85퍼센트 이하 가정에서 자란" 학생이다. 그러나 지금의 계층에서 상승 이동하지 않는 이상 그의 "미랫값"은 "말라붙"은 "혈액"으로 y와 다를 바 없다. 자신의 축으로부터 멀어지는 y와 같은 운명을 가진 z를 살리기 위해 x는 하이퍼큐브라는 입체 공간의 특수성을 이용해 그들의 값을 변화시킨다. z를 "무한 증식"시키고 "y가 연체한 『세상의 끝』을 대신 반납한 후 49일을 1초 만에 앞당겨 『세상의 끝 역자 후기』를 대출"하면서 그가 다시 이 세상의 무언가를 궁금해하기를, 경험하지 못한 것들을 쥐어 보기를 바란다. x라는 변수로 인해 결괏값이 달라진 셋을 모아 두고 범우주아카이빙센터의 연구소장은 그들이 "어떻게 연결되었"는지, "능력은 어떤 문헌에서 찾은" 것인지를 질문하지만 x, y, z의 답은 다음과 같다. "문헌에서 찾지 않았습니다 우리의 차원에서 일어나는 일입니다".

세 사람의 말에서 해석의 키워드로 작동하는 건 바로 "차원"이다. 이때의 차원은 하이퍼큐브라는 4차원의 특수한 공간을 뜻하기도 하지만, "(경제적) 자유"를 손쉽게 얻을 수 있을 만큼의 전복을 꿈꾸기 어려운 그들의 위치를 지표화하는 표현이기도 하다. 하이퍼큐브는 3차원의 큐브를 수직 확장 하는 방식으로 발생한다. 이는 x, y, z와 같은 이들이 '더 높게(excelsior)'를 외치며 계층 이동을 꿈꾸더라도 그것을 실제로 달성하기 어려운 현실의 구조적인 증명이 된다. 더 높은 곳에 도달했다고 생각이 들더라도 그것은 사실 지향점과의 거리가 전혀 좁혀지지 않는 전진이다. "우리는 호텔 엑셀시오르를 누려요"라고 노래하며 이곳저곳 발자국을 남기지만 "아직도 비어 있는 공간"(「호텔 엑셀시오르」)이 존재하는 까닭을 그와 같은 맥락에서 이해할 수 있다. 그러나 테서랙트 안에 있는 사람은 자신이 갇혀 있는 줄 모르는 것이 당연하다는 듯 대부분 낙관적인 미래를 그리며 바쁜 제자리걸음을 한다. 혹은 y의 사례처럼 영영 움직임을 포기하고 마는 결말도 적지 않다.

「하이퍼큐브에 관한 기록」의 시작을 정글짐이라 말하며 시인은 "각각의 칸을 가진 정글짐이 아파트나 원룸촌, 고시촌의 구조와 닮아 있다"라고 밝힌 바 있다. x, y, z의 위치가 그들의 주거 공간이라면 y의 현재가 z의 미래이듯 유사한 구조에서 사는 이들의 생활은 대단한 차이를 갖지 않는다. 벽 하나를 두고 반복되는 이들의 삶은 그들이 같은 계층에 있음을 뜻한다. 동일 계층 사이에서 비슷한 주거 공간을 공유하는 현상은 다른 시에도 나타난다. 개미굴을 그린 「앤트힐 아트」나 "에메랄드 빛 주택이 동일한 모습으로 수백, 수천 개가 서 있는 마을"을 배경으로 하는 영화 「비바리움」을 보고 쓴 「9번 집에서 쓴 영화 「비바리움」에 대한 리뷰」도 마찬가지다. 수많은 집 가운데 9번 집에서 영영 벗어나지 못하는 이들의 이야기 그리고 그들과 같은 9번 집에서 리뷰를 쓰는 '나'를 통해 알 수 있는 건 어디에나 처참한 현실을 공유하는 사람들이 있다는 사실이다. 그런데 "그 속을 나가 보려 여러 방편으로 발버둥 치지만, 나갈 구석이 없다는 걸 깨달은 둘은 그냥 산다"라는 건 단순히 집에만 해당되는 이야기는 아니다. 벽 하나를 사이에 두고 체넘한 표정으로 매일을 견디는 사람들의 얼굴은 집이라는 사적 공간에서만이 아니라 경제활동의 주거지인 공적 공간에서도 발견된다. 하이퍼큐브가 또 한 번 모습을 바꾸는 순간이다.

5D: 하이퍼큐비클

시집의 제목인 '하이퍼큐비클'은 이 시집에서 제시하는 가장 진화된 형태의 하이퍼모델이다. 칸막이의 지층을 가리키는 하이퍼큐비클이 등장할 수 있었던 건 트랜스패런트칼라(이하 TC)의 등장 때문이다. TC가 겪고 있는 트랜스 상태는 "시간과 공간을 초월해 일하며 일과 일 아닌 것을 구분하지 못하는" 것이므로 그들이 일하거나 휴식을 취하는 공간의 구분이 없음은 당연하다. 사적 공간과 공적 공간의 경계가 희미해져 공간의 의도와 목적이 사라진 일종의 리미널 스페이스(Liminal space)가 또다시 발생한 셈이다. 수직 확장되는 연쇄적인 구조의 하이퍼모델은 이제 끝없이 쌓여 가는 칸막이 지층으로, 한 층 복잡한 형태로 변모한다. "인간 과포화 시대에" "이곳에서 일하는 자는 시간과 공간에 구애받지 않으며 돌이킬 수 없는,

과로 상태"라고 명시하듯 하이퍼큐비클의 노동자는 공간과 분리되지 않는다. 즉, 칸막이 안의 인간은 자신에게 할당된 공간 그 자체로 기능한다. 따라서 하이퍼큐비클에서 인간은 지층을 이루는 퇴적물의 유해일 뿐 그 이상이 될 수 없다. 큐비클 지층이 "인간 과포화 시대"(「조난당한 큐비클과 트랜스패런트칼라」)의 노동자라는 사실은 현실의 모습과 그리 다르지 않아 보인다. 불이 꺼질 새 없는 고층 빌딩 안 사람들의 모습이야말로 트랜스 상태의 노동자이기 때문이다. 여기, 하이퍼큐비클 어딘가에서 들려오는 구조 요청 또한 그러한 자의 손끝에서 시작된 소리다.

1럭스 미만의 조도 아래서 흰 천을 머리끝까지 덮은 TC가 있습니다! 왜 불도 켜지 않고 청승을 떠는 걸까요! TC들은 혈중 산소가 적은 탓에 검푸른색을 띤다고 알려져 있는데요! 무차별 포획으로 개체수가 급감하자 우주자연보전연맹은 TC를 멸종위기종으로 지정했습니다! TC가 버튼들을 자꾸 만지네요! 일종의 환상통이죠! TC는 버튼, 터치스크린, 스위치, 레버 등을 찍고 누르고 내리고 갖다 대며 일상을 운용했던 걸로 유명한데요! 큐비클 생태계가 5차원으로 넘어온 뒤부터 버튼

일체에 관한 환상통을 앓는 것입니다! 자, 보시죠! 손가락을 가만두지 못하네요! 귀한 장면입니다!

——「조난당한 큐비클과 트랜스패런트칼라」에서

TC의 기억 조각 모음과 같은 이 시는 주로 그가 조난을 당하기 이전의 기억으로 채워져 있다. '왜'냐고 이유를 묻는 다그침에 "절대로 칸막이 모듈 밖을 내다보지 않는다"라고, "궁극적으로 무엇이든 완료할 때까지 반복한다"라는 메모를 다짐처럼 새기던 날의 것이다. 밖을 내다볼 수 없는 칸막이 안에서 그는 모든 자유를 박탈당한 듯하다. 휴식 따위는 "지옥 자유 향상 작업"이라는 이름 아래 "가짜 벽난로 가짜 알프스 가짜 오두막" 등 오직 가상적인 이미지로만 소비할 수 있으니 말이다. 하릴없이 반복적인 노동을 수행하던 날들의 파편적인 기억이 이어지는 가운데 신경을 곤두서게 만드는 건 장면 사이에 삽입된 "딸칵" 하는 소리다. 한 번 또는 여러 번 연속되는 "딸칵" 소리는 관찰자에 의해 "버튼, 터치스크린, 스위치, 레버 등을 찍고 누르고 내리고 갖다 대며 일상을 운용했던" 지난 시간에 대한 "일종의 환상통"으로 설명된다. 그러나 TC에게 "딸칵" 하는 버튼 소리는 "환상통"이 아니라 칸막이 너머로 보내는 간절한 구조 요청 신호에 가깝다. 조난 상황에서도 충성스럽게 자신의 할 일을 끝내야 했던, 마침내 할 일 목록("절대로 칸막이 모듈 밖을 내다보지 않는다" "궁극적으로 무엇이든 완료할 때까지 반복한다")에 기어이 완료 표시를 마친 그는 구조 요청 역시도 자신이 일했던 방식으로밖에 할 수 없다. 그것이 자신을 가장 잘 표현할 수 있는 방법이며 "찍고 누르고 내리고 갖다 대"는 일련의 동작 외에는 모든 걸 잃어버렸기 때문이다. 하이퍼큐비클의 조난자는 자신의 '여기 있음'을 노동의 소리로 증명할 뿐이다. 마지막까지 TC가 구조되었다는 소식은 들려오지 않는다. 그러나 그의 소리를 아무도 듣지 못한 건 아니다. 적어도 이 시를 읽은 우리는 그의 현실을 목격하고 도움이 필요하다는 사실을 알게 되었으므로. 언젠가 코끼리와 광대가 눈을 마주치던 순간처럼.

5차원의 조난 상황과 구조 요청 신호는 "우리의 차원에서 일어나는 일"을 돌아보게끔 한다. 그와 다르지 않은 소식들, 예를 들어 「아이디어 라이더」에서는 "모르는 사람의 문 앞에/찌그러진 종이 박스, 박스 테이프를 떼다 만 종이 박스, 보냉 박스와 함께 누워" 죽음을 맞이한 사람을 조명한다. "쿠폰을 빵빵하게 주고 없는 물건이 없는 대단히 빠르고 편리한" 서비스를 강조하지만 빠른 배송은 기업이 아닌 배송 기사의 책임으로 여겨진다. 실제 사건을 모티프로 하는 이 시는 이미 굳건하게 자리 잡은 착취적인 배송 시스템을 돌아보게 만든다. 당일 배송, 빠른 배송을 위해 보이지 않는 이들이 극심한 노동에 시달리고 있다는 걸 모르지 않지만, 편의에 잠식된 소비자들의 수요는 점점 커져만 간다. 이 때문에 돌이킬 수 없을 정도로 기형적인 착취 구조가 형성되고 마는 것이다. 이런 구조 안에서 노동자는 그저 "인간 한 마리"로 불리며 이질적인 취급을 받는다. 인간을 '벌레 한 명'이라 바꿔 불러도 무방할 정도로.

『하이퍼큐비클』 전반에 짙게 드리운 죽음의 기운은 이처럼 개선되지 않고 점점 더 곪아 가는 자본주의 시스템과 그에 따라 양극단으로 나뉘는 계급구조에서 기인한다. 미래를 배경 삼아 차원을 넓혀 가는 방식으로 다채로운 이야기를 보여 주고 있으나 시공간이 달라도 그것이 "우리의 차원에서" 벌어지는 일임을 부정할 수는 없다. 누군가의 죽음이 다시는 일어나지 말아야 할 끝이 아닌 시작이 되는 지금, 반복되는 희생은 밀려드는 또 다른 죽음에 의해, 기억조차 않는 무관심에 의해 금세 잊히고 만다. 시인은 듣는다. 희미하게 들려오는 소리, "딸각"은 현실에서 조난당한 이의 유언이다. 그 소리는 이 벽 너머에 살고 있는 이의 것일지도, 다르지 않은 차원에서 되풀이되는 비극의 신호탄일지도 모를 일이다. 백가경은 깊이를 잴 수 없는 겹겹의 지층을 낱낱이 살피며 시간과 공간, 차원을 넘나드는 고고학적 탐구로 인간을 발굴한다. 새삼스럽지만 낯설게, 인간이어야 하는 인간을 칸막이 밖으로 구출하는 백가경의 시는 닫힌 세계의 출구를 연다. 이곳에 오랫동안 갇힌 상태인 우리에게도. 저 문밖으로 연결되는 세계는 여전히 같은 얼굴일지 모르지만, 예측되지 않는 미랫값을 얻을지도 모른다는 『하이퍼큐비클』의 이상한 낙관은 우리가 연결되어 있다는 감각에서 비롯된 것일 테다.

'사이'를 여행하는 히치하이커

— 2018 조선일보 평론 당선작[1]

'사이'의 심연, 말(言)의 탄생

여기 하나의 '사이'가 있다고 하자. '사이'의 양자는 아직 정해지지 않았다. 쉽게 범하는 오류이지만 사실 '사이' 이전에 선행하는 것은 아무것도 없다. 가령 '너'와 '내'가 있을 때, '우리'의 '사이'는 '너'와 '나'로 인해 맺어진 것이 아니다. 오히려 '사이'가 있기에 '우리 사이'에서의 '너' 그리고 '나'로 의미가 결정

---

[1] 이 글은 이제니의 시집 『아마도 아프리카』(창비, 2010)와 『왜냐하면 우리는 우리를 모르고』(문학과지성사, 2014)를 대상으로 한다. 이후 본문에서 인용할 경우 작품명만 표기하기로 한다.

되며, 나란히 마주 설 수 있는 것이다. 행여 '너'와 '나'의 연결고리가 사라지더라도, '사이'만은 여전히 남아 있다. 그것은 계속해서 순환하며, '사이'의 양자는 '사이'를 통해 배태된다.[2] 다시 말해 '사이'는 일종의 모체이자 시원(始原)으로 작용하는 것이다.

시의 경우에도 종종 '사이'는 시가 태어난 자리 그리고 반복해서 회귀하는 공간으로 나타난다. 특히 이제니 시의 경우가 그렇다고 볼 수 있는데, "사이와 사이사이에 한 줄의 시가 있다"(「태양에 가까이」)라는 말이 그것을 증명한다. 이제니는 시가 어디에서 시작되는 것인지를 분명히 알고 시가 있는 자리를 섬세하게 더듬으며 그것을 시작(時作)으로 삼는다. 그가 매만지는 "사이와 사이사이"는 시가 되는 말(言)들이 태어나는 세계이다. 첫 번째 시집 『아마도 아프리카』에서 언급한 것처럼 "슬프고 이상하고 아름다운 낱말들이 도처에서 차오"(「시인의 말」)르는 세계, 이 세계에서 이제니는 끊임없이 피어나는 낱말을 보고, 듣고, 만지며 감각한다.

---

2 김동규, 『하이데거의 사이-예술론』(그린비, 2009), 13~14쪽.

　　　　히잉 히잉. 말이란 원래 그런 거지. 태초 이전부터 뜨거운 콧김을 내뿜으며 무의미하게 엉겨 붙어 버린 거지. 자신의 목을 끌어안고 미쳐 버린 채로 죽는 거지. 그렇게 이미 죽은 채로 하염없이 미끄러지는 거지. 단 한 번도 제대로 말해 본 적이 없다는 사실이 안심된다. (……) 페루는 고향이 없는 사람도 갈 수 있다. 스스로 머리를 땋을 수 없는 사람도 갈 수 있다. 양이 없는 사람도 갈 수 있다. 말이 없는 사람도 갈 수 있다. 비행기 없이도 갈 수 있다. 누구든 언제든 아무 의미 없이도 갈 수 있다.

―「페루」에서

"히잉 히잉"하는 말(馬)의 울음소리와 함께 탄생한 말(言)을 보자. 그런데 이제니는 이 말에 대해 갓 태어난 생명의 온기나 생의 성스러움을 예찬하기보다, "무의미하게 엉겨 붙어" 있고 "미쳐 버린 채로 죽"으며, "이미 죽은 채로 하염없이 미끄러지는" 것이라 말한다. 말의 본질은 사실 이렇다는 듯 말이다. 그렇기에 스스로를 "알맹이처럼 말을 아끼는 사람"(「옥수수 스프를 먹는 아침」)이라 정의하는 이에게 말이란 "말하지 못한 말들"(「공원의 두이」, 「카리포니아」, 「편지광 유우」, 「녹색 감정 식물」), "말할 수 없는 말들일 뿐"(「후두둑 나뭇잎 떨어지는 소리일 뿐」)

이며, 소리 내지 못하고 '공책', '노트', '백지'에 적을 수밖에 없는 말들("소리 내 말하지 못한 문장을 공책에 백 번 적는다"(「피로와 파도와」), "차마 소리 내 말하지 못하고 노트에 적었던 문장"(「녹색 정원 금발령」), "무수한 말이 적힌 백지를 간직한 채"(「그늘의 입」))이다. 이처럼 차오르는 말들을 느끼기는 하지만 말하지 못하고, 말할 수 없다는 것은 이 말들이 시적 주체가 삼켜 뱉을 수 있는 온전한 언어가 아니라는 뜻이다. 그것은 "율격 없이 절연되어"(「곤충 소년이 전진한다」) "오해라는 말로 이해"될 수 있고 "이해라는 말로 오해"(「그늘의 입」)될 수 있는 불완전한 언어이다.

그리하여 시인은 '페루'와 같이 "고향이 없는 사람도 갈 수 있"고, "말이 없는 사람"도, "누구든 언제든 아무 의미 없이도 갈 수 있"는 말의 자리를 찾아 떠난다. 시에서 나타나는 '요롱이', '두이', '뵈뵈', '카리포니아', '녹슨', '유우', '밋딤', '하치', '홀리', '자니마', '모리', '라이라', '알파카' 등의 낱말들이 그러한데, 이는 하나같이 기의가 분명하지 않고 기표만이 부유하는 것들이다. 언뜻 보기에는 아무 "연관 없는 어휘들"(「알파카 마음이 흐를 때」)처럼 보이지만, 이러한 낱말들은 이제니가 깊이 천착하는 '사이', 즉 "영원히 되찾을 수 없는 언어의 심연" 속에서 "이제 막 떠올랐다 사라져 버린 완벽한 문장"이자 "오래전 잃어버린 문장"을 이루는 파편과 같다. 시인은 이 파편을 그러모아 '잃어버린 문장'을 맞춰 나가는 작업을 함으로써, 토막 나고 흩어진 채 오해가 될 수 있는 말 대신 "더듬거리는 중얼거림"(「별 시대의 아웁」)일지라도 자신의 말, 자신의 언어를 가져보고자 한다. 그의 "더듬거리는 중얼거림"은 "과연 내일이 와도 요롱요롱 밥을 먹고 요롱요롱 울다가 요롱요롱 잠들고 요롱요롱 깨어나 요롱요롱 흘러가는 구름을 볼 수 있을까."(「요롱이는 말한다」), "그러지 말고 뵈뵈, 이것 좀 봐. 이것 좀 봐, 뵈뵈."(「뵈뵈」), "카리포니아 카리포니아 카리포니아에 있는 누이에게 편지를 쓴다."(「카리포니아」)처럼 주로 부유하는 기표들의 반복으로 나타나는데, 이는 하이데거가 말한 '낱말의 놀이(Spiel des Wortes)'와 맥락을 같이한다. 단순히 단어 조합의 말장난이 아니라 "숨기는 동시에 드러내는 것/ 드러내는 동시에 숨기는 것"(「그곳에서 그곳으로」)으로, 낱말의 의미는 은폐함과 동시에 떠오르는 기표 안에 내재되어 있는 존재 자체의 놀이로써 행해지는 것이다.

이곳은 혼자 태어나서 혼자 죽어 가는 말이 다시 죽어 가는 바다/ 밀려갔다 밀려오는// 다시 태어나는 말이 달립니다/ 빛나고 아름답게, 빛나고 아름답고 쓸쓸하게/ 당신은 고아의 말의 그 단단한 등에 앉아 당신의 몸 위에 덧난 것들이 출렁출렁 흔들리는 진동을 듣고 있습니다// 당신은 넘실대고/ 고아의 말과 한 몸으로 넘실대고/ 바다는, 고아는 해변은, 매 순간 다른 리듬으로 밀려갔다 밀려오고// 슬픔을 따라가면 슬픔의 끝이 나옵니다/ 슬픔의 끝을 따라가면 더 깊은 슬픔의 끝으로
—「고아의 말」에서

이제니가 '사이'라는 '존재의 심연(Abgrund)'에서 건져 올린 시어를 부르고 그것을 반복함으로써 부재하는 그러나 현존하는 존재를 가까이할 때, 낱말들은 그에 응답하듯 그 자체의 유동성을 갖고 리듬을 만들어 내며 함께 놀이한다. 놀이함으로써 말은 더 이상 "혼자 울면서, 울면서 혼자 달려가"거나 "혼자 태어나서 혼자 죽어 가는 말"이 아니라, "다시 태어나는 말"이 된다. 그리하여 말과 한 몸이 된 주체는 말을 '혼자' 외롭게 두지 않기를 선택하며 긴 여행을 시작한다. "더없이 검은 말을 따라. 한없이 희미한 걸음으로. 방향 없는 방향을 향해."(「나선의 감각 — 목소리의 여행」) 그가 묻는다. "이제 우리 어디로 갈

까. 이제 우리 무엇을 할까."(「발 없는 새」) 말이 답한다. "슬픔을 따라가면 슬픔의 끝이 나옵니다/ 슬픔의 끝을 따라가면 더 깊은 슬픔의 끝으로".

나선의 이미지 — 소리를 따라, 그림자를 따라

    우리는 앞으로 앞으로 걸어갔지. 말없이. 손나팔을 불듯 두 손을 흔들면서. 끝없이 이어지는 춤을 추면서. 머나먼 반도의 끝자락을 떠도는 이름 없는 유랑 악단처럼. 멈추면 사무칠까 봐 더 더 걸었지. 뒤처진 쪽을 슬쩍슬쩍 바라보면서. 서로가 서로를 잘 따라오고 있는지 주의를 기울이면서. 언제나 언제나 그렇게 걸었지. 언제나 그렇게 걸어 왔지. 춥고 어두운 길에선 더더욱 더.

—「먼 곳으로부터 바람」에서

말을 따라 슬픔을 따라 당도한 곳은 다름 아닌 '고아의 말'이 서 있던 그 자리, '고아의 해변'이다. 사실 이 목적지는 이미 정해져 있던 것이나 다름이 없는데, 「고아의 말」의 첫 번째 연과 마지막 연에서 "이 슬픔을 따라가면 고아의 해변", "이 말들을 따라가면 다시 고아의 해변으로"라고 언급했기 때문이다. 그렇다면 왜 말은, 말과 한 몸이 된 주체는 다시 고아의 해변으로 돌아오는가?

명징한 첫 번째 이유는 '고아의 해변'이 "혼자 태어나서 혼자 죽어 가는 말이 다시 죽어 가"고 또 "다시 태어나는", 즉 '사이'의 심연과 같기 때문이다. '사이'가 시원(始原)으로 기능하고 있기 때문에 말과 주체는 태어나 죽더라도 운명적으로, 필연적으로 돌아올 수밖에 없다. 이처럼 이제니의 시에서는 말 또는 시적 주체가 삶과 죽음을 반복하면서 결국에는 '사이'로 끊임없이 회귀하고 있는 모습이 자주 포착된다. "나는 이 생을 두 번 살지 않을 거야/ 완전히 살고 단번에 죽을 거야"(「알파카 마음이 흐를 때」) 하고 다짐하지만, "떠나온 자리를 매 순간 들여다"(「요롱이는 말한다」)보고 "사라지기 위해 죽어 가기 위해 다시 태어나기 위해"(「처음의 들판」) "돌아오기 위해 떠나는"(「자니마와 모리씨」) 것이다. "저주처럼 돌아오는 말"(「그곳에서 그곳으로」)처럼. "소멸 직전의 거리"(「고양이는 고양이를 따른다」)를, "거리와 거리 사이"(「검은 것 속의 검은 것」)를, "멀어지는 물결과 물결 사이", "기억나지 않는 말과 말 사이"(「어둠과

구름」)를, "순도 높은 목소리 사이사이로" "어떤 나지막한 목소리 사이사이로" "사라지는 것과 사라지는 것 사이. 그 사이와 사이. 다시 그 사이와 사이사이의 사이."(「이것이 우리의 끝은 아니야」)를 향해.

    이것은 누구의 목소리입니까. 사라진 줄 알았던 목소리가. 녹색을 띤 그늘 속 이끼처럼. 둘로 나뉜 하나의 물방울처럼. 밤과 낮의 경계 너머로 되살아나. 낱말을 발명하는 사람의 입술 주름 위로. 천천히. 손가락 하나를 가져가듯이. 어떤 간격. 어떤 틈. 접힌. 닫힌. 시간 혹은 장소의. 영원과도 같은 한순간을. 펼쳐 보려는. 열어 보려는.// (……) 이해하지 않기로 하면서 이해한다. 가지 못한 그곳으로 가면서. 그곳으로 다시 가면서. 계단이 있고. 창문이 있고. 강물이 있고. 잿빛이 있고. 희망이 있고. 한낮이 있고. 침묵이 있고. 춤이 있고. 노래가 있고. 하늘이 있고. 숲이 있고. 새가 있고. 내가 있고. 다시 네가 있고.
                                                —「그곳에서 그곳으로」에서

"계단", "창문", "강물", "잿빛", "희망" 등의 낱말이 있는 "그곳"은 "사라진 줄 알았던 목소리가" "밤과 낮의 경계 너머로 되살아나"는 "시간 혹은 장소"이자 앞서 주체가 떠나온 '사이'와 같다. "집을 나간 탕자가 집으로 다시 돌아오는 것과 같은 형식"(「나선의 감각 — 음」)으로 존재론적 운명에 따라 다시 돌아온 "그곳"에서 삶과 죽음, 밤과 낮처럼 이분법적으로 나뉜 경계가 희미해지는 어느 순간, 끊임없이 '사이'로 돌아가야만 했던 두 번째 이유가 드러난다.

'사이'로의 회귀가 존재론적 운명에 의한 것이었다면, 두 번째 이유는 주체의 "잊고 있었던 상처", "결함", "과오", "우둔함"(「유령의 몫」)에서 비롯된 것이다. 자신의 운명적 결함을 따라 주체는 "어떤 간격. 어떤 틈. 접힌. 닫힌. 시간 혹은 장소의. 영원과도 같은 한순간을. 펼쳐 보려는. 열어 보려는" 시도를 한다. "두 번 다시 돌아오지 않는 찰나"(「나선의 감각 — 잿빛에서 잿빛까지」)를 들여다보고자 한다. '사이'는 더없이 고요하며 적막하지만, "적막이란 적막 이전에 소리가 있었다는 말"(「코다의 노래」)이므로, "한 번도 듣지 못한 내면의 음을 듣"(「나선의 감각 — 음」)듯이 적막에 귀를 기울여 보는 것이다. 그러자 적막 속에서 무언가 하나둘씩 모습을 드러낸다. 이미 "지나간 것들"(「검은 개」)의 "지나간 흔적"(「거실의 모든 것」)이다. 이는 "지나간" 소리 이후에 남은 의미들로, "잊히는 말"이자 "밀려나는 말"(「하루에 한 가지씩」)과 같다. 그런데 "흔적" 또는 "얼룩"으로 남은 말의 의미는 시적 주체를 만나 제 모습을 갖추고, 마침내 "비밀처럼 길어지는 오후의 그림자"(「나무는 기울어진다」)로 실체화된다.

> 드러날 때까지 기다립시다. 무엇이 그 무엇이. 그 자신의 모습을. 그 자신의 그림자를. 그 자신의 침묵의 말을. 드리울 때까지. 거느릴 때까지.
>
> ——「나선의 감각 — 빛이 이동한다」에서

> 너는 이상한 얼룩을 하고 있다 좋다 아름답다 몹쓸 계시 같다 모든 불행은 돌이켜 생각하거나 앞질러 생각하는 자들의 몫이다 그림자가 사소한 방향으로 옮겨 간다
>
> ——「검버섯」에서

> 어쩌면 아무것도 아닌 것이 아닌/ 비밀처럼 길어지는 오후의 그림자/ 나는 그것의 형상을 알고 있었다/ 이제는 사라져 버린 어느 날의 얼룩
>
> ——「나무가 기울어진다」에서

일반적으로 대상(주체)을 따라다니는 것이 그림자의 역할이지만, 이제니의 시에서 그들의 역할은 전도되어 나타난다. 사라진 "어느 날의 얼룩", 그 "이상한 얼룩"은 '나'의 그림자이다. 그림자는 소리 없이 쌓인 "침묵의 말"들이 얼룩지고 늘어져 있는 형태로 이 "침묵의 말"들은 이전에 소리를 갖고 있던 말(이제는 의미만 남은 말)이라는 점에서 공통적이다. 결국 주체가 '사이'로 돌아가는 또 다른 이유는 "소리가 되기 위해 모음이 필요한 자음들처럼"(「단 하나의 이름」) 떠돌지 않고, 온전한 제 언어의 말을 갖기 위해 "의미 이전의 소리"(「나선의 감각 — 음」)가 있었던 어느 "순간"과 "찰나"를 열어 보려는 것이다. 이와 같은 시도는 소리가 사라진 채 의미만 남은 그림자를 뒤쫓는 일로 이어진다. 그런데 이 그림자는 다른 누구도 아닌 시적 주체의 그림자이기 때문에, 그림자를 쫓는 모습은 "내 오랜 그림자의 끝을 향해 여행하기로 했다"(「그림자 정원사」)라는 주체의 말처럼, 그림자의 끝을 잡으려는 '꼬리잡기'의 형태로 나타난다. 그리고 이것은 이제니의 시에서 "나선의 감각", "나선"의 이미지로 여러 번 반복하여 등장한다.

    보이지 않는 당신을 본다라고 하자 희고 마른 뼈의 적막을 듣는다고 하자 심해의 어원을 찾아 깊이깊이 떠돈다고 하자 물결의 적막을 적막의 불길이라고 부른다고 하자// (……) 간신히 천천히 낮게 드리우는 그림자가 있다라고 하자 그림자를 향해 호흡하는 내가 있다라고 하자 그 곁에 당신이 있다라고 하자 회오리치는 마음이 있다라고 하자 회오리치는 눈길이 있다라고 하자 회오리치는 회한이 있다라고 하자 후회하지 않는 물결이 있다라고 하자 돌아오지 않으면서 돌아오는 기억이 있다라고 하자// (……) 머나먼 소실점의 거리에서 우리의 깊은 숨이 서로를 불러내고 있다라고 하자 다가가는 만큼 멀어지는 물결이 있다라고 하자 멀어진 만큼 멀어진 시간이 있다라고 하자 멸절된 시간만큼 돌이킬 수 없는 간절함이 있다라고 하자// (……) 무엇이 왜 어떻게라는 말 대신 그저 그렇게 되었다라고 하자 그저 그렇게 지금 여기에 놓여 있다라고 하자 다만 호흡하고 있다라고 하자 다만 있다라고 하자 다만 멀리서 가깝게 있다라고 하자 물결을 따라 흐르는 소용돌이를 본다라고 하자 소용돌이치며 사라지는 문장이 있다라고 하자 전해지지 않는 말을 들었다라고 하자 끝없이 이어지는 호흡이 있다라고 하자 또 다른 호흡이 또 다른 호흡 속으로 뛰어들고 있다라고 하자 순간의 폭발이 있다라고 하자 다만 소리가 있다라고 하자 다만 호흡이 있다라고 하자// (……) 끝없이 물결치는 원형이 있다라고 하자 끝없이 계속되는 숨소리가 있다라고 하자 소용돌이치며 다가가지 못하는 마음이 있다라고 하자 다시 보이지 않는 당신을 본다라고 하자

—「나선의 감각 — 물의 호흡을 향해」에서

잊히고 지나가 버린 말을 찾아 주체는 "심해의 어원을 깊이 깊이 떠돈다". 방랑하는 '나'의 앞에 "보이지 않는 당신"으로 지칭되었던 그림자가 드리워지고, 주체는 그림자를 향해 "호흡"하기 시작한다. 이때 그림자 또한 주체를 따라 "호흡"하며 둘 사이의 "호흡"이 일정한 거리를 두고 "또 다른 호흡이 또 다른 호흡 속으로 뛰어"드는 모양새로 "소용돌이치며" "끝없이 이어지"고 있다. 그것은 "끝없이 물결치는 원형", 나선의 형상을 만든다. 그러나 '나'와 그림자는 "호흡"으로만 이어져 있을 뿐 정작 "다가가는 만큼 멀어지"기에 다가갈 수 없다. 주체에게 있어 그림자란 측량기사의 닿을 수 없는 성과도 같은 것이므로 "여전히 카프카적으로 방황"(「편지광 유우」)할 수밖에 없는 것이다. 그런데 서로의 "호흡"과 "호흡"이 마주하는 '사이'에서 어느 "순간의 폭발"이 일어나고, 또 한 번 "두 번 다시 돌아오지

않는 찰나"로써의 "소리"가 발생한다. 이 "소리"는 미약하게나마 "끝없이 계속되는 숨소리"로 이어지다가 시의 마지막에 이르러선 "다시 보이지 않는 당신을 본다라고 하자"며 처음으로 되돌아간다. 주체가 자신의 그림자를 마주 보고 "호흡"함으로써 "순간"의 "소리"를 뱉기는 하지만 그것만으로 "우리의 목소리"(「나선의 바람」)를 갖기에는 턱없이 부족하다. 일종의 "번역 투의 문장"이거나 "삭제된 문장 위로 삭제된 또 다른 문장이 내려앉는" 행위에 불과한 것이다. 이제니는 이를 두고 "네 목소리 위에 내 목소리를, 내 목소리 위에 네 목소리를 덧입혀 보는 일"(「공원의 두이」)이라 언급했는데, 마치 "현재에 서서 과거의 얼굴 위로 미래의 목소리를 불러들여 덧입"(「나선의 감각 — 음」)히는 것과도 같다. '사이'는 과거-현재-미래가 공존하는 "시간 혹은 장소"이고, 지금-여기에 서 있는 주체(현재)가 그림자(과거)와의 호흡을 통해 "미래의 목소리를 불러"들이는 것이다. 그러나 "목소리"는 그림자로 인해 잠시 소환되는 것일 뿐 여전히 미래에 있다. 그렇다면 어떻게 해야 할 것인가? "우리의 목소리"라는 주체성을 가지기 위해서, 그것을 "현재"의 것으로 만들기 위해서, "우리로 존재"(「작고 검은 상자」)하기 위해서는 어떻게 해야 하는가?

방법은 하나다. "우리가 우리의 그림자로부터 떠나갈 때 우리는 우리 자신이 된다"(「검은 것 속의 검은 것」). "그림자로부터 떠나"간다는 것은 그림자가 없는 사람이라는 것과 같은 말이고, 이는 곧 "그림자가 없는 사람은 이미 죽은 사람이다"(「꽃과 재」)라는 말과 이어진다. 결국 "우리"가 그림자를 떠난다는 건 주체의 죽음을 뜻하는 것과 마찬가지다. 주체는 이제 "더 이상 희미해질 수 없을 만큼 희미해진다. 내부의 내부 혹은 외부의 외부로 사라진다." "세계의 그림자가 돌연 어둡게 넓어"(「작고 흰 공」)지고, 그림자만이 남아 있다. 대상(주체)은 사라진 채 그림자만이 남아 있다. 소리를 잃은 의미만이 겹겹이 남아 있다. "어쩌다 우리는 소멸하는 방식으로 스스로를 증명하는 사람이 되었을까."(「블랭크 하치」), 하지만 "이것이 우리의 끝은 아니야"(「이것이 우리의 끝은 아니야」)라는 말은 그림자를 남긴 주체의 유언이자 "소멸 직전의 문장"(「고양이는 고양이를 따른다」)이다.

다시 '사이', 끝이 아닌 것들의 세계

주체는 죽음과 함께 소멸되었지만 우리는 슬프지 않을 수 있다. 그가 사라진 자리, '사이'의 어떤 '사이사이'에서 또다시 태어날 것을 알고 있기 때문이다. 생사를 반복하며 "의미 이전의 소리를 찾아 제 속의 소리길을 따라나"서는 것, "의미 너머의 어떤 본질을 발견하게 되는 것"(「나선의 감각 — 음」)이 이제 니의 시적 주체가 가진 "혼돈의 숙명"(「블랭크 하치」)이라면, 이제 니는 그 혼돈 속에서 주체가 내뱉는 찰나의 소리를 기록하는 자이다.

너는 누군가에게 목소리를 건넨다. 목소리 위에 어떤 의미를 얹는다. 너만의 고유한 목소리로 무언가를 말한다. 나무가 흔들리듯이. 구름이 흐르듯이. 바람이 불어오듯이. 그러나 네 말의 의미는 중요하지 않다. 어딘가에 먼저 가닿는 것은 네가 전하는 의미보다는 네가 내뱉은 음들 고유의 성조와 고저와 장단이다. 바로 너의 내면이다. 호흡이다. 울림이다. 감정이다. 호소이다. 너는 네 속에서 들려오는 그 모든 소리들을 기록한다. 누군가의 입을 빌려 말하듯 너는 그 무수한 목소리들을 받아 적는다. 이것이 바로 내 시다. (……) 약간의 체념을 간직한 채 너는 다시 한번 말한다. 말하고자 하는 그것에 가닿기 위해. 지속적인 불협화음을 관통해 나가면서. 완전한 조화에 도착하기 위해. 끝없이 다가갈수록 끝없이 멀어져 가는 아주 가까운 그곳을 향해.

—「나선의 감각 — 음」에서

 이제니가 말하듯 "의미" 이전에 선행하는 것은 "너만의 고유한 목소리"다. "의미"는 고정된 것이지만, "목소리"는 그렇지 않다. 따라서 "네 말의 의미"보다 중요한 것은 "네가 내뱉는" "목소리"와 그것의 "음"들이다. 이는 바로 너의 "내면"과도 상통하며 단일한 "의미"가 아닌 "호흡", "울림", "감정", "호소"와 같이 그 모든 것이 된다. "그 모든 소리들을 기록"하고, "그 무수한 목소리들을 받아 적는" '너', '너'는 시적 주체이자 시인이다. "이것이 바로 내 시"라고 말할 수 있는 이유가 바로 여기에 있다. 시인에게 "혼돈의 숙명"이 있다면 "의미"보다 앞선 내면의 소리를 듣는 일일 것인데, 이 일은 "무엇과 왜와 어떻게"라는 말보다 "그저 그렇게"(「나선의 감각 — 물의 호흡을 향해」) 행해지는 일이다. 이제니는 "그저 그렇게" 시를 쓴다. "말하고자 하는 그것에 가닿기 위해. 지속적인 불협화음을 관통해 나가면서. 완전한 조화에 도착하기 위해. 끝없이 다가갈수록 끝없이 멀어져 가는 아주 가까운 그곳을 향해." 말이다.

우리가 우리의 그림자로 밀려날 때 저 밑바닥으로부터 번져 오는 것은 무엇인가. 우리가 우리의 어둠으로 몰려갈 때 저 하늘로부터 내려오는 것은 무엇인가. 뒷모습은 뒷모습으로 말한다. 뒷모습은 뒷모습으로 사라진다. 우리는 우리의 뒷모습으로 살아남아 오래전 그 해변을 걷고 있다. 그 옛날의 우리로서 오늘의 이 해변을 걷고 있다. (……) 그때에도. 이미. 벌써. 여전히. 아직도. 이것이 우리의 끝은 아니라고 믿는 마음이 있었을 테고. 순도 높은 목소리 사이사이로 몇 줄의 음이 차례차례로 울렸을 테고. 뒤가 없는 듯한. 이미 뒤가 되어 버린 듯한. 어떤 나지막한 목소리 사이사이로. 어떤 풍경이. 어떤 얼굴이. 어떤 기억이. 어떤 울음이. 점점이 들렸을 테고. 귀신에 들리듯. 바람에 날리듯. 어디에선가 어딘가로. 너는 지금 사라져 가는 무언가를 보고 있다고. 너는 지금 사라져 가는 무언가를 듣고 있다고. 사라지는 것과 사라지는 것 사이. 그 사이와 사이. 다시 그 사이와 사이사이의 사이. 사라지는 이 순간만이 오직 아름답다고. 우리가 우리의 목소리로 사라질 때 저 너머에서 다가오는 것은 무엇인가. 밤은 밤으로 다시 건너가고 있는데. 하루는 하루로 다시 기울고 있는데.

—「이것이 우리의 끝은 아니야」에서

플래시백. 이제니는 다시 "그곳을 향해" 가는 주체의 소멸의 순간을 두 번째 시집의 마지막으로 기록한다. 지난날의 모습으로 '고아의 해변'을 걷는 주체가 "사이와 사이. 다시 그 사이와 사이사이의 사이"로 사라지는 모습을 증언한다. "사라져 가는 무언가를 보고 있다고" 또 "듣고 있다고", "사라지는 이 순간만이 오직 아름답다고" 말이다. 그래서 "이것이 우리의 끝은 아니야"라는 말은 시인의 전언(傳言)이기도 하다. 다시 '사이'의 그 어디에선가 '히잉 히잉'하는 울음소리가 들릴 것이고, 또다시 "우리의 목소리"로 돌아올 것이며, 또다시 기록될 것이다. 이것이 결코 이제니 시(詩)의 끝은 아니다. "끝은 아니라고 믿는 마음"은 이제 우리에게도 있다. 사라지는 '사이', 밤으로 또 하루로 다시 기우는 어느 '사이'에, "이미. 벌써. 여전히. 아직도.", "저 밑바닥으로부터 번져 오는 것", "저 하늘로부터 내려오는 것", "저 너머에서 다가오는 것"들이 있다. 그것은 소리이고, 말이고, "한 줄의 시"이며 "우리"이다.

어떤 사랑의 무대
소유정 비평집

1판 1쇄 찍음	2025년 11월 7일
1판 1쇄 펴냄	2025년 11월 21일
지은이	소유정
발행인	박근섭·박상준
펴낸곳	(주)민음사
출판등록	1966. 5. 19. 제16-490호
주소	서울특별시 강남구 도산대로1길 62(신사동)
	강남출판문화센터 5층(우편번호 06027)
대표전화	02-515-2000
팩시밀리	02-515-2007
홈페이지	www.minumsa.com

ⓒ 소유정, 2025. Printed in Seoul, Korea

ISBN 978-89-374-4629-0 (03800)

* 잘못 만들어진 책은 구입처에서 교환해 드립니다.